21世纪卓越人力资源管理与服务丛书

员工培训与开发

（第3版）

陈国海　霍文宇◎编著

清華大學出版社
北　京

内容简介

“员工培训与开发”是人力资源管理专业的一门核心课程。本书简要阐述了员工培训与学校教育的区别，以及怎样进行培训需求调查、怎样制订培训计划、成人学习有何特点、怎样设计课件和组织培训、怎样实施与管理培训、培训成果如何转化与评估、如何实施员工开发与职业生涯规划、企业培训如何外包等内容，详细论述并分析了企业培训中的各种现象。本书内容包括员工培训概述、培训需求分析、培训类型、培训计划与项目设计、培训的实施与管理、成人学习理论、培训方法、培训成果转化、培训效果评估、员工开发、职业生涯管理、企业培训外包共十二章。

本书既便于教师教学，也便于学生自学；既适合作为经管类专业课的本科教材、通选课教材或者企业培训师、培训专员以及企业管理者的自学读物，也可作为MBA、EMBA和经管类研究生“员工培训与开发”课程的教材或辅助教材。

本书封面贴有清华大学出版社防伪标签，无标签者不得销售。
版权所有，侵权必究。举报：010-62782989，beiqinquan@tup.tsinghua.edu.cn。

图书在版编目（CIP）数据

员工培训与开发/陈国海，霍文宇编著．—3版．—北京：清华大学出版社，2019.10(2023.1重印)
（21世纪卓越人力资源管理与服务丛书）
ISBN 978-7-302-53851-6

Ⅰ．①员… Ⅱ．①陈… ②霍… Ⅲ．①企业管理-职工培训 Ⅳ．①F272.921

中国版本图书馆CIP数据核字（2019）第209020号

责任编辑： 邓 婷
封面设计： 刘 超
版式设计： 文森时代
责任校对： 马军令
责任印制： 宋 林

出版发行： 清华大学出版社
网 址： http://www.tup.com.cn，http://www.wqbook.com
地 址： 北京清华大学学研大厦A座 **邮 编：** 100084
社 总 机： 010-83470000 **邮 购：** 010-62786544
投稿与读者服务： 010-62776969，c-service@tup.tsinghua.edu.cn
质量反馈： 010-62772015，zhiliang@tup.tsinghua.edu.cn
印 装 者： 三河市君旺印务有限公司
经 销： 全国新华书店
开 本： 185mm×230mm **印 张：** 26.75 **字 数：** 552千字
版 次： 2012年3月第1版 2019年10月第3版 **印 次：** 2023年1月第9次印刷
定 价： 69.80元

产品编号：080770-02

第 3 版前言

本书语言通畅、条理清晰、例证真切、内容丰富、资料翔实，可操作性和实务性较强，既适合作为高校人力资源相关专业的本科教材，也适合作为企业内部的培训教材，或者作为有志成为企业培训师或管理专家的参考读物。本书自 2012 年第 1 版和 2016 年第 2 版出版以来，受到了广大师生的欢迎，总发行量超过五万册。为提高编写质量和更新内容，笔者决定出版第 3 版。

本书在第 2 版的基础上，第 3 版做了如下的重要改进：（1）对内容和逻辑结构做了进一步优化，对文字进行了润色；（2）增加了一些实用的内容，如第二章的基于工作说明书的课程需求分析模型、第七章的培训游戏：泡泡室内操；（3）更换了一些例证和案例分析，此次补充的例证和案例以国内知名企业的案例为主。

师生在使用本书进行教学的互动过程中应当扮演如下角色：（1）传统课堂上的师生；（2）培训师；（3）培训专员或企业大学校长；（4）学员。课堂上应当创设相关培训情景，让师生有机会扮演多重角色，情景教学和培训体验教学是提高教学质量的重要手段。

本书具有如下五个特点。

1．内容新颖

本书尽量反映本学科领域的最新理论和实践发展动态，书中介绍了企业培训师、培训质量管理标准、《中央和国家机关培训费管理办法》、教育认知神经科学、培训师选拔、培训风格、培训道德与法律、培训成果转化、培训评估、培训外包等新内容。每章正文的理论阐述尽量做到“少而精”。第一章删除了国内企业培训师认证的内容，补充了企业培训的公共管理政策。每章的后面都附有相应的参考文献，第六章特意补充了一些经典文献。

2．实践性强

本书的各章节尽量寻找小例子（即各章中的“例证”）来说明相应的概念、原理和方法。通过阅读相应的例证，学生易于理解和接受教材所阐述的概念、原理和方法。本书除介绍大型跨国公司的案例外，还注重搜集中国本土优秀企业的案例，其中一些是笔者从调研企业搜集的、经过适当文字处理和润饰的真实案例。本次改版增加了格力电器、广东新明珠陶瓷集团等知名企业的员工培训例证。

本书主要是为“员工培训与开发”课程服务的，因此尽量做到能够反映和模拟大学生、培训师、培训专员以及企业培训的实际和实务，这是通过正文中的“例证”和每章末“学以致用”体现的。本书还免费提供少量心理测试供读者使用。

3．案例分析

每章后面提供 1～2 个案例分析题，尽量选用具有本土特色的案例，力求简洁。案例可供课堂或者课后讨论。课堂讨论时可让学生自由组成小组，每组最好都由个性不同的同学组成，并规定每组人数为 5～6 人，每组在讨论后推选代表发言。

4．培训游戏

培训游戏是企业培训的一个重要元素，它对于破冰、活跃现场气氛、认识培训的一些基本原理和规律具有重要作用。本书在每章末均提供与本章内容相关的培训游戏，教师可根据场地、器材和时间加以选择。对不熟悉的培训游戏，认真阅读游戏规则、课前精心准备以及事先进行试做是很有必要的。

5．网站推荐

伴随计算机网络技术和互联网的发展，网上有大量的资料和信息可供教学参考。教师作为学生学习的帮助者、促进者和信息提供者，主要任务是在“授之以鱼”的基础上“授之以渔”，教会他们如何学习。笔者尽量提供每章正文和例证中所提及公司的相应网址，有兴趣的师生可通过网站进一步了解这些企业。每章后面推荐的网站有助于学生扩大知识面，弥补课内教学的不足。所有网站均经过精心挑选，与章节内容密切相关，信息量比较大，比如，新增了“云学堂”线上培训平台推荐网站。

为有效开展多媒体教学，增进学生对企业组织的感性认识，笔者选取了个别的录像教学，如魔鬼训练营（Hell Camp）、刘一秒和翟鸿燊“大师”就这么会忽悠你，但因版权问题，录像资料需要教师自行寻找。

陈国海教授和霍文宇先生负责本书的统稿工作。在此次再版过程中，笔者的科研助手们参与了部分章节的编写工作，具体分工如下：郑凤云（第一章和第二章）、孟文达（第三章）、霍文宇（第四章～第六章）、万家如（第七章）、卢翠平（第八章）、区浚（第九章和第十章）、杨博文（第十一章）、王诗宇（第十二章），没有他们的参与和热忱帮助，本书难以如此顺利地完成。本书曾得到广东外语外贸大学“十二五”规划教材项目的资助，在此表示衷心的感谢。

本教材有 PPT 演示文稿和考题等配套资料，供有需要的教师、学生、企业培训师和读者参考使用。由于时间仓促，书中难免有错误和疏漏之处，敬请不吝指正。欢迎与作者联系，电子邮箱：gdhrs@vip.163.com。

陈国海
香港大学博士
广东外语外贸大学商学院教授
广东省人力资源研究会秘书长
2019 年 8 月 18 日

目　录

第一章

员工培训概述

学习目标

1. 掌握员工培训的概念；
2. 掌握员工培训的作用；
3. 了解员工培训的历史演变过程；
4. 了解员工培训行业的发展趋势；
5. 了解培训师职业资格认证体系；
6. 了解企业培训的公共管理政策。

引例

“互联网+”背景下中国石化的培训转型

“互联网+”时代的到来，正在越来越深刻地影响着社会各种业态和生活各个方面，我们必须及时适应新形势、增强新思维、学习新知识、提高新本领，才能顺应时代潮流。

1999 年，中国石油化工集团公司教育培训工作会议明确提出，要分步实施现代远程教育工程，逐步建成集团公司开放性的终身教育体系。经过几年时间的反复调研论证，远程教育平台技术日渐成熟。

2009 年，正式启动中国石化远程培训系统建设，引进了当时美国 ORACLE 公司具有世界先进水平的 i-Learning 平台。

2011年，建成了国内规模最大、用户数量最多、功能较强的远程培训系统并投入使用。

随着移动互联网技术的发展和大规模应用，为进一步方便员工培训学习，改善用户体验，于2014年开发了互联网访问、移动端应用等功能，打破了局域网认证登录和PC端应用的时空限制，为员工随时随地进行培训学习提供了极大便利。

为满足员工更高的使用要求和更多的学习需要，适应越来越大的管理需求，中国石化于2017年自主开发了国内第一套完全云架构的开放的企业远程培训系统，综合运用云计算、大数据、移动互联网等先进的信息技术，紧密围绕服务企业战略和员工发展，按照系统化集成、体系化设计、全流程管理的开发思路，通过整合学习内容方式，探索重构岗位培训体系；通过贯通培训管理流程，不断完善培训管理体系；通过资源共建共享，全面补强培训服务体系，推动传统培训向“互联网＋企业培训”转型，初步构建起上接企业战略下接员工绩效的、比较完善的企业培训体系。

（资料来源：冯少伟．“互联网＋”背景下石化企业培训转型的实践探索[J]．当代石油石化，2018（9）：48-52.）

中国石化在“互联网+”时代的培训发展历程在某种程度上反映了近几年中国企业培训的发展趋势。在企业培训的不同发展阶段，培训的内容、要求和形式有何特点？培训在企业发展中的地位和作用如何？这是本章要探讨的主要问题。

第一节　员工培训的概念与特征

当今是全球经济一体化的时代，是高新技术不断更新换代的时代，是竞争日益激烈化的时代。身处其中的企业要想跟上时代发展的步伐，要想在激烈的竞争中脱颖而出，就必须不断地更新管理理念，更加重视人力资源的作用，运用现代管理方法，不断开发人力资源的潜力，充分发挥人力资源的优势。因此，很多企业逐渐重视并努力开展员工的培训工作。

一、培训的定义

美国学者加里·德斯勒（Gary Dessler）认为培训是指为使新员工或当前员工获得完成工作所需的各种技能而采用的一种措施（加里·德斯勒，2014）。罗珀特·L.马蒂斯（Robert L. Mathis）认为，培训是企业与员工个人的共同投入，是人们获得有助于促进实现企业目标和个人目标的技术或知识的学习训练过程，培训使员工获得既可以用于当前工作又可以为未来职业生涯服务的知识和技能。英国工业培训局提出了“系统化培训”，强调从明确员工的培训需求入手，通过脱产培训，使员工获得令工作更加出色所需掌握的工作态度、知识、技能与行为（兰景林，2018）。

从狭义上讲，培训是指为企业利益而有组织地向员工传授其完成本职工作、提高工作绩效所必须掌握的态度、知识和技能（如与工作相关的知识、技能、价值观念、行为规范等）的过程。从广义上讲，培训应该是使人力资本增值和创造智力资本的途径。人力资本（Human Capital）是指劳动者受到教育、培训、实践经验、迁移、保健等方面的投资而获得的知识和技能的积累。智力资本（Intellectual Capital）包括基本技能、高级技能、对客户和生产系统的了解以及自我激发创造力。培训的最终目的是使员工更好地胜任工作，进而提高企业的生产力和竞争力，从而实现组织发展与个人发展的统一。

综上所述，笔者给培训做出如下定义：培训是指通过有目的、有计划的系统干预过程，提高员工的素质、工作绩效和劳动生产率，进而提升组织的经济和社会效益。

二、从 KSA 到 KS3P 培训内容模型

培训重点要关注的是与工作绩效和劳动生产率直接相关的员工的素质提升。传统的 KSA 模型关注的培训内容是 K（Knowledge；知识）、S（Skills；技能）、A（Attitude；态度和价值观），如图 1-1 所示。长期以来，企业运用 KSA 培训内容模型指导培训实践取得了一定的成效（Cheng & Lunn，2016），但是，随着时代的发展，KSA 培训内容模型暴露出其明显的三个缺陷：（1）忽视了与工作绩效和劳动生产率直接相关的员工素质，如员工的身体健康情况、体能状况、态度和价值观；（2）重视知识和技能培训，而忽视态度和价值观培训，这是因为知识和技能培训容易做，而态度和价值观培训难做；（3）忽略了知识、技能、态度和价值观培训内容之间的有机联系，如有趣的、鲜活的知识可能促进态度改变。

对此，笔者提出了 KS3P 培训内容模型：K（Knowledge；知识）、S（Skills；技能）、P1（Physical Power；体力）、P2（Psychological Power；心力）、P3（Psychic Power；德力），如图 1-2 所示。KS3P 培训内容模型中的 K 和 S 与传统的 KSA 培训内容模型中的 K、S 大体一致，但随着时代发展，又有些区别，如随着知识搜索技术和 AI 的发展，获取知识显得非常容易，这样就需要按价值对知识进行分类。经济合作与发展组织（OECD）将知识分为四种类型：（1）知道是什么的知识（Know-what），指关于客观事实的知识；（2）知道为什么的知识（Know-why），指自然规律和原理方面的知识；（3）知道怎么做的知识（Know-how），指技术诀窍、技能和能力方面的知识；（4）知道是谁的知识（Know-who），指知道何人具有何种知识和能力的知识，涉及社会关系等方面。

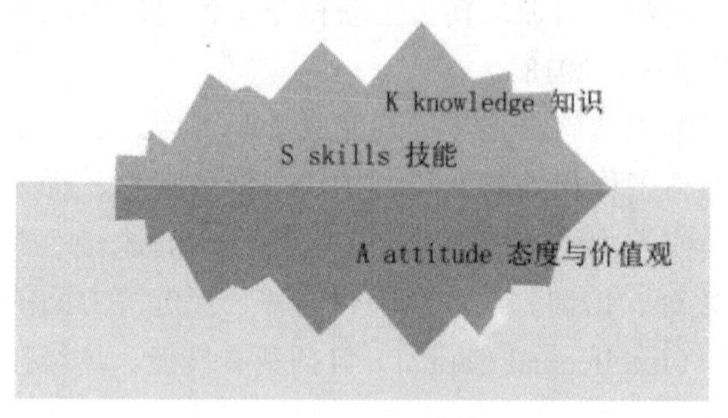

图 1-1　KSA 培训内容模型

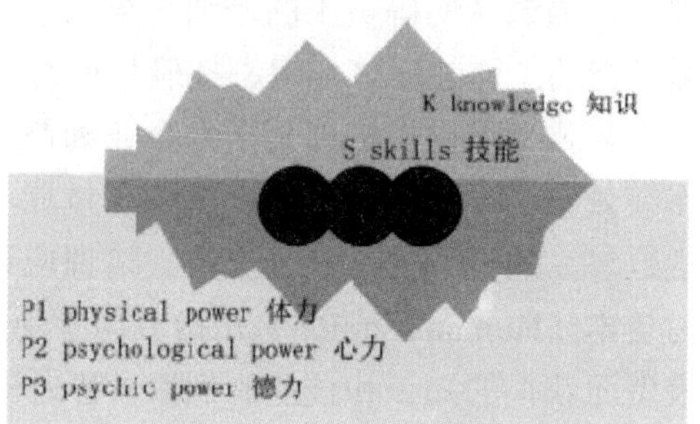

图 1-2　KS3P 培训内容模型

S（Skills；技能）更多的是指职业和心智技能。3P 是指：（1）P1（Physical Power；体力），从身体病痛、身体疲劳的一端到身体强健、体力充沛的另一端，一般通过体育锻炼、饮食营养、充足睡眠等提升体力；（2）P2（Psychological Power；心力），从心理疾病、心理问题的一端到心理健康、心理繁荣的另一端；（3）P3（Psychic Power；德力），从践踏法律、道德败坏一端到遵纪守法、坚守信仰的另一端。综上所述，KS3P 培训内容模型更强调对 3P，即体力、心力和德力的培训。

三、培训与教育、开发、训练的区别

企业培训不同于全日制教育、职业教育、训练和开发，也不同于社会机构提供的补习和培训，它具有较强的针对性、目的性、实用性和灵活性。

（一）培训与教育的区别

培训的主要目的和任务是使学员了解和掌握与实际工作密切相关的某种理念、某项知识或技能，而不像学历教育那样使学生建立起某一学科、专业领域的系统知识和技能结构。培训的内容往往具有实用性、针对性甚至跳跃性，不像学历教育的教学那样强调理论性、严密性、完备性和系统性。培训的授课时间相对集中、短暂，单位课时授课量较大，而学历教育课程教学的时间较长，单位课时的授课量不大。

（二）培训与开发的区别

培训针对员工的工作现状与工作要求之间的差距，通过知识、技能等的传递使员工更好地胜任工作；开发则针对员工潜在的需要，如晋升等，使员工在未来承担更大的责任。两者之间具体的异同，如表 1-1 所示。

表 1-1　培训与开发的异同

	培　训	开　发
相同之处	都是一种为了提高员工的能力水平和组织的绩效而进行的有计划、持续努力的管理活动	
不同之处	培训的对象是普通员工与技术人员	开发的对象是具有管理潜能的员工，主要对象是管理人员
	侧重于当前工作的技术性技巧	侧重于面对未来职业的能力发掘
	阶段性清晰，培训时间较短	阶段性模糊，开发时间较长
	强制要求	自愿参与

资料来源：盖勇．培训与开发[M]．济南：山东人民出版社，2004．

（三）培训与训练的区别

培训是根据当前工作需要进行的、以提高工作绩效为主要目的的行为，持续时间比较短。训练侧重于为实现一个具体的目标而提高相关技能的行为，开展的时间比较长，并且强度比较大。

四、员工培训的特征

（一）企业发展需求的主导性

社会经济和科技的快速发展、知识的快速更新、信息的快速传播以及市场的激烈竞争，使得企业本身需要不断地创新。培训要以满足企业发展需要为目标，按照员工不同岗位的需要，重点传授特定的知识和技能，提高员工的工作能力和水平。尽管企业培训的内容和形式多样化，但是其最终目的是要配合企业的发展，为企业赚取更多的利润。员工得到发展的前提是企业能够顺利发展，企业良好的发展可以为员工的发展提供稳定的平台，为员工发展指明方向。

（二）提高生产效率的实用性

通过培训，提高员工的工作水平，从而提高企业的生产效率，最终为企业赚取更多的利润。培训要确保员工能够将培训的内容运用到工作上，因此，培训成果转化的成功与否，在很大程度上决定了培训是否有效。

（三）实现企业和员工的统一性

员工培训的最终目的是实现企业与员工的统一，这就要求在进行员工培训时要针对不同企业和企业内不同的员工实施不同的培训。针对不同性质的企业所采取的培训方式、方法和选择的培训内容是不一样的；而针对企业内不同性别、年龄、学历、宗教、国籍以及岗位的员工进行培训时，企业要在尽可能满足企业发展要求的同时，也能够满足员工个人的发展需求，以提高培训效果，实现企业与员工的双赢。

（四）培训内容的离散性

由于受时间和经费的限制，培训通常是按照“缺什么，补什么”的原则，因此培训内容的系统性不足，很多内容是离散的。此外，除了要根据工作需要进行理论性的知识传授外，培训更多的是传授工作经验。工作经验的传授可以使培训成果更容易转化到现实工作中，但工作经验的传授通常是缺乏系统性的。

（五）培训方法的多样化

企业培训的形式和方法是多种多样的，既有传统的传递法，也有基于互联网技术的现代培训方法，现今比较流行的就是情景体验式。传统的讲座式培训通常是讲师在台上讲课，缺乏与学生的交流和学生实践，使得培训效果不佳。新式的培训比以往更加重视学生的实践与体验，通过体悟提高培训效果。

（六）培训时间的零散易变性

企业员工培训不同于学校教育，在企业员工培训过程中，员工必须在做好本职工作的基础上进行培训，因此，员工培训通常会被安排在业余时间开展，而且经常会根据员工工作时间的变动以及业务淡旺季的变化而变动，这就要求安排培训时间时要与业务部门密切协调。

五、培训的分类

企业培训可以根据对象、内容和形式的不同而划分为不同的类型。

（一）按培训对象划分

按培训对象划分，培训可以分为基层员工培训和管理人员培训。

1．基层员工培训

基层员工培训的目的是培养员工具有积极的工作心态，掌握工作原则和方法，提高劳动生产率。基层员工培训的主要内容包括追求卓越工作心态的途径、工作安全事故的预防、企业文化与团队建设、新设备操作、人际关系技能等。基层员工的培训应该注重其实用性。

2．管理人员培训

管理人员培训又可以根据管理层次的不同而分为基层管理人员培训、中层管理人员培训和高层管理人员培训。

基层管理人员的工作重点主要在第一线从事具体的管理工作，执行中高层管理人员的指示和决策。因此，为他们设计的培训内容应着重于管理工作的技能和技巧，如怎样组织他人工作、如何安排生产任务、如何为班组成员创造一个良好的工作环境等。按照罗伯特·卡茨的模式，基层管理人员的技能培训、人际关系培训和解决问题能力培训的比例为 50∶38∶12（Katz，1955）。

中高层管理人员的培训应注重于发现问题、分析问题和解决问题的能力，用人能力，控制和协调能力，经营决策能力以及组织设计技巧的培养。中层管理人员对于本部门的经营管理必须十分精通，除了熟悉本部门工作的每个环节和具体工作安排以外，还必须了解与本部门业务有关的其他部门的工作情况。按照罗伯特·卡茨的模式，中层管理人员的技能培训、人际关系培训和解决问题能力培训的比例为 35∶42∶23。

高层管理人员的工作重点在于决策。因此，他们所要掌握的内容更趋向于观念和人际关系技能，如经营预测、经营决策、管理、会计、市场营销和公共关系等。罗伯特·卡茨将高层管理人员的技能培训、人际关系培训和解决问题能力培训的比例定为 18∶43∶39。不同层级管理人员的培训内容比例，如图 1-3 所示。

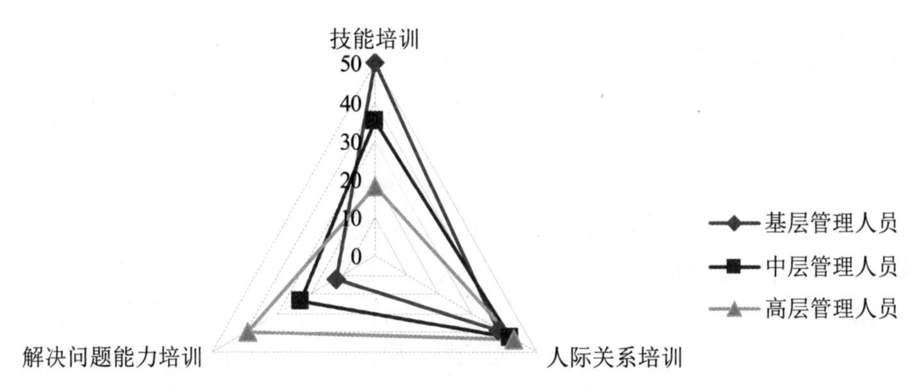

图 1-3 不同层级管理人员的培训内容比例

资料来源：KATZ RL. Skills of an effective administrator[J]. Harvard business review, 1955, 33(1): 33-42.

（二）按培训内容划分

按培训内容划分，培训可以分为知识培训、技能培训以及态度和观念培训。

1．知识培训

知识培训的主要任务是对员工所拥有的知识进行更新，其主要目标是要解决“知”

的问题。

现代社会是一个知识爆炸的社会，各种知识都随着时间的推移同步更新。人是知识的载体，企业要在这个不断改变的社会中得以生存，员工就必须不断更新已有的知识。员工知识老化的速度超过更新的速度时，企业就会落伍于时代，甚至会出现经营困难的现象；只有员工知识更新的速度超过老化的速度时，企业才能在行业中保持领先的地位。因此，“终身学习”被现代社会所认同和提倡。

2．技能培训

随着时代的进步，各行各业都会有新的技术和能力要求。另外，随着现代产业结构的不断调整，大量的旧行业和旧岗位消失，新行业兴起，员工需要学习新的技能才能适应新行业、新岗位。

3．态度和观念培训

员工通过培训习得对人、对事、对己的反应倾向，它会影响员工对特定对象做出一定的行为选择。例如，售后服务部门员工必须接受相关的业务培训，要热情、周到地对待客户咨询与投诉，并在2小时内回复来电或线上咨询。

（三）按培训形式划分

按培训形式划分，可以分为入职培训、在职培训、脱岗培训和轮岗培训。

1．入职培训

入职培训，即新员工入职培训，帮助新员工熟悉企业的工作环境、文化氛围和同事，让新员工能够迅速投入新工作，缩短新员工与老员工的工作磨合期。

2．在职培训

在职培训，即员工在不需要脱离工作岗位的情况下参加培训。在职培训通常利用员工的工余时间进行，是在完成本职工作的基础上开展的培训活动。这类培训的内容重在补充员工当前岗位、工作或项目所需要的知识、技能和态度。

3．脱岗培训

与在职培训相比较，脱岗培训是指员工暂时脱离岗位接受培训。在脱岗培训期间，员工将本职工作放在一边，以培训为重心。脱岗培训更注重提高员工的整体素质和未来发展需求，而不是根据当前岗位工作或项目的情况来确定培训内容。

4．轮岗培训

轮岗培训，即员工被安排到企业的其他部门或者分公司一边工作一边进行培训。轮岗培训与在职培训有相同之处，两者都是工作与培训同步进行；两者的区别在于在职培训包括轮岗培训，而轮岗培训的最大特点是调离原本的岗位，迁往其他岗位进行工作学习，存在岗位空间和环境上的变化。

例证 1-1

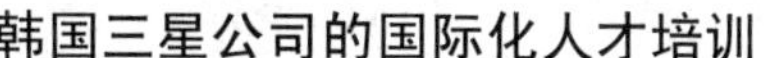

韩国三星公司的国际化人才培训

世界五百强企业之一的三星公司在走向国际化的过程中，决定基于韩国本土培养和建立一支国际化的人才队伍。该公司主要通过区域专家制度、三星 MBA 和语言文化培训提高员工素质，为优秀员工日后能够胜任多种类型的国际管理工作奠定了坚实的基础。

（1）打造国际化专家：区域专家制度。每年三星公司都会经过严格的选拔，挑选两百多名地域专家派往世界各地。通过选拔的人需要赴国外进行整整一年的完全脱产学习，再用半年的时间独立做一个商业项目，挖掘当地的市场潜力。最终，这些地域专家会被安排在三星公司分布在全球各地不同的岗位上，成为真正意义上的国际化领导者。

（2）打造国际化管理者：三星 MBA。三星 MBA 制度大体上分为两种：Socio（社会经济）MBA 和 Techno（科技）MBA。其中，Socio MBA 主要是让科技人员获得社会经济方面的知识，而 Techno MBA 则注重对于管理人才科技知识的培养。

（3）打造国际化三星团队：语言文化培训。三星的外语培训主要采取的是短期与长期相结合的形式。不同于一般的语言培训，三星的语言培训以文化培训为本，旨在让学员迅速熟悉当地文化的同时学习语言。

（资料来源：张容榕. 三星国际化人才培养[J]. 中国人力资源开发，2015（14）：69-76+93.）

第二节　员工培训的作用

随着社会越来越重视人力资源，企业也越来越重视员工的培训。员工培训不仅可以提升员工的个人能力，还可以提高员工对企业的归属感，减少企业人才的流失，从而提高企业的经济效益。但是，在员工培训受到重视的同时，企业对员工培训的认识依然存在许多误区，这些误区会严重地影响员工培训的效果。

一、培训在企业中的地位和作用

培训的深层意义在于激发学习、激发思考、激发创新，而且必须包括员工与企业两个层面，缺一不可；员工培训的实质在于通过提高员工的整体学习力，最终提升企业的学习力、竞争力（雍德军，2018）。要提高组织的应变能力，就需要不断地提高员工素质，使组织及其成员能够适应外界的变化并为组织的变革与发展创造条件。

（一）培训对企业的作用

培训对企业的作用主要表现在以下三个方面。

1．优化企业的人才配置，提高企业团队的整体素质

有效的员工培训是企业获得成功的一大助力。有效地组织员工培训，可以迅速提高企业的员工素质水平，使企业在激烈的市场竞争中走得更快、更远。企业在制定战略目标时，可以通过组织员工培训，促进员工技能的转型改造，加速战略人才的储备，保障企业的战略发展（李晓华，2018）。

2．加强企业核心竞争力

在市场经济中，一个企业的人力资源和品牌的形象是企业竞争力的重要体现。维持企业产品优势和市场占有率需要具有专业技能的高素质人才，基于此，加强员工培训可以不断优化企业的人力资源，提升企业核心竞争力。员工培训能够实现企业和员工的双赢：一方面优化了企业的人力资源资本，提高人才储备；另一方面提高了员工的综合素质，增强了他们的归属感和责任感。企业和员工目标一致，提升了企业的凝聚力和核心竞争力（李晓华，2018）。

3．推动企业文化的完善与形成

企业对员工进行培训，让员工可以自觉地遵守企业的规章制度，对自己进行良好的管控。在培训过程中，员工可以通过沟通，增进彼此之间的友谊，有助于员工之间在融洽的工作氛围中形成凝聚力，同时提高工作效率。企业通过对员工进行企业文化的宣导，可以增加员工对企业的认同感，提升员工的集体荣誉感，促进他们更好地为企业服务（胡殿国，2017）。

（二）培训对员工的作用

培训对员工的作用主要表现在以下三个方面（李晓华，2018）。

1．提升员工的能力

我们常说：知识是力量的源泉，学习是成功的基石。在面对市场环境快速变化的年代，企业必须不定期地对员工进行内部或外部培训，让员工能够学到更多的知识和其他优秀员工的职业实践经验，以确保员工通过培训提升个人的知识水平以及工作能力，从而适应市场的竞争。

2．满足员工自我发展的需求

企业的员工培训是员工自我提升和发展的重要手段，而企业在不同的阶段都需要与其相适应的员工来促进企业的进步。员工培训可以有针对性地提高员工的专业知识和技能，进而满足不同时期企业的发展需求。企业员工通过员工培训不断地实现自我提升和发展的同时，也对企业的发展提供巨大的助力。

3．激发员工的工作热情

在员工的职业生涯中，职业培训一直是以企业福利的形式存在。有效的员工培训能够扩充员工的知识储备和提高员工的技能水平，使他们能更好地为企业创造效益，实现自我价值。员工培训的有效开展，使员工常怀感恩之心，同时还可以激发员工的工作热情。

三星集团：培训投资少不了

三星在人才培养上从不吝啬投入，这是三星永续成长与保持强大竞争力的关键。以三星电子公司为例，该公司每年纯粹的培训支出达 500 亿韩元（约 6 300 万美元），若加上来自集团层次的培训费用和教育设备投资，那么年均培训支出达 658 亿韩元（约 8 200 万美元）。该公司职工人均年受培训时间为 186 小时，人均培训支出额为 145 万韩元（约 1 800 美元），相当于工资的 3.35%，人均投资相当于美国、西欧大中企业的 2 倍。三星公司下属拥有各种培训中心数十个，讲师也有数千人，仅深圳三星 SDI 就有专职培训讲师 3～4 人。

（资料来源：HR 案例网．http://www.hrsee.com/?id=323，2016.）

二、对员工培训的认识误区

企业对员工培训的认识至少存在以下六种误区。

（一）培训是“灵丹妙药”

有的企业对培训急功近利，希望立竿见影，有的还企图通过培训解决企业人力资源管理的所有问题。近几年我国企业发展迅速，急需各种人才，但有的企业却很少花大力气培养自己的员工，总觉得“没有时间慢慢锻炼他们”，恨不得用两三天时间就使员工从素质到精神面貌发生根本变化，把培训工作当作治病良药，幻想着药到病除，认为员工参加培训后就能立刻为企业创造绩效。

（二）培训是成本

一些企业管理者错误地认为，培训是一种成本，而作为成本，当然应该尽量降低，因此企业投入培训的资金较少。目前，许多企业经营者比较偏重市场运作，在广告投入上不惜一掷千金，渴望得到立竿见影的效果，但却忽视了见效期较长的培训投资。结果，企业人才得不到有效的培训、成长和发展，甚至造成人才流失。

（三）培训“权威论”

一些企业管理者认为“培训师必须权威，培训才有效。要么就不花钱，要么就花大钱”。这是典型的对名人的迷信，过多地把关注点放在名师上，往往忽视了本身的需求，即便是权威培训也不一定能够获得期望的效果。相反的，这样做导致企业因为高额培训费用而遭受很大的损失，出现典型的期望与效果不对等现象。

（四）培训盲目追赶潮流

一些企业喜欢赶潮流，对培训内容的选择比较盲目，缺乏针对性。从表面上看，企业培训工作开展得轰轰烈烈，实则无的放矢，效果并不一定理想。许多企业在对外宣传时，常把本企业有多少高学历员工作为谈资，造成企业不惜花费巨额支出支持员工考取 MBA、EMBA 证书和其他证书，其实这样的培训目的并不明确。有的企业培训工作流于形式，表现在对培训课程的确定不够细致，针对性不强，没有完整性和系统性。这样低效率的培训，结果只能是浪费人力、物力和财力。

（五）培训只重视知识和技能

一些管理者为追求眼前的利益，在培训时都希望得到立竿见影的效果，着重知识和技能方面的培训。这是因为知识和技能在培训完以后可以立即应用到企业的生产经营中。但是，在员工为人处世的态度、价值观念、工作态度、职业精神等对企业长远发展有益的内容方面则缺乏培训。企业忽略员工自身为人处世素质方面的培训与开发，将极大地影响企业的长远发展。

（六）培训“无用论”

有的管理者认为，企业的发展不是靠培训完成的，最后执行推动的还是企业自身。他们还认为，企业最好的老师是市场和社会，培训解决的问题就是大家在一阵笑声和哭声中度过一段难忘的时光，除此之外，对实际工作没有多大意义。既然是“花费成本”和“没有作用”，因此，在企业经济效益下滑和经济形势不确定性增强的情况下，削减培训经费成为常态，结果影响到了企业的可持续发展。

例证 1-3

苹果大学的课程切合实际

苹果公司的内部培训计划最初由乔布斯和人力资源副总裁乔尔·波多尔尼（Joel

Podolny）建立，又被称为“苹果大学”，为期一年。培训课程会根据员工的职位和工作背景进行设置，感兴趣的员工直接在公司内部网站注册，由来自耶鲁大学、哈佛大学、斯坦福大学和麻省理工学院等名校的老师进行指导。

“苹果大学”的课程多样且与实际工作紧密结合，使员工能够将培训中所学知识更快、更好地应用于公司及日常工作中。例如，一些课程会教授苹果历史上的重要商业决定，如乔布斯如何在遭到反对后坚持让 iPod 和 iTunes 与 Windows 相兼容，或专为被收购公司创始人设立的教他们如何与苹果公司更好地整合的课程。有一个课程名为“如何在苹果进行沟通”，主要教授如何与其他员工沟通产品和理念，该课程的指导老师包括前皮克斯大学校长兰迪·尼尔森（Randy Nelson）。培训课程中，还会有苹果公司与其他公司的比较，尤其是在设计理念上，比如在一个名为“是什么成就了苹果”的课程中，指导老师将 Apple TV 与 Google TV 的遥控器做了比较，前者只有 3 个按钮，后者有 68 个。进行这个对比所要表达的是，苹果设计师只保留必要的东西，而 Google 设计师会“保留他们需要的”。

（资料来源：张驰. 苹果大学：苹果的内部员工培训计划[EB/OL].（2014-08-11）. https://www.leiphone.com/news/201406/apple-university-internal-train.html. ）

三、部门经理作为内部培训师的角色

部门经理在员工培训方面需要履行以下四个方面的职责。

（一）向人力资源部提出本部门或岗位培训的需求

部门经理比企业的人力资源总监更加熟悉其属下部门工作的情况，也对部门员工的工作表现和工作能力最为熟悉。因此，部门经理根据员工的情况向人力资源部门提出培训的需求，有利于使培训更加具有针对性，更有利于将培训成果转化为现实工作能力，帮助企业减少无谓的费用支出。

（二）开展专业项目培训

专业项目培训是指对新员工进行岗位职责、业务流程、专业工作技能及其他与本职工作相关的专业项目的培训。新员工的培训就是为了使新员工能够以最快的速度融入企业环境，投入工作。部门经理熟悉本部门工作，对新员工进行培训，可以缩短新员工与企业的磨合期，降低企业的人力成本。

（三）培训在职员工的岗位操作技能，对员工进行持续的辅导

部门经理对属下员工的培训很难做到系统化，但是，在日常工作中，当部门经理发

现属下员工在工作中出现问题时就要立即对员工进行有针对性的培训，以免他在工作中出现严重的失误。这样的培训不会因为工作项目的不同和更换而停止，具有持续性。

（四）培训员工的工作态度

部门经理是与员工最亲近的职位，因此部门经理在日常的工作中，除了要在岗位技能方面帮助员工顺利完成工作外，还要注意培养员工的积极心态和工作责任感，加强员工对企业的归属感。

第三节　员工培训的历史演变

员工培训不是从一开始出现企业就有的，而是随着社会生产力的发展需要慢慢演变，最终形成系统。西方社会的员工培训系统形成得比较早，而中国的员工培训因为历史发展的原因，形成的阶段与西方社会有所不同。

一、西方企业员工培训的历史演变

纵观历史，在世界范围内，长期以来培训都是以师徒制（或称学徒制）方式开展的，并形成相对固定的培训模式，直到现在师徒制培训模式依然发挥着重要作用。

到了近代的16世纪，随着公司的出现，特别是工业革命后，工业化进程加速，企业雇佣大量工人从事生产劳动，需要通过培训提高工人的工作能力和生产力。为提高劳动生产率，有计划的员工培训逐渐在实践中被重视和发展起来。

19世纪末20世纪初，弗雷德里克·W. 泰勒（Frederick W. Taylor）在《科学管理》一书中，对员工培训的重要性做了比较系统的论述，指出并强调企业要对员工进行系统的科学培训。随后，随着技术革新、竞争加剧、环境变化、工业化进程加剧和社会生产规模的迅速发展壮大，企业员工在社会劳动力中所占的比例迅速上升，企业逐步重视和加大培训力度，企业员工培训逐渐成为推动企业和社会生产力发展进步的重要途径和方式（兰景林，2018）。

近两百年来，西方企业培训主要经历了五个阶段，即早期的学徒培训、早期的职业技术教育、工厂学校的出现、培训的职业化（盖勇，2004）以及企业大学的发展。

（一）早期的学徒培训

企业的员工培训可以追溯到16世纪的学徒培训。早期的学徒制是一种最普通、最常用的培训方式。随着时代的发展，这种培训也越来越正规化，成为师傅带徒弟式的培训计划，并且这种培训方式被迅速地加以推广，尤其是在那些需要特定工艺技能的行业，这种培训方式得到了更加广泛的应用。1562 年，英国颁布学徒制法规，统一在全国实行 7 年制的学徒制。1601 年，英国又颁布了《济贫法案》，规定贫民子弟都应接受技艺训练。学徒制和《济贫法案》是英国推广职业技术教育的有力手段，造就了一大批技术人才。

（二）早期的职业技术教育

17—18 世纪，德国出现了学习理论的“职业学校”。1889 年，德国颁布《工业法典》，规定企业学徒培训必须与职业教育结合，“双元制”职业培训初步形成。1920 年，魏玛共和国（指 1918—1933 年采用共和宪政政体的德国）规定这类学校统称为“职业学校”。

美国的职业技术教育发展较为缓慢，18 世纪 20 年代才在部分州成立了职业技术讲习所。1809 年，美国人戴维德·克林顿在纽约建立了第一所私人职业技术学校；1862 年，颁布的《莫里尔法案》提出在学校中开展职业教育的建议（Barlow，1965）；1917 年，美国国会通过了《史密斯—休斯法案》，该法案认可了职业技术教育的价值，并同意建立基金，用于农业贸易、经济发展、工业和教育等领域的培训项目（续润华，2007）。

如今，职业技术教育已经成为各国公共教育系统中的重要组成部分。

（三）工厂学校的出现

工业革命时期，制造业的出现打破了传统的作坊式生产方式。由于新机器和新技术的广泛应用，传统的手工工艺已经很少使用。工厂学校与早期的学徒制培训有所不同，因为它更倾向于要求工人在短期内掌握完成某项特定工作所需要的技术。1872 年，第一个有文件记载的工厂学校是美国的厚和公司。第一次世界大战期间，为了满足对军事设备的巨大需求，许多生产非军工产品的工厂不得不重新装配机器，并同时培训工人。例如，美国海运委员会负责对造船工人的培训，为了增强培训效果，主管查尔斯·艾伦提出了四步骤指导方法，即演示、讲解、操作、检验。这一方法后来被称为工作指导培训（Job Instruction Training，JIT），至今还用于许多企业的员工在职培训。开展这类培训比较有代表性的是福特公司的工厂学校。

（四）培训的职业化

第二次世界大战的爆发，使得人们又不得不重新考虑依赖工厂生产军需用品，像第一次世界大战时那样，在一些大型的组织和工会中制订了新型的培训计划。美国联邦政府建立了行业内部培训服务机构（TEI）来组织和协调这些培训计划，于 1942 年成立了美国培训与发展协会（American Society for Training and Development，ASTD），这些培训项目涉及了与国防领域有关的各个工业领域。

（五）企业大学的发展

企业大学又叫公司大学或公司学院，在20世纪50年代被沃尔特·迪士尼公司首先采用。事实上，早在1927年美国通用汽车公司成立的通用汽车学院即为企业大学的雏形。然而，企业大学得到真正的成长是在20世纪80年代中期，以美国为主的西方发达国家的企业中高层管理人士的培训工作发生了变化：培训机构、场所和专业教师从普通高校（大学商学院）向企业转移，出现了企业培训中心转化为企业大学的现象。自1995年起，相继出现GE克劳顿管理学院、西门子管理学院、麦当劳大学等。据统计，美国的企业大学由1988年的400个增长到1998年的1 600个，发展速度惊人（郭维维，2002）。

GE克劳顿管理学院

GE克劳顿管理学院被《财富》杂志誉为“美国企业界的哈佛”。它创立于1956年，是GE高级管理人员培训中心，人称“GE高级领导干部成长的摇篮”，出自GE公司任职于财富500强企业的CEO多达137位。克劳顿管理学院有着明确的使命：创造、确定、传播公司的学识，为员工的成长与发展提供培训，向GE各业务部门传播最佳实践经验、公司的举措以及学习的经验，传播公司的文化与价值观，从而促进GE的发展，提高GE在全球的竞争力。每年在克劳顿管理学院接受培训的GE高级经理人员都达5 000～6 000人，他们分别来自GE分布在全球的业务部门。并非所有进入该学院的员工都可以自由选择所有的课程，除了每位新员工必须参加的入职培训，以及功能强大的在线培训网站E-learning上大部分课程对所有人开放之外，员工选课大多需要获得直接经理的批准或提名。而克劳顿管理学院的教员，约50%为GE高层管理人员，其中包括GE前董事长兼CEO韦尔奇先生以及杰夫·伊梅尔特先生。克劳顿管理学院既是一个支持机构，同时又是一个独立的成本中心，各业务集团为员工申请课程或邀请专职培训师到集团授课，都要支付相应的费用。

（资料来源：高菽. 企业大学的四门必修课[J]. 人力资源，2013（1）：54-55.）

二、国内企业员工培训的历史演变

中国的学徒制兴起于奴隶社会，发展和完善于封建社会。隋唐时期从中央政府到地方政府机构中，都设有管理公营手工业的机构，这些公营手工业作坊均采用学徒制的教育形式。明朝中期，随着资本主义萌芽的出现，学徒制得到进一步发展，无论是工种还是规模都有明显的扩大。在近代，随着生产技术的进步和生产规模的扩大，传统的学徒培训模式已不能适应新的变化和要求。

鸦片战争之后，中国演变为半殖民地半封建的社会，这时的企业人事管理具有两个基本特点：（1）带有浓厚的封建色彩，企业大多是家族性质的小型私人企业。许多企业实行包工制度，把工作承包给包工头，然后由包工头招收工人，组织生产，进行监督，发放工资。（2）学习引进西方资本主义国家的科学管理方法。一些规模较大的企业学习引进了泰罗科学管理的方法，开始对人员进行比较规范的管理。

中华人民共和国成立初期，中国处于百业待兴的时期。为了休养生息，国家致力于建设基础设施等与民生息息相关的行业。中国人民推翻了“三座大山”（帝国主义、封建主义、官僚资本主义）后，当时的企业都是以公私合营为主。20 世纪 50 年代，国家派遣大量知识分子到苏联进行学习和培训，所学习的知识和技能涵盖工业、医学、电信、铁道等关系国计民生的领域。其中，苏联的高等院校、科研机构和企业为中国工业培训了许多技术干部和熟练的技术工人。

1966—1976 年，我国的企业管理和生产进入一个特殊的时期，企业的生产受到很大冲击。

从 20 世纪 80 年代中期起，我国对用工制度进行了重大改革。随后，企业招收工人的形式也发生了显著的变化，学徒制的功能与影响较之计划经济体制下已大大萎缩。这些年来由于我国学徒制的淡化，正规的职业技术教育又不能满足现代化建设的需要，导致高、尖、精级技术工人已出现断层。在我国改革开放的过程中，对传统的人事管理也进行了不断的改革，逐渐形成了我国自己独特的人力资源管理模式。在职工培训方面，实行先培训、后上岗的方式。在这一时期，我国大力发展职业教育，并重视对职工的再培训，培训内容包括思想政治教育、科学文化知识和技术业务。培训工作形式多样，以专业性培训为主。

改革开放后，我国企业员工的培训及继续教育可分为以下五个主要发展阶段。

第一阶段：党的十一届三中全会以后，国家各部委和各省、市建立了继续教育中心、科技进修学院和继续教育协会等从事继续教育的专门机构，担负着培训本地区、本系统中级以上科技人员、初级科技骨干及国有企业高层的任务。这些专门机构以短期培训为主要形式，课程以共同性学科和新学科为主，辅以初级补缺课程，旨在提高学员的知识水平和实际工作能力（郑小娟，2009）。

第二阶段：我国的高等院校、科研单位发挥自身的优势开办继续教育。1985 年，经国家教委批准，清华大学率先成立了继续教育学院，其后西北工业大学、北京航空航天大学、华中理工大学等也相继成立了继续教育学院，出现了高等院校与工矿企业、学会等联合办学的现象，如上海交通大学与上海高压油泵厂等企业合办管理进修班。

第三阶段：随着继续教育在我国的不断发展和企业自身深化改革的需要，许多大型企业开始重视员工的继续教育，也就是员工培训。这些企业主要是利用本单位的职工大学、职工中专、技校的办学条件开设继续教育的课程，解决员工知识补缺、更新和提高的问题，为本单位的生产发展服务。

第四阶段：培训的职业化。继续教育专业组织的建立和发展在继续教育研究以及成果的传播方面发挥着巨大作用。社会上已经出现许多继续教育专业团体，有的是国际性的，有的是全国性的，也有的是地方性的，它们的培训业已遵循市场化的运作机制，诸多培训主体在市场上都提供极具专业特色和针对性的培训项目。因此，高校继续教育只有凭借高校的优质资源，加强继续教育理论研究，转变观念，积极发展继续教育产业，规范办学管理，向规范化发展，并且逐步走向专业化，才能有强劲的竞争力。

第五阶段：企业大学的兴起。中国首家企业大学于1993年由摩托罗拉公司引入；1998年，海信、海尔等家电企业筹建企业大学，这标志着中国企业培训领域开启了新征程。近年来，企业大学（如华为大学、腾讯学院、平安金融学院、京东大学等）作为上承战略、下承业务、直面绩效的学习发展部门越来越多地出现在企业组织架构中。企业大学不仅承担着越来越多的劳动力继续教育和终身教育的责任，而且日益成为企业智慧的源泉、中高层人才的摇篮，在推动和引领企业可持续发展中发挥着越来越重要的作用；同时，企业大学正在成为高等教育体系中一种重要的新生力量，在推动高等教育、终身教育乃至整个教育系统创新发展中扮演着越来越重要的角色（梁林梅，桑新民，2012）。

第四节　员工培训的发展趋势

随着社会经济、科技和企业的发展，对员工的要求发生了巨大的改变，因此，员工培训也应随着社会生产要求的变化而发展。当前员工培训主要有如下五个发展趋势。

一、培训日益职业化和专业化

随着全球化进程的加快，企业面对的是更加激烈的国际竞争。培训作为企业人力资源开发的重要手段，不仅注重新知识、新技术、新工艺、新思想、新规范的教育培训，也注重人才潜力的开发，突出创造力开发和创造性思维以及员工人文素养和团队精神的培训。因此，为满足培训市场的需求，培训将变得更加职业化和专业化，其针对性、时效性将越来越强，培训分工也越来越精细。

二、培训中新技术的运用幅度加大

多媒体、互联网和其他新技术在企业培训中的运用日益广泛。先进的互联网、卫星传输等教育技术，为企业培训提供了更加优越的条件，现代企业培训的手段也由传统走向现代。大数据、云计算、智能生产、AR/VR/MR 等新技术的不断涌现以及日新月异的技术进步，使培训方式发生了革命性变化。运用现代信息技术打造“互联网+”智慧培训课堂已经成为现实，信息技术与企业培训深度融合将成为企业培训发展的主流模式。在课程形式上，现代化的培训通过大数据和云平台进行精准的课程分析与设计，为不同岗位、不同职级的员工设计个性化的培训课程资源包，按素养类、知识类和能力类上传到学习平台，开发能够满足员工移动学习的虚拟大学，如线上课堂 APP 和智能学习云平台（微课、慕课等），构建智慧培训课堂，激发员工参加培训学习的兴趣与热情，助力员工职业发展。在培训方式方面，为员工提供线上和线下充分融合的培训模式，通过培训课程的优化和人机交互的有效整合，运用 VR 等技术，提供更加贴近工作的培训场景，使员工学习时间更加弹性，学习资源更加多元，学习环境更加人性（李建春，刘春朝，2018）。

三、培训更加重视成果转化和实效

开展培训效果评估是保障培训质量的重要手段和环节，当前员工培训的评估越发科学和全面，如依据柯氏四级评估模型[①]对培训项目的反应层、学习层、行为层和结果层四个层面进行评估。在具体的培训效果评估实践中，重视培训前、中、后的评估结合，利用评估中搜集到的数据和信息进行分析与诊断，并将评估结果与改进建议及时反馈到相关部门，为下一步的培训课程开发和培训改进提供事实参考。

培训的最终目标是参训员工将所获得的新知识、新技能和新思考有效地在实际工作中展现出来，即实现培训成果的有效转化。企业更多通过设计培训成果转化的中长期激励机制，把员工的薪酬待遇、职级晋升与知识技能挂钩，在培训之初就为培训成果的转化设置目标，利用学历的提高、技能证书的获得、创新成果的突破、岗位职级的提升等综合评价指标，持续跟踪记录员工的培训成果转化的成效。培训部门还应做好每位学员培训成长的电子档案，定期汇总和分析，及时表彰和激励优秀学员，并作为个人和部门年终绩效考核的加分项目和下一步培训资源投入的科学决策依据（李建春，刘春朝，2018）。

---

① 柯氏四级培训评估模型（Kirkpatrick Model）由国际著名学者威斯康辛大学（Wisconsin University）教授唐纳德·L. 柯克帕特里克（Donald L.Kirkpatrick）于 1959 年提出，是世界上应用最广泛的培训评估工具，在培训评估领域具有难以撼动的地位。

四、培训部门整合内外部资源

当前，越来越多的企业在培训工作上更加注重整合内外部资源，采用内部培训讲师与职业培训师、外部培训机构协作的模式。

内部培训讲师有其自身的优势：他们是本企业员工，熟悉企业内部的具体情况，其授课内容更加贴近于企业的实际，能够更直接地解决员工遇到的问题；他们是来自于企业的优秀管理人员、操作服务人员、专业技术人员，与员工之间有共同语言，由他们当导师容易被参训人员接受，也可以为其他员工树立榜样；培训费用较低；便于企业培训部门统一管理（马昭奕，2018）。当然，内部培训讲师也存在一定劣势：专业性较差，知识面较窄，新知识、新政策的更新较慢；授课方式及技巧较单一，容易出现照本宣科的情况。

因此，企业必须加强同培训机构和外部培训师的协作。培训机构包括管理咨询与顾问公司、高校、大众传媒公司等，外部培训师包括顾问、大学教师、研究生等。这些外部培训供应商可采取单独或与企业一起合作的方式来提供培训服务（解祥华，2008）。

企业培训往往要求多、层次多、内容覆盖面广，有许多企业无法仅依靠自身完成，于是培训的社会化应运而生。中小企业由于自身实力和培训资源的有限性，其部分培训需求往往由社会性培训机构来满足，企业员工培训也必然向市场化、产业化方向发展。坚持以培训推动市场开发，以市场促进培训开展的原则，不断强化自身特色，打造自身品牌，不断增强培训项目开发能力和市场营销能力，及时发现需求，善于提供有效供给，已成为企业及其培训机构努力的方向。

五、培训方法多样化

在传统的培训中，通常以课堂讲授和实地观摩为主。课堂讲授多是“填鸭式”。在实地观摩中，多是培训师带领学员到生产一线观看工人的实际操作。传统培训方法比较单一，员工被动地参与其中，常常感到苦不堪言，因此员工的抵触情绪较高。

现代的培训方法则多种多样，既有讲授，又有游戏、角色扮演、小组讨论、案例分析、辩论、网络在线学习等方法。在一门培训课程中，员工需要主动出击，带着问题参加学习。在学习过程中培训师还会穿插使用各种培训方法，比如，小组讨论法可使学员之间相互交流和沟通；游戏法可使学员在“玩耍”中领悟培训内容的含义；角色扮演法则使学员设身处地地从对方角度着想，体会对方的感受；案例分析使学员通过案例，阐明基本原理，强化理论学习，理解理论知识，并能够举一反三，自觉地把所学的理论和知识付诸实践。培训师会尽力让每一位学员都主动地参与其中，畅所欲言，给每一位学员一个自我表现的机会。多种多样的培训方法使培训内容丰富多彩，既加深了员工对培训内容的理解和掌握，又极大地发挥了员工的学习积极性和主动性。这种参与式培训方法比以往的被动式培训方法更为科学和有效，大大地提高了培训质量。

“工业 4.0”对制造企业培训的挑战

“工业 4.0”是德国政府提出的一个高科技战略计划，目标是建立一个高度灵活的个性化和数字化的生产模式。

1. 员工的培训方向将以智能化为核心

在“工业 4.0”时代，虚拟全球将与现实全球相融合，通过计算、自主控制和联网，使人、机器和信息互相连接、融为一体，从而实现“智能工厂”“智能生产”“智能物流”。机器感知、规划、决策以及人机交互等领域，将是未来制造型企业员工培训的重点内容。

2. 员工的职业能力将由单一结构向复合结构转变

“工业 4.0”将促使组装、包装等技术技能含量低而机械重复性高的人工岗位逐步消失，但人与机器之间的合作关系将会变得更加密切，其工作性质青睐人机结合，对懂业务、懂管理、懂分析、懂工具的非常规的、能动的人才需求将会逐渐增多。

3. 员工的创新创意能力提升将是培训的核心诉求

“工业 4.0”时代，消费者的需求将变得更加多元化和个性化，产品设计除了要满足消费者的功能性需求，还要关注设计的美感，及其给消费者带来的满足感。未来企业需要大量有素质和能力的人才来面对消费者多样化的需求，要求他既能够对产品设计有艺术化的表达，又对生产流程有柔性化的思考，同时对市场竞争有创新性的策划。

4. 终身教育将是企业员工培训体系构建的主线

大数据、云计算、智能生产、AR/VR/MR 等新技术的不断涌现，日新月异的技术进步使未来产业调整和生产方式变化的趋势难以预测。面临迅驰而至的工业革命、经济和市场的全球化，只有善于学习、终身学习者才能自主选择，快速深入不同领域，才能适应社会趋势和实现个体发展的需要。这就要求企业根据个人禀赋和工作特点，给员工提供从入职到退休的全面、系统、有目的、有计划的培训教育，不断跨界整合，持续更新知识和提高技能。

（资料来源：李建春，刘春朝. 基于“工业 4.0”的制造企业员工培训体系研究[J]. 职教论坛，2018（8）：101-106.）

第五节 培训师职业

员工培训得到企业的日益重视，使得市场对培训师的需求越来越大。西方的企业培训师资格认证起步比较早，认证系统比较完善。中国的企业培训师认证制度起步较晚，并且国情与西方国家有所不同，因此在借鉴西方的企业培训师资格认证制度实施一段时间以后又被取消了。

一、国内外培训行业的发展

（一）国外培训行业的发展

随着社会经济的发展，有些行业，特别是传统行业面临技能人才短缺的问题，这些行业包括建筑、勘探、地质、电子技术、烹调、美发、汽车和制造业等，工业界迫切需要技能熟练的员工以应对技术革新等带来的变化，新老员工都需要提高技能的熟练程度。目前发达国家的人口老龄化严重，为弥补年轻劳动力数量不足，需要年纪较大的劳动力延长工作年限。人们日益重视终身学习，迫切要求培训机构运用新的技术和措施以满足当前和未来学习者的需要。下面着重介绍德国、美国和澳大利亚培训行业的发展。

1．德国培训行业的发展

在德国，培训的内涵很广，既包括不同级别和不同种类的职业学校、培训机构所实施的各种层次的职业技术教育培训，也包括继续教育、成人教育、在职培训与进修，以及再就业学习与职务晋升培训等。德国对工人的再教育和培训主要是由企业共管会、工会和资方协商建立一个专门的机构来负责开办培训机构。例如，德国铁路有限公司的培训机构“德国铁路教育软件服务中心”是德国最大的培训机构。汉莎航空技术培训公司是以独立的公司法人机构形式出现的再教育机构，它不属于德国航空公司，实行独立核算，承担的是全德航空业的技术培训工作。

2．美国培训行业的发展

美国培训行业产生于19世纪后半期的主要社会变革阶段，其发展历程主要分为以下六个阶段（马克·波普，2000）。

第一阶段（1890—1919年）：美国产生职业咨询与培训服务，服务于不断城市化和工业化的社会。

第二阶段（1920—1939年）：这个阶段的美国的职业指导着重于对中小学教育人员的指导。

第三阶段（1940—1959 年）：此时美国的职业培训转向学院、大学以及对咨询人员的培训。

第四阶段（1960—1979 年）：职业培训兴盛时期，工作对于人们的生活具有许多新的意义，社会开始重视人们与工作有关的观点和看法，系统性的职业发展开始于这个阶段。

第五阶段（1980—1989 年）：这是工业时代向信息时代过渡的开始阶段。这一时期，职业培训独立进行，企业高层人员的培训也在这个时期有所发展。

第六阶段（1990 年至今）：这时人们对技术的应用不断复杂化，职业培训走向国际化。多元化职业培训开始产生，培训的内容不再是只重视技术，而是向企业文化、工作道德、管理实践等方向发展。

经过几十年的发展，目前美国约有 250 所大学开设了人力资源开发专业，培养从事培训项目开发、培训管理、培训教学、生涯发展和组织发展领域的专业从业人员。同时，美国培训发展协会（ASTD）等专业协会在推动这些从业者专业能力的持续发展方面发挥了积极的作用（郭翠，2009）。

3．澳大利亚培训行业的发展

劳动力市场的转变，使得澳大利亚在培训机构上进行大刀阔斧的改革，以符合当前培训的需要。1992 年，澳大利亚国家培训局（Australian National Training Authority，ANTA）成立，联邦和州/领地政府签署了《ANTA 协议》。在 ANTA 的领导下，澳大利亚联邦和州/领地政府围绕《ANTA 协议》开展工作，逐步形成了较为完善的国家职业教育和培训体系，为澳大利亚的经济腾飞做出了巨大贡献，失业率由 1992 年的 10%下降到 2004 年的 5.1%，参与职业教育与培训的人数逐年增加，并延展到了海外。

澳大利亚是国际上最早建立和实施国家资格框架的国家之一，在世界范围内已经建立或正在建立国家资格框架的 150 多个国家和地区中，其资格框架被称为第一代资格框架。以能力为本位，以学习成果为依据，澳大利亚资格框架将不同教育领域颁发的 14 种资格类型分为由一级到十级逐渐上升的 10 个等级，证书分别由不同的教育机构颁发，不同级别的资格间相互衔接，创造了一个全国性的完整一致的资格框架，构建了普通教育、职业教育、高等教育三位一体的“立交桥”。此外，澳大利亚一直将修订和完善其国家资格框架作为职业教育体系构建的基石，以促进和保障现代职业教育体系的完善与成熟。澳大利亚资格框架建立于 1995 年 1 月，取代了 1991 年 5 月发布的“澳大利亚高等教育注册”资格体系，并且于 2000 年在全国范围内实施，经历了多次改革，日臻完善，不断影响着后来的国家和地区，具有非常高的借鉴价值（梁鹤，2016）。

2004 年 10 月 22 日，澳大利亚总理宣布，自 2005 年 7 月 1 日起，取消 ANTA，其职责转移到教育、科学和培训部（Department of Education，Science and Training，DEST）。该声明成为新一轮澳大利亚职业教育培训体系改革的标志。2005 年 2 月，教育、科学和培训部提出了建立新的国家培训体系的建议。另外，2005 年 8 月 24 日，澳大利亚内阁通过了新的职业教育与培训立法《2005 澳大利亚劳动力技能开发法案》(*Skilling Australia's Workforce Act* 2005)，作为促进澳大利亚职业教育与培训改革的法律保障（宫雪，2007）。至此，职业教育质量进一步提升，新的职业教育体系形成。图 1-4 对澳大利亚新的职业教育培训体系做出了描绘。

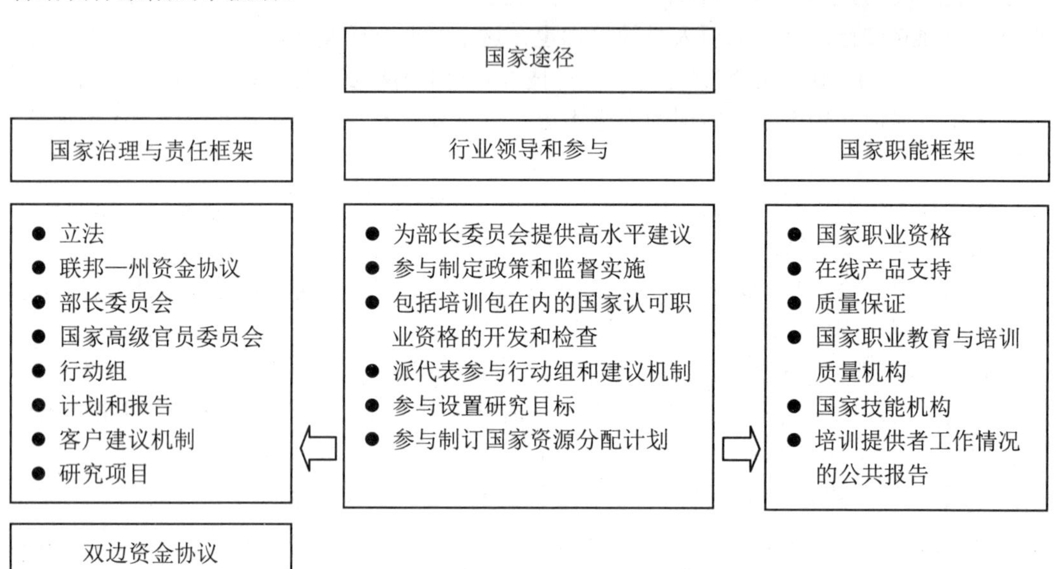

图 1-4　澳大利亚新的职业教育培训体系

资料来源：宫雪．澳大利亚职业教育培训体系改革新进展及启示[J]．职教通讯，2007（9）：67-70.

2005—2010 年是澳大利亚资格框架的发展变革期。为了进一步适应社会的发展，完善国家的资格框架，2008 年 5 月，新上任的执政党工党为资格框架创造了一个新的管理机构：澳大利亚资格框架委员会（Australian Qualifications Framework Council，AQFC），其职能主要是监控和维持资格框架，同时定期向部长理事会就资格框架发展等问题提供咨询。2009 年 7 月后，由于机构变更，AQFC 隶属于澳大利亚高等教育和就业部长理事会并对其负责。2009—2010 年，AQFC 通过澳大利亚资格框架的审核，对于如何促进和识别资格，并适应于职业教育和高等教育环节，有了新的目标，从而为广大学生群体提供了便利。2010 年 11 月 19 日，高等教育和就业部长理事会批准了 AQFC 提交的两份文件，其中一份是针对如何加强资格框架的文件，另一份就是经修改后的资格框架文本。2011 年，新版的澳大利亚资格框架开始正式实施，2013 年进行修订发布，澳大利亚资格框架进入了发展成熟期（梁鹤，2016）。

（二）国内培训行业的发展

中国培训业的规模近年来正以每年两位数的速度递增。2017 年，中国教育培训产业的总需求达到 1.8 万亿元，除去正规的学校教育（大约占 60%，约为 1.08 万亿元）之后，市场化培训需求达到 7 200 亿元。2008 年以来的金融危机导致各大企业纷纷裁员，越来越多的员工选择各项职业培训进行充电，企业也开始渐渐重视与加强员工培训。按培训内容划分，国内的培训主要分为技术培训、外语培训和管理培训。

1．技术培训

技术培训分为业务技术培训和通用技术培训。

（1）业务技术培训。中华人民共和国成立后，中国经济着力于工业发展。经过长期的战争后，中国在工业技术上远远落后于世界水平，于是就产生了大量的技术培训的需求。由于历史的原因，当时的技术培训大多是邀请苏联的专家前来指导，或者是企业派员工前往苏联进行学习。

（2）通用技术培训（以 IT 培训为例）。随着“信息化带动工业化”策略的深入人心，许多人的工作开始与计算机紧密相连，甚至不可分离，这就造成了大量的工种需要进行 IT 技术的培训。不算各类社会 IT 认证，每年仅参加教育部、劳动部和人事部组织的 IT 认证考试的人员就有五百多万人，面对如此大规模的培训需求，我国 IT 培训认证市场以惊人的速度发展着。据初步估计，国内 IT 认证市场以每年 30%的速度递增，远高于全球 12%的增长速度，目前已有微软（Microsoft）、甲骨文（Oracle）、思科（Cisco）、Sun 等认证。

2．外语培训

常言道，“语言不通则不能人心相通”。外语能力在国际交流、对外贸易中扮演不可或缺的角色。因此，外语培训一直是培训市场的主力军。据估算，中国的外语培训市场每年约有五百多亿元人民币的市场空间。目前比较知名的外语培训机构包括新东方、新动力、亚美欧、环球雅思、新航道、赛思杨格、英孚、戴尔、澳美、博顿、华尔街英语等。

2015 年 3 月 28 日，国家发展改革委、外交部、商务部联合发布了《推动共建丝绸之路经济带和 21 世纪海上丝绸之路的愿景与行动》。在国家实施“一带一路”倡议背景下，国际化人才培养需要根据对外开放的新步伐做出相应调整，培养能够进行跨文化沟通的新型国际化人才是当务之急，外语人才作为重要的战略资源，直接影响“一带一路”倡议的实施效果。“一带一路”沿线国家和地区官方语言超过四十种，而我国目前高校外语专业招生的语种只涉及其中的二十多种，这其中某些小语种往往只有一个三十人左右的小班，有的还是隔年招生。因此，必须加大力度培养谙熟这些国家语言的“外语+”各类专业人才。

3．管理培训

据国家统计局、工商局的统计数据，我国现有注册企业四千多万家，如果管理培训能够广泛普及，那么市场前景相当可观。自 20 世纪 90 年代中期开始，作为一个朝阳产业，中国的管理培训业崭露头角。截至 2017 年年底，据行业内人士估计，中国管理类的培训市场容量约有一千亿人民币，培训机构十几万家。在管理培训市场中，高级管理人员培训占据着很大的市场份额。对长江商学院、中欧工商学院、北京大学汇丰商学院等商学院而言，收入的主要来源是不授予学位证书的高层经理培训课程，而并非 MBA。社会上知名的培训机构包括聚成集团、影响力教育集团、时代光华、云学堂等。管理培训的发展也促进了培训采购平台的发展，其中比较有代表性的有混沌大学、云学堂、时代光华、聚成咨询、北大纵横、天骐培训、广东众行、尚德机构、得到等。

目前，中国的培训机构可以分为以下四大类型（马永斌，吴志勇，2005）。

第一类属于研发型或产品型，它显著的特点就是做研发课程，追求长线的利益。

第二类属于市场型，它本身没有较强的市场开发能力，但是它拥有可利用的非常丰富的、具有垄断性的培训市场资源。国家部委、行业协会下属的培训中心大多属于这种类型。

第三类属于导入型，它以国内外优秀教材作为培训主导课程，或者引入国际先进的理论和经验。从事这种类型培训的讲师有很多是海归派或者留学回来的，他们利用留学海外的优势，把国际上非常优秀的原版课程引入国内。

第四类属于跟随型，它是中国培训市场的大类，也是一个主流，其特点是非常注重短期的经济效益，永远追随市场的热点，市场上什么课程热，就做什么课程，缺少自己的个性。

从以上四大类培训机构的市场构成来看，能够自主研发课程的培训机构所占比例较少。例如，以从事管理培训的机构来说，70%属于跟随型，20%属于市场型，6%属于研发型或产品型，4%属于导入型，如表 1-2 所示。从事管理培训 70%的培训机构属于跟随型说明目前我国培训市场上项目自主研发能力和课程开发能力相对薄弱，其结果是导致培训产品高度同质化，缺少长远发展战略，仅仅满足于短期利益的获取。

表 1-2　四种类型培训机构的市场构成

导　入　型	研发型或产品型	市　场　型	跟　随　型
4%	6%	20%	70%

资料来源：马永斌，吴志勇．中国培训行业发展现状分析[J]．继续教育，2005（2）：26-29．

例证 1-6

企业培训平台“云学堂”获 C 轮融资，云锋基金领投

随着中国成为全球第二大经济体，中国的商业学习也面临调整和机遇，企业迫切需要更好的职场人才来支撑自身的战略发展。近年来，国内企业培训市场正从过去的“培训是消费、培训是福利”转变到“培训是投资”的认知阶段，越来越多的企业愿意增加企业培训方面的投入。

云学堂全称为江苏云学堂网络科技有限公司，成立于 2011 年 12 月。作为企业培训全面解决方案服务平台，云学堂独创企业人才发展服务的 BaaS 模式，为企业提供“平台+内容+服务”的企业学习全方位生态解决方案。平台产品基于云计算构建，结合大数据和人工智能技术，能够实现对学员精准推荐学习内容。云学堂目前已服务数万家企业，拥有一大批 500 强及各行业领先企业客户，如海信、同仁堂、华住酒店集团、今日头条、美团、中国建设银行等，现已覆盖近千万学员。

2018 年 9 月 25 日消息，云学堂已经完成 C 轮第一期融资，本轮融资由云锋基金领投，老股东 SIG（海纳亚洲）等跟投。C 轮融资将主要用于加速扩大市场规模等方面。

（资料来源：亿欧. 企业培训平台“云学堂”获 C 轮融资，云锋基金领投[EB/OL].（2018-9-25）. https://www.iyiou.com/p/82048.）

二、培训师的职业资格认证

为提高企业职工教育和培训工作人员的素质，培训师一般需要获得经专业机构认证的职业资格证书。下面简单介绍几种国际和国内的培训师资格认证。

（一）国际培训师职业资格认证

目前国际上存在四种被广泛认可的培训师资格认证，即英国伦敦城市行业协会的国际培训师资格认证、剑桥大学职业/专业资格认证中心的剑桥国际培训师专业资格认证、美国培训认证协会和美国人才发展协会的培训师资格认证、澳大利亚的培训师资格认证。

1．英国伦敦城市行业协会的国际培训师资格认证

英国伦敦城市行业协会（City & Guilds）提供的国际培训师资格（City and Guilds Teachers and Trainers，www.train-the-trainers.co.uk），是针对国际市场专门开发的系列资格认证体系，着重于向世界各地的教师和培训师提供通用的培训技巧和知识，既能使已入行的教师及

培训师为顺应国际职业培训技巧和潮流来更新相关知识和技能，也能使那些新手获得具有国际认可的培训师资质。这个项目共有两种不同级别的专业资格，即证书评级资格和职业评级资格，证书评级资格适用于初入行者，职业评级资格则适用于对教学及培训方面有更高要求的教师和培训师。在证书评级资格中，学员通常将接受课时为 90 小时的培训计划，在培训师的指导下学习较为广泛的基本技巧。这些技巧包括：① 如何为培训实施做准备；② 实施培训教学；③ 评估和审核培训效果。在职业评级资格中，学员会在证书评级资格的基础上继续学习，接受 300 学时的教育和培训计划，进一步提升专业培训技术理论方面的广度和深度，具体包括：① 确定学生学习要求；② 计划和准备培训；③ 实施教学和训练；④ 评价和审核培训效果；⑤ 自我评价和确定个人进一步发展的需求。

1994 年，City & Guilds 首次在中国成立授权考试中心，1995 年首次举行考试。1998 年与中国劳动和社会保障部签订合作协议，2000 年通过中国劳动和社会保障部的审核，成为第一个可以在中国推广职业资格考试的外国颁证机构。2003 年，City & Guilds 在上海成立中国总部，并与广州劳动局职业技能鉴定中心合作，与劳动部的认证双证并轨。2009 年 4 月，与中华职教社职业指导中心签订战略合作协议；2009 年 6 月，与上海交通大学教育集团签订战略合作协议（华狮汉韵，2014）。

2. 剑桥国际培训师专业资格认证

剑桥国际培训师专业资格认证（Cambridge International Diploma for Teachers and Trainers）是为广大求职及在职人员提供的国际职业资格的培训、认证考试，也是一种集国际标准化实际操作培训和过程性证据（结果）认证于一体的培训、认证考试。对于准备或已处于培训师岗位的、过去未曾受过正式培训师培训或无培训师资历的、需要更新培训技能与知识的人士，考取该证书是一个理想的选择。剑桥国际培训师专业资格认证考试的过程，注重培养、考察考生在实际工作环境中解决问题的能力和工作胜任能力，强调的是持证人员知识体系的实际应用能力。该培训以操作应用、案例分析为主，采取的是互动式教学方式，这有利于学员理解和掌握相关知识。

在英国，只有颁证机构（Awarding Organization，AO）和高等教育机构能够认证并颁发剑桥国际培训师专业资格认证证书。该证书目前已经受到多个国际行业协会和高等院校的认可，包括英国特许市场营销协会、欧洲项目管理协会、国际簿记师会等；在中国，该证书是与国际接轨的职业/专业资格证书，是我国政府认可的少数几个国际职业/专业资格证书之一，它由劳动和社会保障部引入，与国内颁发的相关职业资格证书具有同等法律效力。同时，劳动和社会保障部在证书上粘贴了防伪标识，并在劳动和社会保障部职业技能鉴定中心（OSTA）的网站上注册登记，考生和社会机构可以上网查询证书真伪。

3. 美国的培训师资格认证

美国的培训师资格认证分为美国培训认证协会认证、人才发展协会认证两种。

（1）美国培训认证协会认证。美国培训认证协会（AACTP，www.aactp.net）是国际上第一家专注培训项目与管理者资质的互动研究和资格认证的非营利性组织，也是国际上首创终身制继续教育跟踪服务的专业机构。美国培训认证协会致力于整合全球范围内的优秀教学资源和专业认证机构，为全球化浪潮下的各国企业管理者和专业人士提供权威的培训认证服务和终身制继续教育跟踪服务。

目前，鉴于中国语言体系的不同与特殊的经济发展国情，美国培训认证协会仅仅在近两年才在中国推行它的培训认证体系，经过严格的资格审查，授权众行管理顾问有限公司为其在中国区域的目前唯一合法培训机构，认证项目有国际注册培训师（ICT）和国际注册行动学习促动师（ICF）两种。

（2）人才发展协会认证。人才发展协会（ATD，china.td.org）前身为成立于 1944 年的美国培训与发展协会（ASTD），在全美拥有 150 个分会，是企业培训和绩效评估领域的最大职业协会，是世界上最大的专注于人才发展领域专业人士的协会。ATD 的会员来自全球 120 多个国家，任职于各个行业的各类型机构和组织。ATD 通过其在美国的 125 个分会、全球战略合作伙伴以及全球会员网络为这些专业人士的工作提供支持。随着培训与发展领域范畴和影响的不断扩大，其核心内容已经扩展到将人力资源发展、学习和工作表现同个人及机构整体绩效相关联的各个方面。ATD 于 2014 年 8 月在上海成立了中国办公室。ATD 中国为各行业专注于人才发展领域的专业人士提供不同形式的内容，其中包括公开课和企业内训、一年一度的中国峰会、企业解决方案、TD 杂志文章、博客以及职业资格认证。

4．澳大利亚的培训师资格认证

澳大利亚的培训师资格认证（Pan Pacific Training College，PPTC；www.panpacifictraining.com）是澳大利亚著名的培训机构，其所颁发的培训资格证书是按照澳大利亚国家资格证书框架（AQF）的标准实施。澳大利亚国家资格证书是澳大利亚唯一的具有法定效力的资格证书体系。PPTC 的职业资格培训与认证得到英联邦国家的广泛承认，且该证书已得到上海紧缺人才培训事务服务中心的认可，学员完成课程之后，可以颁发双证。该项目实施培训以后，学员可得到盖有澳大利亚国家培训局培训认证印章的资格证书。

例证 1-7

达芬奇计划

1995 年，欧盟提出了一个崭新的职业教育培训计划——里奥纳多·达芬奇计划（Leonardo Da Vinci Programme，以下简称达芬奇计划）。

达芬奇计划是对欧盟《里斯本战略》和《哥本哈根议程》精神的贯彻。它和欧盟其他的交流计划一样，希望通过相互合作的形式促进欧盟的统一化进程，减少成员国之间的排外情绪，以达到增进文化交流、实现欧盟经济腾飞和社会一体化的目标。达芬奇计划实施至今已进行到第二代。

第一代达芬奇计划包括两个阶段：第一阶段：1995—1999 年，此阶段提高了职业培训的质量，促进了职业培训的革新，实现了职业培训制度和实践方面的“欧洲维度”；第二阶段：2000—2006 年，通过此阶段的实施，欧盟发展了具有欧洲特色的职业教育培训，促进了成员国的教育机构间的互认互信，增加了规模化的跨国职业流动。

2007 年开始，欧盟制订了“第二代达芬奇计划”，达芬奇计划被正式融入欧盟新的“终身学习”计划之一，也标志着欧盟职业教育进入了全面合作的新时代。第二代达芬奇计划实施阶段为 2007—2013 年，中心目标是促进欧盟成员国之间的职业融合，改进职业技术教育培训质量和提供更多的职业教育培训机会，最终推动欧盟国家职业教育一体化进程，促进成员国在职业教育和培训领域的跨国合作，推广成员国在职业教育和培训方面的有益经验，不断促进各成员国培训革新，从而提升欧盟在国际上的整体竞争力。

（资料来源：蔻琳娜. 欧盟达芬奇计划研究[D]. 上海：上海师范大学，2011.）

（二）国内培训师职业资格认证

自 1981 年起，我国开始正式以政府名义倡导和督促企业开展职工教育和培训工作。近些年，随着市场经济的深化和企业间竞争的加剧，企业愈发重视和加强职工培训工作，并建立了自己的职工培训机构和组织体系，但在对广大企业培训师提出基本素质要求，进行能力评估以及给他们的专业职务晋级等方面遇到了许多困难，从而也造成了企业职工培训师队伍不稳定、人员流失严重的现象，对企业职工培训工作产生了严重的不良影响。因此，建立企业培训师的职业资格认证体系，成为广大企业培训师的迫切愿望，也是我国职业资格制度建设的迫切需要。

2000 年，作为我国开展职工教育培训的国家级专业协会，中国职工教育和职业培训协会开始着手研究和筹划我国的企业培训师职业资格体系建设。企业培训师职业资格体系和制度方案形成后，中国职工教育和职业培训协会正式推出了我国的企业培训师职业资格证书。2002 年 5 月，国家劳动和社会保障部更进一步明确要求中国职工教育和职业培训协会着手开发有关培训师的职业标准和相关教材（李荣生，2002）。2017 年，由国家人力资源和社会保障部主管的企业培训师职业资格认证被取消。此外，注册企业培训师为水平评价类职业资格认证，原由发改委主管，由原中国人力资源开发研究会实施认证，于 2014 年由国务院宣布取消。因此，目前我国不存在国家级职能部门主管的企业培训师职业资格认证，企业培训师职业资格认证工作将来可能由行业协会或知名企业实施。

第六节　员工培训的公共管理

发展是第一要务，人才是第一资源。职业技能培训是全面提升劳动者就业创业能力、缓解技能人才短缺的结构性矛盾、提高就业质量的根本举措，是适应经济高质量发展、培育经济发展新动能、推进供给侧结构性改革的内在要求，对推动“大众创业、万众创新”，推进制造强国建设，提高全要素生产率，推动经济发展水平迈上中高端具有重要意义。

一、美国和欧盟国家政府对职业培训的支持

美国和欧盟一些国家在本国和地区中小企业服务的过程中积累了比较成熟的培训经验，或通过政府制订统一的中小企业培训计划并由各级地方政府负责实施，或通过社会中介机构、民间团体为中小企业提供培训、信息咨询服务，政府给予提供服务和接受服务的人员适当的津贴或补助，这些都突出地体现了政府在培训服务中的主导地位。

（一）美国：政府主导的中小企业培训

美国联邦政府于 1953 年成立管理小企业的专门机构——小企业管理局（SBA），专门负责规划、协调、指导和推进中小企业发展，为中小企业提供项目、贷款、技术、管理和维权等全方位的帮助。美国各州还设有中小企业服务总署和中小企业服务中心（SBDC）以及分支机构，这些机构大多设在大学校园内，以便让大学和各类社会培训资源与中小企业服务机构广泛合作。由于美国注重员工的专业知识和技能的培训，中小企业服务中心为中小企业免费提供的是专才培训服务。

为适应中小企业服务中心及其分支机构的工作需要，政府还专门配备具有管理经验的人才对服务机构进行管理，聘请不同领域具有一定声望和高超专业技术的专家在服务机构中兼职或担任顾问，使得中小企业服务中心具有高效的运作能力和极强的社会影响力，在一定程度上解决诸如政策沟通渠道不通畅、资源无法全面统筹、政策实施不系统等问题（余杰，2017）。

（二）欧盟：津贴支持和带薪培训

意大利、德国、比利时等欧盟国家中小企业在不同程度上受政府的影响较深。欧盟国家政府对中小企业的职工培训都给予了补贴、资助、政策和法律上的保证。意大利政府在全国各地设立了中小企业联合组织，为中小企业提供信息咨询服务以及技术人员培训。分布于德国各地的技术管理培训中心，为中小企业提供免费的技术与管理培训，并

开展一系列的咨询服务。比利时政府则对中小企业的培训活动给予津贴支持，鼓励中小企业的管理者和职工参加不同层次的带薪培训（李伟，游春，2007）。

二、中国政府对职业培训的支持

（一）香港：培训课程体系完备

香港职业训练局（VTC）于 1982 年成立，至今已有三十多年的历史，是香港最具规模的职业专才教育机构，每年约为二十万名学生提供全面的职前和在职训练，颁发国际认可的学历资格证书。职业训练局提供的 VTC Earn & Learn 职学计划，结合有系统的职业教育和在职训练，提供清晰的进阶路径，助力年轻人投身人力需求旺盛的行业。该计划除课堂学习外，学员亦会在用人单位接受在职培训。政府和行业为计划学员提供津贴、职学金和特定薪酬，让年轻人学习专业知识及技术的同时，获取稳定收入和鼓励。毕业学员还可衔接更好的学历课程，在进修和事业上逐级而上，向专业道路迈进。目前，VTC Earn & Learn 职学计划提供的计划有学徒训练计划、见习员训练计划、工科毕业生训练计划、再工业化及科技培训计划、保安培训课程认可计划。此外，职业训练局还有专门针对中高龄人士、非华语人士、残疾人士、特殊教育人士及失业/待业人士等特殊社群提供的职业发展计划（香港职业训练局，2018）。

自 2001 年 10 月始，香港特区政府陆续拨款成立四项资助计划，其中包括 2002 年 1 月成立的中小企业培训基金，即政府出资鼓励中小企业开展与其业务有直接关系的员工培训，每家企业单次培训费最高可达 3 万元，特殊培训可达总费用的 70%（李长兴等，2008）。

（二）中国政府支持职业培训的历史演变

从中华人民共和国成立到 20 世纪 50 年代中期，是中华人民共和国成立后职工培训的初创时期，一大批党和政府主办的技工学校和企业培训中心得到发展，考工定级和晋级制度的建立以及技术等级标准的制定也逐步完善，并成为考核以国营和集体所有制企业职工为主的工人技术水平的尺度，成为技术工人培训的依据。

1978 年，党的十一届三中全会召开，使全党的工作重点转移到以经济建设为中心的轨道上来，职工培训再次纳入正轨，在改革、转轨中迅猛发展。国家自 1979 年开始颁发了多项条例和规定，开展以企业为主体、以国家考评标准为依据的职业技能培训，部分地区、部门和单位甚至通过考工试点与工资待遇结合，推动工人培训工作，提高工人素质，收到了较好的效果。

1992 年，党的第十四次全国代表大会确定了我国经济体制改革的总目标——建立社会主义市场经济体制，我国改革开放和现代化建设事业进入一个新的发展阶段，职业培训逐步走上了法制化、制度化轨道，国家对职业培训的支持愈加多元化，支持力度不断加大（王伟，2003）。

（三）新时期中国政府对职业培训的支持

为了解决技能劳动力短缺和就业问题，国务院办公厅于2005年下发了《关于全面推进职业教育发展的决定》，全国多个城市和地方政府开始扩大职业培训支持力度，逐渐形成以就业需求为导向的职业培训发展之路，职业培训规模显著扩大，为社会输送了大量技术性人才。《国家中长期人才发展规划纲要》（2010—2020年）提出，到2020年，我国人才发展的总体目标是：培养和造就规模宏大、结构优化、布局合理、素质优良的人才队伍，确立国家人才竞争比较优势，进入世界人才强国行列，为在21世纪中叶基本实现社会主义现代化奠定人才基础，并统筹推进党政人才队伍、企业经营管理人才队伍、专业技术人才队伍、高技能人才队伍、农村实用人才队伍、社会工作人才队伍等全面人才队伍建设。2018年5月3日，《关于推行终身职业技能培训制度的意见》正式颁布实施。新时期，我国政府对企业员工培训的支持主要体现在以下几个方面。

1．以政府为指导，以企业为主体，以市场为导向

《国家中长期人才发展规划纲要》（2010—2020年）提出：建立政府指导下以企业为主体、市场为导向、多种形式的产学研战略联盟，通过共建科技创新平台、开展合作教育、共同实施重大项目等方式，培养高层次人才和创新团队。《关于推行终身职业技能培训制度的意见》进一步指出，要创新体制机制，推进职业技能培训市场化、社会化改革，充分发挥企业主体作用，鼓励支持社会力量参与，建立培训资源优化配置、培训载体多元发展、劳动者按需选择、政府加强监管服务的体制机制。

2．构建终身职业技能培训的体系

2018年颁发的《关于推行终身职业技能培训制度的意见》继续深化职业技能培训改革，将职业技能培训对象向全体劳动者（就业人员和准备就业人员）覆盖，并提供全方位的服务保障。政府对职业技能培训补贴覆盖终身职业生涯，劳动者只要在岗、在职劳动或者工作，均可接受补贴培训。同时，将技能评价激励的活动覆盖培训全过程，使培训、就业、评价、使用紧密相连，从而实现终身职业技能培训。

3．全面推进和规范职业资格证书标准体系

我国自1993年推行职业资格证书制度以来，已初步建立起职业资格证书制度的法律法规和工作体系。2014年以来，应我国经济发展和劳动力市场的实际需求，国务院先后分6批取消了319项职业资格证书，占国务院设置职业资格证书总数的52%。至此，国务院部门设置的职业资格证书总量减少至296项，其中专业技术人员职业资格证书剩余70项，技能人员职业资格证书剩余226项，职业资格标准体系不断优化和完善。

4．政府资金引导，多渠道资金保障

为响应国发[2012]14 号文件精神，北京、上海、广州、深圳等地已为当地的中小微企业培训设立了专门的培训资金。《国家中长期人才发展规划纲要》和《关于推行终身职业技能培训制度的意见》也强调地方各级人民政府要加大投入力度，落实职业技能培训补贴政策，发挥好政府资金的引导和撬动作用。同时提出，建立政府、企业、社会多元投入机制，通过就业补助资金、企业职工教育培训经费、社会捐助赞助、劳动者个人缴费等多种渠道筹集培训资金。

5．税收优惠政策，鼓励企业开展员工培训

《国务院关于大力推进职业教育改革与发展的决定》（国发[2002]16 号）要求：一般企业按照职工工资总额的 1.5%足额提取教育培训经费，从业人员技术要求高、培训任务重、经济效益较好的企业，可按 2.5%提取，列入成本开支。《关于企业职工教育经费税前扣除政策的通知》（财税[2018]51 号），明确自 2018 年 1 月 1 日起，企业发生的职工教育经费支出，不超过工资薪金总额 8%的部分，准予在计算企业所得税应纳税所得额时扣除；超过部分，准予在以后纳税年度结转扣除。提高企业职工教育经费税前扣除比例将激励企业通过培训提升职工素质、提高职工工作能力，从而助推企业创新发展与经济高质量发展。

例证 1-8

《中央和国家机关培训费管理办法》
（财行［2016］540 号）

除师资费外，培训费实行分类综合定额标准，分项核定、总额控制，各项费用之间可以调剂使用。综合定额标准如表 1-3 所示。

表 1-3 中央和国家机关培训费定额标准

单位：元/人・天

培训类别	住宿费	伙食费	场地、资料、交通	其他费用	合计
一类培训	500	150	80	30	760
二类培训	400	150	70	30	650
三类培训	340	130	50	30	550

培训分为三类：一类培训是指参训人员主要为省部级及相应人员的培训项目；二类培训是指参训人员主要为司局级人员的培训项目；三类培训是指参训人员主要为处级及以下人员的培训项目。

综合定额标准是相关费用开支的上限。各单位应在综合定额标准以内结算报销。30

天以内的培训按照综合定额标准控制；超过30天的培训，超过天数按照综合定额标准的70%控制。上述天数含报到和撤离时间，报到和撤离时间分别不得超过1天。

本章小结

1. 从狭义上讲，培训是指为企业利益而有组织地向员工传授其完成本职工作、提高工作能力所必须掌握的态度、知识和技能（如与工作相关的知识、技能、价值观念、行为规范等）的过程。从广义上讲，培训应该是使人力资本增值和创造智力资本的途径。智力资本包括基本技能、高级技能、对客户和生产系统的了解以及自我激发创造力。

2. 员工培训具有以下特征：（1）企业发展需求的主导性；（2）提高生产效率的实用性；（3）实现企业和员工的统一性；（4）培训内容的离散性；（5）培训方法的多样化；（6）培训时间的零散易变性。

3. 培训对企业的作用有：（1）优化企业的人才配置，提高企业团队的整体素质；（2）加强企业核心竞争力；（3）推动企业文化的完善与形成。

4. 培训对员工的作用有：（1）提升员工的能力；（2）满足员工自我发展的需求；（3）激发员工的工作热情。

5. 培训具有如下五个发展趋势：（1）培训日益职业化和专业化；（2）培训中新技术的运用幅度加大；（3）培训更加重视成果转化和实效；（4）培训部门整合内外部资源；（5）培训方法多样化。

6. 目前国际上存在四种被广泛认可的培训师资格认证：（1）英国伦敦城市行业协会的国际培训师资格认证；（2）剑桥大学职业/专业资格认证中心的剑桥国际培训师专业资格认证；（3）美国培训认证协会和美国人才发展协会的培训师资格认证；（4）澳大利亚的培训师资格认证。

7. 新时期，我国政府对企业员工培训的支持主要体现在五个方面：（1）以政府为指导，以企业为主体，以市场为导向；（2）构建终身职业技能培训的体系；（3）全面推进和规范职业资格证书标准体系；（4）政府资金引导，多渠道资金保障；（5）税收优惠政策，鼓励企业开展员工培训。

网站推荐

1. 中国培训师大联盟网：www.china-trainers.com

2．英国伦敦城市行业协会：www.city-and-guilds.com.cn
3．剑桥大学国际资格认证考试网：www.cambridgeinternational.org
4．美国培训认证协会：www.aactp.org
5．美国人才发展协会：china.td.org

思考练习题

1．当前的企业员工培训存在哪些误区？
2．企业员工培训有哪些重要发展趋势？

培训游戏：活跃现场气氛

1. 活动目的

在气氛有些沉闷时，使听众大笑并热烈鼓掌，激发听众活力，活跃现场气氛。

2. 操作步骤

培训过程中，当气氛有些沉闷时，培训师突然说：“大家知道演讲的人最怕哪四件事情吗？”稍作停顿之后，培训师笑着说演讲人最怕的四件事是：

第一，听众不准时到会。

第二，听到一半出去。

第三，出去之后再也不回来。

第四，不鼓掌！

（资料来源：钟锐. 培训游戏金典[M]. 北京：机械工业出版社，2006.）

学以致用：是否考证

小郑是某知名大学人力资源管理专业的高年级学生，希望毕业后能够成为一名合格的培训师，考虑到很快就要毕业找工作了，但是国家已经取消了企业培训师的职业资格认证，最近他在犹豫是否要参加美国人才发展协会（ATD）在中国的相关培训，进行 ATD 培训课程证书认证。试将班级分成若干小组，展开讨论，帮小郑拿个主意。

案例分析

IBM 公司培训对企业发展的重要性

IBM 公司绝不让一名未经培训或者未经全面培训的人到销售第一线去。销售人员说些什么、做些什么、怎样说和怎样做，都对公司的形象和信誉影响极大。因此，该公司用于培训的资金充足、计划严密、结构合理。IBM 公司的销售人员和系统工程师要接受为期 12 个月的初步培训，主要采用现场实习和课堂讲授相结合的教学方法。销售培训的第一期课程包括 IBM 公司经营方针的很多内容，如销售政策、市场营销实践以及计算机概念和 IBM 公司的产品介绍。第二期课程主要是学习如何销售并模拟销售。在课堂上，该公司的学员了解了公司有关后勤系统以及怎样应用这个系统，他们研究竞争和发展一般业务的技能。学员们在课堂上经常扮演销售角色，教员扮演用户，向学员提出各种问题，以考核他们解决问题的能力。学员们在逐渐成为一名合格的销售代表或系统工程师的过程中，始终坚持理论联系实际的学习方法。

（资料来源：MBA 案例：IBM 公司培训对企业发展的重要性，2012）

思考讨论题

1．为什么针对销售人员的培训对 IBM 来说是十分重要的？
2．IBM 为什么要为员工设计这样的培训方式？

本章参考文献

[1] 冯少伟．“互联网+”背景下石化企业培训转型的实践探索[J]．当代石油石化，2018（9）：48-52．

[2] 高敬．企业大学的四门必修课[J]．人力资源，2013（1）：54-55．

[3] （美）加里・德斯勒．人力资源管理[M]．刘昕，译．12 版．北京：中国人民大学出版社，2014：293．

[4] 盖勇．培训与开发[M]．济南：山东人民出版社，2004．

[5] 宫雪．澳大利亚职业教育培训体系改革新进展及启示[J]．职教通讯，2007（9）：67-70．

[6] 郭翠．培训师人才的培养研究——美国的经验与启示[D]．上海：华东师范大学，2009．

[7] 郭维维．企业培训的组织形式及发展趋势[J]．企业研究，2002（9）：67-68．

[8] 华狮汉韵．英国伦敦城市行业协会国际培训师证书[EB/OL]．（2014-04-20）．https://www.douban.com/note/346328935/．

[9] 兰景林．中国南方航空集团公司员工培训模式优化研究[D]．兰州：兰州大学，2018．

[10] 雍德军．企业员工培训浅议[J]．合作经济与科技，2018（8x）：146-149．

[11] 蔻琳娜．欧盟达芬奇计划研究[D]．上海：上海师范大学，2011．

[12] 李荣生．我国有了企业培训师[J]．中国培训，2002（6）：12-14．

[13] 李晓华．论员工培训在企业发展中的重要作用[J]．财经界（学术版），2018（9下）：133-134．

[14] 李长兴，李建刚，张明春，高玉库．从香港中小企业发展的政府扶持看我市非公经济发展的政策可行性[C]．创新思想·科学发展·构建和谐——黑龙江省首届社会科学学术年会优秀论文集下册，2008：495-503．

[15] （美）马克·波普．美国职业指导工作的发展历程与职业指导员的培训[J]．中国职业技术教育，2000（3）：54-56．

[16] 马永斌，吴志勇．中国培训行业发展现状分析[J]．继续教育，2005（2）：26-29．

[17] 胡殿国．企业员工培训的误区与改进对策浅议[J]．纳税，2017（27）：94，98．

[18] 续润华．美国发展职业技术教育的历史及其对我国的启示[J]．成人教育，2009，9（248）：93-96．

[19] 解祥华．现代企业培训的特征与发展趋势分析[J]．企业经济，2008（3）：79-81．

[20] 郑小娟．新时期我们继续教育发展趋势研究[J]．中国成人教育，2009（19）：97-98．

[21] 钟锐．培训游戏金典[M]．北京：机械工业出版社，2006．

[22] 崔莉霞．浅析员工培训在人力资源管理中的重要性[J]．知识经济，2018（16）：95-97．

[23] 梁林梅，桑新民．当代企业大学兴起的解读与启示[J]．教育研究，2012（9）：79-85．

[24] 李建春，刘春朝．基于“工业4.0”的制造企业员工培训体系研究[J]．职教论坛，2018（8）：101-106．

[25] 马昭奕．H公司员工培训体系优化研究[D]．西安：西安理工大学，2018．

[26] BARLOW. Vocational education[M]. Chicago: University of Chicago Press, 1965:186.

[27] KATZ RL. Skills of an effective administrator[J]. Harvard business review, 1955,

33(1): 33-42.

[28] 张驰．苹果大学：苹果的内部员工培训计划[EB/OL]．(2014-08-11)．https://www.leiphone.com/news/201406/apple-university-internal-train.html.

[29] 管理资源网．企业对员工培训认识存在的八大误区[EB/OL]．(2005-10-03)．http://www.m448.com/info/wzview_32653.

[30] 梁鹤．澳大利亚职业资格框架及其启示[EB/OL]．(2016-11-29)．http://epaper.gmw.cn/gmrb/html/2016-11/29/nw.D110000gmrb_20161129_3-15.htm?div=-1.

[31] 培养"外语+"人才 融入"一带一路"战略[EB/OL]．(2016-01-27)．http://finance.huanqiu.com/br/focus/2016-01/8455299.html.

[32] 我国管理培训行业概况及现状[EB/OL]．(2017-05-23)．http://www.chinabgao.com/k/guanlipeixun/27339.html.

[33] 余杰．上海市政府推进中小微企业员工职业技能培训政策实施研究——以徐汇区为例[D]．上海：上海师范大学，2017．

[34] 李伟，游春．国外中小企业培训体系建设经验及其借鉴[J]．商业时代．2007(29)：54-55．

[35] 香港中小企业总会．本会简介[EB/OL]．(2018-10-31)．http://www.hksmega.org/chincse/introduction.htm．

[36] 香港职业训练局．VTC Earn & Learn 职学计划[EB/OL]．(2018-10-31)．http://www.vtc.edu.hk/studyat/tc/apprenticeship-training-schemes/．

[37] 亿欧．企业培训平台"云学堂"获 C 轮融资，云锋基金领投[EB/OL]．(2018-09-25)．https://www.iyiou.com/p/82048．

[38] 王伟．20 世纪我国企业职工培训的历史沿革[J]．河南职技师院学报(职业教育版)，2003(3)：38-41．

[39] 张容榕．三星国际化人才培养[J]．中国人力资源开发，2015(14)：69-76，93．

[40] CHENG S M, LUNN S. Training and qualification: employee training at galaxy entertainment group[M]. Barlin: Springer, 2016.

第二章

培训需求分析

学习目标

1. 了解培训需求分析的概念和实施步骤；
2. 掌握搜集培训需求信息的方法；
3. 掌握分析培训需求信息的方法；
4. 学会应用培训需求分析的结果。

引例

惠普公司的人才培养计划

每年初到惠普的新员工，都会被要求参加新员工入职培训，这会帮助他们很快地熟悉和适应新环境。通过这个培训，可以让新员工了解公司的文化，确立自己的发展目标，清楚业绩考核办法，让其明白该如何规划自己的职业生涯。在这一阶段，培训课程主要是与工作紧密相关的技术类培训，如编程、系统管理等。

为了帮助年轻的经理人员成长，惠普有一个系统的培训方案——向日葵计划，这是一个超常规发展的计划，帮助较高层的经理人员从全局把握职位要求，改善工作方式。当员工通过公司内部招聘成为一线的经理，加入公司内部管理工作中，这时公司就会考虑工作的需求，给升迁的员工制订一份培训计划。在与人力资源部门协调之后，确立每门课的内容和进度，这份计划开始实施。这个阶段的课程主要包括沟通、谈判以及基本的管理培训。如果员工进一步升迁为部门总经理，就会由他本人参照人力资源部门的培训计划，结合在线培训课程等方面的安排，为自己制订新的培训计划。培训计划制订后，便是一个由“硬”到“软”不断深化的培训过程，提供从技术业务知识到沟通技巧，再到文化、思维的全方位和多元化的课程安排。

（资料来源：ESTEBANLLORET N N, ARAGÓNSÁNCHEZ A, CARRASCOHERNÁNDEZ A. Determinants of employee training: impact on organizational legitimacy and organizational performance[J]. International journal of human resource management, 2018: 1-22.）

从引例中可以看到，不管是对新入职员工、一线经理或者部门总经理，企业都需要对员工的培训需求进行分析，以便企业使用有限的培训资源实现培训效果的最佳化。在本章中，我们从培训需求出发，通过介绍培训需求分析的概念、方法、结果运用等内容，帮助企业做好培训需求分析工作，提高企业的培训成效。

第一节　培训需求分析概述

市场竞争使许多企业竞相通过加强培训与构建学习型组织等举措来提升员工素质，提高员工的岗位胜任力，以更好地应对市场带来的竞争压力。目前，虽然很多企业已经意识到培训对于提升员工素质、提高企业生产力和竞争力的重要性，但由于种种原因，国内很多企业的培训工作开展得还很不理想，培训收效不明显，其中的主要原因在于企业在分析培训需求时不得要领，致使培训需求分析工作没有做好。因此，企业要想有效开展培训工作，首先必须运用科学的方法做好培训需求分析，确定培训需求和项目，从而提高培训的有效性。

一、培训需求分析的概念

培训需求源于企业希望员工达到的技能或素质、水平或状态与员工现有的技能或素质、水平或状态存在差距。这样的差距不一定完全来自于员工自身的水平问题，也有可能是来自于企业软件、硬件设施的不完善（如规章制度的不完善）等。当剔除了企业设施等方面的问题后，确定是员工的技能或素质、水平或状态未能满足企业发展的需要时，就产生了对员工进行培训的需要。差距分析的具体过程如图 2-1 所示。

同其他任何事情一样，培训前我们应该知道为什么要对员工进行培训。培训需求分析是在组织的支持下，通过对组织的战略目标、绩效水平的高低和人员素质等方面进行系统的诊断和分析，从而确定现有的状态与理想状态的差距是否需要通过培训来解决，以及通过何种培训来解决的过程（周娟，2011）。不进行培训需求分析的培训是盲目的培训，往往与预期的培训效果相反或达不到预期的培训效果。培训需求分析还是确定培训目标、制订培训计划、具体实施培训的前提条件和进行培训评估的基础，是培训工作及时、有效的重要保证（华敏等，2009）。

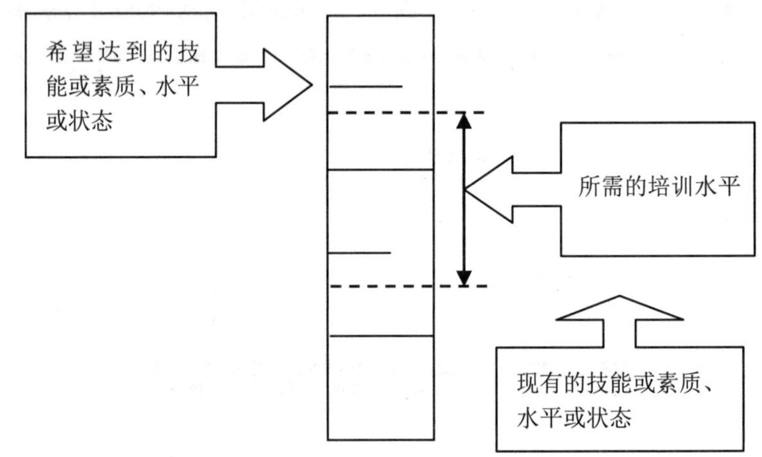

图 2-1　差距分析过程示意图

资料来源：杨洁．人力资源培训需求分析及相应的措施[J]．建材与装饰，2007（9）：331-332．

二、培训需求分析的作用

培训需求分析的作用具体表现为以下五个方面。

（一）作为企业培训的首要环节

培训需求分析不是多余的工作，而是必须针对企业和员工现状的不足进行分析，从而对症下药。要提高培训的效果，就必须在培训前进行培训需求分析，根据实际状况确定培训的相关事宜。因此，培训需求分析是企业培训的基础，也是首要环节。

（二）决定培训的价值与成本

如果有了科学的培训需求分析，并且找到了存在的问题，企业就能够把成本因素引入培训需求分析中。企业对员工进行实际培训之前，需要解答的一个问题是："不进行培训的损失与进行培训的成本之差是多少"。如果不进行培训的损失大于进行培训的成本，那么培训就是必需的；反之，如果不进行培训的损失小于培训的成本，则说明当前不需要或者不具备条件进行培训。

（三）明确员工的现实状况与岗位、部门、组织要求的差距

培训需求分析的基本目标就是确认差距，即确认员工的应有状况同现实状况之间的差距。差距的确认一般包含三个环节：一是必须对所需要的知识、技能、能力和素质进行分析，即理想的知识、技能、能力和素质的标准或模式是什么；二是必须对员工现有的知识、技能、能力和素质进行分析；三是必须对理想的或所需要的知识、技能、能力和素质与现有的知识、技能、能力和素质之间的差距进行分析。这三个环节应独立有序地进行，以保证分析的有效性。

（四）建立基本的培训分析体系

通过开展一系列培训需求分析工作，搜集培训需求的第一手资料，了解员工真实的培训需求，制定正确的培训战略和计划，有针对性地确定培训的内容和方式，设计培训课程，从而建立起基本的培训分析体系，为评估培训项目的有效性提供依据，进而提高企业培训的质量和效果。

（五）促进企业各方达成共识，获得企业各方的协助

当企业员工的专业知识、技能与实际岗位工作所要求的素质和能力存在差距时，大多数企业不会主动承担起培训员工的责任。同时，企业的高层管理者在规划培训所需要投入的时间和资金时，往往对一些支持性的因素更感兴趣。因此，培训需求分析为受训者和企业高层管理者提供了选择适当指导方法与执行策略的大量信息，这有利于促进企业各方达成共识，为培训获得企业各方的支持创造了条件。

三、培训需求分析的流程

培训需求分析的流程包括五个步骤，即培训需求沟通，培训需求的搜集与汇总，培训需求分类，确定培训需求的结果，设计培训内容、形式和方法。

（一）培训需求沟通

在培训需求调查之初，人力资源部门需要和各部门就培训需求进行沟通。这里的沟通既包括各部门经理与本部门员工就培训需求问题的沟通，也包括人力资源部门与各部门经理的培训沟通，要向他们表明目前的情况，即为什么需要培训、严峻的业务问题是什么，并阐述将来的憧憬和要达到什么样的水准等。此外，人力资源部门也要与公司高层管理人员进行沟通。只有得到各部门的经理和员工以及公司高层管理人员的支持和配

合，培训需求分析才能顺利地进行，并且获得真实的数据资料。

（二）培训需求的搜集与汇总

首先，通过访谈、问卷调查、小组讨论等方法搜集各部门员工的培训需求信息，包括员工需要什么，目前员工的知识、技能和态度以及将来员工应有的知识、技能和态度等资料。然后，对各部门经理进行访谈，从多个角度全面深入地了解员工的培训需求，确保培训需求的可靠性、全面性及前瞻性。最后，对培训需求进行汇总分析，将搜集的资料与当初的憧憬进行对比，将零散的资料系统地联系起来，分清轻重缓急。

（三）培训需求分类

经过分析后，员工的培训需求基本上可以分为通用型培训需求和专业型培训需求。通用型培训需求是指企业内各部门的员工都需要的培训，具有共同性，将来可以在这个方面进行统一的培训，以节省费用。专业型培训需求是指员工因各部门的工作性质和工作方式不同而需要不同的知识和工作技能，而产生特殊培训需求。并不是每个员工都存在专业型培训的需求，因此，在日后的培训时仅需要针对某些特定的员工进行专业培训即可。

（四）确定培训需求的结果

通过调研得到各个部门、各个岗位培训需求的第一手资料后，经过整理，得出一份企业员工的培训需求分析报告。随后，公司通过会议形式请各部门负责人对培训需求分析报告进行确认，以确保没有出现数据遗失或者出错的情况。培训需求分析报告经各部门负责人确认无误后就可以作为设计培训方案的依据。

（五）设计培训内容、形式和方法

当最终确定各部门员工的培训需求后，人力资源部门应根据员工实际的培训需求制定有针对性的具体培训方案。制定具体的培训方案时要明确培训的内容、形式以及方法，从而加强培训的针对性，提高培训的成效。

第二节　培训需求信息的搜集方法

培训需求信息的搜集方法主要包括观察法、面谈法、测验法、问卷调查法和关键事件法等。每种方法都有其适用的情形和优缺点，没有任何一种方法是绝对优于其他方法的。当企业进行培训需求信息搜集时，通常不会只使用一种方法，而是会针对企业内不同职位，综合使用多种方法，以求全面、客观地搜集到培训需求信息。

一、观察法

（一）概念

观察法是指研究者根据一定的研究目的、研究提纲或观察表，用自己的感官和辅助工具去直接观察被研究对象，从而获得资料的一种方法。观察法可以分为参与工作的观察法和不参与工作的观察法两种。参与工作的观察法是指观察者深入被观察者中，以其中一个成员的角色参加活动，被观察者集体也对此认同，在此条件下进行的观察，可以获得“局外人”所无法获得的观察资料。不参与工作的观察法是指观察者以纯观察者、研究者的身份对被观察对象进行的观察。通常的观察均为不参与工作的观察，它得到的观察结果较为客观，较少有观察者自身的个人色彩，但某些深层的或隐藏性较强的资料则不容易被观察到。

（二）优缺点

观察法可以较为清晰地得到有关工作环境的数据，并且可以将信息搜集活动对工作的干扰降到最低。它的优点可归结为以下三点。

（1）能够直接获得资料，不需要其他中间环节，观察的资料比较真实。

（2）能够及时捕捉到正在发生的现象。

（3）在自然状态下的观察，能够获得生动的资料，并且能够搜集到一些无法言表的材料。

但是，观察法也存在自身的一些缺点。

（1）观察者需要具备熟练的观察技巧，以免影响被观察员工的正常工作。

（2）观察者只能在观察到的环境中搜集资料，当员工的工作内容及场所不固定时，观察者在短期内很难将员工所有的工作环境信息都搜集到手。

（3）被观察员工的行为方式有可能因为被观察而受到影响。

（三）观察法的实施步骤

观察法的实施主要包括如下四个步骤。

1．观察法的准备阶段

（1）观察对象的选择和确立。

（2）了解观察对象的工作概况，包括工作的使命、主要职责和任务、工作流程。

（3）为数据搜集过程中涉及的尚不清楚的主要项目做一个注释。

（4）观察方案的设计，如准备一个初步的观察任务清单，作为观察的框架。

2．观察法的实施阶段

（1）在部门主管的协助下，对观察对象的工作进行观察。

（2）严格执行既定观察计划的内容，检查最初的任务或问题清单，确保每一项都已经被回答或确认。

（3）在观察中，要适时、准确地做记录。特别要注意的是，记录要客观，不能掺入记录者的个人情绪、意愿等感情色彩。

（4）进行面谈。一般情况下，采用面谈法时需要注意两点：一是根据观察情况，最好再选择一个主管或有经验的员工进行面谈，因为他们了解工作的整体情况以及各项工作任务是如何配合起来的；二是确保所选择的面谈对象具有代表性。

3．观察法的总结阶段

（1）整理原始记录。要使记录条理化、系统化，若有录音、录像资料结合起来进行整理则更为全面。要对照原定观察计划，如有缺漏，及时组织有关人员追忆补充，力求完整。

（2）整理观察数据。观察的结果如能进行数据处理的，应做处理，并寻找出规律及典型意义。

（3）分析观察结果，得出结论，讨论问题，对有疑义之处，应指明并留待进一步观察研究。

4．撰写观察报告或研究论文阶段

将总结、分析和探讨的观察结果形成文字报告呈现给高层作为参考，也可以写成研究性的论文进行发表，以便其他企业进行参考。

二、面谈法

（一）概念

面谈法是通过与被访谈人进行面对面的交谈来获取有关培训需求的有价值的信息。面谈的对象可以是企业管理者或相关部门负责人员，也可以是一线员工。

（二）优缺点

面谈法具有如下优点。

（1）面谈法的工作方式灵活，可以直接得到所需要的信息。

（2）容易得到员工的支持和配合。

（3）方便观察当事人的感受、找到问题的症结和提出解决方法。

面谈法具有如下缺点。

（1）最大缺点是费时。

（2）搜集到的资料不易进行量化，分析起来难度较大。

（3）对面谈者的访谈技术要求比较高。

（三）面谈法的实施步骤

面谈主要包括准备、实施和结束三大步骤。

1．面谈的准备

（1）安排面谈的时间、地点并布置环境，力求让受访者在一种轻松的状态下把真实的想法表达清楚。

（2）明确面谈的目的和搜集信息的类型。

（3）提前通知相关人员，包括面谈者以及受访者。

（4）了解受访者的相关情况和背景资料。

（5）提前准备面谈中要提出的问题并确定开场白、提问方式。

2．面谈的实施

一般来讲，面谈的实施主要包括以下四个阶段。

（1）与面谈对象建立融洽关系，营造良好氛围。

（2）设计合适的开场白，主要由面谈者介绍面谈的目的、程序并对受访者表示欢迎。

（3）提问受访者并对受访者的回答予以回应。

（4）使用亲切的结束语，主要包括感谢受访者花费了宝贵的时间进行面谈，概括一下面谈的要点，可视情况请受访者做最后的评论，握手告别。

3．面谈的结束

（1）面谈结束后，要及时对面谈记录做出整理，没有面谈记录的，要及时补录。

（2）撰写面谈报告。

（3）要总结自己在此次面谈中的得失，发扬优点，改正不足，以期下次面谈做得更好。

三、测验法

（一）概念

测验法就是使用标准的统计分析量表对各类人员的知识、技能、观念和素质等进行评估，根据评估结果决定培训需求。

（二）优缺点

测验法具有如下优点。

（1）量表编制十分严谨，测验结果准确可靠。

（2）定量化程度很高，实测容易控制，结果处理方便。

（3）可以根据需要，在已标准化或修订过的测验量表中进行选择，而不用自己编制，方便省力。

（4）量表一般建有常模，可以进行对比研究。

测验法具有如下缺点。

（1）难以进行定性分析。

（2）难以揭示变量间的因果关系。

（3）难以排除非人为因素的影响。

（三）测验法的实施步骤及注意要点

1．测验法的实施步骤

（1）按测验手册要求进行测验。

（2）适当选择实施测验的时间与地点。

（3）测验人员的态度要和蔼有度。

（4）实施测验的时间长短要合适。

（5）对于特殊问题要根据经验处理。

2．实施测验法的注意要点

（1）对测验人员进行训练，使其熟悉测验手册的内容，对指导语和施测程序有详细的了解。

（2）准备好所有测验用的材料，选择适当的环境，严格按照测验手册的规定（包括指导语、时间限制等）施测。

（3）测验的形式应符合研究对象的特点，如对企业家及高管团队采用个别施测较为恰当。

（4）为保证测验的有效性和权威性，不得随意泄露测验内容及结果。

四、问卷调查法

（一）概念

问卷调查是以书面提出问题的方式搜集资料的一种研究方法。调查者将所要研究的问题编制成问题表格，以当面作答或者通过访谈方式由调查者代为填答，从而了解被访员工对某一现象或问题的看法和意见，所以又称问题表格法。

（二）优缺点

问卷调查法具有如下优点。

（1）可以通过发放问卷在短时间内调查大量人员，节省时间、成本低。

（2）在信息搜集过程中可以使得被访者回答问题更自然。

（3）回收问卷后信息搜集者容易对数据资料进行归纳、汇总、整理、分析。

问卷调查法具有如下缺点。

（1）问卷制作者需要用很长的时间去仔细研究和编制问卷。

（2）回答问卷在一定程度上限制了被调查者表达意见的自由，使得员工的培训需求信息不够具体。

（3）问卷的回收率可能很低，有些答案不符合要求或者前后矛盾，不利于对培训需求的分析。

（三）问卷调查法的实施步骤

问卷调查法的实施分为以下五个步骤。

1．问卷设计及制作

问卷的设计可以分为以下步骤。

（1）根据调研目的，确定所需要的信息资料。

（2）确定问题的内容，即问题的设计和选择。

（3）决定措辞。

（4）确定问题的顺序。

（5）问卷的测试与检查。

（6）审批并定稿。

2．培训调查人员

按照统计要求，培训调查人员，把调查要求、具体操作方式告诉每一个调查人员。

3．按要求完成问卷

所有测评人员通过合适的方式来完成问卷。

4．整理问卷

要按照问卷编号进行顺序整理，统一封存。测评人员在回收已完成的问卷以后，还要撰写一份文字说明，内容主要包括发放了多少问卷、回收了多少问卷以及问卷的分布情况。

5. 统计分析

从问卷结果分析员工对以往培训形式的感知及满意度、对未来培训的建议和想法，以及员工需要提升改善的能力，如企划能力、组织能力、指导与协调能力、控制能力等方面。

例证 2-1

IBM 管理人员培训需求问卷调查法

2017 年，IBM 公司管理中心人力资源部为了使公司管理人员的培训更具针对性和实用性，满足对企业今后的发展需求，切实帮助到管理人员日后的工作，特组织了一次员工培训需求信息的调查。为了可以在短时间内调查大量员工、了解他们的真实想法，此次培训需求信息的搜集采用问卷调查的方式进行，以下是这次问卷调查的部分内容供参考和学习。

1. 您的职务：

2. 您的学历：

3. 您的年龄：

4. 您以往参加培训的情况：

□有相关培训一定参加　　□尽量提前安排好工作参加

□看工作情况，尽量参加　　□看工作情况，有空闲才会参加

□通常没时间参加

5. 您认为目前公司所组织的培训在数量上如何？

□非常不够　　□不够　　□还可以

□足够　　□绰绰有余

6. 您认为对举行某一期的培训，多长的时间您比较能够接受？

□无所谓，看课程需要来定　　□3～5 天

□2～3 天　　□1 天

7. 您认为企业培训最有效的培训方法是什么？（请选出您认为最有效的 3 种）

□到院校接受系统培训　　□由公司内部有经验人员讲授

□拓展训练和去企业交流参观　　□外聘讲师到公司集中讲授

□建立网络学习平台　　□到培训机构接受系统外训

□视频等声像资料学习　　□建立公司图书库，供借阅

□部门内部组织经验交流与分享讨论

8. 您认为以下哪个因素对于公司培训工作的开展效果影响最大？（可多选，不超过

3 项）

□培训内容的实用性　□领导的重视程度　□培训方式与手段
□培训讲师的授课水平　□员工的参与意识　□培训效果的跟进
□培训时间的安排和时长　□培训组织与服务

（资料来源：SMITH A, OCZKOWSKI E, NOBLE C, et al. New management practices and enterprise training[M]. Adelaide: NCVER, 2002: 27-35.）

五、关键事件法

（一）概念

关键事件法是由上级主管者记录员工平时工作中的关键事件，一种是做得特别好的，另一种是做得不好的。在预定的时间，通常是半年或一年之后，利用积累的记录，由主管者与被测评者讨论相关事件，为测评提供依据。

（二）优缺点

关键事件法的优点在于易于分析和总结，可以分清楚是培训需求还是管理需求。缺点在于事件的发生具有偶然性，容易以偏概全。

（三）关键事件法的实施步骤及注意要点

1．关键事件法的实施步骤

（1）识别岗位关键事件。运用关键事件法进行培训需求分析，其重点是对岗位关键事件的识别，这对调查者提出了非常高的要求。

（2）识别关键事件后，调查者应记录以下信息和资料：① 导致该关键事件发生的前提条件是什么？② 导致该事件发生的直接和间接原因是什么？③ 关键事件的发生过程和背景是什么？④ 员工在关键事件中的行为表现是什么？⑤ 关键事件发生后的结果如何？⑥ 员工控制和把握关键事件的能力如何？

（3）将上述各项信息资料详细记录后，可以对这些信息资料做出分类，并归纳总结出该岗位的主要特征、具体控制要求和员工的工作表现情况。

2．关键事件法的注意要点

（1）关键事件应具有岗位代表性。

（2）关键事件的数量应足以说明问题，事件数目不能太少。

（3）关键事件的表述要言简意赅，清晰、准确。

（4）对关键事件的调查次数不宜太少。

（5）调查的期限不宜过短。

（6）正反两个方面的事件要兼顾，不得偏颇。

表2-1对各种信息搜集方法做出了比较。

表2-1 培训需求信息搜集方法比较

信息搜集方法	受训者的参与程度	管理层的参与程度	所需时间	所需成本	可用数量指标衡量
观察法	中	低	高	高	中
面谈法	高	低	高	高	中
测验法	高	低	高	高	高
问卷调查法	高	高	中	中	高
关键事件法	高	低	中	低	高

资料来源：李燕萍．培训与发展[M]．北京：北京大学出版社，2007.

例证 2-2

华为搜集员工培训需求信息的综合搜集法

华为自成立以来，公司面临着客户需求日益增长、市场变化多端的情况，华为人不断利用先进技术、优质产品和系统解决方案以满足并努力超出客户的需求。华为作为一个高速成长的企业，在知识经济竞争的市场环境中如何保持它的优良发展态势，不断地发展壮大，成为公司当前应考虑的首要问题，而这一切都取决于拥有一支素质一流、知识结构合理、富有竞争力的员工队伍。因此，对员工的培训就显得尤为重要。为了使员工培训更具有针对性和实用性，更好地发挥培训的成效，华为公司根据不同时期的具体情况采用了多种培训需求信息的搜集方法，主要为：（1）可将评估活动对工作的干扰降至最低，比较全面、深入地了解工作要求和所得的资料与实际培训需求之间相关性较高的员工行为观察法；（2）可在短时间内从大量人员那里搜集到大量的反馈信息，易于对数据进行归纳和分析，不影响员工工作的调查问卷法；（3）可充分了解相关信息，利于双方建立信任关系，易于得到员工对培训工作的支持和利于激发员工参与培训的热情的面谈法；（4）易于分析和总结，可以分清是培训需求还是管理需求，易于将培训与绩效改善相结合的关键事件法。根据不同时期的具体情况，选用多种不同的搜集方法，使得华为公司搜集到的员工培训需求信息更全面、更真实，也更有利于员工培训的有效开展。

（资料来源：GREIG F W. Enterprise training system[J]. International journal of manpower, 2017, 18: 185-205.）

第三节 培训需求分析的方法

要做好培训需求分析工作，正确、科学的培训需求分析方法的运用至关重要。传统的培训需求分析方法有三要素分析模型、绩效分析模型和基于工作说明书的课程需求分析模型。近年来，一些现代的培训需求分析方法相继出现并不断被运用于企业员工的培训需求分析中，如胜任力素质模型和岗位评估法以及前瞻性培训需求分析模型。这些现代的培训需求分析方法弥补了传统培训需求分析方法的不足，引导企业从新的角度开展员工培训需求分析工作。

一、传统的培训需求分析方法

传统的培训需求分析方法包括三要素分析模型、绩效分析模型和基于工作说明书的课程需求分析模型。三要素分析模型是从组织、员工和任务三要素来确定培训需求评估的基本维度；而绩效分析模型聚焦于确定预期绩效与实际绩效之间的差距，分析差距产生的原因，从而识别培训需求；基于工作说明书的课程需求分析模型则从岗位性质和规范要求分析和确定相应的培训课程。

（一）三要素分析模型

三要素模型是由戈尔茨坦（Goldstein）于 1991 年提出的。该模型用系统观对培训需求进行层次上的分析，以组织经验战略为指导，整合组织、任务和人员的需求，是目前被普遍采用的模型。其中，培训需求评估应该包括三个方面的内容，即组织分析、员工分析以及任务分析（钟琳，2011）。

1．组织分析

企业的战略、目标和发展态势以及企业内部的资源安排等方面的调整必然对员工的工作产生关联紧密的影响和实际要求，培训是使员工适应企业发展要求和趋势的主要途径。培训需求中的组织分析可以为企业培训建立明确的导向。一般来说，组织分析主要包括下面三个重要步骤。

（1）组织目标分析。组织目标指导着企业或组织的一切活动。一般来说，组织目标决定培训目标，培训目标为组织目标的实现服务。有什么样的组织目标就有什么样的培训目标，组织目标与培训目标具有内在的一致性。

（2）组织资源分析。培训目标的实现需要得到资源的支持。企业内部的人力、物力和财力都是有限的，如何利用有限的资源来创造最大的价值是组织的最终目标。只有在清楚企业内部的资源状况后，才能进行合理有效的培训安排。

组织资源分析包括培训经费、培训时间、培训地点以及与培训相关的专业知识分析。培训经费计划是在上一年度末或者年度之初就要提交的，一般只要规划得当，就不会出现培训的意外要求。培训内容、时间和地点的确定是根据企业内部的情况而定，但企业缺乏培训师资和能力时，就会倾向于选择外部专业机构，购买培训服务。选择培训机构时，重点要考虑培训项目能否为企业量身定做。

（3）组织的战略变动分析。培训最终是为组织目标的实现和战略经营而服务的，但是，组织的战略会因经营环境的变化而变化，因此，培训计划要不断地随企业战略的变化而进行调整。同时，系统的培训规划要根据基于企业战略的人力资源规划来制定，培训需求分析就是为实现企业战略目标而应运而生的对人才的要求。

2．员工分析

员工分析主要是通过分析工作人员个体现有状况与应有状况之间的差距，来确定谁需要和应该接受培训以及培训的内容。员工分析的重点是评价工作人员实际工作绩效以及工作能力。图2-2所示是员工分析绩效评估模型。

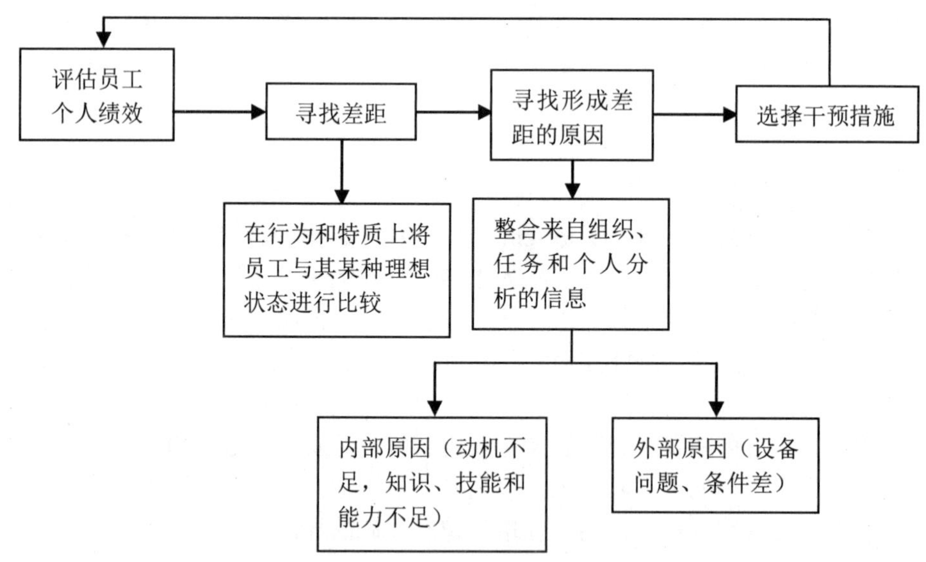

图2-2 员工分析绩效评估模型

资料来源：G R HERBERT, D DOVERSPIKE. Performance appraisal in the training needs analysis process: a review and critique[J]. Public personnel management, 1990, 19(3): 253-257.

员工分析主要包括以下几个方面的内容。

（1）个人考核绩效记录。主要包括员工的工作能力、平时表现（请假、怠工、抱怨）、意外事件、参加培训的记录、离（调）职访谈记录等。

（2）员工的自我评价。自我评价是以员工的工作清单为基础，由员工针对每一单元的工作成就、相关知识和相关技能真实地进行自我评价。

（3）知识技能测验。以实际操作或笔试的方式测验工作人员真实的工作表现。

（4）员工工作态度评价。员工对工作的态度不仅影响其知识和技能的学习和发挥，还影响与同事间的人际关系以及与顾客或客户的关系，这些又直接影响其工作表现。因此，运用定向测验或态度量表可以帮助企业了解员工的工作态度。

3．任务分析

任务分析是指通过运用各种方法搜集某项工作的信息，对某项工作进行详细描述，明确该工作的核心内容以及从事该项工作的员工需要具备的素质和能力，从而达到最优的绩效。任务分析的结果是有关工作活动的详细描述，包括员工执行任务和完成任务所需知识、技术和能力的描述。

任务分析包括以下三个步骤：① 确定需要并分析工作岗位；② 优化主要工作内容、执行标准和绩效考核；③ 明确胜任任务所需要的知识、技术和能力，如图 2-3 所示。

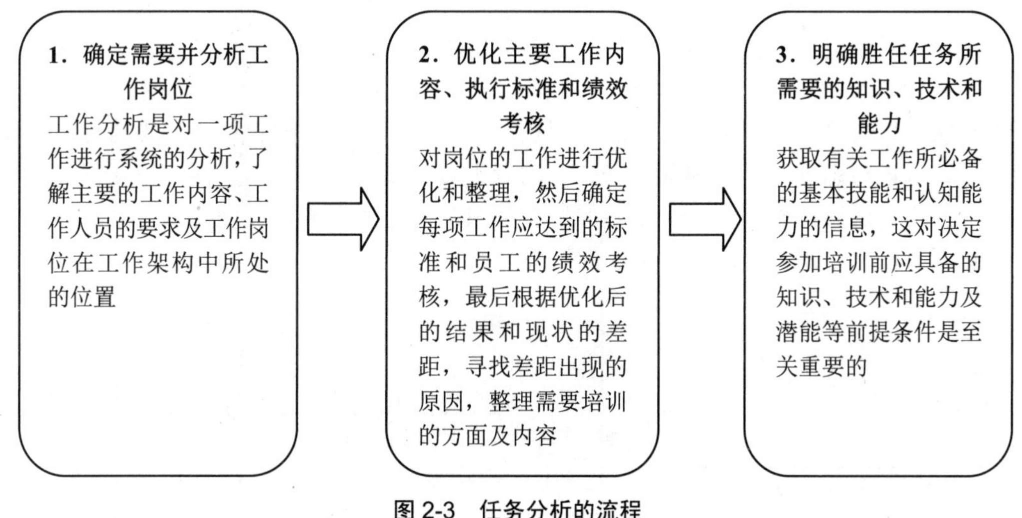

图 2-3 任务分析的流程

实际上，组织分析、员工分析与任务分析并不是按照特定的顺序进行的。只是由于组织分析与培训是否适合公司的战略目标以及公司是否愿意在培训上投入时间与资金的决策有关，因此，它决定了培训的方向，一般需要首先进行，而员工分析和任务分析通常需要同时进行。

在企业内部，不同职位的员工对不同培训需求分析的关注点也存在差异，具体差异如表 2-2 所示。

表 2-2　高层、中层管理者及培训者在培训需求分析中的关注点

	高层管理者	中层管理者	培训者
组织分析	培训对实现我们的经营目标重要吗？ 培训将会怎样支持我们战略目标的实现？	我愿意花钱开展培训吗？ 要花多少钱？	我有资金来购买培训产品和服务吗？ 经理们会支持培训吗？
员工分析	哪些职能部门和经营单位需要培训？	哪些人需要接受培训？ 经理？ 专业人员？ 一线员工？	我怎样确定出需要培训的员工？
任务分析	公司拥有具备一定知识、技术、能力、可参与市场竞争的员工吗？	在哪些工作领域内培训可大幅度地改变产品质量或者客户服务水平？	哪些任务需要培训？ 该任务需要具备哪些知识、技能或者其他特点？

资料来源：RAYMOND A. NOY. Employee training and development[M]. Beijing: Renmin University of China Press, 2001.

（二）绩效分析模型

绩效分析模型是由美国学者汤姆·戈特（Tom W. Gott，1998）提出，该模型通过分析“理想技能水平”与“现有技能水平”之间的关系来确认培训需求，如图 2-4 所示。“理想状态”与“现实状态”之间总会存在一定的差距，这主要包括知识丰富程度、能力水平、认识与态度水平、绩效水平、劳动者素质以及目标等。培训活动旨在消除或缩小这种差距。运用该模型的一个基本原则是造成绩效差距形成的原因是缺少完成此项任务的知识或技能，而非其他与工作行为相关的原因，如奖惩等。

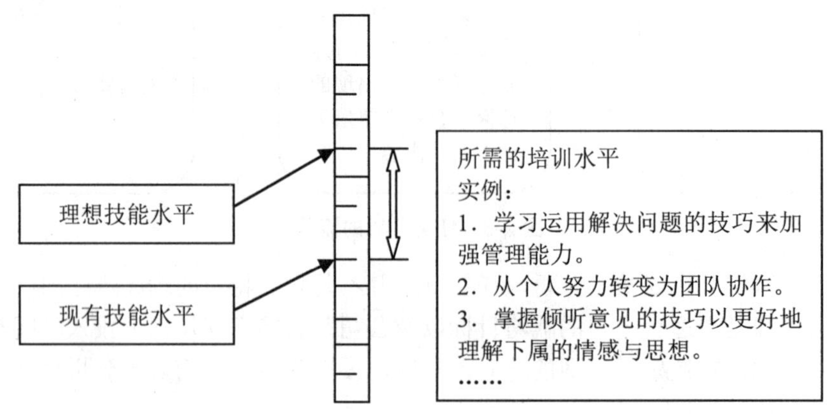

图 2-4　培训需求评估的绩效分析模型

资料来源：周婧诗. 培训需求分析模型研究综述[J]. 现代企业教育，2009，22：68-69.

1．绩效分析模型的优缺点

通过确定实现任务目标与理想岗位绩效行为间的联系，员工培训需求被严格置于“组织整体战略—部门业务目标—员工个人绩效”的架构中，并得到系统的评估。虽然培训需求绩效分析模型较好地弥补了戈尔茨坦的三要素分析模型在人员分析方面操作性不强的缺陷，但仍未充分地关注企业战略对培训需求的影响。

2．基于绩效分析模型的培训需求分析步骤

基于绩效分析模型的员工培训需求分析包括三个步骤：① 评价员工或组织的当前绩效水平；② 明确实际工作结果与期望工作目标的差距；③ 具体分析产生问题（差距）的原因，通过培训解决此问题。

（三）基于工作说明书的课程需求分析模型

工作描述是在描述工作，而工作规范则是在描述从事工作之人应具备的资格，工作描述与工作规范两者整合在一起即形成工作说明书。根据工作说明书，我们可以演绎出与该岗位相对应的几门或十几门主要培训课程。这里所指的课程与传统课堂教育所谈的课程不一样，传统课堂教育课程相对整齐划一，如 45 分钟一节课，课时也相对固定，一门课 18～72 课时（每课时 40～60 分钟）不等；而企业培训课程一门课的总课时从几十分钟至几个月不等，内容很有针对性。该分析模型的优点是便于操作，只要有工作（岗位/职务）说明书，就可以演绎出符合该岗位需求的培训课程，将在该岗位工作的员工与之对比，就可以发现该员工所需要培训的课程。具体实施时可以借助培训管理软件，以便减轻工作量。其缺点是依赖工作说明书的质量以及分析人员的主观经验，容易出现遗漏和个人偏好，并且课程是相对固定的，不能够很好地反映企业环境、战略目标和工作重心以及岗位要求等方面的变化。

基于工作说明书的课程需求分析模型包括四个步骤：① 组织开展工作分析，编制工作说明书手册；② 根据工作说明书手册，分析各岗位相应的课程需求，编制岗位课程手册；③ 分析在岗员工与其岗位相应的课程需求的差距，获得其需要培训的具体课程；④ 分类汇总得出组织、部门以及每位员工的培训需求，形成培训需求报告。

招聘专员工作说明书 VS 需求课程

一、工作说明书

岗位名称：招聘专员

职等：五职等

岗位编号：007

直线上级：人力资源经理

直线下级：无

工作使命：根据公司目标，在适当的时机为组织提供合格的员工，保证公司所需合格人员的供给，有利于支持组织目标的实现。

内部联系：人力资源部各岗位人员。

目的或作用：汇报工作、领会意图、沟通信息。

外部联系：人才市场、大中专院校、猎头公司、招聘媒介、业内企业。

工作职责：制订招聘计划，组织招聘实施。编写招聘制度化文件，报人力资源经理审核。编制年度、季度招聘预算，报人力资源经理审核。

任职资格：本科以上学历，年龄 24 岁以上，社会工龄 2 年以上。

工作经历：2 年以上大中型企业招聘工作经验，有招聘实施、招聘渠道拓展经验。

英语要求：一定的听、说、读、写能力。

计算机要求：熟练使用 Office 软件。

二、需求课程

《员工招聘与配置》《管理沟通》《公文写作》《演讲技巧》《基础英语》《PPT 与 Excel 表单制作技巧》《人才测评》《计划与预算管理》。

二、现代的培训需求分析方法

随着市场竞争的日益激烈，国内企业开始逐渐重视并开展员工培训。在开展员工培训的过程中，一些现代的培训需求分析方法也受到国内企业的欢迎和追捧，其中比较常用的有基于胜任力模型的培训需求分析模型、前瞻性培训需求分析模型和动态需求课程分析模型。

（一）基于胜任力模型的培训需求分析模型

1．胜任力及胜任力模型的内涵

确定特定职务的胜任力是培训需求分析的新趋势。胜任力这一概念是麦克利兰于 1973 年提出的，是指能将某一工作（或组织、文化、角色）中表现优异者与表现平庸者区分开来的个人表层特征与深层特征。它包括知识、技能、社会角色、自我概念、特质和动机等，可以通过测量或计数来显著区分优秀绩效和一般绩效的个体特征。胜任力模型（Competency Model）是指承担某一特定的职位角色所应具备的胜任特征要素的总和，即针对该职位表现优异者要求结合起来形成的胜任特征结构。这样，我们就能清楚地知道，该职位表现平庸者和表现优异者在行为水平上的差异究竟是什么，这就为我们选拔、培训、行为评价和反馈以及后来的职业生涯发展提供了准确的依据。

2．引入胜任力模型的必要性

胜任力概念的引入使得企业的培训需求分析有了全新的设计核心和方向。与传统的培训需求分析模型相比，基于胜任力的培训体系在培训需求的分析过程中确立了统一的分析概念。对企业而言，希望每个员工的绩效能够与最优秀员工的绩效等量齐观，而最优秀员工之所以绩效好，是因为他们具备能够成功完成自身岗位职责的综合素质。那么，如果能够分析构成最优秀员工胜任力的知识、技能、能力和特质，根据这些胜任力，有针对性地对一般绩效的员工进行培训，使之也具备与绩效优秀者相同的胜任力，将使员工的绩效普遍得到提高。

该模型与传统的培训需求分析模型相比，弥补了戈尔茨坦三要素分析模型在任务分析方面的缺点，使培训更加具有可操作性，更详细地描述了员工工作所需的行为，通过分析员工现有素质特征，同时发现员工在工作中需要进一步学习和发展的部分，增强了培训需求分析的可操作性和科学性。

3．基于胜任力模型的培训需求分析的流程

基于胜任力模型的培训需求分析包括四个步骤，具体如图 2-5 所示。

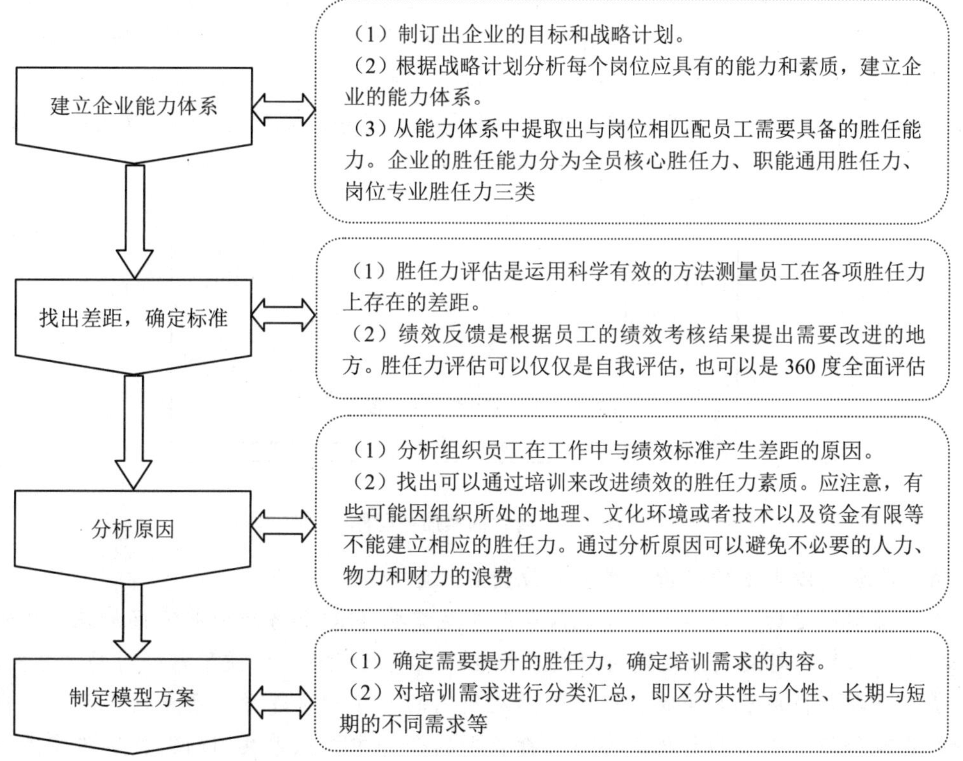

图 2-5　基于胜任力模型的培训需求分析流程

例证 2-4

素质标准模型助力周大福科学有序发展

周大福珠宝集团有限公司拥有庞大的零售网络，在中国大陆及港澳台地区，以及新加坡、马来西亚与韩国拥有逾 2 100 个零售点，遍布在 480 多个城市，近年来更成功地拓展了电子商务。随着集团的快速发展及上市后对业绩的要求，周大福对未来提出了新目标，在品牌影响力、销售收入、网点布局上都要产生质的飞跃。在业务扩张的同时，周大福也意识到人才储备与发展对企业的重要性，如何保证人才的成长和补充速度能够与组织发展合拍成为企业当前面临的主要挑战。因此，为了科学、有序地培养“创新、信赖、卓越”的人才，周大福和人才管理软件云服务领导者北森公司一起踏上了人才培养与发展的破题之旅。

第一阶段：建立素质标准模型，打造人才发展 DNA

什么是人才？即用人标准是什么。根据企业发展阶段和企业文化，结合岗位性质的深入分析，周大福建立了三类素质模型：通用素质、专业素质、领导素质，如图 2-6 所示。随着层级的递增，领导力的比重会增大。素质标准在后期评价应用中会根据评价目的和岗位职务的不同，对各维度及关键行为进行重要性的排序，按照重要性制定相应的权重。

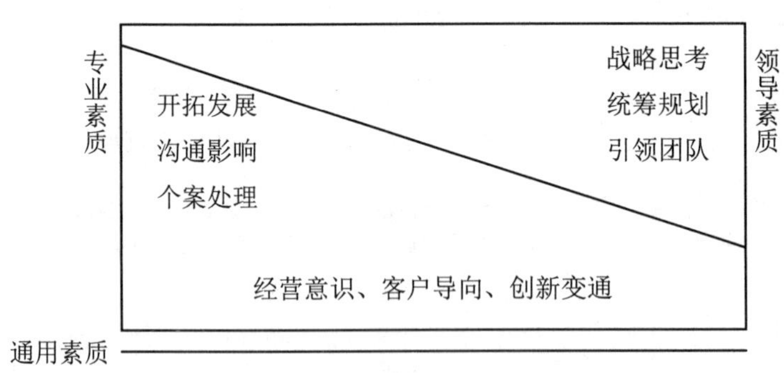

图 2-6　周大福素质模型图

第二阶段：以丰富的评价方式全方位盘点人才

素质模型确定后，科学、有效地盘点人才就需要 HR 和各级领导掌握辨识人才的方法、技巧、工具。周大福会定期对中高层管理人员进行盘点，以便了解公司的人才概况，帮助员工个人获得成长的同时，促进部门及集团的人才梯队建设。盘点结果来源于日常的绩效表现和评价中心的数据。在与北森长期的合作中，双方共同研究并实施了多种评价方式：胜任力测评、360 度评估反馈系统、行为访谈、情景模拟。在经过系统加工和对比分析后，HR 会在盘点会上汇报盘点数据。盘点会的参与对象根据盘点对象的层级而定。例如，针对一个区域管理副总的培养项目，盘点会的参会人员包括六个大区总经理、常务副总、公司老板，在会上逐个介绍培养对象的业绩表现、优劣势、发展方向等。应用工具搜集人才盘点的数据，生成九宫图，直观地展现给 HR 和管理者。除了分析岗位胜任力和绩效外，HR 还会从匹配度、绩效、级别、区域等维度进行团队分析。在一系列盘点之后，明确重点培养的人才清单及发展方向。

第三阶段：人才提升计划与培训双管齐下

评价的目的是找到并培养合适的人才，即使发现其短板，也要帮助其成长，让其适应组织发展的需要。那么，如何发展人才呢？周大福采用培训和任务锻炼双管齐下的方式：周大福与北京大学长期合作“励志计划”，通过培训提升高管的素质；更主要的人才培养方式是人才提升计划（IDP），明确每位培养对象的优劣势，针对能力短板制订对应的提升计划。在此过程中，HR 以内部顾问的身份为培养对象和指导人提供数据和工具的支撑，并把握以下三个关键点：一是定期的面谈，围绕评价结果、对于自我能力的认识、任务执行过程的纠偏等方面，展开多次面谈，从主观角度促进个人的改变与提升；二是针对性的任务，针对能力短板制定任务，及时沟通、反馈，如果有必要，可亲身指导；三是日常工作的指导，除了针对性任务外，要重视日常中的工作指导。

第四阶段：人才提升计划

周大福的人才培养与发展项目取得了阶段性的成果：通过建立胜任力模型、绩优人才的标准，公司对人才的标准形成了共识；建立了各层级人才盘点、评价、培养发展的标准体系，为公司高层的继任计划提供了指导性决策。

（资料来源：ROBERSON L, KULIK C T, PEPPER M B. Designing effective diversity training:influence of group composition and trainee experience[J]. Journal of organizational behavior, 2018, 22(8): 871-885.）

（二）前瞻性培训需求分析模型

前瞻性培训需求分析模型是由美国学者特里·里皮（Terry L. Leap）和迈克尔·克里诺（Michael D. Crino）提出的。该模型的精髓是将“前瞻性”思想运用在培训需求分析中，如图 2-7 所示。该模型认为随着技术的不断进步和员工在组织中个人成长的需要，即使员工目前的工作绩效是令人满意的，也可能会需要为工作调动、晋升等做准备或者适应工作内容的变化等原因提出培训要求。前瞻性培训需求分析模型为此提供了良好的分析框架，在确定员工任职能力和个人职业发展方面极具实用价值。

该模型建立在未来需求的基点上，使培训工作由被动变为主动，更具有战略意义。此外，该模型充分考虑企业发展目标与个人职业发展规划的有效结合，为组织与个人的发展确定一个结合点，这是开发与激励员工以及培养员工组织承诺的有效手段。然而，该模型是建立在未来基点上，预测时难免出现偏差，而且“前瞻性”只关注了员工的未来发展，忽视了企业的发展需求。因此，根据模型得到的需求结果未必都能与组织战略、业务发展要求相适应，该模型的设计存在着与企业战略目标相脱节的问题（周婧诗，2009）。

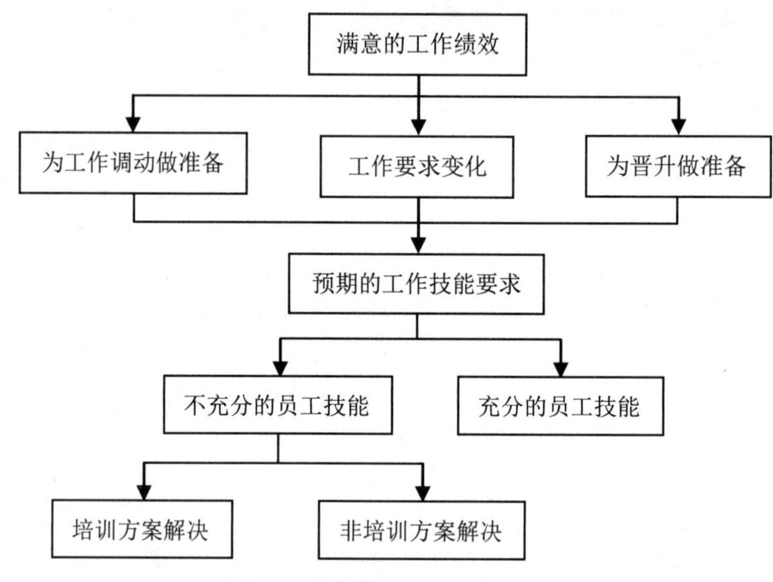

图 2-7　前瞻性培训需求分析模型

（三）动态需求课程分析模型

基于胜任力模型的培训需求分析可能忽视了组织的应急培训，而前瞻性培训需求分析只关注了员工的未来发展，忽视了企业当前的发展需求。因此，培训需求分析需要根据组织战略目标、工作重心、年度目标和任务以及个人发展、工作岗位和要求变化以及其他压力点，分析和编制其动态需求课程，这就是动态需求课程分析模型。该模型的实施包括以下几个步骤。

（1）准备阶段，包括搜集环境、组织和个人的相关材料，如相关的国家政策、行业发展趋势、组织发展战略和规划、年度工作重点、领导讲话、接班人计划。这些信息是动态需求课程分析的基础。

（2）分析和演绎每门课程。

（3）分类汇总课程，编制动态需求课程手册。

动态需求课程分析模型的优点是充分体现“缺什么，补什么”和“强调什么，培训什么”的企业培训原则，一般要与其他分析方法综合使用。其缺点是企业发展战略、行业发展趋势以及有些动态变化不好把握和了解，需要高管和行业专家的参与，否则容易导致分析出现纰漏。

综上所述，培训需求分析的方法有多种，但每种都有其各自的优缺点。因此，在进行培训需求分析时，要根据具体需要选择适合的方法。

西门子通过人力资源规划来确定培训需求和目标

西门子公司对于员工培训需求的来源，正是基于其对环境分析、当前劳动力盘点、未来劳动力分析、目标确定和分析、缩小差距的人力资源规划过程。该公司从系统的角度去确定实现既定目标所需的人力资源数量，通过现有技能的盘点来确定与实现业务目标所需的技能差距。

每当西门子计划进行创新生产或由于生产计划需要搬迁到新的城市和地区时，就要对环境开展分析。例如，当前地球气候的变化，碳足迹的环保理念愈来愈流行，西门子现在专注于风力涡轮机和可再生能源的使用。这样一来，西门子就有两种办法来解决问题：一是雇佣更多的能够操作风力涡轮机的新员工；二是对现有员工进行培训，让他们掌握风力涡轮机的操作方法。通过对员工以往档案的分析，西门子分析和掌握现有员工拥有什么样的工作能力和技能；基于任务的分析和基于员工绩效的分析，确定员工是否需要掌握操作风力涡轮机的技能培训。确定了培训需求，就可以拟定未来的预期或者是培训目标。有了目标，可以通过一系列的有效方式来缩小乃至弥补技能上的差距。通过人力资源规划，西门子可以保持竞争优势，并建立一个人才发展的模式：通过让新老员工的替换来缩小技能差距，通过让现有员工提升技能来填补空白。

（资料来源：HUGHEY A W, MUSSNUG K J. Designing effective employee training programmes[J]. Training for quality, 2017, 5(2): 52-57.）

第四节 培训需求分析的结果及其应用

培训需求分析的过程还包括对分析结果的确认，如果出现与实际情况不符的更要对其进行调整。当分析结果最终确认无误后就可以运用到培训设计当中。

一、撰写培训需求分析报告

撰写培训需求分析报告，实际上是将培训需求分析的整个过程形成文字落实到书面上。培训需求分析报告应包括以下几方面内容。

（1）背景说明，包括培训需求产生的原因及必要性，如工作调动、人事变更、绩效低下、组织变革等；培训的目标，明确培训是为提高员工知识水平、操作技能，还是增强职业素养，转变工作态度、观念和思维方式。

（2）培训需求调查信息的汇总，包括调查对象的知识、技能、人际关系、培训意愿及现状等。

（3）培训需求调查信息的分析，包括企业战略分析、企业资源分析、工作职位分析、现场问题分析、员工绩效分析、职业发展分析等。

（4）培训需求调查所得出的实际情况与预期情况的差距及整改方案。

（5）培训项目计划可行性方案的制定，包括培训对象、培训时间和地点、培训方式及内容的设计。

（6）附录，包括搜集和分析信息时所采用的相关图表、问卷资料等，目的是鉴定搜集和分析相关资料及信息时所采用的方法是否合理和科学。

二、培训需求分析结果的确认与调整

完成培训需求分析报告后，负责相关工作的部门应当在适当范围内进行讨论，经讨论后便可开始进行下一步工作，将分析结果应用到实处，依此制订培训计划。

（一）结果确认

在培训需求分析结果的确认过程中需要参与的对象有员工、管理人员、培训顾问委员会等，确认过程中相关信息的搜集可采用类似于前面介绍过的培训需求信息搜集方法。此外，培训需求分析结果的确认要分部门进行，以便分清部门之间需求上的差异。最后，由人力资源部组织召开会议对最终的培训需求分析结果进行确认。

（二）结果调整

尽管培训需求信息的搜集过程非常客观，分析过程很规范，得出的结果也比较符合实际，但是在培训的具体实施过程中，仍然需要对培训需求分析的结果进行调整。调整的原因有很多，可能是培训需求信息发生变化，或者是企业内外部环境发生改变而导致了新的培训需求出现。对培训需求分析结果的调整可以使得培训设计更加贴近实际情况。

三、培训需求分析结果的应用

人力资源培训与开发是一个有机系统。从培训需求的分析开始，然后明确培训目标，选择设计培训方案，实施培训，到最后反馈培训效果和评价，是各个部分互相联系的一个网络。培训需求分析结果是首要和必经环节，是其他培训活动的前提和基础。培训需求分析结果可以指明企业培训设计的方向，从而确定培训人员、培训时间、培训内容以及培训方法等，使培训可以达到事半功倍的效果。

（一）企业对培训需求分析结果的应用

1．策划年度培训工作的基础

企业进行培训需求分析，主要是为了掌握员工能力缺失情况，寻找员工现有能力与组织要求能力的差距，进而采取有针对性的培训措施，解决员工队伍能力结构存在的问题。因此，企业对培训需求分析结果最根本的用途，就是据此对人才开发与培训工作进行策划。

2．审核培训项目设计是否科学可行的依据

评判一个培训项目设计是否科学、可操作，最重要的依据是考量培训项目设计是否充分体现培训需求，是否根据培训需求分析结果设计出了针对性较强的具体培训项目和内容，从而提高培训的效果。

3．评价培训结果的准绳

评价培训效果是否达标，就是看它是否满足企业对人才培养的要求，员工的各项能力差距是否得到有效弥补。因此，评价培训效果的重要指标，就是员工能力的提升是否达到了原来培训设计的要求，参考的标准就是年初对员工能力评价的结果。如果经过培训，员工的能力差距得到有效缩小或消除了，那么这种培训就是有效的培训，培训的结果就是达标的；否则，就是不达标，培训的目标、内容、方法等就需要做进一步整改和完善。

（二）员工对培训需求分析结果的应用

1．员工能力提升方向的指导

每个员工都希望自己成为一个出色的、有价值的员工，然而他们却往往因为不明白企业对自己的要求，或者不知道自己的缺点在什么地方，而找不到明确的努力方向。培训需求分析结果让员工能够了解自身能力与用人单位要求的差距，从而明确自己努力的方向。

2．员工自我学习的参考

一个人能力的提高，除了外界提供培训的机会和平台外，还需要自我学习和自我提升。培训需求分析结果帮助员工找到其需要提高的素质和能力，从而指导员工有针对性地自我学习和提升，避免了学习的盲目性，有利于提升学习的功效和学习资源的利用率。

3．员工学习成果检验的标准

员工学习效果的好坏，不是看他到底学习了多少门课程，完成了多少次作业，有多少课时的出勤，而是看他是否真正提升了个人的能力，使自己的能力结构得到有效完善，更好地适应了岗位工作对员工能力的要求。员工学习的需求，是从能力测评与分析中得来的；员工的学习与能力提升计划，也是参考能力评价分析结果做出的。因此，员工学习效果的好坏，检验标准也应是员工能力评价分析的结果。对员工培训效果进行检验评估时，首先要核查员工能力分析时查出的缺失部分是否已得到有效补充，如果这部分缺失的能力得到补充，那么本年度的学习结果就是值得肯定的；其次再对计划课程的完成情况、学习所采取的措施和员工学习态度等方面进行评估。

例证 2-6

Facebook 是如何训练新兵的？

Facebook 新兵训练营，其实也是菜鸟养成营，其目的就是让新来的工程师和产品经理接受为期六周的集中培训以尽快融入公司之中，更为顺畅地开始工作。

在新员工进入公司的第一天，公司主要领导和其他老员工对公司的文化进行简短的介绍后，每位新员工会分到一台电脑和一张办公桌。第一次打开电脑时，他们会看到 6 封电子邮件，其中 1 封是欢迎信，另外 5 封介绍了他们将要执行的任务，包括修复 Facebook 网站上的错误等。设计这一训练的目的有很多，其中之一就是让新员工充分认识到，他们拥有直接改变 Facebook 网站的力量。在六周的时间里，新员工遇到任何困难，都可以寻求导师的帮助，其目的是方法、理念、文化的传递。而导师每周和被指导的新员工做“一对一”的重点讨论（员工的个人表现、对公司项目团队的了解和兴趣），以帮助他们迅速成长并顺利融入公司；同时，每周的导师碰面会，会讨论训练营中遇到的一些具体问题并找出解决方案。另外，导师会分配一些错误代码给新员工进行修补，这类任务通常会占到新员工 60%～70%的时间。在修改错误的过程中，新员工可以了解到相关项目的前因后果，需要跟相关程序的小组及工程师打交道，熟悉很多内部工具等，这样就达到了新兵训练营的最终目的——帮助新员工找到最合适的小组。

同时，训练营不仅是新员工培训班，也是经理培训班。对于成立于 2004 年的 Facebook 来说，如何在快速成长中保持自身的文化特色，如何在新工程师潮水般涌进公司时仍能一以贯之，就必须有一批新的一线管理层做基础。新兵训练营看似不过是个新员工培训班，但是，做导师的基本都是潜在的经理候选人，他们在训练营里同样获得了宝贵的领导经验。他带着 5～9 个新员工，就像一个小团队，讨论遇到的各种问题，在指导新员工如何处理问题的过程中，他也学到了管理技巧。

（资料来源：LONDON M. Managing the training enterprise: high-quality, cost-effective employee training in organizations[M]. San Francisco: Jossey-Bass Publishers, 2016.）

本章小结

1．培训需求分析是在组织的支持下，通过对组织的战略目标、绩效水平的高低和人员素质等方面进行系统的诊断和分析，从而确定现有的状态与理想状态的差距是否需要通过培训来解决，以及通过何种培训来解决的过程。

2．培训需求分析的作用主要表现在：（1）作为企业培训的首要环节；（2）决定培训的价值与成本；（3）明确员工的现实状况与岗位、部门、组织要求的差距；（4）建立基本的培训分析体系；（5）促进企业各方达成共识，获得企业各方的协助。

3．培训需求分析的步骤包括：（1）培训需求沟通；（2）培训需求的搜集与汇总；（3）培训需求分类；（4）确定培训需求的结果；（5）设计培训内容、形式和方法。

4．培训需求信息的搜集方法主要有：（1）观察法；（2）面谈法；（3）测验法；（4）问卷调查法；（5）关键事件法。

5．传统的培训需求分析方法包括三要素分析模型、绩效分析模型和基于工作说明书的课程需求分析模型。三要素分析模型包括组织分析、员工分析和任务分析。

6．现代的培训需求分析比较常用的三种方法是基于胜任力模型的培训需求分析模型、前瞻性培训需求分析模型和动态需求课程分析模型。

7．企业对培训需求分析结果的应用包括：（1）策划年度培训工作的基础；（2）审核培训项目设计是否科学可行的依据；（3）评价培训结果的准绳。员工对培训需求分析结果的应用包括：（1）员工能力提升方向的指导；（2）员工自我学习的参考；（3）员工学习成果检验的标准。

网站推荐

1．摆渡人培训管理软件：www.by-doing.com

2．魔学院：www.moxueyuan.com

3．正航软件：www.chixm.com

思考练习题

1．如何运用胜任力素质模型进行企业培训需求分析？

2．如何确认培训需求分析的结果？

培训游戏：后空翻

1．游戏目的

本能的戒备心理导致不信任他人会让我们失去很多合作的机会，也使我们的日常工作受到了阻碍。本游戏就充分说明了这一点。

2．游戏规则和程序

（1）将学员每 7 个人分成一组，然后选出一名学员做志愿者，其他 6 名学员做“接受者”。

（2）让志愿者站在齐腰高的水泥台上，其余 6 个人则在台下两两相对抬起双手准备接住志愿者。

（3）志愿者以立正的身体姿势保持笔直后仰倒下，下面的成员正好托住。为了增加上面志愿者的勇气，底下的“接受者”们可以与志愿者进行一定的交流，以帮助他克服恐惧心理。

（4）注意要有一定的防护措施，如地上一定要铺棉垫。

3．相关讨论

（1）这个游戏简单吗？是什么让这个游戏充满了困难？

（2）如果你是志愿者，当你不信任你的伙伴们时，你会有什么样的表现？如果相信呢？哪一个可以让你有更好的表现？

（3）推演到现实中，你觉得这个游戏对于你的日常工作有什么帮助？

案例分析

三星集团 2016 年培训需求分析方案

1．培训需求调查

三星集团人力资源部向集团总部各部门、下属单位人力资源管理部门向本单位各部门于 2015 年 12 月初发放《员工培训需求调查表》，该表由员工本人填写。部门负责人根据本部门的业务目标对员工填报的《员工培训需求调查表》进行汇总、协调，填写《部门培训需求表》，集团各部门在 12 月底前将该表报集团人力资源部，下属各单位人力资源管理部门应搜集、汇总本单位各部门的《部门培训需求表》，存入单位培训工作档案。

2. 培训需求分析

集团人力资源部在搜集、整理、分析各部门培训需求的基础上，与有关的专家和相关部门进行访谈，并结合集团发展战略、年度目标、相关部门业绩、员工考核评定、员工职业生涯管理等确定集团总部的培训需求。集团下属各单位人力资源管理部门参照规定结合本单位各部门实际情况确定本单位的培训需求。集团总部可以视具体情况对各下属单位的培训需求分析工作进行业务指导和协调。

3. 培训计划的制订

集团人力资源部根据培训需求分析制订集团总部年度培训计划初稿，培训计划内容应包括培训部门、培训对象、培训目标、培训内容、培训教师、培训方式、培训经费预算、培训时间等。计划初稿应返回各部门进一步讨论修改，提交总裁审批。下属各单位的人力资源管理部门应参照以上规定，制订本单位的年度培训计划，单位负责人审批后，提交集团人力资源部，并呈主管副总裁。集团人力资源部进行汇总、协调后，制订集团培训计划上交总裁办公会批准。

4. 培训总结

人力资源管理部门在年度培训工作结束后编写本年度培训工作总结，内容主要包括培训工作计划完成情况的评估和培训经费的使用情况。集团人力资源部综合各单位报告，编写集团培训工作总结报告并提交集团高层管理委员会审议，必要时向集团员工公布。

（资料来源：三星控股集团有限公司 2016 年度培训管理方案）

思考讨论题

1. 结合本案例，说明培训需求分析在三星集团的员工培训与培训系统中占据什么地位？

2. 结合本案例，说明培训需求分析与培训系统中其他部分的关系如何？

本章参考文献

[1] ROBERSON L, KULIK C T, PEPPER M B. Designing effective diversity training: influence of group composition and trainee experience[J]. Journal of organizational behavior, 2018, 22(8): 871-885.

[2] ESTEBANLLORET N N, ARAGÓNSÁNCHEZ A, CARRASCOHERNÁNDEZ A. Determinants of employee training: impact on organizational legitimacy and organizational

performance[J]. International journal of human resource management, 2018: 1-22.

[3] GREIG F W. Enterprise training system[J]. International journal of manpower, 2017, 18: 185-205.

[4] TOM W GOTT. Eight steps for training talents[M]. Shanghai: People's Publishing House, 1998.

[5] G R HERBERT, D DOVERSPIKE. Performance appraisal in the training needs analysis process: a review and critique[J]. Public personnel management, 1990, 19(3): 253-257.

[6] HUGHEY A W, MUSSNUG K J. Designing effective employee training programmes[J]. Training for quality, 2017, 5(2): 52-57.

[7] LONDON M. Managing the training enterprise: high-quality, cost-effective employee training in organizations[M]. San Francisco: Jossey-Bass Publishers, 2016.

[8] MCCLELLAND S B. Training needs assessment data-gathering methods: survey questionnaires[J]. Journal of european industrial training, 1994, 18(1): 22-26.

[9] RAYMOND A. NOY. Employee training and development[M]. Beijing: Renmin University of China Press, 2001.

[10] SMITH A, OCZKOWSKI E, NOBLE C, et al. New management practices and enterprise training[M]. Adelaide: NCVER, 2002: 27-35.

[11] 华敏．培训管理工具箱[M]．北京：机械工业出版社，2009：28．

[12] 李怀斌，朱泳．美国著名企业核心竞争力经典案例[M]．北京：中国海关出版社，2004．

[13] 李栩．电力企业员工培训需求分析工作初探——摩托罗拉（中国）公司培训需求分析做法的启示[J]．中国电力教育，2009，14：240-241．

[14] 李燕萍．培训与发展[M]．北京：北京大学出版社，2007．

[15] 庞翠．基于胜任力素质模型的培训需求分析[J]．学术探讨，2010（2）：128．

[16] 杨洁．人力资源培训需求分析及相应的措施[J]．建材与装饰，2007（9）：331-332．

[17] 钟琳．基于 Goldstein 模型的员工培训绩效分析[J]．现代管理技术，2011，38（12）：43-46．

[18] 周娟．基于角色理论的 HR 从业人员培训需求分析模型研究[D]．南京：南京航空航天大学，2011．

[19] 周婧诗．培训需求分析模型研究综述[J]．现代企业教育，2009，22：68-69．

第三章

培 训 类 型

学习目标

1. 了解岗前培训的概念、特点和作用；
2. 掌握岗前培训的内容和实施要点；
3. 了解在职培训的概念、特点和作用；
4. 掌握在职培训的实施步骤和管理方法；
5. 了解脱岗培训的概念、特点和作用；
6. 掌握脱岗培训的管理方法。

引例

西门子公司的员工培训

西门子公司的培训计划从新员工培训、大学精英培训到员工再培训，涵盖了业务技能、交流能力和管理能力的培育。该公司的培训计划不仅提高了公司员工的业务知识、技能和管理能力，还为公司提供了大量的人才储备。因此，西门子公司员工长期保持着高素质，这也是西门子具有强大竞争力的原因之一。

西门子公司十分重视员工的岗前培训。在岗前培训期间，西门子公司会为新员工介绍公司的组织结构和文化，新员工的工作内容，组织新员工参加西门子新员工研讨会，与每一名新员工签订融入协议。

西门子公司针对大学毕业生进行大学精英培训，这为西门子储备了大量管理人员。

大学精英培训主要是根据综合考核的结果为新员工安排适当的工作岗位，还从大学生中选出 30 名尖子进行专门培训，培养他们的领导能力，培训时间为 10 个月，分三个阶段进行。第一阶段，让他们全面熟悉企业的情况，学会从 Internet 上获取信息；第二阶段，让他们进入一些商务领域工作，全面熟悉本企业的产品，并培养和强化他们的团队合作意识；第三阶段，将他们安排到下属企业（包括境外企业）承担具体工作，在实际工作中获取实践经验和知识技能。

西门子公司还设有员工的在职培训和进修，公司每年投入的 8 亿马克培训费中，有 60%用于员工在职培训。员工在职培训主要有两种形式：西门子管理教程和在职培训员工再培训计划，其中管理教程培训尤为独特和成效显著。

完善的培训体制成为西门子能够不断创新和成功的关键。

（资料来源：BARTEL A P. Productivity gains from the implementation of employee training programs[J]. Industrial relations, 2017, 33(4): 411-425.）

本引例涉及了企业培训的一种重要类型，即岗前培训。除岗前培训外，企业还有在职培训和脱产培训。无论是岗前培训、在职培训还是脱产培训，这些培训都是企业培训计划的重要组成部分。它们不是彼此分离，而是彼此联系的。因此，企业应认真安排员工在不同时期的培训。本章将从培训的概念与特点、作用与流程及培训的发展趋势这几个方面，重点介绍企业的岗前培训、在职培训和脱岗培训。

第一节　岗前培训

企业为员工在上岗前提供培训，目的是让员工在最短的时间内迅速投入工作。因此，岗前培训具有耗时较短、效率较高的特点，但是培训内容比较全面，涉及工作岗位的各个方面。

一、岗前培训的概念与特点

（一）岗前培训的概念

岗前培训是指企业根据岗位规范和要求，为使员工在短期内能够上岗而提供的培训活动。其中，培训对象是即将在某个岗位工作的员工，既可以是刚进入企业的员工，也可以是在企业内接受调职的员工（朱全欣，2011）。岗前培训的内容要切实配合岗位规范来设计，以确保员工在接受培训后可以迅速投入新岗位的工作之中。

（二）岗前培训的特点

岗前培训有如下三个特点。

1．培训在员工上岗前强制进行

岗前培训是发生在员工上岗前的培训，这种类型的培训通常都是企业强行要求员工接受的。若岗前培训效果良好，可以使员工对新岗位的适应期尽可能地缩短。

2．培训内容的针对性强

岗前培训的内容一般与岗位工作内容紧密相连。培训内容不仅包括完成工作所需要的知识和技能，还包括企业文化、岗位工作环境和岗位的关系层级。岗前培训的目的是要员工在上岗后能在最短时间内投入其中，并能将知识和技能转化为生产力。因此，岗前培训最重要的培训内容是工作中所需要的基本理论、知识和技能。员工必须清楚该岗位的工作环境，尽量将工作的阻碍降低，保证岗位工作的顺利开展和开展工作时的人身安全。同时，员工对新岗位在企业架构中所处位置的了解，有利于员工了解该岗位的升迁变动，可以使得员工更加用心工作，做好自身的职业规划。

3．培训方式以课堂培训与现场培训为主

岗前培训需要系统理论和实际操作相结合，因此，培训方式通常以课堂培训与现场培训为主。课堂培训作为传统的培训方法，主要是通过培训师在课堂上用语言传授给学员知识，课堂培训内容通常是岗位工作的相关制度、企业文化、法律准则等知识性和理论性较强的岗前培训内容。这种培训方式常用于理论性和知识性较强的培训，特点是培训师和学员之间缺少互动沟通，但是传授的知识量极大。同时，对员工岗前培训的目的决定了在岗前培训中需要进行现场培训。现场培训的最大优点是理论联系实际，可以让学员清楚地了解如何将培训内容运用到现实工作中，从而增强员工对岗位的适应能力。

例证 3-1

沃尔玛超市新员工的入职培训

沃尔玛之所以能成为世界 500 强企业之首，成为零售业“巨无霸”，原因有很多，而最关键的在于沃尔玛始终将员工视为最大财富，注重对员工的培训与提升，尤其是对新员工的岗前培训。

沃尔玛新员工的岗前培训别具一格，采取的是时间长、重操作、全面性的培训。为了做好岗前培训，沃尔玛在全球各地都设立了培训店。沃尔玛一般会在新店开业前半年开始招聘新员工，并组织新员工到邻近的培训店接受 3～6 个月的实习培训。新员工到培训店实习时并不确定具体的岗位，而是要在 3～6 个月内接受公司文化、信息系统、业务运营和管理政策等方面的培训，以全面了解一个卖场是如何运作的。实习培训期间最为重要的培训就是“1-30-60-90 计划”，即在新员工入职的第 1 天、30 天、60 天、90 天分别会有四次侧重点不同的培训。沃尔玛认为，员工入职的这 4 个日子都是非常关键的时期，培训一定要配合员工这个时期的心理变化和对公司、业务了解的变化。新员工入职培训的第 1 天要接受企业文化的培训，听培训师讲述沃尔玛的创建和发展历史，以培养员工的荣誉感和自豪感，另外还要知道公司如何运营等。沃尔玛的新员工在接受一天的岗前培训后，还将分别在第 30 天、60 天和 90 天与管理层或人力资源部的负责人一起，进一步了解沃尔玛的企业文化和规章制度。这样，既可以了解新员工对企业文化的适应度和上下级之间的融合度，又能帮助其更快适应并融入沃尔玛团队。

（资料来源：RIDILLA P. On-the-job training: the pre-job training for new employees[J]. Plumbing & mechanical, 2018(11): 15-18.）

二、岗前培训的作用

岗前培训并不是可有可无的。岗前培训可以提高员工的岗位素质，缩短员工适应岗位工作的时间，增强员工的工作能力。由此可见，在员工流动的情况下，企业要实现经营中的稳步上升就必须对员工进行岗前培训，以保证企业生产的稳定性和高效性。

（一）熟悉岗位职责，快速开展工作

岗前培训不仅要向新员工介绍整个企业的情况，还要向他们介绍自己的工作岗位。通过岗前培训，新员工将学习和熟知自己工作岗位的工作内容及流程、岗位责任以及组织所期望的工作结果，将学会根据工作的具体要求制订工作计划并掌握相应的工作方法，快速、有效地开展工作。

（二）加快将技术和技能转化为生产力

对于新上岗的员工而言，陌生的岗位工作和工作环境会阻碍自身知识和技能的发挥。因此，岗前培训可以加强员工对岗位的认识，熟悉岗位内容和工作环境，减少新岗位工作的阻力，使员工能够将拥有的知识和技能迅速转化为岗位的生产力。此外，有些岗位工作需要特殊的技术和技能，通过岗前培训能够将那些特殊的技术或技能在短时间内教授给员工，让员工在投入新岗位时运用在工作上，迅速实现将技术和技能转变为生产力。

（三）缩短对岗位工作的适应时间

岗前培训是让员工在正式上岗前熟悉岗位工作的安排。在这段时间内，员工的主要

任务就是熟悉岗位的环境、规章制度和工作内容。这样，员工在培训之后就可以直接投入工作。若员工上岗前没有进行岗前培训，则投入新岗位工作时漏洞百出，工作不能顺利进行，降低工作效率。岗前培训可以让员工更快地适应企业运作，缩短工作适应期，减少企业的损失。

（四）保障员工的职业安全与健康

通过岗前培训，新员工将了解所在岗位的工作程序、安全操作规范、健康要求以及发生紧急情况时的处理方法和程序，从而保障了新员工的职业安全和人身健康，也是组织对员工负责的一种体现。

家乐福集团员工岗前培训

家乐福集团（CARREFOUR GROUP）是欧洲第一、全球第二的国际化连锁零售集团，是大卖场业态的创始者，在全球三十多个国家运营近一万家零售商店，旗下经营多种业态：大型综合超市、超市、折扣店、便利店以及会员制量贩店，为顾客提供种类齐全、安全放心、价廉物美的商品和全方位服务。家乐福在正式接受新员工之前，要对他们进行岗前培训。首先，家乐福集团要求所有新员工参加最简单的员工入职培训课程，课程内容通常是以家乐福的企业文化、公司政策以及其他一些相关制度为主，以便新员工能够具备一名家乐福员工的基本技能，融合企业文化，了解企业的规章制度。其次，家乐福集团根据新员工的岗位和部门的不同安排不同的培训方式。例如，针对收银员，培训师会在后台计算机上演示收银流程，并让待入职的新员工操作熟练后，再到前台模拟，以保证他们真正熟悉业务；针对待入职的理货人员，培训师会现场向他们讲解理货的基本技能，包括商品如何摆放、如何验收、上架与下架的时间等。

（资料来源：HAIR AWANG A, ISMAIL R. Training impact on new employees[J]. Economic research - ekonomska istraživanja, 2018, 23(4): 78-90.）

三、岗前培训的流程

岗前培训要达到理想的效果，就要事前做好准备，事后进行相关的考核跟进。岗前培训可分为三个阶段：计划阶段、实施与管理阶段以及效果评估阶段，如图 3-1 所示。

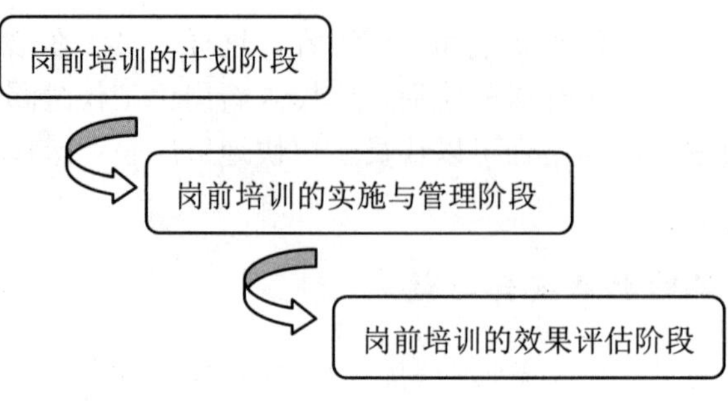

图 3-1 岗前培训的流程

（一）岗前培训的计划阶段

岗前培训的第一步是确定培训的目的。岗前培训作为企业组织的一个固定培训项目，通常会编入组织的年度培训计划中。组织将根据自身的组织战略目标、组织文化建设和人力资源战略来确定新员工培训的内容和基本方向，制订岗前培训的具体计划。

在制订岗前培训的具体计划时，一般要考虑以下问题。

（1）培训活动的目的。

（2）培训的内容与形式。

（3）时间跨度及课程安排的具体时间。

（4）培训的地点是组织内部还是其他地方。

（5）培训讲师是聘请内部培训师还是外聘培训师。

（6）人力资源部门和用人主管部门在岗前培训中的分工与协作。

（7）人力资源部门跟踪岗前培训工作所用的审查清单。

（8）员工手册的制作与内容更新，新员工文件袋的制作与设计。

（9）培训课件的审核。

（10）如何检验培训的效果。

（11）岗前培训活动的成本大小。

其中，新员工岗前培训文件袋一般包括以下材料。

（1）最新组织结构图。

（2）未来组织结构图。

（3）本单位区域图。

（4）有关本行业、本系统的重要概念和术语。

（5）行业和系统政策手册、员工手册副本。

（6）组织工作目标及说明副本。

（7）岗位说明书。

（8）工作绩效评价的表格、日期及程序副本、其他表格副本，如费用报销等。

（9）在职培训机会表。

（10）重要的内部刊物样本。

（11）重要合同的副本。

（12）重要人物及部门的电话、住址等。

（二）岗前培训的实施与管理阶段

员工岗前培训一般由人力资源部门和用人部门合作开展。首先，由人力资源部门总体负责员工岗前培训的组织和策划活动，并对整个培训过程进行协调、组织、跟踪以及评估。在这个阶段，培训的主要内容包括组织的概况、组织政策、规章制度和规范化运行手册，组织文化和员工行为规范等。接着，在新员工对组织有了一定认识和了解的基础上，用人部门负责对新员工进行有关本部门和本岗位的岗前培训，以增加新员工对组织和岗位的感性认识。在此阶段的培训内容主要包括介绍本部门的情况和岗位职责，参观本部门的工作设施和生产环境，介绍其将要从事的工作内容、岗位要求、注意事项、工作绩效考核标准和方法等，并介绍新员工与本部门原有员工互相认识。

（三）岗前培训的效果评估阶段

在岗前培训过程中，正式的和系统的培训效果评估是非常必要的。评估内容是对每一位新员工进行全面的复查，看其是否已对岗前培训内容真正地领会和掌握。人力资源部门应在新员工工作一段时间（如 1 个月）之后对新员工进行岗前考核，考核方法可以是新员工代表和各主管人员进行座谈，也可以采用问卷的方式普查所有新员工。

岗前培训效果评估主要包括以下几方面内容。

（1）是否了解组织的规章制度和组织目标，对组织文化是否认同。

（2）岗前培训活动是否适当，培训场所、文件资料和表达方式是否使新员工得到了关于本组织的良好印象。

（3）培训内容是否容易理解。如果各种岗位和各种背景的新员工在一起接受岗前培训，如办公室文员和销售人员在一起培训，那么就需要了解岗前培训活动的内容和风格是否普遍适用、是否容易理解和接受。

（4）岗前培训的内容是否有助于与他人沟通。

（5）岗前培训是否具有激励效果。

如果岗前培训的效果达到了预期的目的，那么就需要岗前培训的主管人员、人力资源部门的代表和新员工的部门主管在完成清单上签字，然后存入员工的个人培训档案。

例证 3-3

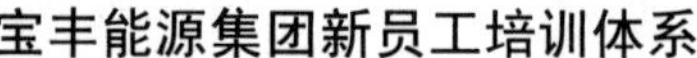

宝丰能源集团新员工培训体系

为了帮助新员工尽快适应集团文化、融入集团氛围、转变观念态度，尽快开展本岗位的工作，宝丰能源集团特针对新员工设计了一套培训体系，具体包括以下几方面内容。

1. 职前培训

职前培训主要侧重于企业文化的宣讲、对新员工行为规范的要求及职业技能的培养。培训课程有公司概况、企业文化、规章制度、军事训练等培训，具体包括厂（矿）的地理位置和工作环境、厂（矿）的发展历史、厂（矿）的产品和服务、厂（矿）的品牌地位和市场占有率、厂（矿）的组织结构及主要领导、厂（矿）的经营战略和发展前景、厂（矿）的规章制度和有关法律文件、业务知识技能等。

2. 培训考核与奖惩

新员工入职培训结束后，参加公司统一组织的员工入职和安全考核。通过考试的员工将分配至个人所在车间；若考试不合格，集团会给予二次教育的机会进行补训，补训结束后进行补考。

3. 后续岗位培训

为了使通过培训考核的新员工尽快成长为宝丰集团一名合格的员工，通过考核的新员工被分配至个人所在车间后会继续开展以师带徒形式的岗位培训，具体培训内容主要包括辨识本岗位危险源，了解安全操作规程，处理岗位应急事故，学习单位生产工艺基础知识和工种操作规程等方面。

（资料来源：黄亚娜. 宝丰能源集团股份有限公司新员工入职培训优化研究[D]. 银川：宁夏大学，2016.）

四、岗前培训的内容

岗前培训是员工对新岗位形成第一印象的重要方式。岗前培训的主要内容是让员工了解新岗位必需的知识和技能，使他们尽快熟悉岗位的责任。对于企业的新员工而言，岗位培训还必须帮助新员工熟悉工作环境，让新员工对企业产生归属感。

（一）企业体制的信息

企业体制的信息包括企业的经营环境、经营方式、企业政策和管理规章制度、员工构成和工作流程等。企业一般会将这些内容制作成员工手册发放给员工，方便员工阅读学习，并可在日后工作中进行查阅。

（二）企业发展历史

了解企业发展历史可以帮助新员工了解企业的经营哲学和管理风格，让新员工对企业产生归属感。同时，也可以帮助员工合理规划自己的职业生涯，使其职业发展目标与企业发展目标相一致。

（三）企业发展目标

企业的使命和愿景描述要始终放在第一位。每一个企业都应该有一个使命宣言和愿景描述呈现在企业的经营计划中，并指导企业的所有决策。使命宣言要说明企业是干什么的和为什么存在；愿景描述要说明企业需要发展成什么样子，描述企业的理想。两个描述应该简洁易懂，让员工清楚地知道企业向何处发展以及为什么要这样发展。此外，还应该让员工了解企业的目标以及实现这些目标的计划。企业需要阐明为什么新员工对组织的成功很重要，认真回答新员工提出的有关企业的奋斗目标和每位员工如何加入这一奋斗过程等相关问题。如果企业以团队为基础讨论企业的规划，那就让新员工尽快参与进去，因为参与了计划制订的员工会更加积极地实施计划。

（四）岗位工作的信息

岗前培训不仅要向新员工介绍整个企业的情况，还要介绍他们自己的工作岗位，以便在规定的时间内让员工掌握科学合理的工作方式。从与新员工见面时起，就要向其详细介绍职位说明书、工作绩效考核的具体标准和方法、岗位基本的工作流程、岗位常见的问题及解决方法、工作时间和业务合作伙伴或服务对象、工作中请求援助的条件和方法、加班要求、规定的记录和报告、设备的使用和维护等职业必备的知识与信息。

（五）建立员工归属感

岗前培训就是帮助新员工尽快融入企业的过程，让他们感受到大家的认可和欢迎。首先，通过给新人安排好座位及办公的桌子、举办一场新员工见面会或部门聚餐、领导与其直接沟通等方式消除新人对周围工作环境的陌生感；其次，通过及时观察新员工的情绪状态等，帮助新员工及时调整，从而完成角色的转变；再者，要适度授权，让新员工了解企业目前正在开展的活动，并鼓励其积极融入其中，主动完成任务；最后，给予员工及时的表扬与鼓励，建立起互信关系。此外，为增强员工的团队意识和纪律意识，帮助新员工尽快融入集体，还有一些企业组织军训和野外拓展训练。

例证 3-4

碧桂园化茧成蝶的入职培训

碧桂园相信科学系统的新人培训与发展体系，能够让初出校园的学子，迅速完成从“学生”到“职业人”的转变。新员工入职后，将接受由公司统一组织的为期两周的封闭式集中培训，从军事化训练、体验式学习、理论性培训到团队组织活动，循序渐进，让新员工了解企业文化、业务流程及房地产行业概况，帮助新员工明确发展方向，以最佳、最快的速度走进企业、融入企业。

在整个封闭式集中培训阶段，主要学习四类课程，分别为文化、心态、团队和素养。文化课程方面，主要是向新员工介绍碧桂园企业的发展概况和企业文化，熟悉员工手册，参观学习碧桂园的楼盘项目以及国华纪念中学等；心态课程方面，主要是由培训师讲授“职业化塑造”课程，定期开展与高管的座谈会以及优秀员工分享会等；团队课程方面，主要是组织新员工进行户外拓展和团队训练，通过参加户外活动的方式，培养新员工的团队意识和合作精神；素养课程方面，主要是由培训师向新员工讲述“专业形象与服务礼仪”“沟通技巧”“时间管理”三门课。最后，还要针对培训内容进行考核。通过结业考核的学员，将获得集团统一颁发的结业证书；对于在集训中表现优异的个人和团队，将获得公司统一颁发的各项荣誉证书。学员在完成集训之后，将被送往各职系、各部门，接受以专业为导向的在岗培训及职业导航师的辅导。

（资料来源：碧桂园官网．https://web10.bgy.com.cn/china/job/progress.aspx?NodeCode=105005004002.）

五、岗前培训的发展趋势

随着企业的发展，岗前培训的重要性日益凸显。随着企业对岗前培训的日益重视，岗前培训越来越规范化和规模化。目前，岗前培训主要有三个发展趋势，即岗前培训日益受到重视、日益规范化以及建立稳定的培训基地。

（一）岗前培训日益受到重视

岗前培训是新员工职业生涯的起点。新员工在进入企业之前，每个人的工作和学习经历、价值观念、文化背景等各不相同，与企业的文化也不完全一致。岗前培训意味着新员工必须放弃某些理念、价值观念和行为方式，以适应新组织的要求和目标，并学习新的工作准则和有效的工作行为。同时，企业通过实施岗前培训，能够帮助新员工更新知识体系，完善知识结构，建立与同事的工作关系，建立符合实际的预期，让新员工在踏入组织的第一天起就牢固树立起企业文化的理念，使其快速融入组织并积极开展工作，为组织创造效益，实现自我价值。因此，岗前培训越来越受到企业的重视。

（二）岗前培训日益规范化

虽然一些企业开始注重岗前培训，但容易流于形式和走过场，培训效果一般。为提高和强化岗前培训效果，企业越来越重视岗前培训内容的制定、培训师管理、考核制度和培训效果的评估与跟踪，力争做到培训与管理规范化。

（三）建立稳定的培训基地

岗前培训只是企业岗位培训工作中的一项内容，随着行业的发展，各企业的培训任务将更加繁重和艰巨。随着企业对育人、留人重要性认识的加强，企业需要建立一个相对稳定的培训基地或建立企业大学作为培训场地，以便为岗前培训工作提供良好的环境。

平安公司培训的发展历程

中国平安保险（集团）股份有限公司的培训发展主要经历了以下五个阶段。

第一阶段：培训草创期

创立初期，平安的培训处于原始培训阶段，以老带新等古老而有效的培训形式发挥着重要作用。

第二阶段：代理人培训期

平安业务猛增，公司发展壮大，代理人队伍从两千人猛增到四万人，对代理人的培训成了非常迫切的事情。这一时期，平安建立了代理人培训体系，包括教材编写、讲师培养、培训系统建立和巡回授课等工作陆续展开。经过几年努力，形成了自身的课程体系，确定了培训的组织架构，制定了培训管理制度，建立了培训讲师梯队，初步形成了以制式课程为主、非制式课程为辅、海外认证课程为补充的课程体系。

第三阶段：平安大学创建初期

平安大学创建初期，就确定了国际化高起点的办学思路。在选择合作伙伴过程中，平安只跟某个领域前三名的供应商合作。同时，平安四处寻找有著名跨国企业培训经验的职业经理人来管理平安大学。

第四阶段：平安大学成熟运作期

平安大学在创办动因、目标定位、主导的培训领域、新员工培训中的职责划分等方面进行了定位，确立了组织架构、项目制运作方式、课程开发体系、绩效指标等运作模式。从 2006 年起，平安大学为平安公司的培训提供了有力的组织保障。

第五阶段：平台创建期

2017 年 6 月 19—20 日，平安大学成功举办“企业大学建设与发展论坛”，论坛上，主要讨论的话题包括“企业大学如何支持公司发展战略实践”“企业关键人才发展体系”“J & J 如何应对发展与变革”“企业培训师队伍建设”等。此交流平台的创建，为中国企业人才培训发展体系的建立和促进业内合作交流起到了重要的积极作用。接下来，平安大学将继续搭建相关交流平台，推动中国企业大学的发展。

（资料来源：世界著名公司企业大学的最佳实践. http://www.mp168.org/.）

第二节 在职培训

在职培训的最大特点就是接受培训的员工在接受培训期间并不脱离岗位工作。这样的培训可以帮助企业减少员工脱离岗位工作所带来的成本压力，但是会增加员工的工作量。员工一边工作，一边接受培训，可能会出现分身乏术的情况。因此，企业在要求员工接受在职培训时要调整和平衡工作与培训的时间，尽量做到两者兼顾。

一、在职培训的概念与特点

（一）在职培训的概念

在职培训是指企业在不影响员工日常工作的情况下，通过培训学习，使其在知识、技能、安全生产意识上不断提高，使员工的知识、技能和素质与现任或预期的岗位相匹配，进而提高员工现在和将来的工作绩效。在职培训是提高企业员工全面素质的一种主要途径。

（二）在职培训的特点

在职培训与前面介绍的岗前培训的区别在于在职培训的员工已经在该岗位工作了一段时间，对岗位工作具有一定的熟悉程度，了解岗位在企业中的角色和运作流程。在职培训相对于其他类型的培训来说有其自身的特点，具体表现为以下几点。

1．不耽误工作时间

脱岗培训需要员工暂时离开工作岗位，会给工作的连续性造成一定的影响，而在职培训则不同，在职培训将培训和工作紧密结合起来，融培训于工作之中，让培训和工作之间产生互动，使员工在工作中参加培训，从培训中获得更多的工作机会，从而获得更有价值和实际意义的提升。

2．培训内容与工作相结合

当前许多企业都会为员工安排在职培训，但是一些企业的培训内容往往脱离员工的实际工作，没有根据员工所在岗位真正需要的知识和技能进行培训，这很容易导致培训活动丧失其应有的针对性，也造成企业资源的浪费。因此，在实施在职培训时需要将培训内容和工作实际紧密结合起来。

3．培训方式灵活

企业在职培训的对象都是在职员工，培训师在培训中必须讲究培训的技巧，不能随心所欲。在职员工集中培训的时间比较零散，但是又要求员工掌握更加全面的技能和知识，因此，时间短、学习任务重的矛盾十分突出。此外，接受培训的员工通常在工余时间才进行培训。工作之余的员工处于身心比较疲惫的状态，培训方法要以能够激起员工积极性和主动性为基础进行设计，因此，对在职员工的培训可以使用参与式培训。在培训过程中，培训师应该多用实例并创造更多的机会，使接受培训的员工将自己所了解和掌握的知识和技能表现出来，以供其他接受培训的员工观摩，也可以采用“吊胃口”的方式和其他技巧提高员工的学习兴趣，多表扬、少批评能够增强员工的信心。

4．节约培训费用

随着时代的不断发展与进步，人们的观念在不断地更新。现在，培训在很多管理者眼中已经不再是一种成本，而是企业对员工的投资，相关的费用也伴随着培训工作的展开而产生。但是，与脱产培训不同的是，在职培训可以利用很少的成本投入，如买套培训光盘，观看后讨论，让更多的员工在培训中获益，从而节约了大量的培训费用。

二、在职培训的作用

在职培训具有以下三个方面的作用。

（一）将新科技成果转化为工作成果

当行业内出现了新工具或者新技术可以提高企业生产力时，企业往往会安排培训，让相关的员工学习这些新工具的使用方法或者新技术。在职培训就是这样的一个途径：让员工接受新技术，再将培训成果用于工作中转化为工作绩效。在职培训新技术，可以让员工在培训时不断地与实际工作联系在一起，一边学习，一边思考怎样根据企业的情况运用这些科技成果，防止培训成果依然保持在理论化的状态。

（二）增加员工对该岗位工作趋势的了解

企业要发展，必须保持不断向前的状态。然而员工在岗位上工作时，有时候会处于一个比较封闭的状态，自己完成自己的工作，无法了解行业内的发展态势。通过在职培训，在不影响员工工作的前提下，提供一个途径让员工通过学习培训知道行业内的最新科研成果和发展动向，加深员工对行业发展概况的了解。这样可以使员工在岗位工作时能够将目光放得更远，思维更加创新。

（三）提高员工个人工作能力

企业为员工安排培训，是希望员工将培训所得运用到日常工作中，然而对员工自身而言，通过在职培训，还可以提升自身的素质与能力，提高个人的工作能力，加强自身职业竞争力。目前，企业为了配合市场规范化的需要，会为员工安排相关资格认证的培训，通过员工获得资格认证来提高企业发展的竞争力。这样，不仅让企业获利，同时也让员工获利。在企业的安排和支持下，员工获得相关行业职业资格认证，是对自己工作能力的一种肯定，拓宽了自己的职业发展道路，薪酬上也会有相应的提高。在许多企业中，在同一岗位上，是否拥有职业资格认证通常与薪酬相联系。

三、在职培训的流程

在职培训不是任由企业单独决定员工需要培训什么，培训内容要切合员工的职业需求，根据培训需求调查结果进行设计和安排。企业对在职培训还需要进行必要的管理，对员工进行必要的考核，以提升培训效果。在职培训的流程与实施步骤包括需求调查、内容的设计、实施、管理与考核等，如图 3-2 所示。

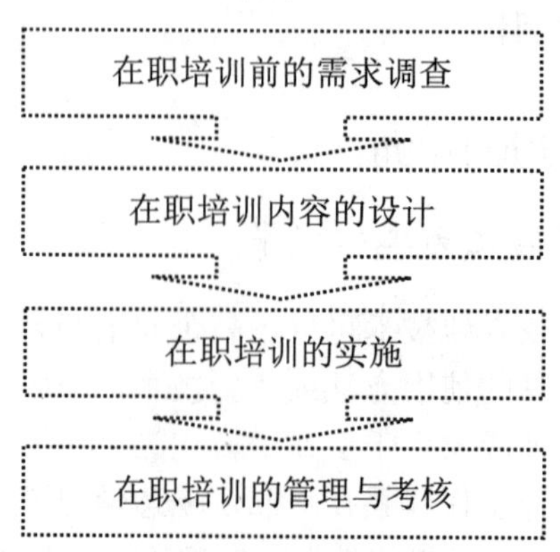

图 3-2 在职培训的实施步骤

（一）在职培训前的需求调查

员工在岗位上工作一段时间后必定会遇到一些问题，这些问题会限制员工工作绩效的进一步提高。企业在安排在职培训时，需要知道员工在工作中存在的问题。这些问题虽然不一定全部都可以通过培训得到解决，但是还是可以解决大多数问题的。

针对员工培训需求的调查，既要对员工本身进行调查，也要参考员工直接上级的建议。虽然员工对工作中力不从心的情况很清楚，但是往往在表述上带有个人情感，不能够系统、客观地反映培训需求。而员工的直接上级可以用比较客观的态度去评价该员工的工作，从而系统地总结出员工需要培训的地方。另外，员工的培训需求也要和企业发展的需求相结合，配合企业发展战略的实施。因此，在做培训需求调查时也要考虑企业和行业未来的发展趋势。

（二）在职培训内容的设计

企业在做好培训前的需求调查后，还要根据调查结果进行培训设计。培训设计不仅仅包括选择贴近需求的培训内容、合适的培训师和培训方法，还要注意合理地设计培训时间。在职培训的关键就是培训时间要与工作时间相配合，要避免起冲突，否则员工会因为害怕完不成工作任务而放弃培训机会，弄巧成拙。

（三）在职培训的实施

培训实施是在职培训工作的主要阶段。在培训过程中，要切实地根据培训计划来开展，但是计划往往与现实存在冲突。因此，在实施阶段需要不断地调整培训计划，并将调整的部分记录下来，以便于日后的培训计划可以更加贴近现实。在培训实施期间，有两方面的工作：一是培训工作；二是教务工作。其中，培训工作是按照培训计划对员工实施培训的过程中还要在培训内容、培训技巧、培训方式、培训师等方面进行不断的修正；教务工作就是要平衡员工工作与培训的时间安排、培训所需资源的分配等。培训的实施过程中需要企业对培训进行严格的管理和控制。

（四）在职培训的管理与考核

在职培训和其他培训一样，都要纳入企业年度培训计划内。在职培训与其他培训又有不同，因为接受培训的员工是一边工作，一边进行培训，这样的培训需要员工具备很强的自觉意识才能够学有所成。因此，企业在工作安排上应尽量让接受培训的员工的工作压力不要过大，更要避免延长工作时间，因为过长时间的工作和过大的工作压力，只会让员工无法投入培训中，培训也就变得浪费时间、人力和物力。同时，为了避免员工因为工作疏忽培训，企业也要制定相关的培训考核制度来适当地增加员工的培训压力。参加在职培训的员工中大多数已离开学校多年，需要企业激发起员工的自学意识和对培训的自觉参与意识。

黄河中型水电公司培训管理

黄河中型水电公司的培训流程包括四个环节，分别是：培训需求的调查和目标确定、培训计划的制订和课程体系设置、培训项目实施与培训效果评估跟踪。培训需求的调查通常是由人力资源部门设计问卷调查并对其结果进行数据分析，为公司完善培训体系提供依据。同时，根据数据分析结果制订培训计划与课程体系，然后实施培训计划。实施培训计划的流程主要为：培训准备、发布通知、课堂过程控制及服务、培训考核、费用结算、完善培训档案。培训结束之后有相应的培训效果评估及跟踪，可以检测学员的学习效果是否达到既定目标。评估和跟踪的方法为：针对理论性强的培训课程，考核形式为试卷；针对操作性强的培训课程，考核形式为理论知识的提问和事故模拟演练；针对管理人员，主要参照月度工作指标完成情况和质量以及对待工作的态度和热情来评价其培训结果。

（资料来源：李秀婷．中国中小水电企业员工培训管理研究[D]．北京：对外经济贸易大学，2017．）

四、在职培训的发展趋势

由于在职培训需要员工一边接受培训，一边工作，因此，以往的在职培训内容比较零散，难以形成完整体系。同时，由于企业对员工的知识和技能的要求不断提高，在职培训作为一种行之有效的培训类型，正在不断地与时俱进和演变。在职培训的发展趋势表现为以下几个方面。

（一）培训内容从以往的单一技能培训向多元化发展

以往的企业通常会为技术人员安排培训，希望通过技术人员在技能上的提高来提升生产效率，但是随着企业经营方向的多元化，员工的培训不再只集中于技术和技能上，而是应该从企业经营的各个方面出发，为员工提供不同培训的选择。例如，目前有不少企业针对管理类的培训与大学进行合作，让企业管理层可以对学术界相关领域的最新研究成果和行业发展态势有所了解。

（二）在职培训趋向系统化，持续性强

现阶段，企业的人力资源状况日益成为企业重要的核心竞争力，企业员工的职业生涯也和企业的发展息息相关。为了能够留住有用的人才，时间比较短和零碎的在职培训也趋向于系统化和持续性强。企业将员工所接受的培训和培训考核结果记录在案，同时与员工的工作绩效和职业生涯规划联系到一起，为员工提供合适的培训机会，这样可以增强员工对企业的归属感，为个人和企业创造更多财富。

（三）培训方法从单一化到多样化

在传统的在职培训中，多是“师傅带徒弟”式的言传身教方法，即以课堂讲授和实地观摩为主，培训方法比较单一，学员被动参与的时候比较多。而现阶段多种多样的培训方法使得培训活动丰富多彩，既加深了员工对培训内容的理解，又更大程度地发挥了员工的积极性和主动性。这种参与式培训方法较以往的被动式培训方法更为科学和有效，大大提高了培训质量。

（四）员工态度从消极对抗到积极参与

传统观念中，参加培训的员工都是那些工作表现不佳的人员，再加上培训内容枯燥、方法单一、工具落后，员工对参加培训有抵触情绪，即使参加了培训也是混日子。到了21世纪，工作种类随知识的更新而更新，传统的工作岗位不断地减少，甚至消失，更多新型的工作岗位不断地涌现出来。企业员工为了避免被淘汰，只有积极地更新知识和提高技能以适应社会的发展。在这种社会大背景下，员工学习的积极性和主动性大大提高。同时，在培训中，员工可以向上司提出自己需要接受培训的课程，由公司培训部门、管理人员、员工三方协商安排。这种培训因为有员工个人的参与和决策，而且是员工的实际所需，员工往往更有主动性，更乐于参与，培训效果也更好。

（五）内部培训师越来越专业化

内部培训师的起源与企业内部导师制和师徒制的岗位技能培训相关。越来越多的企业认识到了内部培训师的价值，开始组建自己的内部培训师队伍，而企业内部培训师的质量又取决于企业对培训师的管理水平。许多知名公司为适应企业发展的需要，都拥有了自己的内部培训师队伍，在内部培训师的选拔、管理、评估和激励上形成了一套较为完善的政策与制度，甚至建立了成熟的企业内部培训管理模式——企业大学（陈李剑，2014）。由此可见，企业内部培训师逐渐走上普遍化、专业化、职业化的道路。

例证 3-7

某国有建筑企业内部培训师管理方法

某国有企业对于内部培训师的管理，主要是通过授课技巧培训、课程开发培训、业务拓展培训等途径，提高内训师的素质与能力，具体包括以下几个方面：一是通过建立课程动态评估机制，及时掌握内训师的特点并制订有针对性的培训计划；二是对内训师形象的培训，主要是培训开场破冰、站姿、坐姿、走姿、语言表达、表情训练等技巧，提高培训效果；三是针对课程设计、课程开发进行培训，要充分了解学员接收信息的方式，在课程设计时，从多方面展示受学员欢迎的课程；四是针对现场控制技巧和能力的培训，包括课堂讨论设计、课堂提问、应答、点评、现场掌控技巧等；五是知识体系更新培训，主要是结合企业实际对内训师进行新技术、新工艺、新知识的培训，以保证内训师的课程是最新的，从而保持对员工的吸引力。

（资料来源：盖利敏，咸宁．企业内部培训师管理方法——基于对某国有建筑企业内训师管理现状的分析[J]．经营与管理，2017（04）：47-49.）

第三节 脱岗培训

接受脱岗（又称脱产）培训的员工暂停手上的岗位工作，一心一意地参加培训。脱岗培训时间集中、内容系统，并且员工可以一心一意地参加培训。由于员工暂停岗位工作，因此企业的脱岗培训成本比在职培训成本要高。

一、脱岗培训的概念与特点

（一）脱岗培训的概念

脱岗培训是指在工作场所之外的教室或者训练场所进行的集中训练，也可以说是一种以素质为中心的文化学习模式，主要是以专门领域知识的高度化和基础知识技能的提高为主（王国辉，2013）。

（二）脱岗培训的特点

脱岗培训与前面介绍的在职培训最大的不同点在于培训时间、人员和内容集中，更加有效率（权肖云，2014）。也就是说，参加培训者有足够的时间专心参加培训，有些类似于在学校上课的学生一样，唯一的任务就是学习。

1．学员暂时脱离工作岗位参与培训

参训者需要脱离工作岗位是脱岗培训与其他培训的最大不同点。无论是岗前培训，还是在职培训，接受培训的员工都是在企业里面一边工作、一边学习的，有些甚至连培训场地也在企业内部。对于脱岗培训，企业为学员保留职位，学员脱离岗位并离开企业去参加培训。由于学员暂时脱离工作岗位，因此学员的首要工作任务就是认真接受培训。脱岗培训还包括培训学员了解工作合同、服务年限、工作待遇等相关内容。

2．培训时间、人员和内容集中

由于参训者暂时脱离工作岗位，全身心参与培训，因此脱岗培训的时间、人员、内容集中。脱岗培训将学员完全放在接受培训的氛围中，学员原本需要在岗位工作的时间全部用于接受培训。如此充足的时间可以安排更加系统、专业和理论化的培训内容，使得学员不再像以往的培训那样只是知道一些很表面的知识。同时，深入学习有用的知识，可以使员工在日后的工作中更加高效和灵活地将培训内容转化为生产力。需要注意的是，企业要为脱岗培训选择和安排更加专业和负责任的培训师，否则就会造成培训资源的浪费。

3．投资回报率较高

员工未投入工作会造成企业在当期的经济损失，培训所需的费用是由企业支付的，因此，脱岗培训的成本比其他的培训要高。因为培训成本高，所以企业一般会倾向于为员工安排回报率比较高的培训。例如，挑选企业内一些技术类型的员工，安排他们暂时离开岗位，全身心地去接受新专业技能的培训。这些专业技能在培训结束后通常是可以直接应用在企业生产经营上的，大大地缩减了将培训成果转化为生产力的时间。

可口可乐公司员工的脱产培训

可口可乐公司是全世界最大的饮料公司，也是软饮料销售市场的领袖和先锋，其产品包括世界最畅销五大名牌中的四个（可口可乐、健怡可口可乐、芬达及雪碧）。该公司的产品通过全球最大的分销系统，畅销世界超过两百个国家及地区，而重视员工培训，正是这家传统饮料公司长盛不衰的一个重要原因，是企业制胜的法宝。培训人才已经成为可口可乐公司经营理念的一部分，它在中国各地都有训练中心、管理学院，对不同等级、不同岗位的员工给予培训。在可口可乐公司，对中高层员工的培训主要以脱产培训为主。公司每年会挑选一些高级经理去清华大学接受知名教授一个月的培训，培训内容主要是以总部培训发展组提供的培训项目为主。同时，为了专门培训老业务骨干的高层管理人员，如厂长和部门经理，可口可乐公司跟复旦大学合办了一个可口可乐管理学院。在这个学院，很多外国信息、管理观念及可口可乐个案拿出来让大家研究。通过整个系统经验的分享，这些高层管理人员可以学到在不同市场情况下怎样最有效地应付和处理事件。同时，公司会定期从中层员工中挑选一些优秀者去厦门大学进行一个月的课堂培训，主要侧重于新的管理知识和新的技能方面的培训。

（资料来源：HARRIS R, WILLIS P. Learning the messages in off-the-job training[J]. International journal of training & development, 2018, 7(2): 82-92.）

二、脱岗培训的作用

脱岗培训与其他培训相比有明显的优势，即培训时间集中、培训内容系统化，这些优势使得脱产培训具有更高的效率。

（一）实现员工理论知识的系统化

企业安排员工接受培训就是要员工有机会学习新的知识和技能，并将其应用到工作上，提高生产力。岗前培训主要是让员工熟悉和了解岗位工作的情况，缩短员工对岗位工作的适应期；在职培训是要员工一边工作，一边接受培训，时间零散，员工很难集中精力接受培训，培训效果通常不太理想。由于脱岗培训具有时间集中、内容集中的特点，使得员工能够全身心投入培训，加深员工对培训内容的了解，而且可以更系统地将培训内容与实际工作进行联系。

（二）提高培训效率

企业安排员工进行培训的最大障碍是员工很难在不影响工作的情况下专心接受培训。脱岗培训可以让员工暂时放下岗位工作，专注于培训，提高培训效率，达到事半功倍的效果。因此，脱岗培训的培训效果常常是比较显著的。

（三）促进学习型组织的建设

在向知识经济时代迈进的过程中，由于知识化和网络化的发展，工作对员工的要求和员工获得知识的方式也在发生变化。工作对员工的要求越来越高，员工必须不断地学习新的知识。在知识化的浪潮中，知识的更新速度很快，科学技术以惊人的速度向前发展，科学发现与大规模应用之间的时间大大缩短。因此，脱岗培训通过对员工的学习进行积极的、有计划的引导，员工可以在不断更新观念的基础上尽快获得新的知识和新的技能，从而促进学习型组织的建设。

三、脱岗培训的流程

脱岗培训的流程大致可划分为四个步骤，包括签订脱岗培训合同、拟订脱岗培训的需求评估与计划、实施与控制脱岗培训、评估与反馈脱岗培训的效果，具体如图 3-3 所示。

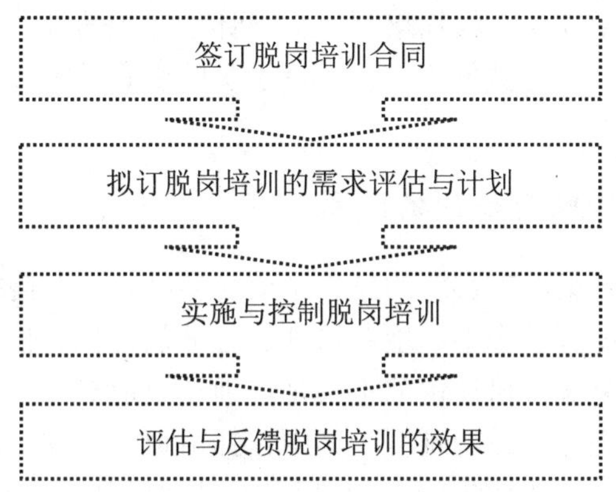

图 3-3　脱岗培训的实施过程

（一）签订脱岗培训合同

企业在对员工进行脱岗培训之前，可先与之签订脱岗培训合同，根据培训投入大小来约定服务年限和违约责任。这样，即使培训结束后人员流失了，企业也可以依据培训合同获得相应的赔偿，减少因人员流失而给企业带来的损失。员工因签订了脱岗培训合同，增加了其流动成本，一般不会轻易离开所在企业。如果一旦有了法律纠纷，培训合同也是依据。

（二）拟订脱岗培训的需求评估与计划

这一阶段的主要任务是运用调查与预测的方法，对企业教育培训的需求进行分析与评估，在此基础上拟订脱岗培训的目标和计划内容。其中，除了在第二章中提到的培训需求分析方法外，企业还可以选择以下四种方法对脱岗培训需求做出调查与预测。

（1）自我申报，即设立“自我申报参加教育培训制度”，让职工申报参加脱岗教育培训的理由与依据。

（2）人事考核，即依靠人事管理的考核结果分析确定脱岗教育培训（脱岗培训）的对象和内容。

（3）人事档案，即利用人事档案，对人员情况及历史状况做出调查，确定教育培训的需求。

（4）人员素质测评，即用一套标准的统计分析量表对各类人员素质进行评估，根据评估结果，确定培训对象与内容。

（三）实施与控制脱岗培训

这是脱岗培训工作的主要阶段，是实施脱岗培训的目标与计划。该阶段主要包括两个方面的工作：一是教学工作，根据培训目标与计划实施培训，并对脱岗培训过程中出现的问题及时做出调整；二是教务工作，做好学员的出勤、考核、评价等工作，保证整个培训的顺利进行。

（四）评估与反馈脱岗培训的效果

企业为培训安排的方案，在实施的过程中要切实结合企业需求进行。除了要灵活结合计划方案外，企业要在管理中不断地对培训进行评估，如评估培训师的行为、评估学员的认真程度和培训效果等。培训评估不仅是培训结束前对参加培训者进行测试，还要建立一套对培训全过程进行评估的制度，其中包括培训时间安排、培训师的专业程度、培训方式的适应度、参加培训者的培训效果以及企业培训的成本和提高经营效率的比率。这些评估都可以帮助企业日后安排培训时进行适当的修改，有利于提高日后培训的效果。

企业的脱岗培训可以分为自行组织、送外培训等形式。但是无论企业脱岗培训采用什么形式，都需要经过签订脱岗培训合同、拟订培训计划和实施与控制脱岗培训三个步骤。如果是送外培训或者与其他机构合作开展脱岗培训，企业则需要在脱岗培训的过程中与合作机构保持良好的沟通，以保证培训有效地进行。

四、脱岗培训的发展趋势

脱岗培训越来越与企业对人才的要求相配合，因此，脱岗培训的发展趋势主要表现在以下几个方面。

（一）由注重“技能”为主向注重“人本”为主过渡

现代企业进行员工培训，在重视技能的同时，更体现一种人文主义关怀；在注重员工为本企业效力的同时，也关注员工的职业生涯发展，企业在安排培训时开始为员工的切身利益考虑，如健康计划、应对失业、寻找新工作等都成为企业脱岗培训的内容。在脱岗培训中，企业也开始重视员工综合能力的开发、决策能力和演讲能力的培养。这些培训从企业和职工可持续发展的角度出发，结合了两者的共同需要，体现了一种由“技能”为主向“人本”为主的过渡。

（二）自我启发式教育占脱岗培训的主要部分

随着经济全球化趋势的加快，各企业尤其是大中型企业需要大量的具有国际经营意识和技能的专门干部。因此，培训中脱岗培训逐渐成为主流，自我启发式教育的比重也有相应的增加。其主要通过以下四种途径来实现。

（1）通过国内研修，学习赴任国语言、经营基础知识、赴任地区情况等内容，培养去国外子公司、国外事务所赴任的干部。

（2）通过国内研修和国外短期体验的方法，以培养具有最低限度国际经营意识的人才。

（3）通过在国外大学、研究所的进修，对各个部门、各种职能的具体课题进行调查研究，培养能在国际上发挥作用的高级人才。

（4）通过留学培训，专攻硕士、博士学位，学习先进技术和专业知识，培养国际性企业所需人才。

（三）产学研模式联合培养专门人才

随着现代经济和技术的快速发展，越来越多的企业重视员工的再教育，通过与高校合作办学培养专门人才，系统提高学员对技术转移、成果转化规律的理解，掌握国内外技术转移政策和实践的最新动态，学习国内外先进经营管理理念，培养既懂科技又懂经营管理的人才。例如，著名的贝尔实验室就是贝尔公司与麻省理工学院、斯坦福大学等 37 所高等院校合作，负责为贝尔公司培养研究生；由中国科学院与联想集团共同发起成立的联想学院，主要承办联想集团的实训班、CEO 和研修班三个不同类型的班。这不仅满足了员工个人职业生涯发展的需要，也为企业培养了具有核心技术及懂管理的专门人才。

美国微软公司员工的脱产培训

美国微软公司是一家享誉世界的知名跨国科技公司，以研发、制造、授权和提供广泛的计算机软件服务为主。由于其所处行业产品更新换代速度极快，竞争异常激烈，因此迫切需要高层次人才的供给。为了保障这种人才供给，微软公司内部设立了一个由不同领域专家（包括统计学、心理学以及财务管理专家等）组成的人力资本分析团队，简称 HRBI。该团队每年会为进入微软公司第一年的员工提供脱产培训，培训形式包括讲座和课堂讲课。在员工的脱产培训中，微软公司通过安排本公司杰出的高级工程师、系统工程师、软件咨询师等专家举办定期的讲座传授基础技能知识、介绍前沿技术、探讨软件开发难题等，推动显性知识由专家向员工的转移，使技能较低的员工获取一定的专业知识。总的来说，这种培训有助于实现员工10%的技能发展。同时，微软公司还提出了业务项目计划，即允许员工抽出一定的工作时间和精力去从事一些有助于公司发展的创新活动，这样极大地培养和激励了员工的创新意识，增强了员工的责任感和参与感。

（资料来源：SMITH E. Theory and practice: the contribution of off-the-job training to the development of trainees[J]. Journal of vocational education & training, 2017, 54(3): 431-456.）

本章小结

1．岗前培训是指企业根据岗位规范和要求，为使员工在短期内能够上岗而提供的培训活动。

2．岗前培训有三个特点：（1）培训在员工上岗前强制进行；（2）培训内容的针对性强；（3）培训方式以课堂培训与现场培训为主。

3．岗前培训的作用包括四个方面：（1）熟悉岗位职责，快速开展工作；（2）加快将技术和技能转化为生产力；（3）缩短对岗位工作的适应时间；（4）保障员工的职业安全与健康。

4．岗前培训的过程可分为三个阶段进行，即计划阶段、实施与管理阶段以及效果评估阶段。

5．岗前培训的主要内容是让员工了解新岗位必需的知识和技能，使他们尽快熟悉岗位的责任，帮助新员工熟悉工作环境，让新员工对企业产生归属感。

6．在职培训是指企业在不影响员工日常工作的情况下，通过培训学习，使其在知识、技能、安全生产意识上不断提高，使员工的知识、技能和素质与现任或预期的岗位相匹配，进而提高员工现在和将来的工作绩效。在职培训的最大特点就是接受培训的员工在接受培训期间并不脱离岗位工作。

7．在职培训的主要作用表现在：（1）将新科技成果转化为工作成果；（2）增加员工对该岗位工作趋势的了解；（3）提高员工个人工作能力。

8．在职培训的流程包括：（1）在职培训前的需求调查；（2）在职培训内容的设计；（3）在职培训的实施；（4）在职培训的管理与考核。

9．脱岗培训是指在工作场所之外的教室或者训练场所进行的集中训练，也可以说是一种以素质为中心的文化学习模式，主要是以专门领域知识的高度化和基础知识技能的提高为主。脱岗培训与在职培训最大的不同点是，接受培训的员工需要暂时脱离工作岗位。

10．脱岗培训的流程包括：（1）签订脱岗培训合同；（2）拟订脱岗培训的需求评估与计划；（3）实施与控制脱岗培训；（4）评估与反馈脱岗培训的效果。

网站推荐

1．中国在职培训网：www.zzpx.org
2．三茅人力资源网：www.hrloo.com
3．中国培训网：www.china-train.net

思考练习题

1．岗前培训、在职培训和脱岗培训之间的联系和区别是什么？
2．在职培训有何特点？
3．企业应该如何控制脱岗培训的风险？

培训游戏：破冰游戏

"破冰"是打破人际交往间怀疑、猜忌、疏远的樊篱，就像打破冬天厚厚的冰层。这个"破冰"游戏可以帮助人们放松并变得乐于交往和相互学习。

此游戏的几个玩法如下。

1．传统的破冰游戏例子

让学员们自我介绍；两人一组，组成一对，搭档介绍同组另一拍档的名字、工作等情况。

2．更富挑战性、耗时更多的破冰游戏

显示团结合作的价值。

注意：不是所有的破冰游戏都会起作用，有的甚至会起反作用，给你随后的培训造成阴影。了解你的听众，并不是所有成年人都愿意一开始在教室做一些他们觉得是琐碎的小事。一般而言，地位越高的人不愿冒险做可能使他们看上去愚蠢的游戏，人们的穿着打扮可以给你一些暗示，帮助你判断一开始究竟有多少学员愿意冒险尝试。你应根据他们的穿着打扮来选择游戏的开放性。已经互相认识的人会发现这个练习是什么意思。来自不同公司的学员往往会感觉破冰游戏有助于相互增进了解。在企业内部举办的培训应选择不太冒险的破冰游戏。

（1）游戏例子：比长短

每队派出一人，根据题目比长短、比大小等。

人数：不限，需要一位主持人。

场地：不限。

适合刚认识或不认识的人。

游戏方法：

① 分组，不限人数，至少要两组，每组5人以上。

② 主持人宣布要比的单位，然后每组派出一位他们认为会赢的人。

③ 等被派出的人都出来后，主持人再说比什么。

④ 统计每次比完的输赢结果即可。

题目例子：

比长：比手臂；比上衣；比头发……

比短：比手指头；比裤子或裙子……

比高：比声调；比手抬起来的高度……

比大：比眼睛；比手掌……

比多：比身上饰物；比穿的衣服；比身上的扣子……

（2）游戏例子：串名字

游戏方法：小组成员围成一圈，任意提名一位学员自我介绍单位、姓名，第二名学员轮流介绍，但是要说：我是×××后面的×××，第三名学员说：我是×××后面的×××的后面的×××，依次下去，最后介绍的一名学员要将前面所有学员的名字、单位复述一遍。

分析：活跃气氛，打破僵局，加速学员之间的了解。

案例分析

华为公司新员工培训发展方案

华为的崛起并非偶然，从它的新人入职培训这一点就可以看出。华为新员工一般入职 3 个月后就能很好地融入公司，像正式员工一样工作。“以战代训、训战结合”是华为新员工培训的特点。

一、华为新员工入职培训的“721 法则”

几年前，华为就对员工培训进行了大刀阔斧的改革，将授课式培训、网络化授课方式全部取消，采用“721 法则”进行员工培训。所谓的“721 法则”，即 70%的能力提升来自于实践，20%来自于导师的帮助，10%来自于课堂的学习。这一培训法则的变革与确定，是华为根据各方面变化做出的调整，并据此合理安排各个阶段的培训内容和培训时间。华为在培训时对“实践出真知”和实践对新员工未来成长重要性的强调，给新员工明确了一个信号，就是要想有所作为，必须撸起袖子实干。华为的这一观点，也反映了华为的务实态度。

二、华为新员工入职培训的“三个阶段”

华为公司新员工入职培训主要分为三个阶段，即入职前的引导培训、入职时的集中培训和岗前实践培训。这三个阶段的培训流程基本上都要持续 3～6 个月。那么，这三个阶段具体都做些什么呢?

第一个阶段：入职前的引导培训。华为的校园招聘一般安排在每年的 11 月份，对拟录用并分配到各个业务部门的大学生，在他们正式入职之前，华为会提前为每个人安排导师。为了能够更好地管控由于大学生还未入职所带来的风险，华为要求员工导师必须定期给毕业生打电话，通过电话进行沟通，了解他们的个人情况、精神状态、毕业论文进展、毕业离校安排等。如果毕业生确实想加入华为，在这个过程中导师会给他们安排一些任务，提前让他们了解一些岗位知识，看一些书籍和材料，提出岗位知识学习要求等，让他们做好走向工作岗位的准备。

第二个阶段：入职时的集中培训。这个阶段的培训内容相对比较简单，主要是围绕着华为的企业文化来展开，包括规章制度的设立等，这个阶段时间不会太长，通常为 5～7 天。外媒曾经报道过华为数百名新员工早上 6:30 走出宿舍，绕着面积巨大的华为深圳总部慢跑，这种方式类似于我们熟知的军训。另外，能够知道的就是华为的新员工都要学习一篇文章，那就是华为总裁任正非在华为创业之初写的文章《致新员工书》和看一部电影《那山，那狗，那人》。

第三个阶段：岗前实践培训。在这个培训阶段，新员工要在华为导师的带领下在一线真实的工作环境中去锻炼和提高自己。当然不同岗位的新员工，他们的培训内容和方式是有很大差别的。比如即将被派往海外的营销类员工，他们必须首先在国内实习半年到一年，通过实践掌握公司的流程、工作的方式方法和熟悉业务，之后再被派往海外；对于技术类员工，公司会先带他们参观生产线，了解生产线上组装的机器，让他们看到实实在在的产品；研发类员工在上岗前，会被安排做很多模拟项目，以便快速掌握一门工具或工作流程。

三、华为新员工入职培训的“导师制”

华为在员工培训上采取的是“导师制”政策。华为对导师的选拔有两个条件：一是绩效必须好，二是要充分认可华为文化。同时，一名导师名下不能超过两名学生，以保证培训的质量。在华为，导师也被称为“思想导师”，因为他们不仅要负责指导新员工的工作，还要定期与新员工进行沟通，了解他们的思想状况。对于外地员工，还要帮助他们解决吃住问题，甚至还包括解决个人情感问题。此外，华为对导师有相应的激励政策：一是晋升限制，规定凡是没有担任过导师的人，不能得到提拔；二是给予导师补贴，补贴会持续发放半年；三是开展年度“优秀导师”评选活动以及导师和新员工的“一对红”评选活动，在公司年会上进行隆重表彰。这些措施极大地激发了老员工踊跃担任导师的积极性和带好新员工的责任感。

（资料来源：王衡晓园，李开馥．论华为公司如何做好 90 后员工的入职培训[J]．时代金融，2018（8）：176-179.）

思考讨论题

1．结合案例，说明新员工培训有哪些特点？
2．华为是如何结合新员工的特点开展新员工培训的？

本章参考文献

[1] BARTEL A P. Productivity gains from the implementation of employee training programs[J]. Industrial relations, 2017, 33(4): 411-425.

[2] HAIR AWANG A, ISMAIL R. Training impact on new employees[J]. Economic research - ekonomska istraživanja, 2018, 23(4): 78-90.

[3] HARRIS R, WILLIS P. Learning the messages in off-the-job training[J]. International journal of training & development, 2018, 7(2): 82-92.

[4] RIDILLA P. On-the-job training: the pre-job training for new employees[J]. Plumbing & mechanical, 2018(11): 15-18.

[5] SMITH E. Theory and practice: the contribution of off-the-job training to the development of trainees[J]. Journal of vocational education & training, 2017, 54(3): 431-456.

[6] 陈李剑．企业内部培训师的角色定位与队伍建设[J]．成人教育，2014，331（8）：82-85.

[7] 陈悦．Y 公司技术人员在职培训效果分析与优化方案研究[D]．扬州：扬州大学，2017.

[8] 盖利敏，咸宁．企业内部培训师管理方法——基于对某国有建筑企业内训师管理现状的分析[J]．经营与管理，2017（04）：47-49．

[9] 黄亚娜．宝丰能源集团股份有限公司新员工入职培训优化研究[D]．银川：宁夏大学，2016．

[10] 李秀婷．中国中小水电企业员工培训管理研究[D]．北京：对外经济贸易大学，2017．

[11] 李海文．高校应届毕业生衔接式岗前培训研究[D]．福州：福建师范大学，2017．

[12] 徐培新．现代人力资源管理[M]．青岛：青岛出版社，2003，16：163-165．

[13] 邱琳．岗前培训初探[J]．福建商业高等专科学校学报，2009（2）：88-89．

[14] 芮小兰．澳大利亚政府在职业教育与培训中的作用[J]．职业技术，2008（4）：64-65．

[15] 石金涛，唐宁玉，顾琴轩．培训与开发[M]．2 版．北京：中国人民大学出版社，2002：63-65．

[16] 王衡晓园，李开馥．论华为公司如何做好 90 后员工的入职培训[J]．时代金融．2018（8）：176-179．

[17] 权肖云．中日企业员工培训模式比较研究[D]．长春：吉林大学，2014．

[18] 王国辉．试析 20 世纪 70 年代中后期以来日本的企业内教育模式[J]．河北师范大学学报（教育科学版），2013（09）：66-71．

[19] 朱全欣．S 公司基于 COAST 模型的新员工岗前培训研究[D]．兰州：兰州大学，2011．

[20] 朱利军．借鉴美国校企合作模式助推高端技术技能型人才培养[J]．广州职业教育论坛，2014，13（5）：51-54．

第四章

培训计划与项目设计

学习目标

1. 了解培训计划的概念、类型和作用；
2. 掌握企业培训计划的制订方法；
3. 了解培训项目设计的概念、内容和作用；
4. 掌握培训项目设计的步骤和方法；
5. 掌握培训项目的评估方法。

引例

天虹纺织集团基层管理后备人才培训计划

天虹纺织集团是一家民营纺织上市公司，成立于1997年，经过二十多年的发展已形成包含纺纱、织布、印染、后整理、水洗、成衣一条龙纺织产业链的跨国集团。为了确保员工的发展能够跟上集团的发展战略要求，保证产品的品质，尽快实现赢利，集团内部通过组织分析、任务分析和人员分析全面、系统地掌握了集团基层管理人员的培训需求来源于管理能力培训需求和专业技术能力培训需求两个方面，并针对培训需求制订了以下培训计划。

1. 培训目的

通过基层管理后备人才培养方案的制定与实施，达到批量培养合格的基层管理人员的目的，解决集团面临的基层管理人员断层的问题。

2. 培训目标

明确基层管理人员的角色与职责，掌握班组激励与管理的技巧、工作改善的方法、PDCA 工作方法、时间管理的技巧与方法、情绪与压力管理的方法、产品质量的各个关键点及其管控的方法、生产现场管理的方法、各生产工序操作流程、设备维修保养的技能和纺织生产工艺流程。

3. 培训方式

培训分为管理类课程培训和专业技术类课程培训。根据基层管理后备人才的年龄分布、学历分布、工龄分布、职能分布以及目标岗位的要求等建议管理类课程采用讲授法、案例研讨法、经验分析法、小组讨论法进行培训比较合适，专业技术类课程采用讲授法、示范法、工作现场实操法进行培训比较合适。

4. 遴选内外部培训讲师资源

结合天虹纺织集团企业特性及基层管理人员现状，建议基层管理后备人才培训方面采取两种模式并举的形式：一是遴选外部管理类讲师。邀请基层管理培训实战专家、行业标杆企业内部讲师等来公司进行管理类课程培训，然后将管理类课程转移给公司现有内部讲师。二是培养内部专业课程讲师。让通过培训后的内部讲师参与专业技术类课程的开发及后续基层管理后备人才课程的授课中去。

5. 培训的时间和地点

计划管理类课程以集中脱产培训为主，培训时长以 6 小时/天为适宜，培训人数控制在 30 人/班；计划专业生产类课程以生产现场脱产培训为主，6 小时/天，以示范讲解与实际操作结合的方式开展，5 人一组由 1 个岗位教练带领。

6. 培训预算

培训预算通常包含讲师课时费、教材费、差旅费、设备费、茶水甜点及餐饮费、场地租赁费等。本次基层管理后备人才培训是集团战略发展的重要内容，因此培训预算不设定上限，根据实际培训需要实报实销，但是也要求将培训预算充分合理地利用，并通过培训效果的追踪体现培训的收益。

（资料来源：陈大伟. 天虹纺织集团基层管理后备人才培训改进研究[D]. 兰州：兰州大学，2018.）

以上引例说明了企业培训计划制订的过程。为了让企业的员工培训进行得更加顺利，同时切合员工的培训需求，使培训效果最大化，企业需要制订培训计划，设计培训项目。培训计划和培训项目设计可以帮助企业为员工合理安排资源，用最少资源收到最好的效果。同时，培训项目设计也可以将企业的发展目标进一步渗入员工的工作中，让员工更加了解自己的岗位对企业发展的作用，加强员工工作的积极性和主动性。

第一节　培训计划概述

计划是管理学的一个基本概念，是指制定目标并确定为达成这些目标所必需的行动。计划工作给组织提供了通向未来目标的明确道路，给组织、领导和控制等一系列管理工作提供了基础。培训计划更是如此，通过制订科学的、具体的培训计划，企业可以对培训的过程进行掌控，及时对不合理的地方做出调整，从而提高培训的成效。

一、培训计划的概念

培训计划是根据全面、客观的培训需求分析，从企业组织战略发展出发，对培训时间、培训内容、培训方式、培训师、培训对象等方面进行系统的设定（李英，2018）。

培训计划必须同时满足企业和员工两个方面的需求。培训计划还要根据企业现有的资源条件和员工本身的基础进行设定，实事求是。另外，企业在编制培训计划时要有前瞻性，充分考虑未来企业经营的各种变化和培训过程中的不确定因素。

二、培训计划的类型

根据计划的时间跨度，培训计划一般可划分为长期培训计划、中期培训计划和短期培训计划。企业内部经常提到的年度培训计划属于中期培训计划，而季度培训计划、月度培训计划或者周培训计划则属于短期培训计划。三种不同时间跨度的培训计划的目标都是一致的，只是每种计划有各自不同的重点。按照细化程度来排列，中期培训计划是长期培训计划的细化，而短期培训计划是中期培训计划的细化。

（一）长期培训计划

长期培训计划一般是指时间跨度为3～5年的培训计划。长期培训计划的重要性在于明确培训的方向、目标与现实之间的差距和资源的配置。长期培训计划需要明确的不是企业培训的细节问题，而是为实现企业在未来一段时间内的目标而制定长期培训方案。同时，长期培训计划不是设计具体的培训，而是根据企业现状和发展趋势构建培训的方向，具有战略意义。因此，长期培训计划的时间不适宜过长，一般为3～5年，否则就会由于太多的不确定性因素而导致培训计划不切实际；另外，长期培训计划的时间不适宜过短，一般不得少于1～2年，否则就会失去培训计划的发展性和战略性。

长期培训计划需要明确的事项包括：① 组织的长远目标分析；② 个人的长远目标

分析；③ 外部环境的发展趋势分析；④ 目标与现实的差距；⑤ 人力资源开发策略；⑥ 培训策略；⑦ 培训资源配置；⑧ 培训支援的需求；⑨ 培训内容整合；⑩ 培训行动步骤；⑪ 培训效益预测。

（二）中期培训计划

中期培训计划的时间跨度一般为1～3年，它起到了承上启下的作用，是长期培训计划的进一步细化，同时又为短期培训计划提供了参考，因此，它并不是可有可无的。与长期培训计划相比，中期培训计划的目标更加具体，不确定性因素比较少。通常情况下，中期培训计划需要明确的事项包括：① 培训中期需求；② 培训中期目标；③ 培训策略；④ 培训资源分配；⑤ 培训支援的需求；⑥ 培训内容整合；⑦ 培训行动步骤；⑧ 培训效益预测；⑨ 培训效果预测。

（三）短期培训计划

短期培训计划是指企业在 1 年以内的培训计划。与中长期培训计划不同的是，短期培训计划需要明确的事项更加具有可操作性。

短期培训计划需要明确的事项包括：培训的目的与目标、培训时间、培训地点、培训者、培训对象、培训方式、培训内容、培训组织工作的分工和标准、培训资源的具体使用、培训资源的落实等。另外，短期培训计划需要制订培训效果的评估和反馈计划。

三、培训计划的作用

培训计划是顺利开展培训工作的先决条件。培训计划就如同地图，为日后培训项目设计、管理和控制指明了方向。培训计划的作用包括以下三点（赵妍丹，2018）。

（一）确保培训项目零缺陷

培训项目涉及各个方面的事项，如果单凭印象，在实施过程中难免出现缺漏。培训计划可以帮助培训实施人员核实每一步的培训环节，避免因为缺漏而造成培训效果打折扣。

（二）确定培训各方的职责

培训涉及的人员范围很广，内容很多，企业中每个职能部门的人负责计划的哪部分内容，每个学员的培训过程的各阶段由谁负责，都需要通过培训计划逐一加以明确。培训计划可以将具体责任落实到各个职位，培训相关部门和相应培训师的职责一目了然，便于培训的管理，保证培训每一步都能够得到监督，确保培训的顺利进行。

（三）为培训效果评估设立标尺

培训计划会做出对培训结果的预期。通过设立结果的期望，为培训实施人员设立目标，让培训实施得更有方向性，同时也为培训结果的评估设立标准。如果培训结果与预期不符，那么培训就没有完全达到效果，培训就有待于改进。因此，在培训计划实施过程中，需要对培训中的每一个环节进行检查，找出问题产生的原因。

四、制订培训计划时需要考虑的因素

制订培训计划时需要考虑的因素包括员工的参与、管理者的参与、培训的时间、培训的成本。

（一）员工的参与

鼓励员工参与设计和制订培训计划，不仅能够加深员工对培训内容的了解，还能够提高他们对培训计划的兴趣。此外，员工的参与可使培训课程设计更符合员工的真实需要。

（二）管理者的参与

对于部门内员工的培训需求，各部门主管通常比培训专员或最高管理层更清楚。因此，邀请他们参与、支持及协助培训计划的制订，将有利于提高培训计划的成效。

（三）培训的时间

在制订培训计划时，必须准确预测培训所需时间及该段时间内人手调动是否有可能影响组织的运作。课程编排及培训实施必须严格依照预先拟定的时间表执行。

（四）培训的成本

培训计划必须符合组织的资源限制。有些计划可能很理想，但如果需要庞大的培训经费，就不是每个组织都负担得起的。能否确保经费的来源以及能否合理地分配和使用经费，不仅直接关系到培训的规模、水平及程度，还关系到培训师与学员能否有很好的心态来对待培训。

例证 4-1 

格力电器的培训体系与人才培养

格力电器坚持认为人才是第一资源，力争打造人才培养新高地。公司秉承“聚焦公司战略布局，坚持自主人才培养”的指导思想，立足高端制造，聚焦“双智”战略，打造新型制造业核心人才培养摇篮。首先是完善人才培育与发展的机制，包括内部员工培训制度及四级发展计划体系、培训体系运作专业支持及监督机制、销售公司售后技术常态化培养机制、销售公司终端导购专业化发展机制、关键群体的培养机制。其次是构建核心资源，包括精品讲师队伍建设、精品课程建设和学习产品建设。格力电器已培养广东集团内部讲师 154 人，公司产品一级讲师 152 人，二级讲师 146 人，专职讲师 26 人，兼职讲师 22 人；已建设集团精品课程 200 门，公司产品精品课程 368 门（其中，售后 130 门，终端 88 门，海外 150 门）。学习产品建设包括格力智汇学习管理系统、格力掌上学习中心、格力电子图书馆和格力掌上 APP。最后，建设精品项目，包括集团员工培训精品项目（包括“筑梦格力”大学生训练营、班组长“引航学堂”训练营、主管“精鹰”特训营、中基层管理产品训练营、公司销售服务训练营、内部讲师大讲堂）、销售公司产品培训精品项目（包括“明珠绽放”导购训练营项目、“明珠”销售精英大赛项目、“臻品之行，专筑未来”家用培训阵营、“臻品之行，专筑未来”商用训练营、“Global Gree”全球巡回、“Global Gree”海外集中培训会）、集团化人才挖掘类精品项目（包括“匠心筑梦”劳动技能大赛、智造传承、格力好讲师大赛、大学生产品创意设计大赛）。

（资料来源：格力电器官网. http://www.gree.com.cn/pczwb/gygl/index.shtml，并根据内部资料整理）

五、培训计划的制订过程

企业在建立培训系统时都会按照事先提出的培训计划来进行。企业的培训计划是依据企业宏观环境提出的，在切实进行培训项目设计时会存在与计划不相符的情况。培训计划作为企业培训的关键部分，需要深刻了解企业运作的情况，避免出现“假、大、空”的现象。

一个完整的培训计划应由课程设置、培训对象、时间、地点、培训师、培训方式、培训预算、培训估计和培训计划表九个方面构成。一般来说，制订企业培训计划通常包括五个步骤，即找准培训需求、落实课程、制定预算、培训计划的编写与审批、培训计划的管理（匡晓蕾，2013）。

（一）找准培训需求

培训计划的制订是从需求开始的。培训需求包括两个层面：一是年度工作计划对员工的要求；二是员工为完成工作目标需要做出的提升。通过这两个层面的分析，得出企业的培训需求。具体如何确定培训需求，可参考本书第二章的相关内容（培训需求分析）。

当每个部门把培训需求上报以后，人力资源部要进行培训需求汇总，然后结合企业的目标任务，与培训需求进行对比，找出其中的合理部分并汇总整理，形成培训需求汇总表。负责培训的人员要选定分类标准，把培训需求分好类别，并在此基础上确定培训的课题。培训课题可以按照培训的内容来分类，如财务类、人力资源管理类、营销类、执行类、管理类、战略类等；也可以按照培训对象来分类，如新员工岗前培训、普通员工培训、中层管理人员培训、高级管理人员培训等。

找准培训需求，就是要掌握真实需求，要了解各个部门当前的工作中最迫切的培训需求，而不是关注时下有哪些最流行的课程和哪些最知名的讲师。很多企业容易犯一个错误，就是在进行培训需求调查时并不是从公司的业务出发，而是从培训提供商出发，不是考虑员工的工作需要什么培训，而是从一些培训机构来信来函中所列举的课程出发，把这些课程重新编排，作为需求调查的内容。而实际上，只有从员工绩效出发的培训需求才是最真实的需求，也是企业最需要的。从这个观点出发，人力资源部在设计培训需求调查表时，就要从员工的绩效出发，设计结构化的培训需求调查表。

例证 4-2

河北省高速公路企业员工继续教育培训需求分析

河北省高速公路企业进行有关员工继续教育培训的现状和需求调研的目的是，为企业创建职工教育培训体系，提升企业员工整体素质，更好地适应行业的发展要求。该企业主要针对员工是否愿意接受与岗位相关的继续教育培训和参加继续教育培训的途径以及时间段进行调查，并且给出具体的培训重点内容：岗位专业技能、个人自我管理技能、企业文化、职业道德与素养、职业生涯规划、人际关系及沟通技能、通用基本技能等，然后让员工选择自己所需要培训的内容，并针对员工的选择结果进行培训。

（资料来源：孙秀华，李艳. 高速公路企业员工继续教育培训需求分析研究[J]. 中国市场，2018，28：103-104.）

（二）落实课程

根据确定的培训需求，选择合适的课程，列出培训目标、课程大纲、培训课时以及实施时间。在设计培训课程时，要注意课程的先后逻辑关系，做到循序渐进、有条不紊。在培训方式的选定上，也要根据参训人员的不同，选出最适合的方式。例如，中层管理人员的培训重点在于管理者能力的开发，通过培训激发管理者的个人潜能，增强团队活力、凝聚力和创造力，使他们加深对现代企业经营管理的理解，了解企业内外部的形势，树立长远发展的观点，提高他们的计划能力和执行能力。

另外，还需要落实讲师资源，是从外面请专业的讲师还是由企业内部的培训师来讲，或者为节省开支而购买讲师的光盘在企业内部播放，或者采用线上课程，这些都是培训主管应该考虑的事情。

（三）制定预算

根据确定的培训课程，结合市场行情，制定培训预算。培训预算要经过相应领导的审批。在制定培训预算时要考虑多种因素，如公司业绩发展情况、过去培训总费用、人均培训费用等，在以往经验的基础上根据培训工作的进展情况考虑按比例地加大或缩减培训预算。

做培训预算应与财务沟通好科目问题，一般培训费用包括讲师费、教材费、差旅费、场地费、器材费、茶水及餐饮费等，一项培训课程应全面考虑这些费用，做出大致预算。在预算得出后，可在总数的基础上上浮 10%～20%，留些弹性的空间。

（四）培训计划的编写与审批

在以上工作的基础上，根据各个企业的自身状况编写培训计划。

初步制订出来的培训计划先在内部进行审核，由人力资源部的负责人和主管一起分析、讨论该年度培训计划的可执行性，找出存在的问题，进行改善，确定一个最终版本，提交给培训工作的最高决策机构——总经理办公会（或者董事会）进行审批。公司高层要从公司长远发展的角度出发，制定公司员工培训的长远规划，并写进公司的培训计划中。

（五）培训计划的管理

首先，要组建培训计划项目管理小组，确定项目小组成员。人员确定到位后，每人各司其职，明确规定他们在项目小组中的工作内容和责任，并及时向项目小组成员通报，同时报分管的副总。其次，要制订项目小组的工作计划，由项目小组成员全程参与，直到计划完成。项目小组的组长要控制培训项目的实际进程，使之能在预算指标内按期完成任务。

制订培训计划要本着有利于公司总体目标的实现和有利于竞争能力、获利能力及获利水平提高的原则，以员工为中心点，切实提高和改善员工的态度、知识、技能和行为模式。良好的计划是成功的一半，当培训计划在为企业经营和业务发展提供帮助，在为管理者提高整体绩效服务时，培训将发挥出最大的效用。

南航集团的员工培训计划

南航集团员工的专业技能培训大多采用行业培训模式，以岗位资格培训和提升培训为主，同时在入职前、上岗时分别采取“双元制”“学徒制”模式进行培训，而且经过实践检验是比较有效的业务技能培训模式。公司的管理培训按照分层级、全覆盖的目标，设计和实施年度培训计划。

南航集团员工培训主要包括新员工培训、青年员工成长培养、岗位业务技能培训、干部教育培训。培训以内训为主，外训为辅；岗位业务技能培训为主，管理培训为辅；培训形式包括脱产面授培训、在岗训练、在线学习、导师辅导、行动学习等多种方式。培训规模比较大，培训有淡旺季明显的特点，公司每年在春运、寒暑假、黄金周等生产旺季期间，以保障生产经营为主，原则上不安排培训（各岗位资质类培训除外），每年大概只有 7 个月左右的时间可以安排培训，一线员工的工学矛盾问题长期存在。另外，集团已具备初步成型的培训体系架构和培训管理的组织体系，各单位人力资源部门都有专兼职的培训管理员。同时，集团的培训制度体系已初步搭建完成，包括《公司培训管理手册》《干部教育培训管理规定》《兼职教员管理规定》，有比较稳定的培训管理平台，即内嵌在 HR 系统中的培训管理和在线学习模块，记录员工培训和学习的全过程。

（资料来源：兰景林. 中国南方航空集团公司员工培训模式优化研究[D]. 兰州：兰州大学，2018.）

第二节　培训项目设计概述

很多人会错误地认为，培训项目设计只是对培训内容的安排，而事实上，培训内容是培训项目中一个重要的组成部分，但不是全部。培训内容是否妥当会直接影响员工培训的效果，但是培训项目设计也要针对员工培训的其他方面进行安排，如培训方法、参与培训人员、培训师等，这些都是影响培训效果的因素。此外，除了直接为员工培训提供服务外，培训项目设计还可以在其他方面影响企业的发展。

一、培训项目设计的概念

培训项目设计是指根据企业现状及发展目标，系统地制订各部门、岗位的培训发展计划。它是从培训目标、周期、内容和形式四个方面系统梳理培训设计思路，为构建一个系统、科学、有效的领导力培训体系做参考（武鑫，2018）。

二、培训项目设计的内容

培训项目设计涉及培训过程的方方面面，其中包括培训内容、培训方法、培训师、培训对象、培训资源等。这些方面在培训项目中互相影响、互相牵制，因此，培训项目设计的内容必须顾及各个方面，以保证培训的顺利实施。

（一）培训内容的设计

培训内容的设计影响着培训的有效性。培训内容的选择不是按照管理层臆想的内容进行设定，而是要找出员工现有的工作水平与要求的工作水平的缺口，进而设定培训的内容。因此，在培训项目设计进行之前必须做好培训前的员工需求分析，将需求分析的结果整理成报告作为安排培训内容的依据。

（二）培训方法的设计

随着管理理念的不断更新，培训方法也层出不穷、多种多样。企业在开展培训时要根据员工具体的培训需求，运用合适的培训方法，而不是一味地追求新颖的培训方法，关键还是要配合培训内容、学员、场地、经费和时间的要求。

沃尔玛的“经验式”培训

为了增强员工的创新能力和多角度思考问题的意识，促使员工不断进步，沃尔玛主要采用寓教于乐的经验式培训。这种培训以生动活泼的游戏和表演为主，训练公司管理人员“跳到框外思考”。在培训课上，培训师通过讲故事、做游戏，让学员们自己组织小表演的方式，让他们在培训中展现真实的行为。培训师根据学员在活动中的行为，协助参与者分析，并进行相应的辅导，这种方式既有趣又有效。例如，在国际领导艺术培训计划中有一项著名的“四英尺训练”。该训练的具体情景是培训师与管理层员工一起走场，沿着货架一个四英尺一个四英尺地来看。所有学员都站在货架前面，培训师先让学员说这个货架有什么可以学习的，还有什么可以改进的，如在沐浴露货架上，有些学员想到的只是什么品牌的商品好卖，就把这个品牌商品的货架扩大一些。然而，培训师看到的不仅仅是这些东西，他是从多个角度去看，比如沐浴液旁边挂一些沐浴球可能会更好卖、要挂几种沐浴球等。

（资料来源：张丽. 企业人性化员工管理研究——以沃尔玛公司为例[J]. 哈尔滨学院学报，2018，39（07）：52-56.）

（三）培训师和学员的确定

培训师的合适与否会直接影响培训的效果，因此，企业在邀请培训师时要确实了解培训师的专业培训方向，然后将培训内容和接受培训的学员的相关资料提供给培训师，让培训师可以深入了解培训的各个方面。

企业能够提供给培训的资源不是无限的，因此企业在选择接受培训的员工时也要慎重。一般而言，学员可以是新员工、即将变换岗位的员工、负责重大项目的员工等。学员的确定可以方便企业有针对性地进行培训需求的调查和培训内容的设定。

（四）培训资源的合理分配和使用

企业在提供培训时涉及经费、时间、场地、工作任务等方面的安排。培训不是铺张浪费，而是通过培训让企业的经营更上一层楼。因此，培训的每一分钱都要用到点子上，使培训经费运用的性价比达到最大化。另外，培训涉及占用员工的时间，这样势必会在一定程度上影响员工按时完成工作任务。因此，企业在设计培训时必须合理安排员工的工作时间和工作任务完成的权责问题，避免因为培训而对企业造成不良影响。

QC 训练课程表

QC 训练课程表，如表 4-1 所示。

表 4-1　QC 训练课程设计表

课程名称	QC 常用新七大手法
举办时间	2015 年 3 月 11 日 8:30—12:00，13:30—17:00，共计 7 小时
举办地点	社会科学院 A 栋 301 室
讲师	陈牧
参加对象	质量圈员、圈长、辅导员
使用教具	投影机、STICKER、壁报纸
训练方法	讲授法、小组讨论
训练目的	学习并能运用 QC 常用新七大手法
训练目标	（1）知识方面：提升 QC 运作观念及加强 QC 系统知识； （2）技能方面：QC 常用新七大手法运用技巧； （3）态度方面：强化“品质第一”的工作态度
课程内容及大纲	（1）剪线图法； （2）关联图； （3）亲和图法（KJ 法）； （4）矩阵图；

续表

课程内容及大纲	（5）系统图； （6）PDPC 法； （7）矩阵解析
费用估计	（1）学员膳费：¥1 680；（2）学员教材：¥1 500； （3）场地费用：¥4 800；（4）其他杂费：¥3 000； 总费用合计：¥10 980

三、培训项目设计的作用

企业安排员工进行培训的出发点是弥补员工的能力缺口，培训项目的设计工作应由专门从事培训项目设计工作的人力资源管理专家或人员负责。在培训前设计培训项目具有以下两个作用。

（一）有助于增强培训项目的可操作性

企业在安排员工培训时往往会倾向于主观决定培训的各个方面，缺乏对客观需求的反映，这会导致企业对培训自我感觉良好，但是实际效果不佳。通过培训项目的设计，让企业在安排培训时可以进行反复多次的考虑，确定培训是否符合员工所需，是否与企业发展目标相一致。培训项目设计涉及培训的方方面面，因此如果企业对培训项目的各个方面都有了比较清晰的了解，就可以指导具体操作。

（二）有助于完善培训项目

培训计划、培训项目设计方案和现实操作总会存在差异。每次在培训结束后进行总结调查，将培训效果与培训项目设计方案相比较，以便寻找出无法达到培训效果的原因以及培训项目设计过程中出现的纰漏，这样有助于完善培训项目。

四、培训项目设计的依据

培训项目设计的依据主要包括明确接受培训的岗位、分析培训岗位的培训需求、明确岗位培训的目标三个方面。

（一）明确接受培训的岗位

虽然企业内的每个岗位和员工都有进行培训的权利，但是企业可能没有足够的资源让每个岗位都同时接受培训。企业培训的岗位往往是根据目前企业主要的发展任务而确定的。但是，企业在确定接受培训的岗位时往往只是将目光放在短期的工作培训需求上，而忽略了企业长远发展的培训需要。因此，企业在确定接受培训的岗位时要平衡企业短期目标和企业长期发展目标的培训需求。

（二）分析培训岗位的培训需求

确定需要接受培训的岗位后，就必须要针对该岗位的员工进行培训需求分析。岗位的培训需求分析可以确定员工培训的内容和方向。

首先，要对该岗位的员工进行调研。员工在岗位工作时对自己在该岗位工作中的知识或者能力缺口比较清楚，知道自己在工作中有哪些缺失或者不足的地方。

其次，还应该对该岗位的上下级进行调研。该岗位的员工往往是从比较主观的方面讲述自己的工作难点，而该岗位员工的上下级则可以从比较客观的方面对员工在该岗位工作中的不足进行比较清晰的阐述。

此外，通过员工的绩效考核也可以看出员工在工作中存在的问题，从而分析工作中的问题是否可以通过培训得到解决。

（三）明确岗位培训的目标

员工反映的培训需求或多或少会带有主观的色彩，他们可能会将工作需求和个人需求混为一谈。部分员工提出的培训需求并不是该岗位需要的，可能只是员工个人的培训愿望而已。为了保证培训效果在岗位工作中达到最大化，企业在进行培训项目设计和培训需求调研时，要明确岗位的发展目标和培训需求。只有明确该岗位的工作真正需要什么培训，才可以得到事半功倍的培训效果。

五、培训项目设计的原则

培训项目设计要遵循一定的原则。只有遵循一定的原则进行设计，设计出的培训项目才能够切合企业的要求，取得最佳效果。培训项目设计有以下四个原则。

（一）培训目标与企业发展一致

企业安排员工接受培训是为了配合企业的发展需要，因此员工的培训需求必须以企业发展的需求为大前提。培训项目设计之前必须进行员工的培训需求分析，这是因为需要在培训前找出员工在工作中的缺口，而这些缺口是根据企业发展确定的。只有员工的工作目标是朝着企业目标发展的，那么员工的工作缺口就是岗位工作现实与工作目标的缺口。因此，只有培训目标与企业发展相一致，才可能使员工培训成为实现企业目标的重要组成部分。培训不再是为了培训而培训，而是为了让员工能够更好地、更快地完成工作目标，推动企业的良好发展，这才是培训的最终目的。

（二）培训内容和方式符合员工需求

培训要达到目的，最重要的就是要激发起员工的学习积极性。在企业中，员工往往会消极对待培训，这是因为这些培训并不是员工想要的，而且培训方式也没有办法引起员工的学习兴趣。不合适的培训内容和方式是培训事倍功半的重要原因。

培训需求分析其实就是针对员工的真实培训愿望进行调查分析。通常情况下，员工想要参加的培训往往与企业设想的培训存在差异。培训内容要符合员工的需要，才能让员工的工作能力得到提升，达到企业预想的培训效果。培训方法符合员工需求，才能让适合的培训内容更容易被员工接受。假如合适的培训内容是做正确的事情，那么合适的培训方式就是正确地做事情。

3M 培训：注重员工需求

来自美国的跨国集团 3M，成立于 1902 年，经营领域主要集中在工业、医疗保健和消费品等领域，在 2018 年《财富》杂志评选的世界 500 强企业中位居第 376 位。对于 3M 公司来说，员工是公司价值最大的资源，是 3M 实现战略目标的重要基石。因此，3M 历来非常重视员工培训。对于每一位员工，公司首先都会通过系统而全面的体系进行评估，在充分尊重员工发展意愿的基础上，为其提供一个全面的培训和职业发展规划。同时，员工不仅可以根据自己的发展需求自由报名参加公司每年公布的各种培训课程，还可以向公司申请去总部或其他国家的 3M 公司接受培训。此外，3M 公司规定每年年末，各位主管都要和其下属员工在一起讨论他们的个人发展计划，包括短期和长期的职业发展目标。员工有任何想法都可以在这个时候提出，即使是想要调换部门也可以说，而不用担心主管会觉得自己不务正业。通过这种方式，3M 鼓励员工积极说出自己的发展规划和需求，并根据他们的兴趣和规划安排相应的培训，积极配合员工发展。

（资料来源：HUGHEY A W, MUSSNUG K J. Designing effective employee training programmes[J]. Training for quality, 2018, 5(2): 52-57.）

（三）培训效果最大化，资源使用最优化

企业安排员工培训，最重要的是能够让培训达到预期的效果，也就是培训效果最大化。要达到最大化的培训效果必然需要付出成本和资源。企业的资源有限，企业投入培

训的资源也有限，因此，企业要求培训工作要做到事半功倍。企业在做任何项目时都会进行资源预算，培训项目也一样，既要达到预想的培训效果，还要考虑资源的合理使用；既要避免为了片面追求培训效果而过分投入资源，也要避免为了节省资源而影响培训效果。在资源方面，除了要计算财务方面的支出外，还要计算人力资源的付出，特别是接受培训的员工离岗对本职岗位工作的影响，尽量将培训对岗位工作的影响降到最低。

（四）培训项目具有可持续性

企业不是对员工进行一两次培训就可以满足企业的发展需求。企业随着环境的改变，发展目标和方向也会发生改变，继而员工的工作也会发生改变。在岗位上工作需要员工不断地学习新事物来适应不断发展的工作内容，因此培训项目不是短期的，而是要长期进行的。除了企业的发展需要员工培训具有可持续性，员工个人的职业发展也要求员工不断地接受培训。只有可持续的培训项目，才能够不断得到改进，使越来越多的员工受益，也才可以有效地降低培训项目开发的成本。

第三节　培训项目设计过程

培训项目设计的过程包括五个步骤：确定培训项目的目标定位、确定培训项目对象的需求、确定培训项目的内容、设计培训方法组合和设计培训项目效果评估方案（马昭奕，2018）。

一、确定培训项目的目标定位

培训目标是培训方案实施的导航灯。一个好的培训目标能够为培训项目的构建、培训方法的选择以及培训评估的有效性提供可靠的基础。

培训目标的确定有赖于培训需求分析。通过培训需求分析，企业可以明确员工目前的工作状态，得出现有员工的工作能力和预期工作能力之间存在的差距。消除目标与现实之间的差距就是企业进行员工培训的目标。有了明确的培训目标，对于培训师来说，就可以帮助设计培训计划，积极地为实现目标而进行培训；对于接受培训的员工来说，明确了学习目的之后，才能少走弯路，达到事半功倍的效果。

二、确定培训项目对象的需求

为了将企业的资源合理运用，需要在培训前进行需求分析，根据需求来指导培训项目设计，不能单纯地为了培训而培训。

确定培训项目对象的需求不仅仅是针对员工个人的需求进行分析，而是要将员工个人的需求和企业发展目标相结合。员工个人的需求往往不够客观，有部分培训需求只是员工个人主观认为对工作有促进作用，但是实质上是没有必要的。企业的资源是有限的，只有确定现实的培训需求才可以达到预期的培训效果，并将培训效果转化到工作上。

培训需求分析需从组织、工作、个人三个方面来进行：① 进行组织分析。确定针对企业发展方向范围内的培训需求，以保证培训计划符合企业的整体目标与战略要求。② 进行工作分析。分析员工达到理想工作绩效所必须掌握的技能和能力。③ 进行个人分析。确定哪些员工需要进行培训。

三、确定培训项目的内容

在本书的第一章已经提到，企业员工的培训内容可以分为三种类型，即知识培训、技能培训、态度和观念培训。这三种不同类型的培训内容，是由不同员工的具体情况决定的。一般来说，管理者偏向于接受知识和态度观念培训，基层员工更注重于技能方面的培训。但是哪部分培训内容占主导是由每个接受培训的员工的现状与理想的工作绩效的差距所决定的。

四、设计培训方法组合

员工的培训方法有多种，如角色扮演法、案例分析法、课堂讲授法。各种培训方法都有其自身的优缺点，为了提高培训质量，达到培训目的，往往需要结合各个不同岗位员工的工作性质将各种方法结合起来，灵活运用。

例如，角色扮演法是指培训师通过模拟各种现实工作情况，要求接受培训的员工设身处地地将模拟情况的问题解决，从而达到培训的效果。这种方法比较灵活，但对学员和培训师的领悟能力要求很高。案例分析法是指通过一定的视听媒介所描述的客观存在的真实情景，让接受培训的员工进行思考分析，学会诊断和解决问题以及做出决策。课堂讲授法的主要形式是讲座和讨论，它是由最少的培训师指导最多学员的方法。这种方法成本比较低，但是无法做到因材施教。

国家电网辽阳供电公司的“情景模拟式”培训

国家电网辽阳供电公司开展品牌维护“情景模拟式培训”工作，主要有以下几个方面：一是作为培训的组织筹备者，需要提前6个月实施调研，结合公司员工的行为来搜集相关资料，提炼日常品牌维护工作的行为，保证参训人员能够扮演各种角色并且学习到相关流程以及具体的方法等；二是作为参训人员，需要提前1～2周熟练掌握脚本的内容及各自角色的台词，让公司员工真真切切地感受日常品牌维护的正确的操作流程。同时，情景式培训包括五个节点。第一节点是主题情境菜单选择；第二节点是角色设定，企业内训师应将各角色进行规定说明；第三节点是参训人员角色练习；第四节点是场外指导角色扮演；第五节点是培训师角色扮演。在参训人员开展独立模拟练习期间，场外指导主要承担观察、记录和现场掌控任务。其中，场外指导不仅要对参训人员的行为进行记录，还要对培训师的表现进行记录。这次培训加深了年轻员工对品牌管理的认识，掌握了防范风险的技巧，增强了综合能力和品牌维护素养，树立了“人人是窗口、人人是形象、人人是品牌”的品牌意识。

（资料来源：刘旭，王兴鹏，闵杰，沈志丹．供电公司品牌维护“情景模拟式培训”探析[J]．科技经济导刊，2017，15：240.）

五、设计培训项目效果评估方案

培训项目效果评估是对培训项目进行评价，主要目的在于通过对项目前后培训对象在素质和能力等方面的变化及提高程度进行观察和评价，以此确定某个培训项目的成效。

许多企业在安排员工培训时没有在培训后进行效果评估，使得企业无法知道接受培训的员工是否得到工作能力上的提高。效果评估除了可以得出培训是否达到理想的目标外，还可以从培训项目效果评估中得出培训设计的不合理之处。通过对学员以及培训师进行调查可以知道培训内容是否完全满足需求，培训方法是否适合，或者企业给予的培训资源是否足够。这些数据都可以反映培训项目的效果如何。

设计培训项目效果评估方案使得在培训进行时可以根据一定的标准和方法进行评估，并且在培训偏离现实情况时可以通过评估而及时发现问题并进行纠正。

一般来说，培训项目评估包括计划（需求调查、培训目标）、组织（准备、培训教学、支持督导）、结果（综合项目效益评价、需要改进的不足）三个方面。评估的主要责任人是培训项目负责人和培训项目督导人员。

（一）计划

计划评估包括需求分析阶段是否对课程设置进行了充分调查，覆盖率、调研方法是否适合等，分析资料是否正确地被诠释，分析数据是否正确完整等；培训目标是否清晰明确，拟定的培训活动是否完整，是否经由培训可达成绩效标准，课程设置是否符合学员需求等。

（二）组织

组织评估分为准备评估、培训教学评估和支持督导评估三个方面。

准备评估包括学员是否适当甄选，讲师是否适当甄选，教材是否有助于课程目标的达成，课程时数与时间是否恰当，经费分配是否合理等关键问题，也可以对沟通（计划预通知是否到位、课前是否与讲师充分沟通），资源是否到位（硬件设施，如培训场所及教学设备是否完善）等做出评估。

培训教学评估包括课程定位、教材开发、教具设计、教学方式、教学效果、学员态度调查等，如教学过程中是否随时响应学员的需求、教材及教具的准备是否完善、课前是否与学员充分沟通等。

支持督导方面是否有效地进行管理，如现场秩序、现场支持、教学配合、其他流程控制等是否有预先控制措施或准备。

（三）结果

结果评估分为综合项目效益评价和组织需要改进的不足两个方面。

综合项目效益评价是评估整个项目中学员学习的成效，一般通过考试等方式评价教学效果，通过学员行为改变（应该是内化阶段或成就阶段）来评价项目的长期效益。这方面的评估基本上是可以延长到培训项目结束后的一段时期再进行。

组织需要改进之处一般本着有则改之、无则加勉的原则来进行。

培训项目方案设计出来后，必须要进行评价才能对方案进行完善，从而减少实际操作中产生的问题和错误。进行培训项目评价时要对培训目的、培训内容、培训管理和培训师的素质等各个方面进行评价。通过再次对方案进行评价，搜集企业各方的意见和建议后进行完善。最后将培训项目方案提交到企业高层进行确认，并争取得到企业高层的支持。

衡阳移动集团客户经理培训设计方案

衡阳移动集团客户经理培训设计共包括如下五个步骤。

第一阶段：培训需求分析（见图 4-1）

通过以上的分析评价，得出集团客户经理的共性短板，依此设计培训课程。

第二阶段：培训课程设计

根据素质模型形成包含自我意识、个性塑造、人际关系能力、一般能力、专业能力五大类课程，在每类课程中，还设置必修课程和选修课程。五大类课程包含 48 门课程，其中必修课18门，选修课30门。

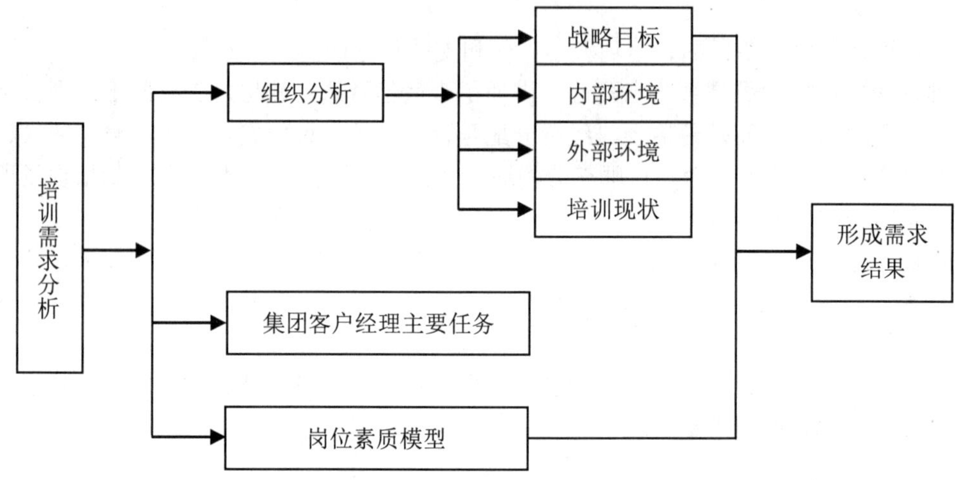

图4-1 培训需求分析方法

第三阶段：形成培训计划

培训计划分为两个层次：长期（三年）培训计划和短期（一年）培训计划。必修课三年内对客户经理实现全员培训完毕，选修课则由客户经理根据个人素质报告和自主意愿决定，每季度至少选修一门课程。

第四阶段：培训师资选拔考核

培训师资选拔包括内部和外部师资的选拔，对内训师实行季度考核，对于外部培训机构的考核，通过培训师资库进行记录，培训课程采购招标优先考虑那些考核结果好的培训机构。

第五阶段：建立培训效果评估系统

培训评估的内容主要包括学员的学习效果、教师的授课质量、培训机构的组织水平和培训的综合效益。

（资料来源：周俊. 全业务运营背景下衡阳移动集团客户经理培训管理优化[D]. 长沙：中南大学，2012.）

本章小结

1. 培训计划是根据全面、客观的培训需求分析，从企业组织战略发展出发，对培训时间、培训内容、培训方式、培训师、培训对象等方面进行系统的设定。

2．根据计划的时间跨度，培训计划一般可划分为长期培训计划、中期培训计划和短期培训计划。

3．培训计划的主要作用在于：（1）确保培训项目零缺陷；（2）确定培训各方的职责；（3）为培训效果评估设立标尺。

4．制订企业培训计划通常包括以下五个步骤：（1）找准培训需求；（2）落实课程；（3）制定预算；（4）培训计划的编写与审批；（5）培训计划的管理。

5．培训项目设计是指根据企业现状及发展目标，系统地制订各部门、岗位的培训发展计划。它涉及培训过程的方方面面，其中包括培训内容、培训方法、培训师、培训对象、培训资源等。

6．培训项目设计的过程包括五个步骤：（1）确定培训项目的目标定位；（2）确定培训项目对象的需求；（3）确定培训项目的内容；（4）设计培训方法组合；（5）设计培训项目效果评估方案。

网站推荐

1．中国企业培训网：www.chinacpx.com
2．中国培训网：www.china-train.net
3．时代光华管理培训网：www.hztbc.com
4．云学堂：www.yxt.com/lc/case

思考练习题

1．企业制订培训计划时需要注意哪些事项？
2．培训项目设计在员工培训体系中占有什么样的地位？
3．如何做好培训项目设计？

培训游戏：策划一次培训

一名人力资源开发经理接到了一项紧急任务，要为一群将要着手一个新项目的管理人员安排团队建设的培训，但只有很少的时间来进行培训。运用本章学习的培训标准，需要重点考虑的因素如下。

（1）目标包含团队成员的技能知识（如团队交互作用），以及态度的形成。

（2）将学习转移到工作情境是必要的；组织气候受实用主义管理风格的影响，这决定了培训应该以实际为基础，而不是理论和辩论。

（3）资源是有限的。时间很短，预算经费很少。

（4）学员相关因素。管理人员身负家庭责任，可能不欢迎要求离家的培训，虽然他们可能最终被说服接受安排。另外，学员们不能长时间地从他们的部门抽身出来参加培训。

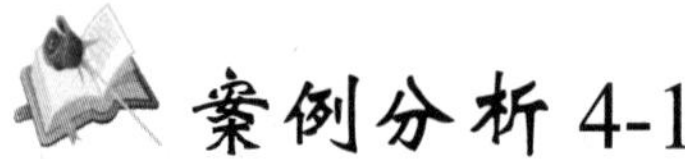

案例分析 4-1

美的集团2016年度培训计划

美的集团在2015年员工培训需求调查分析的基础上，结合公司的发展战略要求和实际工作情况，制定了2016年集团员工培训的重点。

在公司战略人才培训方案的基础上，针对不同的培训对象，制定不同的项目培训内容和多种培训方式，加强各层次员工管理、沟通等相应技能的培训，加强培训评估工作的开展，落实培训后续的跟进工作，切实提高培训工作的实际效果。

表4-2所示为该集团2016年度培训计划表。

表4-2　2016年度培训计划表

培训对象	培训目的	培训项目名称	培训时间	培训方式
高层管理人员	扩大高层管理人员的国际视野，提高战略思维能力和领导素质	企业全面经营决策技能训练	3月	沙盘演示
		与成功有约的七个习惯	5月	实战模拟
		企业融资收购与兼并	7月	讲授+讨论
		变革的力量——领导力	9月	讲授+互动
		变革管理	11月	讲授+互动
		英语口语	上半年	讲授+互动
中层管理人员	提升中层管理人员的创新能力、领导能力和沟通能力	情境领导	3月	角色扮演
		高绩效会议	5月	互动式+讨论式
		沟通与协调	6月	讲授+互动
		领导魅力与有效激励技巧	7月	讲授式
		全面提升经营能力	9月	沙盘演示+实战模拟
		创意思考方法	11月	互动式+讨论式

续表

培训对象	培训目的	培训项目名称	培训时间	培训方式
后备人才	提升后备人才的业务素质、管理素质，为企业的人才梯队建设做好准备	基本经营艺术及解决问题技术的运用	7月	互动式+讨论式
		领导与指导下属的技术	8月	互动式+讨论式
		个人成效与时间管理	4月	体验式
		“五一”走访市场	5月	市场调研
		沟通与非权威性影响技巧	6月	角色扮演
		团队建设	9月	户外拓展
基层管理人员	提升基层管理人员的岗位技能、知识水平，了解基础管理知识	“三五三工程”行动纲要	3月	讲授
		目标与绩效管理	9月	讲授+互动
		计划与执行管理	10月	讲授+体验
		自我激励技巧	11月	讲授+体验
		自我管理	12月	讲授+体验
新员工	使新进员工了解企业的概况、企业文化、企业的管理制度、工作岗位职能，参与到企业相关部门进行实习	企业文化与规章制度	进公司一个月内	宣贯
		企业员工行为规范		讲授+体验
		岗位职责与工作要领		讲授+体验
		部门工作实习		实战式
		产品知识简介		实战式

（资料来源：美的集团官网. http://www.midea.com/cn/.）

思考讨论题：

1. 你觉得美的集团的培训计划是否切合实际？
2. 该计划还可以做哪些方面的完善？

案例分析 4-2

日本三菱公司的培训开发课程设计

日本三菱公司是极具规模的电机企业，在日本电机企业中具有举足轻重的地位。该公司为了应对同行业间的激烈竞争，极为重视技术人员的培训工作。

该公司为了培育足以“传薪”的技术人员，设立了“三菱电机工学研习所”，借着小论文发表会、大厅研讨会、工厂实习等研习项目，提高技术人员的专业知识及优秀技能。该工学研习所将课程分为 11 个普通讲座和 4 个特别讲座。讲座是采取集体生活一星期、一年结业的训练方式。学生招生人数以20名为限。在技术课程方面，包括了以下课程。

（1）基础技术（理论上的技术）：这是制造产品的基础技术，也是建立制造系统时不可缺少的固有技术；

（2）共同技术：制造各类产品时共同使用的技术；

（3）基础知识：技术人员必须掌握的知识，尤其是电磁学与材料学的基本概念；

（4）尖端技术、未来技术：虽然现有的制品中未见使用，但预料将来会被运用的基础技术。

三菱电机为了使每位技术人员都能了解控制系统，特别聘请公司的系统设计者亲自讲述相关的理论、运用及开发。这种由专家现身说法的教育方式，带给学员很大的收获。

（资料来源：葛玉辉. 员工培训与开发[M]. 北京：清华大学出版社，2014：73.）

思考讨论题

1．结合本案例，分析企业培训应当如何满足员工的发展需要？

2．你认为三菱公司设计的技术人员培训课程设计有什么作用？

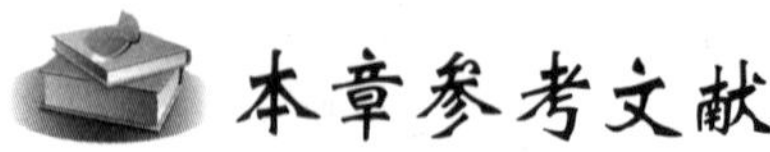

本章参考文献

[1] CIAT, OFFICE P D. Training module on project design[J]. Plant genetic resources newsletter, 2013, 151(1): 63-68.

[2] HUGHEY A W, MUSSNUG K J. Designing effective employee training programmes[J]. Training for quality, 2018, 5(2): 52-57.

[3] NI H J. Employees training project design based on ISPI technology in practice[J]. Applied mechanics & materials, 2014: 1713-1716.

[4] TAMAKI K, PARK Y W, GOTO S.A Professional training program design for global manufacturing strategy: investigations and action project group activities through industry–university cooperation[M]. Johor: Skudai Inderscience Publishers, 2015.

[5] YAN X Y. Instructional system design in employee training in the industrial area[J]. Applied mechanics and materials, 2011: 6.

[6] 陈大伟．天虹纺织集团基层管理后备人才培训改进研究[D]．兰州：兰州大学，2018．

[7] 葛玉辉．员工培训与开发[M]．北京：清华大学出版社，2014：73．

[8] 匡晓蕾．人员培训与开发[M]．北京：人民邮电出版社，2014：69．

[9] 兰景林．中国南方航空集团公司员工培训模式优化研究[D]．兰州：兰州大学，2018．

[10] 刘旭，王兴鹏，闵杰，沈志丹．供电公司品牌维护“情景模拟式培训”探析[J]．科技经济导刊，2017，15：240．

[11] 李英．外部导向下的西博文化公司员工培训体系设计研究[D]．兰州：兰州理工大学，2018．

[12] 刘振夏．企业培训与开发之培训需求分析[J]．人力资源管理，2018（05）：444-445．

[13] 马昭奕．H 公司员工培训体系优化研究[D]．西安：西安理工大学，2018．

[14] 孙秀华，李艳．高速公路企业员工继续教育培训需求分析研究[J]．中国市场，2018，28：103-104．

[15] 武鑫．新时代农行领导力培训项目设计研究——以一级支行行长培训为例[J]．领导科学论坛，2018（03）：32-35．

[16] 周俊．全业务运营背景下衡阳移动集团客户经理培训管理优化[D]．长沙：中南大学，2012．

[17] 张丽．企业人性化员工管理研究——以沃尔玛公司为例[J]．哈尔滨学院学报，2018，39（07）：52-56．

[18] 赵妍丹．关于培训需求分析和培训计划制定的思考[J]．好家长，2018，59：255．

第五章

培训的实施与管理

学习目标

1. 掌握选拔和管理培训师的方法；
2. 了解培训实施前的准备工作；
3. 掌握培训实施过程中控制、纠偏及危机处理的方法；
4. 掌握员工培训风险的防范方法。

引例

DELL 公司的"太太"式培训

DELL 公司培训销售人员采取的是"太太"式培训。所谓"太太"式培训，就是把销售经理比喻为销售新人的"太太"，销售经理像太太一样不断地在新人耳边唠叨、鼓励，才能让新人形成长期的良好销售习惯，从而让销售培训最终发挥作用。该培训是由培训经理跟销售经理一起完成的。销售新人不仅向直线经理汇报，还要向培训经理汇报。培训经理承担技能培训和跟踪、考核职能，每周给销售新人排名，用 E-mail 把排名情况通知他们。销售经理承担教练和管理职能，通过新人的最终执行，达到提高业绩的目的。DELL 公司对销售人员的培训先是为期三周的集中培训，由专家讲解销售的过程和技巧，邀请有经验的销售人员来分享经验。然后每周末召开例会，销售经理与培训经理都参加，检查新人上周进度，讨论分享工作心得，分析新的销售机会，制订下周的销售计划。销售经理与培训经理、新人们一起讨论新人的成长、下一步的走向。最终，"太太"在工作中能够自觉指导新人运用销售技巧，及时鼓励新人，有效管理新人。

“太太”式培训的效果非常惊人，用数字可以说明：DELL 销售代表每季度平均销售额达 80 万美元，而没有“太太”式培训时，新人第一季度平均销售额为 20 万美元，经过这样的培训，新人在第一季度的平均业绩达到 56 万美元，远远高于以前销售新人 20 万美元的销售额。

（资料来源：王少华，姚春望．员工培训实务[M]．北京：机械工业出版社，2008.）

引例中“太太”式培训成功的关键是它的一整套完善的培训机制及其有效的实施。一个完善的培训计划在拟订阶段必然会涉及许多在实施中将发生的事情，其中包括培训师的选择、培训时间和场地的安排、教材和讲义的准备、培训评估方法的选择等。培训项目的实施是把培训计划付诸实践的过程，它是达到预期培训目标的基本途径。培训项目设计得再好，如果在实践中得不到贯彻执行，也将失去意义。

第一节 培训师的选拔与管理

培训师作为企业培训的核心组成因素，是企业培训成功与否的关键。选择适合本企业发展的培训师以及管理好这样一批培训师队伍是每个企业负责培训的相关部门的工作重心。本节通过介绍合格的培训师所应具备的基本素质、技能等方面，以及如何通过内外部渠道选择或培养、管理培训师，以便指导和帮助企业建立一套系统的培训师选拔与管理制度。

一、培训师的基本要求

（一）培训师应具备的基本能力素质

近年来，培训师对于企业的发展越来越重要，而新时代背景下，对培训师提出了更高的要求。一名合格的培训师，要全方位发展，不断顺应时代需要，提高自身创新能力，注重自身水平的提升，通过自身综合素质的提高，更好地为国家、社会、企业培养人才（李荣凯，2018）。除此之外，培训师是要能结合“互联网+”经济技术的发展和就业要求，充分利用现代化信息设备和信息化技术，研究开发针对新型职业的培训项目，根据企业生产经营的需要掌握并运用现代培训理念和手段，策划、开发培训项目，制订、实施培训计划，并从事培训咨询和教学活动的人员。简单来说，就是要把各种有用的知识、理念、观点、技能等，转换为通俗、易懂而且适合企业培训需求的培训内容，通过组织、传授和激励，使受培训者比较容易接受这些知识内容，从而获得自我提升和转变。

具体而言，培训师要具备以下几种能力素质：要具备扎实的专业理论知识和过硬的专业技术素质，以及辅导学员进行各种实践技能训练所需要的教练能力；要具备丰富的教学组织和管理经验；要掌握现代教育技术，并能运用仿真、模拟等新教学手段开发教学课程和技能训练；要具备获取新知识的能力，具备自我发展、自我完善的能力；具备培训、教学、研究和经验总结能力（王芝阳，2014）。

除了上述关于培训师应具备的能力素质的直接描述外，还可以从评价的角度进行思考，培训师要能经得起别人的评价并进行自身的充值与能力的提高，而决定培训师水平的高低有三个评价维度，即知识和经验、培训技能、人格魅力，如图 5-1 所示。

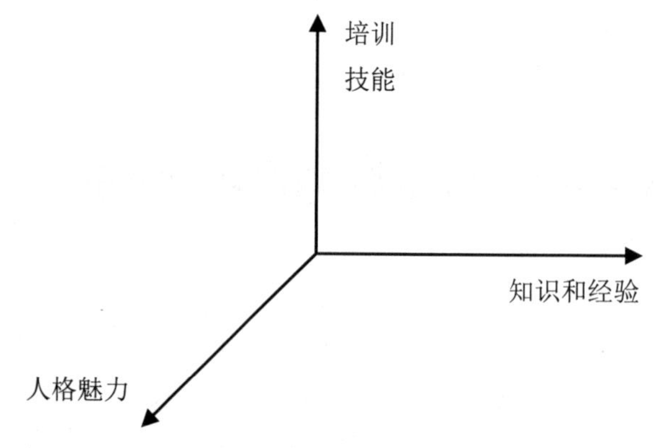

图 5-1　评价培训师的三个维度

资料来源：华茂通咨询．现代企业人力资源解决方案[M]．北京：中国物资出版社，2003．

1．维度 1：知识和经验

培训师应具备丰富的理论知识、过硬的教学经验与实战经验。俗话说：“要给别人一勺水，自己须有一桶水”，否则，又谈何“传道、授业、解惑”呢？培训师要有足够的知识底蕴，理解和吃透培训的相关理论，能够把复杂抽象的原理深入浅出地传授给学员。

2．维度 2：培训技能

丰富多彩的培训技巧是提高培训效率的有效途径，培训师要掌握一定的培训技巧，不仅要把握好“教什么”，更重要的是要把握好“怎样教”。培训技能主要包括：灵活运用各种培训方法和培训手段，严格执行培训进度，熟练使用现代化培训手段，对培训内容和培训氛围有较强的驾驭能力，能够运用多种表达技巧以促进学员理解等。

3．维度 3：人格魅力

培训师的人格魅力是培训师综合素质的集中表现。在培训过程中，培训师将扮演多种角色，从多方面影响学员。培训师不仅仅是知识的传递者，还可能是学员的榜样、培训课堂上的领导者、人际关系的艺术家、学者，以及学员的朋友和知己。

培训师的道德、行为规范、个人修养、兴趣、仪表等，都将在培训中一览无余。培训师的人格魅力是决定培训师在事业上能否成功的决定性因素。

（二）培训师扮演的三种角色

在培训前的准备和培训的实施过程中，培训师要扮演的角色并不是单一的，概括地说，要完成一个培训项目，培训师至少要扮演编剧、导演、演员三种角色（王少华，姚春望，2008）。

1．编剧

在正式培训前的准备过程中，培训师主要扮演编剧的角色。

这时，培训师要根据课程目标和学员的特点，编写所需的教案、分发的资料和手册等书面材料。这就要考验培训师的书面写作能力和构思策划能力了。培训师需要做的工作包括：如何写出内容翔实的教案，并且把其中的关键内容浓缩在演示材料（大多是 PPT 格式）中；如何编排整节培训课的授课内容和授课方式，使之错落有致，又能够紧扣主题；如何选择能够提高学员注意力、活跃课堂气氛的游戏、案例、讨论主题等。这些事前准备工作将极大地考验培训师的内容编写与设计能力。

2．导演

培训一旦进入实战阶段，就是培训师实施导演工作的时候了。在培训前撰写的“剧本”的基础上，培训师要按照事先设计好的流程来决定何时开场，何时给学员分组，何时提出问题让学员思考回答，何时组织游戏活跃气氛等。这些都需要培训师以娴熟的技巧来引导和指挥学员有条不紊地完成。

在“导演”过程中，培训师要保证课堂的气氛活跃，引导学员轻松、自然地参与各种活动，并最终帮助学员在知识、思想、行为和态度上有所收获。

3．演员

这是培训师在培训现场最重要的一个角色。要做好演员的角色，临场发挥出色，并不是一件容易的事情。美国有一项调查问卷向被访者询问最令其感到恐惧的事是什么，数万份调查问卷显示的结果是：最令美国人感到恐惧的事情是当众演讲，而死亡则排在第七位。

培训师要长时间地站在学员面前发表演讲，用语言、声调、手势、表情等来综合表达课程内容，传递信息和思想。在这个意义上，培训师必须要像一个演员一样有丰富的表现手段和高超的演讲技巧，才能够在众多学员的注视下“口若悬河”，表现自如。

（三）培训师应具备的九种能力

除了前面所论述的培训师应具备的基本素质和扮演的三种角色外，成为一个优秀的培训师还需要具有以下九种能力，包括沟通能力、影响能力、表达能力、应变能力、组织能力、观察能力、控场能力、激励能力和学习能力。

1．沟通能力

良好的沟通能力是对一个优秀培训师的基本素质要求。一位优秀的培训师除了在培训前期要与人力资源部门、学员甚至其领导进行良好的沟通外，还需要在培训开始前友善地与每个学员进行沟通，充分了解学员在培训现场的动机和心态。培训师需要在培训过程中的休息期间和学员进行充分交流，从而在整个培训过程中准确有效地把好学员的“脉”，与学员进行与培训主题紧密结合的充分互动。

2．影响能力

面对十几个或上百个不太熟悉甚至陌生的成年人，培训师是否有能力去引导他们的思路，掌控他们的思维，就要看培训师的影响力了。如果培训师有足够的影响力，他就会很快地把自己和课程推销给学员。这并不仅仅依赖于培训师开场时对自己的经历做一番添枝加叶的描述，也不仅仅依赖于培训师以某个新颖、大胆的观点在学员中造成瞬间的冲击，而要看培训师在培训过程中能否一直让成年学员心甘情愿地顺着培训师的思路走。

3．表达能力

这里的表达既指口头语言的表达，也指肢体语言的表达。培训师在面对学员时，要有一种表达的欲望，至少在众人面前不木讷，不羞于张口，不手足无措，这些是培训师要具备的最起码的素质。有的培训师就特别具备这种特质，越是在人多的场合越是兴奋，越是想表达自己，所以不管多么疲惫或是缺乏准备，只要他一上演讲台就精神抖擞。

另外，培训师应熟练掌握有关语言表达方面的临场技巧，具体包括以下四点。

（1）讲述的时候，要条理清晰、内容充分、深入浅出。

（2）讲故事的时候，要用轻柔、自然的声音娓娓道来，并善于添枝加叶，打动人心。

（3）进行案例分析时，要有理有据，具有说服力。

（4）与学员进行互动游戏的过程中，要放下讲师的威严，用风趣幽默的语言和生动的示范动作，打破课堂的沉闷，消除学员间的隔膜。

4．应变能力

在培训中，人员、任务或环境发生变化是常有的事情，有时这种变化会很大而且很突然。但无论发生什么，培训师都要排除困难以保证培训效果。例如，投影仪突然失灵、电脑软件发生故障，这都会影响到培训的正常进行。因此，培训师在授课前要设计诸如电脑软件、投影等设备发生故障或断电时的应急预案，而当类似的意外发生时，要根据实际情况灵活调整应急方案；或者，当有学员故意做出和培训意图相反的回答时，培训师可以不愠不怒地说一句：“这位学员可真会开玩笑！”或幽默地来一句：“这倒是一个有创意的想法，大家为他鼓掌好不好？”

5．组织能力

作为一名培训师，要做大量烦琐而细致的前期工作，包括对课程内容与方法的编排和设计，对上课时间、地点、用具的考虑，以及对各个受训单位或学员的特殊要求的搜集。能否对这些因素进行有序的计划和安排，是保证课程能否顺利进行和完成的前提条件。同时，培训师还要考虑到出现意外情况的可能，预留一些时间和资源。计划做好之后，再按照计划严格地组织和安排培训活动，以使培训能够顺利开展。

6．观察能力

观察能力是指培训师在培训课堂上要善于“察言观色”：学员的眼神有没有游离；动作是否长时间保持不变；对讲师的提问有没有反应；学员在听了某一个知识点之后，是迷惑不解的表情，还是做恍然大悟状，或是若有所思、频频点头等。通过这些下意识的反应可以看出学员对培训内容理解和掌握的程度：在培训过程中，学员表露出焦急的神态可能是有其他事务需要处理；学员紧盯着培训师欲言又止，大概是想发表自己的见解；学员始终保持着抗拒的身体姿态或许是对课程有意见等。

总之，学员有意无意地表现出来的语言或非语言的信号是培训师应该时刻注意的，并随时调整自己的授课进度或方法以配合学员的心理状态。因为培训课是以学员为中心的，培训的目的是使学员能够理解知识、掌握技能，而非培训师的单方面灌输。时刻把握住学员的状态和需求是培训师必需的基本功。

7．控场能力

一名优秀的培训师其实也是一名优秀的咨询顾问。培训师调动气氛和实现互动主要是通过提问这种看似简单的技巧来实现的。培训师通过大量的提问和引导提问并提供很有说服力的回答来博得学员的好感与尊重，从而使学员的参与积极性和热情得到极大的提高，以至于在培训过程中争相提问。而在这样的互动过程中，培训师确实又扮演着咨询师的角色。学员在提出问题时，培训师需要运用大量高超的培训技巧，如引导、鼓励、转移、倾听、提问等方法，并结合自己丰富的工作经验，最终给学员满意的答复。

8．激励能力

培训是一个不论在体力还是精力上消耗都很大的工作。站了一整天、讲了一整天、维持了一整天的课堂气氛之后，讲师的身体和精神已经极度疲劳，是否还有动力进行第二天的课程准备和课程讲授，这就要完全看培训师的自我激励能力了。能否在体力和精力大量透支的情况下，用正面积极的情绪影响自己，鼓励自己把培训继续做下去，甚至把培训做得更好，是一个很大的挑战。如果缺乏自我激励的能力，培训将是一件痛苦的事情；而通过培训师情绪的传染，学员也会受到激励。

9．学习能力

对于培训师而言，学习是工作的一个组成部分或一种形式。培训师通过学习可以达到以下两个目的。

（1）培训师自身的进步和提高。通过学习，培训师在理论和实践上都有了新的收获，就等于是增加了自身的“内力”和职业含金量。

（2）学员的学习进步。通过对课程相关内容的不断充实、提高，对授课技巧的努力钻研，培训师可以在课堂上给学员带来更多的信息和更多的成长动力。而要做到这一点，最重要的是拥有一个开放的学习心态，不是满足于现状，而是想着还有更多的精华可以加入和充实到培训课程中去。此外，一名培训师应具备信息技术的运用能力及 PPT 制作能力，要能够熟练使用互联网和各类办公软件，要掌握现代远程多媒体技术和培训教学软件。

例证 5-1 

国家电网电力专职培训师的“充电”

新时代下，培训工作的高效实行首先要提升培训师的能力。结合时代发展、专业要求，培训师能力可分解为基础能力素质和专业能力。在实际操作中，可将培训师能力合理分解并进行分类培训，以期培训师水平得到迅速提升。国家电网的电力专职培训师通过专业培训、教研活动、挂职挂岗锻炼等形式，更新积累知识技能，学习和完善授课技巧，从而解决培训中的各种问题，具体表现为：创新“师带徒”模式，扩大“师带徒”的范围，实施专职培训师带着项目和问题短期下现场；创新交流学习模式，拓展交流学习对象，建立各地区培训师间的周期制交流和挂职培训机制，建立与专业管理部门、生产单位、设备厂家间的交流学习机制；主动学习各类专业会议中有益于培训工作的知识点，并积极与参会人员进行沟通以提升业务水平，以期逐渐提高电力专业培训师的自身能力素养。

（资料来源：董文军，陈坚，傅洪全．电力企业专职培训师队伍建设探讨[J]．大众用电，2018，32（09）：43-44.）

二、培训师的管理

目前，企业培训主要有企业内部培训和外包给专业培训机构培训两种形式，简称内训和外训。因此，培训师也可以分为外部培训师和内部培训师。一般情况下，企业培训师的管理主要包括培训师的评聘、培训师的考核、培训师的培训、培训师的激励等。

（一）外部培训师的选择与管理

培训师自身水平的高低对培训效果有着直接的影响，因此，企业在开展员工培训时都想选择优秀的培训师。外部培训师的选拔途径主要包括从大中专院校聘请教师、聘请专职培训师、从培训机构聘请培训顾问、聘请本行业的专家学者或在网络上寻找培训师。

1．外部培训师的选择

有了一个好的培训项目和课程，就好比有了一个好的电影剧本，它还需要有好的演员来诠释，培训师充当的就是这个演员的角色。好的培训师能够充分诠释课程的内容，能够让培训的效果大大提高；差的培训师能够把原本精彩的内容讲述得如同嚼蜡，让人提不起兴趣。因此，选择一个好的外部培训师至关重要。如何选择一个好的外部培训师呢？首先，要学会寻找外部培训师，然后再对外部培训师进行评价和选择。

（1）了解外部培训师的途径。了解外部培训师通常有如下五种途径：① 参加各种培训班。通过参加培训班不仅可以了解相关的、感兴趣的课程，而且可以发现合适的培训师，可谓一举两得。② 去高校旁听。往往一些一流的培训师是在高校的MBA或学术研讨会中被发现的。③ 熟人介绍。熟人介绍是一种比较可靠的途径，最好找个机会到培训现场听培训师授课，并且与他沟通你的需求。④ 专业协会介绍。专业协会介绍比熟人介绍更胜一筹，因为这个专业协会就可能是这个培训师的师资鉴定方，因而要重视专业协会的推荐。⑤ 与培训公司保持接触。这种途径是当下不少企业正在采用的一种了解培训师的方式。现在有很多培训公司都有自己的专职培训师，培训公司为了拓展业务，通常采取先让客户试听培训课程，然后再洽谈合作的方式。

（2）培训师的甄选。通过以上五种途径了解培训师后，要对有合作意向的培训师进行甄选。甄选的时候需要注意如下六个事项：① 对于企业而言，最适合自己的才是最好的，不一定要选择大牌培训师。在选择培训师时，重点关注培训师的授课内容、授课方式、授课风格等是否能够满足企业实际的培训需求。② 要考量咨询公司与培训师的服务项目。企业要像面试应聘者一样从侧面向咨询公司及培训师服务过的企业进行了解，但应考虑其培训效果可能受行业及学员状况、授课内容等因素的影响。③ 去咨询公司考察一番。到咨询公司考察时不要过于关注硬件，应主要考察咨询公司的管理风格、企业文化，再通过其员工风貌、办公秩序、客户来电处理上发现一些问题。④ 不要在价格上过于计较。没有利润的服务不是好的服务，过分压低价格可能会导致咨询公司找借口偷梁换柱，或怠于课程品质与后期服务。⑤ 尽可能地降低风险。如果在培训前确实无法见到培训师，可以要求咨询公司提供培训师授课企业清单、课程清单、授课光盘（以便了解该培训师的授课风格及专业程度）、相关行业的课程满意率评估，并请咨询公司提供本次课程的满意率承诺（与培训费挂钩），以降低风险。⑥ 谨慎选择。对于那些没有专注课程的“超级讲师”或提供“全面中介式服务”的咨询公司，最好不要选择，因为结果往往会令人失望。

2．外部培训师的管理

为充分发挥外部培训师的作用，依据整合资源、成果共享、规范运作、成本控制的原则，应规范外部培训师的管理。

（1）根据培训需求寻找外部培训师，经过组织领导审核批准后确定培训师人选，并签订合约。

（2）对外部培训师进行培训，包括企业文化、培训需求、培训目标、培训背景、学员情况等内容。

（3）培训实施。培训部要预先建立监督管理机制，定期对服务费用、成本及培训计划的质量等项目进行跟踪监控。派专人每日对培训情况进行记录、分析并上报，对出现的问题和建议，在与上级和培训外包商沟通后及时纠偏。例如，记录培训的出勤率、受训人员的反应、课堂气氛等指标。同时，培训部也是外部培训师的服务者，是企业与外包商沟通联络的纽带。

（4）对外部培训师进行教学评估考核，包括通过问卷及访谈调查学员的满意度以及培训部对外包培训师的评价两个方面。

（5）对外部培训师的激励管理，根据考核结果，适当对外部培训师进行合理的奖励或者更换。

培训外包是放手而非放任，企业需要结合需求和目标对培训外包服务进行科学的监督、评估和管理（匡晓蕾，2014）。有关培训外包以及外部培训师的内容将在本书第十二章进行详细的介绍。

（二）内部培训师的培养与管理

外部培训的内容宽泛，与企业实际工作结合的东西较少，培训费用很高，培训质量难以控制等问题越来越突出，这就迫使很多企业不得不建立自己内部的培训部门和培养自己的培训师。但是由于对培训方面的相关知识缺乏系统的认知和了解，又不重视内部培训师的培养与管理，导致企业的培训部门无法发挥有效的作用。内部培训师的培养与管理包括七个步骤，如图 5-2 所示。

1．工作动员

这是建立内部培训部门的首要环节。因为大多数内部培训师是兼职的，本职工作是主要的，培训都是兼职的。要做好这项工作，必须要在动员的基础上，争取其所在部门的支持及其本人的同意。通常，要想使这项工作开展得更好，就应当获得企业高层管理者的支持，使得选聘内部培训师的工作得到重视。

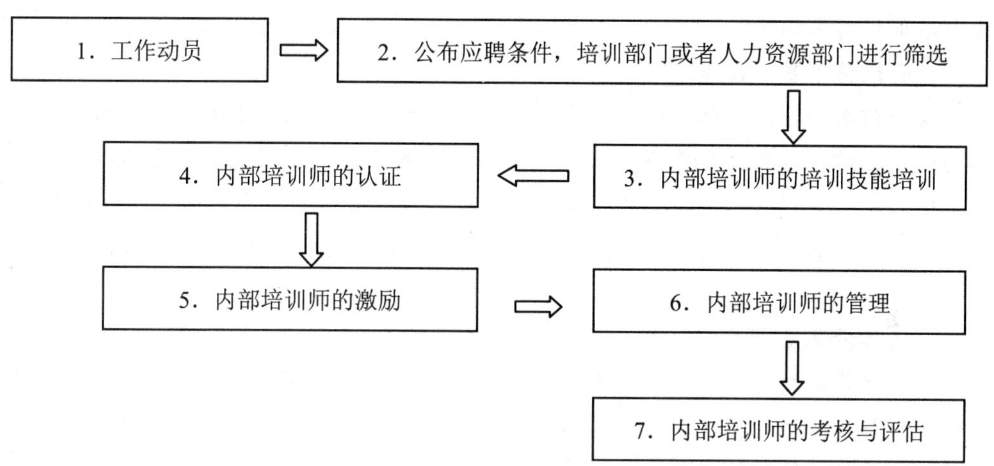

图 5-2　内部培训师的培养与管理的步骤

2．公布应聘条件，培训部门或者人力资源部门进行筛选

首先，公布内部培训师的任职资格条件。资格条件包括学历、目前从事工作的业务知识和技能、培训经验与技能等。

其次，整理报上来的名单，通过与他们的直接主管沟通、调查曾参与他们主讲课程的员工、访谈他们的同事、与他们本人沟通等方式，详细了解他们的专业知识和技能、培训工作潜力和工作意愿等方面的信息。

再次，对候选人进行筛选，可采用试讲、面谈的方式考察其开展培训的能力（如组织能力、表达能力、逻辑能力），同时测试其素质水平。

最后，初步确定内部培训师的人选。一般一个部门或一类部门有 1～2 个名额，然后上报至高层管理者进行审批。

3．内部培训师的培训技能培训

这是对内部培训师队伍进行培训至关重要的一个环节，因为企业内部培训师以前很少或没接触过企业培训，因此对于培训的专业技巧方面掌握得很少，即使已经具备一些，也需要加以规范和强化，需要对内部培训师进行大量相关的培训。

搜狗销售培训师实用技能培训

搜狗为提高内部销售培训师的职业技能，强化对销售员工的培训效果，特邀请职业

培训师对销售培训师进行技能培训。训练课程包括会议营销基础技能、培训授课基础技能以及培训师的基础技能。

一、会议营销基础技能

会议营销基础技能包括讲师的角色定位、培训的核心目的、成人学习的特性、内容编排的结构、学习过程的金字塔、课程设计与讲解的三段论（凤头——引人注意的开场设计、猪肚——课程内容与课堂呈现技巧、豹尾——余音绕梁及简短有力的收尾技巧）、会议营销基本互动技能（互动方式：游戏互动、活动舞蹈、问话互动、预先框式）等几种。

二、培训授课基础技能

培训授课基础技能包括需求类型、发现需求的信号、常用分析法、训后跟踪三要素（知识的了解、技能的掌握、习惯的养成）等几种。

三、培训师的基础技能

培训师的基础技能包括仪容仪貌、上台技巧与站位、解压的六大法门（正看压力、自我解脱、自信暗示、生理舒缓、压力转换、全面准备）、目光交流（眼神的训练）、基本功训练（体态、手势语）、课程整体设计方法、课前准备（充分理解课程内容、有效识记关键内容、进行充分演练、预先设想场景）、课后总结（查看课程评估、回顾课程情形、找出问题原因、优化课程内容）等几种。

（资料来源：孙卫华．搜狗销售培训师实用技能训练[EB/OL].（2016-11-20）. https://tv.sohu.com/v/cGwvOTI0NTE2My84NjAxNDAxNi5zaHRtbA==.html.）

4．内部培训师的认证

现代企业对培训工作的重视程度在日益提升，我国劳动和社会保障部在2002年公布了企业培训师国家职业标准，把培训师资格认证分为助理培训师、培训师和高级培训师三个等级，2017年该认证被取消。社会上的培训师认证则火爆起来，例如，国际职业培训师标准教程 Training the Trainer to Train（简称 TTT）是国际职业训练协会的培训师认证课程，受训学员通过考核后可获得由 TPTA 颁发的国际职业培训师证书（付立红，2015）。企业内部培训师也可以效仿这种做法进行内部认证。通过严格选拔并获得认证的内部培训师将更加珍惜得来不易的内部培训师资格，并努力做好培训工作。

内部认证包括如下三个步骤。

（1）从学历、经验和能力等方面设计内部培训师的认证资格。

（2）成立由公司高层参加的“培训师评审委员会”，获取高层的支持。

（3）设置不同的认证级别，如“初级培训师”“中级培训师”“高级培训师”“资深培训师”等，并规定相应的工作经验、业绩表现、培训时长以及评估分数等。

例证 5-3

国家电网的 TTT 培训

国家电网襄阳供电局对单位内训师基本能力的培养（以 TTT 培训为例），目的是让内训师通过体验式培训更好地掌握相关专题课程。具体培训要求如下：首先，供电局根据自身发展需要为内训师选择合适的培训课程，以确保该课程能对候选内训师人员的技能、知识、态度三大基本素质进行较为完善的训练。其次，对内训师授课技术的培养。供电局根据在职人员的学习特点或者培训对象的专业特点来安排相应的教学方案，灵活运用丰富多样的教学方法，帮助内训师不断提升自身思维方式、分析能力、表达习惯等。最后，帮助内训师做好培训知识的积累。帮助内训师增强自身的与培训工作相关的知识与技能，加强对专业知识和技能的强化，加强对于与培训课程内容相关的企业和行业规章制度，新设备、新技术的运用等基本技能的学习等，加强综合管理知识（如先进的符合企业发展规划的管理理念）等方面的学习。此外，供电局基于自身核心理念、发展宗旨对内训师工作态度进行培养的同时，还要求内训师个人也要有良好的修养，以及长久的自我培养和约束机制。这样才能实现培训的目的。

（资料来源：车平平，张毅. 新形势下企业内训师队伍建设研究[J]. 企业改革与管理，2018（18）：74-75.）

5．内部培训师的激励

大多数内部培训师都要兼顾自己的本职工作和培训工作，因此，对他们的体力和精力都有更高的要求，这也是一些人不愿意成为内部培训师的原因之一。另外，内部培训师对授课的准备程度也会影响到企业培训工作的实际效果。因此，应该采取一些能够激发他们的积极性和主动性的措施。

激励的措施比较多，包括精神激励（如颁发资格证书）和物质激励（如按课时给予报酬，提供职位晋升的空间）。此外，还可以不定期地举行提高培训师技能的相关培训，取外部培训师之长，补内部培训师之短，让内部培训师能够逐渐提高自己的培训技巧，增强其在这方面的兴趣。内部培训师还可以优先参加其授课领域的外部培训，通过考核后，结合企业的实际情况进行消化，在公司更大范围内讲授学习过的内容，减少外部培训和企业实际结合太少的问题；各部门在不影响工作的前提下，对内部培训师给予在工作时间、工作量减免等方面的支持。

例证 5-4

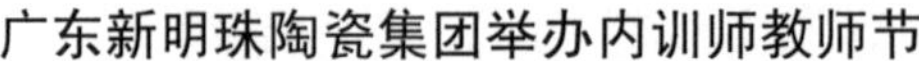

广东新明珠陶瓷集团举办内训师教师节

2018年9月6日，广东新明珠陶瓷集团以“青春正当时·明珠伴成长”为主题举办2018教师节年会。首先，董事长、成功学院院长叶德林致辞，他说：“内训师群体是企业中最有使命感的群体，希望大家用心做好讲师这项工作。”然后，新通过认证考核的集团内部兼职讲师一起宣读誓词，行拜师礼。全体与会员工一起朗读《阳明心学》。接着是颇具企业文化特色的朗诵诗《我的讲师梦》。最后是集团领导为新晋讲师和中级讲师颁发聘书，颁发最佳新人奖、最佳进步奖、最佳实践奖、最佳教学奖、最佳课程奖、优秀学习项目奖、优秀移动学习推动奖等奖项。

（资料来源：广东新明珠陶瓷集团官网. http://www.newpearl.com.）

6．内部培训师的管理

如何处理好培训师的本职工作和培训工作之间的关系呢？这就需要采取有效的管理模式与方法，包括以下七个方面。

（1）对于本职工作，由其所在部门进行管理，人力资源部门不应该干涉，要做的就是与其所在部门及直接上司沟通好，以保证内部培训师对培训工作的必要投入。

（2）对兼任培训师的员工，人力资源部门要给予必要的帮助和监督，需要明确的是内部培训师和培训部不是领导与被领导的关系，而应是合作伙伴的关系。

（3）保持培训师开发实施培训的相对独立性，培训部要及时给予协助、指导，并进行必要的监督。

（4）在课程开发、课程编写和培训活动策划上，要尽量保证内部培训师是基于本部门的实际情况，培训部在必要时要给予协助。

（5）培训部要把各个部门培训师的培训开发课程纳入整个培训计划中予以统筹安排。例如，对于需要加以推广的课程，就可以扩大学员范围。

（6）在培训实施过程中，培训部要协助内部培训师，以便于指导和监督培训的过程和质量。

（7）对于培训的跟踪评估，由培训部来做。一方面是基于对培训的全局控制和监督的考虑，另一方面是由于存在内部培训师本身的专业性、本职工作的压力、工作时间限制等障碍。

7．内部培训师的考核与评估

首先应该明确的是关于内部培训师的岗位职责，不同的企业会制定不同的标准，但通常来说会包括以下三个方面。

（1）内部培训师需要搜集资料，总结本专业领域的管理、技术或操作经验。

（2）内部培训师需要不断学习，消化外部培训课程，提高讲授水平。

（3）内部培训师不能推脱或无故缺席，若有特殊原因无法到场，应提前做好安排。

另外，内部培训师的不同态度对企业培训工作的实际效果有直接影响，所以需要对内部培训师进行考核与评估。在做到充分量化、客观公正的基础上，评估分数可以与内部培训师的绩效考核挂钩，或成为其职位晋升的要求之一。绩效考核和职位晋升与培训师的切身利益相关，因此能够在很大程度上督促内部培训师做好培训工作。

要对内部培训师的培训效果进行评估，培训部需要事先与内部培训师做好沟通，明确评估的目的不仅在于让内部培训师认真准备，提高培训技巧，更重要的是帮助内部培训师提升培训效果。这样既有利于内部培训师在企业的职业发展，同时也能提高企业内部培训的实际效果。内部培训师多半是员工的兼职行为，事先的沟通可以避免内部培训师对培训评估可能产生的抵触情绪。

例证 5-5

中信银行信用卡中心：内部海选培训师

中信银行信用卡中心高度重视人才的发展，致力于打造人才发展的“永动机”——内部人才培养机制。让内部讲师体系深入业务一线，是中信银行信用卡中心将培训落到实处的关键着力点。培训中心精心策划，推出了内训师体系建设项目“T 计划”——“培训培训师”（Training Trainer）的简称，一方面要为信用卡中心建设完善的内部讲师体系，并创新性地为内训师提供横向与纵向双向结合的职业发展通道；另一方面是要实行“双 T”培训模式，除了内训师培训外，这两个“T”是指 Target（战略目标）和 Task（工作任务及问题），是指将培训项目与具体业务结合起来。

中信银行信用卡中心先是通过全国四站的海选，吸引了信用卡中心和全国各分中心大批人员的踊跃参与。培训中心还特别邀请了信用卡中心领导和优秀内训师担任评审委员，并进行四层逐级深入的审核。通过科学严密的选拔，最终确定了 30 位内训师，进一步扩大了内训师的规模，使人数增至 46 人。同时，海选活动还帮助全体员工清晰地认识到培训工作的发展现状、面临的问题及挑战。随后，“T 计划”项目小组通过 BEI 访谈法（Behavioral Event Interview 访谈法，又称行为事件访谈法，是指以获取有关被访者行为事件为主要目的的访谈法），采集了大量的数据，准确提炼了信用卡中心内训师能力模型的六个要素，分别为价值分享、感染力、进取心、把握需求、逻辑分析、应变力，并按其表现分为内驱力、推动力和判断力。根据内训师能力模型，结合每一类型内训师的定位，“T 计划”给内训师定制了个性化培养方案，分别从授课技巧、现场感染力和品牌课程开发上予以加强，使内训师职业素质和能力得到全面提升。

为了保障“T 计划”的健康发展，培训中心还拟定了全面性的制度体系。内训师制度体系包括内部讲师综合管理办法，选拔、考核与晋升管理实施细则，内训师积分管理实施细则，课程开发管理办法等一系列制度。其中，积分管理办法将企业原来以现金方式发给内部讲师的津贴，创新性地与信用卡的积分管理结合起来，通过采用积分的方式给予内训师奖励和表彰。积分来源于授课、课程研发，以及参与内训师俱乐部等各项活动，分值取决于活动的重要程度，还可以跨年度累计。内训师可以使用积分兑换津贴，参加外部的培训和考察，或者转为个人自学所需要的教材。内训师有了更多的激励选择，大大提升了对培训工作的兴趣和热情。

中信信用卡中心的“T 计划”把内训师这个兼职工作与个人的职业发展挂钩，从本质上激发了内训师的工作热情和活力，明确了内训师的职业发展通道。“T 计划”的创新之处就在于，内训师的能力提高，不仅靠培训的模式，还依赖于大量的实践行动，从而使其具有持续改善的能力。例如，中信银行信用卡中心某分中心的核批率基本保持在50%～60%，全国排名居中。该分中心内训师在接受政策培训后，针对该分中心具体情况精心制订了培训阶段计划，对营销经理、营销主任和新员工三类人员分别采取了不同的培训形式：对营销经理采取面授加小组讨论的形式分批分组培训；对营销主任采取座谈加考试的培训形式；对新员工则采取面授的培训形式。经过分阶段进行的一系列培训，五周后该分中心核批率就上升到 70.96%。“T 计划”除了在中信信用卡中心内部收获颇丰外，在业内也引起强烈反响，多家银行前来取经和交流。

（资料来源：2009 年第三届哈佛《商业评论》管理行动奖——中信银行信用卡中心参选案例）

第二节 培训实施前的准备工作

培训工作需要做好培训前的接待、协议、通知、场所、设施、环境、后勤等方面的准备工作。下面我们将对这些准备工作逐一进行介绍。

中兴通讯的员工培训工作

中兴非常注重对员工的培训，具体的培训工作由中兴通讯学院负责。中兴根据不同岗位的素质能力模型，选择不同的场所和合适的时间段为员工提供模块化、个性化的培养路径，注重实战演练和案例分析。与此同时，中兴还会甄选和配置导师，在工作上给予他们指导，解决他们的难题和困惑。中兴通讯学院注重培训的准备与效果，会通过培训大数据积累滚动性向公司各层级提供培训评估报告，对培训的教材资料、技术文档、培训组织、培训师资、培训环境、实习、住宿、餐饮等进行全方位的评估并且进行改进，选择合适的场所、培训设施、环境等做好培训前的准备工作以获得更高质量的培训，做好培训前的准备，促进中兴通讯各类培训质量的提升和人员能力的提升。

（资料来源：常金玲，裴阳，任照博. 企业培训到知识管理的变革——以中兴通讯为例[J]. 中国人力资源开发，2018，35（08）：126-134.）

一、签订培训协议书

培训是企业的一种投资行为，需要耗费许多的人、财、物和时间。为了保证企业的利益和有助于企业的发展，同时也为了明确和保障企业与员工之间的权利和义务，有必要在进行培训之前签订培训协议。特别是企业出资较多的培训活动，签订协议是必不可少的手续。

（一）员工培训协议书

目前的确存在这样一种现象：企业花费很多的金钱和精力送员工去培训，如送员工去攻读学位，或是送员工出国培训，但是培训结束后员工却以此为资本跳槽，而企业事先却没有向员工提出任何条件加以约束，白白地为他人做了嫁衣。为避免类似的情况发生，与员工签订培训协议书是完全必要的。

例证　5-7

员工教育培训协议书（样例）

为了提高员工基本素质及职业技能，公司鼓励并支持员工参加职业培训。为确保员工圆满完成培训学业，并按时返回公司工作，公司与受训员工订立如下协议：

一、公司同意该员工赴____学习，学习期自___年___月___日至___年___月___日，实计为期_____天。

二、受训员工应按公司制定或公司约定的学校及专业就学。如需要变更，应事先及时通知公司，并得到公司的批准，否则，以旷工论处。

三、受训员工的学习时间计入工作时间之内，按连续工龄累计。

四、受训员工受训期间的工资视情况按原工资的____%支付，奖金按通常支付额的_____%支付。在晋级或工资办法修订时，受训员工作为在册人员处理。社会保险、劳动保险，原则上按有关规定作为在册人员处理。受训员工受训期内不享受年度休假。

五、受训员工受训期间医药费用按在职人员对待。但由于本人过失或不正当行为而致病（伤）者除外。当受训人员患有不能继续学业的疾病时，应接受公司指令，终止学习，返回公司，并依有关规定处理。

六、受训员工在学习期间，必须每隔___天（即每年__月__日前）向公司人事部书面报告学习情况，并附学校有关成绩记录和证明。

七、受训员工应自觉遵守培训校方的各项规定与要求。凡因违规违纪受到校方处分的，公司将追加惩处，视同在本公司内的严重过失。

八、受训员工的学费由本人承担______元，由公司承担______元。

九、受训员工辞职，其工龄在一年以内则需向公司交纳公司负担培训费用的 100%；两年以内向公司交纳公司负担培训费用的 50%，三年以内交纳 25%；三年后可免交培训费用。因违纪被公司辞退的员工亦照此办理。

十、在培训期间，受训员工须接受公司交付的调查或出差任务，差旅费按员工差旅费规定支付。

十一、培训结束，受训员工应及时返回并向公司报到。

十二、为确保上述协议规定的执行，受训员工应在学习前向公司交付人民币_____元（大写）_______元（小写）作为保证金。受训员工如有逾期不归，受训期间从事超越学习范围的业余活动或擅自更改培训方向与内容等行为，若涉及法律责任，由该员工自负，与本公司无关，其保证金归公司所有。受训员工圆满完成学业，无任何违反上述规定的行为，按时返回，在向人事部报到后半月内，公司退还保证金。受训员工若未通过结业考试，公司将从其保证金中扣除与本次培训相关的费用（含学费、书费、调研费、实习费、上机费、住宿费、交通费等）后，退还其保证金余额。

十三、受训员工在学习期间成绩优异，有杰出表现，公司将视情况给予奖励。

××公司（签章）：　　　　受训员工签字：

年　月　日　　　　　　　年　月　日

（资料来源：http://www.lawtime.cn/info/fanben/changshi/20110119/74338.html.）

结合例证 5-7 可归纳出员工培训协议书主要包括以下七个方面的内容。

（1）培训费用的支付说明。培训费用的支付，可以由公司根据实际情况或培训学习的内容来灵活决定，既可以采取公司完全支付的方式，也可以采取公司和员工按照一定比例分别支付的方式。一般来说，在接受培训之前，员工需要向企业交纳一定的保证金。

（2）培训学习期限的说明。规定培训学习的起止时间，并按照实际学习的时间计算。

（3）纪律要求。员工在学校代表的是企业的形象，不可以因个人行为而使公司的形象受损。例如，员工不得无故旷课，有违者，以旷工处理。

（4）员工的待遇、福利规定。在员工培训期间，对其应享受的待遇、福利做出规定和说明，特别是一些特殊事项，要做出详细的说明，使员工免除后顾之忧，安心地接受培训。

（5）奖惩规定。对于培训期间，表现良好、考核成绩优异的员工，应给予奖励；对于表现比较差，学习结束后却无法通过考核的员工，要给予一定的惩罚。奖惩结合，才能激发员工学习的热情，获得良好的培训效果。

（6）违约。一旦员工出现违反协议的行为，应按照事先签订协议的相关规定处理。

（7）免责声明。员工在外学习，企业无法完全了解其情况，也无法约束员工的行为。因此，员工因个人行为造成的法律责任或因自身的过失或不正当行为而致病（伤），公司对此不负任何责任。

（二）对外培训协议书

对外培训协议书，是指企业向社会上的专业培训公司聘请培训师时所签订的协议。外部培训协议书是与培训公司签订的，而非与培训师个人签订。培训协议书也可以直接与培训师个人签订。两者在格式或行文上并没有很大的区别，主要是内容上有所不同。对外培训协议书应当包括以下几方面内容。

（1）教授的课程。明确讲师对企业员工进行哪方面课程的培训。

（2）讲授的人选。企业有权力选择自己认为合适的讲师来负责培训。企业可以要求培训公司派遣培训师进行试讲。

（3）课程大纲和内容。在协议书之后，应附有课程的大纲或是详细的内容介绍。培训师进行培训时，应严格按照协议上的规定进行培训。

（4）培训时间及地点。严格按照规定的时间和地点进行培训。

（5）培训形式。明确培训活动的形式，是在室内上课还是野外拓展，都应该有清楚的说明。

（6）培训费用及其支付方式。协议应明确规定，公司就此次培训应向培训公司或培训师支付的所有费用，并列出支付费用的明细。

（7）违约。明确任何一方出现违约情况，应承担的责任和向对方赔偿的费用。

（8）其他事项。例如，培训师的接待事宜。

二、培训场所的选择与管理

培训时要提前选好培训场所，并且最好有其他备选场所。通常根据学员人数的多寡和培训的内容来选择培训场所。

（一）培训场所的选择与布置

1．培训场所的选择

（1）影响培训场所选择的因素。① 空间大小。房间面积一定要足够大，但也不能太大，以免给人空荡荡的感觉，造成消极的学习情绪；培训教室里一定要置留供书写和放置资料的工作区；培训师的工作区要有足够大的空间来放置材料、媒体工具或其他器材；要保证坐在后排的学员可以看清屏幕。② 教学设施。多媒体工具、麦克风、桌椅等设备是否齐全。③ 交通便利。培训场所应选址于交通便利、方便学员到达的培训地点；确保有足够的停车位。④ 饮食方面。选址时应考虑学员就餐方便且具有多样化的选择。⑤ 经费预算。严格根据场地租用的经费预算进行选择；培训费用包括住宿费、伙食费、场地费、讲课费、资料费、交通费和其他费用等。⑥ 企业文化。选址应符合培训学员的组织文化。

（2）注意事项。挑选培训场所时，应特别注意以下事项：① 检查邻近是否有干扰，如其他培训班、工作人员办公室等，因为噪声会分散人的注意力，影响培训效果；② 培训教室是否有通风设备，是否运转良好，如何控制等；③ 检查休息室、饮用水、茶点的状况；④ 检查灯光、空调的运转情况和控制按钮是否良好。

2．培训场所的布置

培训室可用多种不同方式加以布置。布置时主要考虑的因素是必须满足培训的要求，并且使学员感到舒服，房间越具备灵活布置的可能性就越好。

要注意有些房间并不适合做某种布置。对于一次为时短暂的培训课来说，这并不构成什么严重的问题，然而，假如学员连续三天因注视位置放置不当的屏幕而弄得头颈酸痛时，他们的学习效果将会大打折扣，最好能走到每一个座位旁，从不同角度去评估屏幕的位置是否合适。如果课程有较多的游戏、讨论等活动，空间的宽敞就显得很重要了。室内布置的要求必须事先明确通知场所提供者，并随后做实地检查。

当培训内容安排需要学员以分组形式配合时，或是学员人数比较多，采用圈形的布置就比较好，如图 5-3 所示。这种形式便于让学员形成一个临时的团队来进行讨论、练习或游戏。当然，这样布置有个不方便的地方是可能有的学员会背对着书写板或培训师，但培训师是可以走动的，所以可以减轻这种不便带来的影响。

如果培训内容是以培训师演讲为主，可以采用U形来布置培训现场，如图5-4所示。这使培训师可以走在U形的内圈来和每个学员进行有效的沟通，培训师可以全面照顾到每个学员；学员之间也方便讨论和目光交流。U形布置的一个不方便的地方是：如果让每个学员都进行上台演示时，有的学员可能要绕一大圈才能走过去。

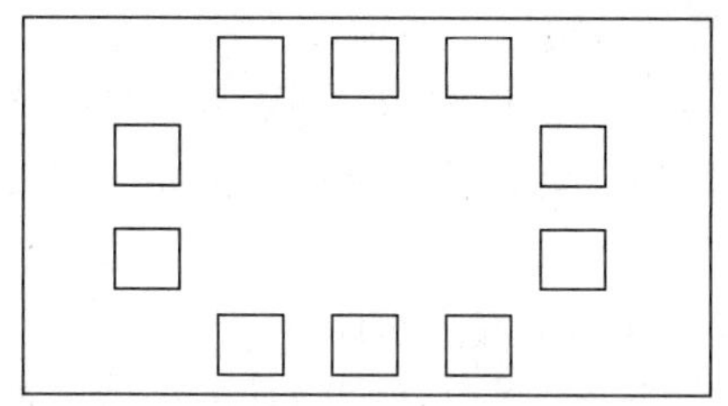

图5-3　培训教室的布置示意图：圈形

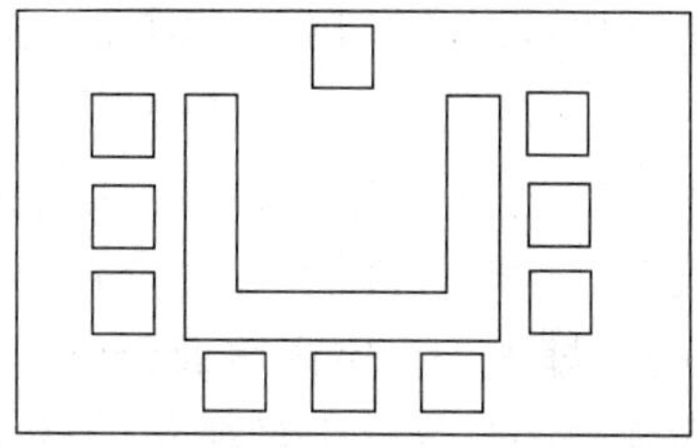

图5-4　培训教室的布置示意图：U形

剧场形也是比较常用的一种形式，尤其是进行一些人数较多的培训时，如图5-5所示。它的一种变形方式是将图5-5中两组合并为一组。这种形式对培训师和学员之间的沟通没什么影响，但对全体学员之间的沟通可能有一些影响。因为学员之间的目光交流没有前两种形式那么方便了，甚至有的学员因个头高，挡住了坐在后面学员的视线。因此，在布置现场时，要慎用这种形式。

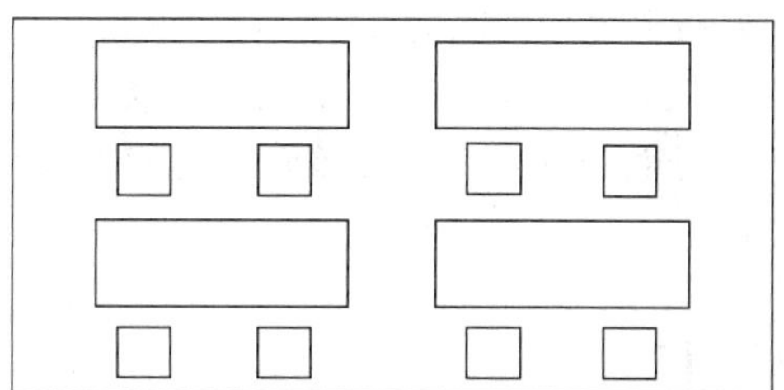

图5-5　培训教室的布置示意图：剧场形

做完培训场所的布置后，需要进行全面自查。自查清单上可以列出以下问题，找出需要进一步改善的地方。

（1）经过布置后的培训课室感觉舒适吗？是不是太拥挤？

（2）培训讲台的空间是否足够宽敞以便于培训师做演讲和演示？

（3）座位安置便于讨论、做练习、做游戏和演示吗？

（4）课室内的音响效果如何？影响培训吗？

（5）所置留的工作空间够大吗？

（6）通风如何？课室里需要开空调吗？温度设置为多少合适？

（7）培训期间如果出现停电、火灾等意外情况是否有应急措施？

（8）培训中途休息期间是否准备了足够的点心、饮料等？

（9）是否做好洗手间方位的指引？

（10）消防设备，如消防栓、灭火器等是否齐全？

（二）培训场所的管理

选好培训场所之后，还需要注意一些细节，具体包括以下五项。

（1）电源插口。进行培训前要到现场检查电源插口的位置和数量。检查培训所需设备的电源线是否够长，设备插头能否使用现场的插口。为了防止授课时挪动电源线，或是有人在走动时被绊倒，最好将电线贴在地面上。

（2）灯光。在室内培训要保证灯光充足，以使学员能够清楚地看到演示板和投影。使用太强烈的灯光会分散学员的注意力；在培训中若需要关灯或调暗灯光来播放录像，培训师就要确切知道灯光开关按钮的具体位置，哪个开关控制哪盏灯。灯光光线有可能会在某个角落干扰人的视线，因此，要从多角度观察灯光的效果，从而及时发现并解决这个问题。

（3）空调的温度是否适宜、舒适。不要因空调的问题而影响到了学员的学习，这个问题也要及早发现和解决。

（4）学员的饮水是否准备到位，应包括矿泉水、热饮、咖啡、茶水等品类，饮品补充供应是否及时，这也将影响学员培训的听课效果。

（5）场内其他设施是否运转正常，如音响、通风设备等。有关的详情，一定要向相关的管理人员了解清楚。有可能的话，要亲自核查所有的设备情况，以保证不因场所的问题而影响培训效果。

三、培训的后勤工作

为了保证培训的顺利完成，培训组织者一定要精心安排相应的后勤保障。在一次培训的进行过程中，后勤工作的具体内容包括以下七个方面。

（一）告知交通信息

培训地点一般要选择交通比较方便的地方。在组织培训时一定要了解到达培训地点需要多长时间。如果距离较远，可安排专车将学员送到培训课室；若是距离近，可以告诉学员选择哪种交通工具。通过现代信息技术，如使用微信定位发送具体位置，或使用高德地图、百度地图的导航功能精确提供出行方案，包括自驾、公交车出行、地铁出行等具体路线，并建议学员在何时到达较好。

在提到交通时，不得不考虑天气因素，因为天气情况也将直接影响学员到达培训地点的时间，而且如果在室外培训，天气是最大的影响因素。培训组织者要密切留意培训前一周的天气情况，如果发现天气（如台风、暴雨）不利于培训，应立即与培训组织部门协商是否改期。

（二）准备教学设备及辅助工具

投影仪、电脑、激光笔、白板等教学设备已经准备好了吗？是否需要带一些相关的接线板？是已经有现成的了，还是要临时租用？若是租用，已经联系了吗？对它们有没有进行必要的检查？还要准备哪些印刷品材料？这些教学设备和辅助工具由谁负责带到培训现场？上述工作应明确分工并落实到人，才能保证不会遗漏所需的设备和材料。

（三）设定技术维护人员

培训时既然要使用一些教学设备，那么事先设定技术维护人员就是自然而然的事了。不过，这一点比较容易被忽略，如果被忽略了，到了有故障发生时，现场也就难免会出现慌乱。

因此，即使在设备状况良好的情况下，也要对谁能提供技术服务做到心中有数，一旦出了问题，立即与他联系，及时排除故障。如果可能的话，在安排人做后勤工作时就考虑一下，此人有没有相关的技能。

（四）安排茶点和膳食

如果培训课就在企业内的会议室或培训室进行，茶点和膳食安排会较为灵活，可以结合培训课程的进度以及经费预算来加以安排或调整，如茶歇有饼干、糕点、水果、矿泉水、咖啡、热茶等多样性选择，有的企业干脆在学员的座位上或资料袋里放一瓶矿泉水，考虑到学员的用餐习惯及口味，课后就在企业的食堂就餐，可以节约培训经费。

但是如果培训的场所是租用的话，如酒店的会议室，茶点膳食的供应有一定的时间规律，这就需要将实际情况清楚地向学员加以交代或提醒。例如，一到就餐或茶点时间就有专人来提醒学员去取用茶点。

培训期间因就餐产生的困扰

侯小姐曾经在美国参加过一次为期一个半月的培训，每天中午就餐时间为 1 个小时，几乎每天午餐时间培训方都要请一位嘉宾进行演讲，很多人午餐后不清楚吃下去的是什么东西，也不知道吃下去的东西是什么味道。时间一长很多人都不太想吃东西了，因为没有饥饿感，大家开玩笑说：这就是“成仙”的状态。更糟糕的是，这会影响下午的培训和第二天的培训效果。这种“工作餐”式的培训在利用时间方面的效率固然很高，但一定要视具体情况来安排，否则会起到相反的效果。

另一个极端的例子是，就餐时间过长，食品搞得丰盛油腻，如果再饮用一些含酒精的饮料，人们会对吃饭有“意犹未尽”的感觉，这也会影响后面培训的正常进行。

（资料来源：侯晓虹. 培训操作与管理[M]. 北京：经济管理出版社，2006.）

（五）安排住宿

外出培训一般需要安排住宿，住宿通常安排在培训和就餐地点附近。住宿房间要根据培训对象、价格、服务、卫生、安全等具体情况确定。很多情况下，两三个学员可能需要合住一个房间，这样就要事先将学员进行派对，为个别需要照顾的学员安排单间。培训专员手头最好持有一份入住名单，详细记录学员的姓名、单位、电话和房号，方便联系。有的培训则提供酒店和住房信息，公司与酒店签订入住优惠协议，让学员自行选择和入住。

（六）熟悉培训现场的周围环境

一般人都有这样的经验，到了一个陌生地，首先要了解衣、食、住、行的情况。同样，到了培训地点，有必要清楚了解卫生间和电梯的位置、安全通道的路径。虽然发生意外的概率很低，但不是说绝对不可能，事先知道了安全出口，到真正有危险时，就能临危不乱了。熟悉了周围环境，还有一个好处就是可以向有需要的学员建议住宿、饮食、坐车（停车）、娱乐、购物、体育锻炼、休闲的合适地点。

（七）适当安排自由活动时间

设计培训方案时，应给在异地的参训者和培训师安排一些可以自己支配的时间。如果遇有周六或周日时，应空出一天或半天时间留给大家自由活动。如果把培训时间安排得过于紧凑，就有些不通人情了。人们到达一个新地方，都会希望看看外面的世界。走出培训课堂，看看外面的风景，也可以开阔人们的眼界。短暂的放松有利于恢复精力，否则，人们也会以各种理由（如身体不适等）请假外出，寻找机会达到他们的目的。

第三节　培训实施过程中的控制、纠偏与危机处理

培训在实施过程中存在着很多变数，使培训活动不能够很顺利地进行，因此要进行

有效的控制工作以保证培训的顺利实施。在出现意外情况时，要及时去处理以及进行纠偏，保证培训活动不受这些意外因素的影响，使其按照计划顺利进行下去（王少华，姚春望，2006）。

一、培训实施的基本原则

（一）安全第一的原则

生命安全永远是排在第一位的。在一定的空间里进行培训，无论是在室内上课还是在野外进行拓展训练，其实都存在着一些安全隐患，因此一定要努力消除这些隐患，做好预防措施，保证培训安全。有了良好的安全意识和预防措施，胜过所有的事后补救。为了预防万一，假如外出培训的话，建议培训组织部门一定要购买意外伤害保险。

此外，还需要考虑政治安全。千万不要选用政治立场有问题、有分裂国家言行、严重偏离中国社会主流价值观、低俗趣味、宗教狂热的讲师，因此，必须对不熟悉、不了解的讲师特别是境外的讲师进行必要的甄别。

（二）效果优先的原则

培训实施过程中应以提高培训质量、确保培训效果与培训目的一致为原则进行调控，及时对错误导向、不适用的培训方法及培训内容进行调整。

（三）过程管理的原则

组织者应协助培训师做好培训管理，协助其严格执行培训纪律，包括培训的考勤、评价、考核等工作，保证培训有序进行。

（四）责任到人的原则

培训过程采取责任制方法进行管控，将培训过程中的各项事务进行细化，确保各事项皆有专人负责，保证培训过程中出现的问题及矛盾能够及时得到专人处理。

二、培训实施过程中的控制工作

在培训实施过程中，要做好两个方面的控制工作：一个就是在培训的过程中避免意外发生，也就是安全问题；另外一个与培训本身有关，那就是培训工作的合理分配。

（一）安全工作

1．室内培训的安全问题及应急预案

在室内培训，最大的安全隐患就是火灾。培训组织应成立应急处置小组应对安全隐患。遇到火灾时，应避免出现以下行为：纵容学员慌不择路地拔腿就跑；纵容学员慌忙收拾贵重财物；纵容学员不顾浓烟跑出门口，并期望通过电梯尽快逃离火灾地点。正确的应急程序如下所示。

（1）迅速切断电源。

（2）立即拨打电话报警并向培训组织者报告。

（3）紧急事件应急小组负责火情勘察，并组织学员自救和撤离。首先要让学员保持镇静，切忌慌乱，不加选择就跑，有可能跑入死角或者其他被火势阻拦的地方；生命比任何财产都重要，不可因为“抢救”财物而浪费了宝贵的逃生时间；发生火警时，告诫学员切勿乘坐电梯，因为在火灾中，电梯随时有断电的危险，后果不堪设想。在安全情况下通知学员出口指示牌方向及火源相反方向，利用防火通道（即楼梯）进行火灾逃生。

（4）若火势难以控制，向消防中心报警后，应急小组负责派工作人员到主要路口等待并引导消防车辆。

（5）火灾扑救后应急指挥部负责处理有关善后事宜，并协助调查火灾原因。

此外，室内培训容易发生群体性事件或个体重大突发事件，此时培训组织者应根据事态的严重程度，边处置情况边向组织部门报告；组织部门应迅速赶到现场来控制局面；如有人员受伤，立即通知或送往就近医院进行救治；如是斗殴事件，除迅速控制局面、平息事态外，应将双方主要责任人和有关人员带到办公室，并劝散其余人员，随后对事件进行处理。

2．室外培训的安全问题及预案

室外培训要特别注意人身安全问题，需要特别注意如下五个方面。

（1）采用质量可靠的培训器材。由于在野外培训会使用到一些特殊的器材，学员会使用这些器材做一些具有一定危险性的动作，获取某种体验，来达到培训的目的，那么，在培训的过程中，要采用质量合格、可靠的器材来进行培训。在培训进行之前，要对器材进行安全检查，确保无误后，方可交由学员使用。

（2）采取保护措施。当学员在器材上做动作时，应该在器材的周围或下方设置安全网、软垫，或在学员的身上系上安全绳索。如果学员动作失误，从器材上掉下时，这些设施就可以很好地保护他们的人身安全了。

（3）专人指导。在活动之前，应由专人负责动作演示和讲解，并指导学员做出正确的动作，直到熟练后，方可独立活动。

（4）统一行动，严禁擅自行动。很多意外发生的原因就是学员不听指挥，擅自行动所造成的，本来可以避免的事故，就这样发生了。事故的发生不但给自己造成伤害，也会给他人带来麻烦。因此，在培训进行之前，一定要强调纪律的重要性，严禁擅自行动。

（5）掌握一些具体的意外伤害的应对措施。这些意外包括被蛇咬伤、被昆虫叮咬或蜇伤、外伤出血、骨折或脱臼、触电、中暑等。例如，被昆虫叮咬或蜇伤时，用冰或凉水冷敷后，在伤口处涂抹氨水；如果被蜜蜂蜇了，用镊子等将刺拔出后再涂氨水或牛奶。

例证 5-9

卫斯顿户外团队拓展训练安全保障规范制度

卫斯顿拓展公司通过不断总结经验、向专业机构学习及与优秀同行交流，加深了对培训安全的理解，并建立了完备的安全管理体系。

1. 制度保障

已制定的制度包括《拓展训练安全操作规范》《器材使用、安全操作管理规范》《安全事故处理规范及报险流程》《培训师带班质量监控制度》等。卫斯顿拓展公司的各项安全制度执行非常严格，并有专人指导监督完成设施隐患的消除。

2. 意外保险保障

保护装备产品责任险：若因保护装备的产品质量问题导致的安全事故将由保险公司提供赔偿，最高赔偿金额 10 万元。

卫斯顿拓展训练实施责任险：若因卫斯顿拓展训练的操作问题导致的安全事故将由保险公司提供赔偿，赔偿金额最高 30 万元。

人身意外伤害保险：每位参加拓展训练的队员将获得一份意外保险，如因意外事故造成的人身伤害，将由保险公司提供赔偿，最高赔偿金额 10 万元。

3. 软件（技术）安全保障

卫斯顿拓展公司的培训师都必须接受由公司组织的红十字急救、水上救生员、户外运动指导员等安全技能培训及获得 SST“体验式培训安全保障技术教练资格认证”后方可上岗。

4. 文化保障

真正的安全不仅体现在健全的制度，更体现在人员的观念和意识中。卫斯顿拓展公司的教练在上岗前都必须经过卫斯顿拓展公司安全理念的培训，并将这种理念融入工作和生活。

（资料来源：卫斯顿拓展官网）

（二）工作分配

由于培训涉及的事务繁多，作为培训经理不可能事必躬亲，必须适当地把工作分配下去。这样做，一方面，可以保证需要处理的事情有专人负责，能够投入足够的时间和精力，来确保安排妥当，落到实处；另一方面，把权力下放，让下属去独当一面，对他们也是一种锻炼，可以促使其早日成熟起来，真正成为你的得力助手。

合理地分配工作，是培训经理需要掌握的内容之一。具体如何分配工作，每个培训经理都会有自己习惯的做法，但有两个基本的原则要把握，那就是强调工作分配的可行性和实效性，这也是培训经理检查下属完成工作情况的标准。行之有效的一种方法就是按照培训实施的时间和工作任务顺序，列出一个工作清单，内容包括工作任务、完成时间、执行人、检查人、检查时间等，这样的工作清单能够起到提醒的作用，每当做完和检查无误后打钩，直到培训工作的完成。

工作清单的内容包括以下方面。

（1）培训时间的安排。

（2）培训对象的确定。

（3）与培训机构的联系。

（4）培训师的确定。

（5）培训师的聘请。

（6）培训地点的选择。

（7）培训内容的选择和设计。

（8）培训所需各种物品、仪器、材料的准备。

（9）参加培训人员的食宿安排。

（10）培训经费的预算。

（11）培训经费的申请。

（12）培训经费的核销。

（13）培训场地器材的管理。

（14）协助各类培训考试。

（15）搜集培训后的信息反馈。

（16）培训效果评估。

（17）分析、总结培训经验。

（18）监督、检查培训实施情况。

（19）员工培训的宣讲报道。

（20）员工培训协议的签订。

（21）员工培训档案材料的记录。

（22）员工培训档案材料的提交归档。

在分配工作的过程中，需要注意以下问题。

（1）确保工作完全被分配下去，不存在遗漏。

（2）分配到个人的工作量大致平均，不超出其工作能力范围之外，工作不超负荷。

（3）由专人负责每一项工作。

（4）重点工作由主管或经理监督完成。

（5）有明确具体的进度安排。

（6）有明确的工作完成安排。

（7）对可能发生的意外情况做出准备，不拖延进度。

（8）在分配工作时进行必要的指导。

（9）人力上不造成浪费。

（三）培训纪律

由于场地的局限和人员的相对集中，室内培训需要排除的干扰因素比较多，其中最主要的是人为因素。因此，为了保证培训的顺利进行，培训师要对学员在行为上进行约束，要求学员必须遵守课堂纪律。

例证　5-10

泰康人寿的培训纪律管理

泰康人寿营销新员工培训采用加分制，每人基础分为 60 分，每人每天如没有违规，则加 4 分。学员如果一切按照“一流人才、一流风范”的标准做到，10 天课程结束后，总分为 100 分。总分低于 80 分者做延训和退训处理。总分高于 110 分者作为优秀学员候选人。

具体加分规则如下。

（1）每天上午、下午以小组为单位进行点名，迟到者每次当天少加 5 分，旷课一天者做延训或退训处理。

（2）课间巡视，椅子、水杯不归位者，每次少加 2 分。

（3）检查学员着装与班级纪律执行情况。

（4）严禁学员在上课时吸烟、吃零食等，否则少加 5 分。

（5）严禁学员在上课时使用手机等电子设备，否则少加 5 分。

（6）保持课室内桌椅摆放整齐，经常对课室的卫生进行清理。

（7）在笔试和口试过程中，维持考场纪律，如有作弊做退训处理。

（资料来源：中国人力资源开发网）

三、培训进行过程中的纠偏工作

培训实施过程中存在着很多变数，使培训活动不能够很顺利地进行。在出现意外情况时，要及时进行纠偏，保证培训活动不受这些意外因素的影响，按照计划顺利地进行下去。

培训中经常发生的意外情况包括如下四种：① 培训环境意外；② 培训设备出现故障；③ 后勤工作不到位；④ 培训师意外。

上述意外的发生都会影响到培训的顺利实施，小到投影仪的插头松动，话筒出现故障，大到培训教室内发生火警，都会使得培训大受影响，但是这些问题对于有一定经验的培训管理者来说，不是什么很难解决的问题。在这里，我们要讨论的是，在培训活动中最常见也是最难以解决的问题——培训师意外。

例证 5-11

培 训 风 波

这是为 A 物流公司举行的一次培训。课堂上，培训师时而在长篇大论地讲述，时而在白板上书写着，但是讲台下面却很混乱。中间下课休息时，学员聚集在一起议论：

小李："老实说，你们觉得这位名师如何？我可是耐着性子听了这两天半的课了，本以为他可能会讲些实用的内容，可是这三天的培训课快完了，我也没听到和我这个做仓储的有关系的东西！"

小齐："我们的主管在培训前可是早已经发话啦，受训完回岗可是有任务的！我是做运输的，我想知道如何解决运输中的突发事故，如遇到发错货了、途中遭劫或货物被人做手脚了等问题时该如何处理。可是上了这么久的课还是没有真正的收获啊！"

小杨："这可不行啊，我们可是花了大价钱请他来上课的！平常，我们那么忙碌，能坐到这里听课非常不容易啊！要不是看他斯斯文文的样子，要是以前在学校上课，我早就提议大家将他赶下讲台了！"

小李："我们在这里抱怨也没用啊，还是快想想办法吧，要不我们将这些情况向 HR 经理反映一下。"

小齐：“对！对！我们花钱并不是坐在这里听听课就行了，他虽然讲的都没错，但对我们没用啊！这些想法一定要讲出来，一定要讲出来！”

（资料来源：中华考试网，人力资源管理师，2018-1-29）

现实中，例证 5-11 中提到的现象并不少见，只是程度不同而已，我们不妨以这场风波为例来分析其中的问题。

（一）问题出在哪里

1．所谓名师

当下，在培训市场上很多人崇拜和追捧所谓的名师。殊不知，在“名师”的头衔下有一部分人是名不副实、徒有虚名的。市场上的很多培训师，他们宣称自己可以讲多种类型的课程，从管理、销售直至人力资源。好比一个开餐馆的，除了所谓的招牌菜，还能提供一系列的中、西餐。在现实生活中，全才型的讲师也有，但很少见，因此，打着全能培训师招牌的人就不乏徒有虚名之辈了。

为了避免选择到不合适的讲师，对其背景进行必要的了解就非常重要，其中包括这位名师的“出身”（曾工作过的企业和职位）、合作过的培训公司、培训经历（给哪些企业的哪些人上过什么样的课程）等，通过多方考察，才能比较准确地锁定一个企业需要的培训师。

2．培训师的课程设计不合理

讲授培训课，并不是照本宣科，而是针对不同层次的学员设计不同内容的课程。如果不了解受训需求就进行授课，其结果只可能是“牛头不对马嘴”。

找到水平合适的讲师，受训前与之进行有效的沟通是非常有必要的。因为课程的不合理，一则可能是讲师的水平有限，无法设计出令人满意的课程；二则可能是受训前没有和讲师进行必要的沟通，使他（她）没有充分了解到学员现有的水平和需求。

3．培训师的工作态度不端正

有些培训师被很多公司邀请去做培训，如此一来，由于工作的超负荷，就很难为每一场培训做好事先的准备工作，培训过程中有时也有可能敷衍了事。

（二）解决措施及危机处理

培训师意外的解决步骤包括严格把关、事前和培训师进行沟通、尽可能地调整改进。

1．严格把关

培训的效果怎么样，在很大程度上取决于选用什么样的培训师。当前的情况是，大多数企业（或个人）都很注重对培训师的选择，但却只以职称和知名度作为选择的标准，而与培训师的事前沟通却往往被忽视了。大量经验证明，这是导致培训缺乏针对性并难以取得预期效果的最根本原因。

首先要聘请有经验的培训师。如你要进行一次有关销售方面的培训，那么，一个称职的培训师应该有充足的企业管理和市场营销的学识和实务经验，具有良好的职业精神，掌握各种培训方式并拥有丰富的培训经验。

实践证明，聘请纯粹学院派的教授很难做好销售培训，因为他们缺乏必要的销售实战经验，很难给学员提供有效的技术性指导；而纯粹的经验派人士也难以担当培训师的角色，因为他们往往缺乏必要的理论修养和培训经验，没有掌握多样化的培训方式。

当前，一些咨询公司和高校里已经有了一批有经验的培训师可供聘请，只是这类师资的费用要求往往较高，这成了许多企业进行选择时的障碍。

2．事前和培训师进行沟通

要在培训前 1～2 个星期与培训师进行充分的沟通。仍以销售培训为例，首先向培训师提供必要的材料，如产品介绍、营销战略与计划、学员构成、企业的销售政策与策略、绩效考评办法与薪酬制度，并向培训师说明本次培训的目的；然后请培训师设计相应的培训内容与方式，制订计划，并请培训师就此与有关学员在培训前进行必要的座谈交流，以便确定最后的培训方案。根据经验，事前沟通越充分，培训效果就越好。没有以上环环相扣的准备，培训很容易与企业现有文化、管理制度、销售策略和政策产生冲突，或者产生培训供给与培训需求不匹配或不相关的问题。

3．尽可能地调整改进

如果很不幸地请到了不合适的讲师来给学员培训，那么，当务之急，就是想办法把可能出现的损失减小到最低。

方法一：和讲师进行沟通，要求他按照学员的意见对课程内容做出相应的修改，以符合培训的实际需要。

方法二：对于那些不敬业的讲师，可以要求他认真对待本次培训，因为根据事先签订的培训协议，企业有权要求对方保证培训的质量。如果行不通，可以向培训公司反映情况，要求更换讲师，或是事后投诉。

方法三：和培训公司进行沟通，就本次培训活动出现的问题进行磋商，或是更换老师，或是修改课程后下次补上。因为对方而造成企业的损失，也可以根据培训协议要求赔偿。

总之，在培训实施的过程中，对于出现的问题要及时解决，以保证培训按照原定的计划进行。

（三）培训师面对困境时的应对策略

作为培训师，面对困境时需要做到以下几点。

（1）将面对的问题视为教学中不可避免的一部分内容。

（2）需要有随时接受挑战和批评的心理准备。

（3）切忌大声指责学员，不要与学员争执不休，不要轻视或挖苦学员，不要故意为难学员，否则可能使问题变得更为复杂或恶化。

（4）找出问题的症结所在，最好与当事人一起对问题进行探讨，而不是单纯地根据以往的经验来判断，自作主张。

（5）陈述你的观点，对自己的决定进行说明和解释，以便取得学员的理解和支持。

（6）不要孤军作战，要征询大家的意见，让大家帮助你共同解决问题。

（7）一旦做出合理的决定，应坚决执行，如有人不愿服从，不要强迫他们，可劝他们退出培训。

（8）不要忘了运用你的目光注视和距离控制（走近或远离学员），这往往会比你的语言更有分量，效果也会更好。

第四节　员工培训的风险防范

同其他工作一样，培训工作也有其自身的风险。如何对企业培训的风险有一个正确的认识并且进行防范，将风险发生的可能性降至最低，是培训工作组织者和企业领导层需要认真加以考虑的问题。

一、员工培训风险防范的类别

一般来说，企业员工培训的风险有以下四种。

（一）培训工作导向错误的风险

每一项培训工作的原意都是为了解决企业的绩效问题，在提高员工绩效的同时实现企业绩效的最大化，但是现实中往往事与愿违。如果培训工作的指导思想和具体目标定位发生偏差，就会导致培训工作走向一条歧路：培训内容并不是员工所需要的，或者培训方式是不能够为员工所接受的。这样培训工作就完全达不到预期的目的，反而浪费了大量的人力和物力，更为严重的是会让员工对企业的培训工作产生怀疑而萌发抵触情绪，给以后的培训工作带来极大的阻力。

（二）培训师选择工作的风险

培训师的选择可以说是对整个培训工作影响最大的一个环节。培训师素质的高低直接决定了培训工作所取得成效的大小。对培训师的选择是一个非常困难的问题，如果培训师的政治倾向有问题，或者素质或者资历不够的话，很可能导致学员对培训工作产生怀疑，而对培训工作失去积极性。这会使企业花费的培训费用收不到预期的收益，还可能造成整个培训工作的困难局面。

（三）培训员工流失的风险

现代社会，人才的流动越来越频繁，往往一个企业的员工可以轻易地从一个企业跳槽到另外一个可能是竞争对手的企业，但是企业员工培训的目的就是让参训员工为本企业所用。克鲁格和洛兹（2009）对企业培训计划的研究，分析某项培训对员工流动的效应，或者是将培训当作整体看待进行讨论，如果企业所给予员工的工资远远地低于了员工的创造力和员工在企业工作岗位上的工作能力，那么就会出现其他同行业的高薪情况，使得员工选择其他的企业去从事劳动，因此，其他企业用高薪挖走经过培训的员工这种事情时有发生。

如果培训后人才流失，由于该员工对本企业的经营和运作情况非常了解，就可能为竞争对手制定相应的竞争战略，这样就对本企业构成了威胁。此外，员工经过培训必然提高了自身的知识水平和社会竞争力，具有更强的适应能力和选择机会，这时个人的回报要求如果得不到完全满足，就会出现员工流失现象。结果，企业不仅投入的培训经费和时间没有回报，还危及整个企业的人才稳定。同时，由于跳槽人员的待遇必然高于其在原企业时的待遇，对在本企业的人员势必造成负面影响，有的可能消极怠工，有的可能通过培训提供的途径流失。

（四）企业自有技术泄密的风险

任何一家企业在生产经营过程中，总有自己的管理经验和专有技术，这是一家企业在市场中立于不败之地的根本保证。这种自有技术必须牢牢控制在企业手中，才能形成持久的竞争力，但是企业自有技术也需要通过具体的员工去操作，才能使之转化成生产力和具体的产品。这就得通过培训使参与这一工作的人员掌握这些自有技术，显然，掌握自有技术的人越多，秘密外泄的可能性就越大。

例证 5-12

大庆油田勘探开发研究院员工培训风险

大庆油田勘探开发研究院的员工培训计划制订往往都是针对员工中普遍存在的一般情况来编制培训流程的，对于员工的个别情况没有给予充分的重视和个别的培训，使得培训流程显得只有普遍性而没有突出个性，与员工的自身情况不能紧密地结合，不能充分培养员工的积极性和创造力，久而久之，走进了恶性循环的套路。另外，研究院缺乏良好的培训激励机制，即使对员工进行的长期培训，也无法留住员工，因为受训者认为研究院无法实现其个人价值，只好离开另谋高就，导致了人才的大量流失。

（资料来源：陈林凤. 大庆油田勘探开发研究院员工培训项目风险控制研究[D]. 大庆：东北石油大学，2012.）

二、员工培训风险防范的主要措施

显然，上面几种情况都是企业所不愿看到的，这就要求企业在其他层面上对这些情况做出正确的预计，并制定相应的防范措施化解这些风险。培训风险的防范可以从以下六个方面入手。

（一）依法建立劳动和培训关系

《中华人民共和国劳动法》及有关法规规定，企业应与员工建立相对稳定的劳动关系，明确企业与员工的权利、义务及违约责任。在此基础上，根据《中华人民共和国职业教育法》和员工劳动合同时间长短以及工种、所在岗位的实际情况，制订相应的培训计划，与员工签订相应的劳动合同，明确服务期限以及与违约赔偿有关的条款。对一些培训面广、时间不长的培训，可采取企业发布有关规定的办法来明确受训人员的义务和责任。

（二）加强企业文化建设，增强企业凝聚力

企业文化是企业在发展过程中积累的企业精神财富，对企业的兴衰发挥着重要的作用。先进的企业文化，潜移默化地影响着职工，推动工作良性运行，可以“随风潜入夜，润物细无声”地让职工与企业合二为一，从而增强了企业的凝聚力。为此，企业文化建设要把握好两大基本原则，即整合性原则和以人为本的原则，既要重视研究员工的心理需求，建立“以人为本”的人力资源管理制度，又要创造良好的学习氛围，提高企业文化中学习与创新文化的含量。

（三）建立有效的激励机制

在人力资源管理中，一个被公认的事实是，人是企业保持竞争优势的最大和最关键的资源。因此，建立有效的激励机制对培养员工献身精神和改善组织绩效将是不可或缺的选择。企业应根据自己的能力和实际情况，建立一套有效的激励机制，对真正的人才和学有所长的专门人员实施有效的激励。一个有事业心的人是能够理解企业的困难的，

只要激励有效，同样是能留住人才的，同时也能激励其他人员不断学习，努力提高自己。

（四）提倡自学，加大岗位培训力度

在市场经济体制下，人们的观念已有了极大的转变，对个人进行智力投资、提高素质、体现价值、增强竞争能力这一观念已被员工普遍接受。因此，员工中愿意自己投资接受培训的比例已明显上升，企业就应适时地调整有关的培训政策，对基础学历教育以及提高自身基本素质为主的培训，应以个人投资为主。对高层次和有较强针对性的有关培训，可实施政策倾斜，保证培训经费的重点使用。同时，应加大岗位培训力度，增大自学的比重，在不脱产的情况下，采取业余、半脱产、函授、自学、师带徒、在职攻读学位等多种形式的培训。

（五）完善培训制度，提高培训质量

企业员工培训，特别是脱产的培训，对人员的选拔应有一套完善的制度和长远的计划，培训什么样的人，送什么人去培训，人力资源部或培训部门应做到心中有数、有针对性。同时，对培训后的人员应有一套考核与评价办法。这是培训工作的一个难点，也是企业以后开展培训工作的重点，必须逐步加以完善，这样才能保证质量，提高培训回报率。

（六）提高员工专利意识，注意保护企业专利

这是现在企业员工培训中容易忽视的一个问题。在竞争日益残酷的现实下，谁有专利技术，有专利产品，谁就可以占领市场，打败对手。企业必须向有关的接受培训的员工讲清楚这一点，同时，也必须依靠法律的力量来保护企业自己的专利技术和产品，让每一位了解有关情况的员工掌握相关的法律条文。

IBM公司技术秘密保护措施

IBM将技术秘密成果纳入公司知识产权管理体系中，设立知识产权管理部门（IPL）保护研究开发的技术成果，实施高度集权管理模式，全球各子公司知识产权部门接受总部统一管理。IBM通过与员工签署有关信息、发明及著作物归公司所有的同意书，同时将技术秘密分为四等：绝密、限阅、机密、仅内部使用，并对技术秘密的使用方式进行规定，如复印、对外公开、对内公开、废弃、保管、资料传送等。

（资料来源：熊永诚. 高新技术企业技术秘密系统保护研究[D]. 武汉：武汉理工大学，2014.）

三、员工流失风险防范的工资政策

企业进行培训投资可能会面临这种局面：员工参加完培训辞职了，从而可能使企业只有付出而无收益。在现实中，企业规避这种风险的一种重要办法是利用工资政策。下面我们分析企业如何根据培训种类的不同而采用不同的工资政策。

（一）普通培训与企业的工资政策

培训按照内容划分，可以分为普通培训和专门培训。普通培训是指培训的技能适用于多个企业，因而它存在外部性，如打字、阅读等。专门培训是指培训的技能只对某一企业有用，这主要是操纵特殊机器的培训。

在普通培训的情况下，由于企业可能只有付出而无收益，企业一般不会承担员工培训的费用，而是让员工自己承担，但在形式上，往往不是让员工直接支付，而是通过工资政策来实现。

在图 5-6 中，在完全竞争的条件下，员工的工资等于员工的边际收益产品（*MRP*），即 *W*=*MRP*。根据图 5-6，假设员工在培训之前的边际收益产品为 *MRPO*，此时员工的工资为 *WO*，参加培训后为 *MRPG*，它等于 *WG*，培训的成本为 *C*，收益为 *R*。在这种情况下，企业一般在培训期间 *T* 付给员工的工资为 *WU*，使 *WO*−*WU*=*C*，而在培训完成后，付给员工的工资为 *WG*（=*MRPG*）。这样既规避了企业的风险，又降低了员工的流动率。

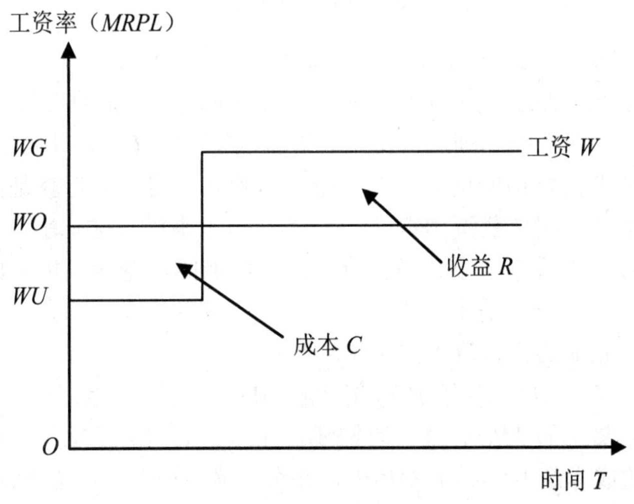

图 5-6　普通培训下的工资

（二）专门培训与企业工资政策

专门培训所获得的技能是其他企业所不需要的，因而，受过专门培训的工人就不一定要比未受过培训的工人的工资高，如图 5-7 所示。

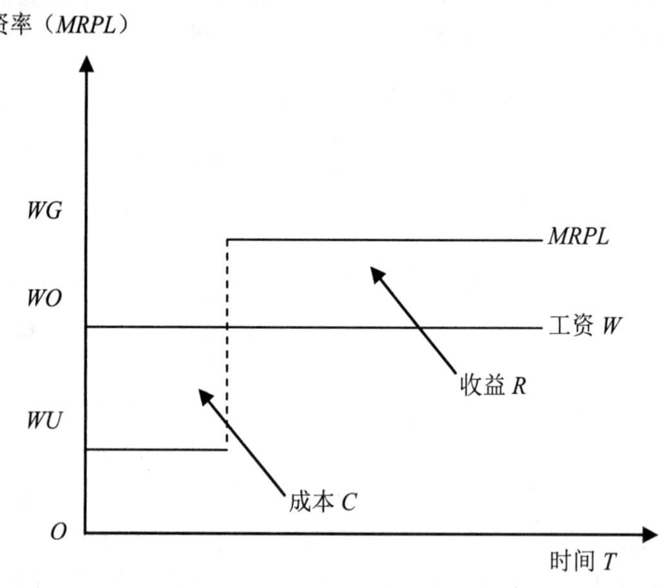

图 5-7　专门培训与工资

在图 5-7 中，受过专门培训的员工在培训前和培训后的工资率不变，但培训前与培训后工人的边际收益产品曲线，如阶梯线所示，在培训期间，企业支付的工资高于 *MRPL*，成为培训成本的一部分，在培训后，支付的工资低于 *MRPL*，企业收益弥补了成本。

然而，企业在专门培训的情况下，可能会遇到如下问题，那就是员工在接受培训后突然离开，在其他公司同样获得 *WO* 的工资。对员工来讲，这几乎没有损失，但企业就会无法收回培训投资的成本。不让员工流动是不可能的，企业只能考虑采取降低辞职率的办法，解决的办法之一就是个人和企业分担培训投资的成本和收益，对员工造成一定的吸引力。此时，企业的工资政策如图 5-8 所示。

在图 5-8 中，*WO* 是员工未培训时的工资，*WU* 是员工在培训期间的工资，*WG* 是员工培训后的工资，员工的 *MRPL* 还是阶梯线。在培训期间员工承担的成本是 *WO* 与 *WU* 之差，企业承担的成本是 *WU* 高于 *MRPL* 的部分。培训结束后，企业收益是 *MRPL* 之差，员工的收益是 *WG* 与 *WO* 之差。在这种情况下，员工个人承担了一定的成本，也得到了更多的收益，因此，员工不会轻易离开企业，否则，他可能只得到 *WO* 的工资。

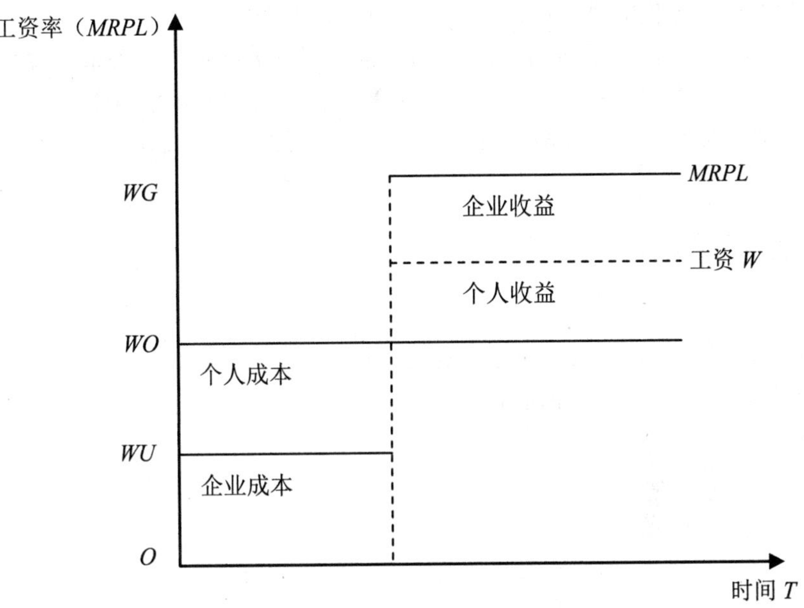

图 5-8　企业与工人分担成本与收益

本章小结

1．评价培训师的三个维度是：知识和经验；培训技能；人格魅力。

2．培训师至少要扮演编剧、导演、演员这三种角色。其中，演员是培训师在培训现场最重要的一个角色。

3．培训师应具备九种能力：（1）沟通能力；（2）影响能力；（3）表达能力；（4）应变能力；（5）组织能力；（6）观察能力；（7）控场能力；（8）激励能力；（9）学习能力。

4．内部培训师的培养与管理的七个步骤：（1）工作动员；（2）公布应聘条件，培训部门或者人力资源部门进行筛选；（3）内部培训师的培训技能培训；（4）内部培训师的认证；（5）内部培训师的激励；（6）内部培训师的管理；（7）内部培训师的考核与评估。

5．在培训实施过程中，要做好两个方面的控制工作：一个就是在培训的过程中避免意外发生，也就是安全问题；另一个与培训本身有关，那就是培训工作的合理分配。

6．经常发生的意外情况包括：（1）培训环境意外；（2）培训设备出现故障；（3）后勤工作不到位；（4）培训讲师意外。

7．员工培训风险的类别有：（1）培训工作导向错误的风险；（2）培训师选择工作的风险；（3）培训员工流失的风险；（4）企业自有技术泄密的风险。

8．员工培训风险防范的主要措施有：（1）依法建立劳动和培训关系；（2）加强企业文化建设，增强企业凝聚力；（3）建立有效的激励机制；（4）提倡自学，加大岗位培训力度；（5）完善培训制度，提高培训质量；（6）提高员工专利意识，注意保护企业专利。

网站推荐

1．中国培训师大联盟：www.china-trainers.com

2．在路上云课堂：www.oniway.com

思考练习题

1．如何选择一个好的外部培训师？

2．培训协议书主要包括哪些内容？

3．如何对培训实施过程进行控制、纠偏和危机处理？

4．什么是员工培训的政治风险（安全）？针对该风险，可采取哪些防范措施？

培训游戏 5-1：绕口令

1. 八百标兵：八百标兵奔北坡，炮兵并排北边跑。炮兵怕把标兵碰，标兵怕碰炮兵炮。

2. 窗床墙：量窗量床又量墙，跳上床量窗，靠往墙量床，墙比张床长，床又比窗长，窗长不过床，床又长不过墙，所以墙比床比窗长。

3. 牛郎刘娘：牛郎恋刘娘，刘娘念牛郎，牛郎年年恋刘娘，刘娘年年念牛郎，郎恋娘来娘念郎，念娘恋娘念郎恋郎，念恋娘郎。

培训游戏 5-2：克服演讲恐惧

每个人都不是天生的演讲家，甚至很大一部分人对于在公众场所大声讲话都感到恐惧。这是正常现象，不必为此感到沮丧和自卑，就像有人天生跑得快而有人天生是运动白痴一样，没必要为这个而全盘否定自己。这个游戏也是为了说明这个问题，它告诉学员害怕在公众场所讲话是正常的，并为解决这些恐惧提供了建议。

游戏规则和程序：

（1）在游戏开始前问学员："你们认为在你们各自的生活圈子里，大多数人最害怕的是什么？"

① 将答案简明地写在题板纸上，询问大家是否同意这些意见。② 发给每人一张由专家列出的恐惧清单。告诉大家，如果信息准确的话，那么大多数人的恐惧都是类似的，觉得做一场精彩的演说或者开展培训课程是一项挑战。③ 让学员们回忆或采用头脑风暴的方法，尽可能多地说出克服恐惧的方法。④ 展开小组讨论，培训者在旁记录。记录学员们认为有效的方法。

（2）选出相对最恐惧在公众场合发言的学员，让他上台大声朗读这些克服恐惧的方法给大家听。

案例分析

松下公司这样培训商业人才

在日本著名的旅游胜地琵琶湖畔，有一个美丽的花园式庭院，这就是松下商学院。

松下商学院是为松下集团培养销售经理的一年制商业大学，自 1970 年创办以来，为松下公司培养了三千多名专业人才。

松下商学院的教育方针和教学内容十分有趣，它融中国儒家哲学与现代企业管理于一炉，对学员进行严格的教育。

松下商学院的纲领是：坚守产业人的本分，以期改善和提高社会生活，为世界文化的发展做贡献。松下商学院的信条是：和亲合作、全员至诚、一致团结、服务社会。

松下商学院的研修目标是中国古典名著《大学》中的"明德"——竭尽全力，身体力行，实践商业道德，"亲民"——至诚无欺，保持良好的人际关系，"至善"——为实现尽善尽美的目标而努力。

松下商学院的作风是：寒暄要大声，用语要准确，行动要敏捷，服装要整洁，穿鞋要讲究，扫除要彻底。

我们来看一下学员一天的学习和生活情况。

清晨 5 时 30 分，松下电器公司的旗帜冉冉升起。

6 时，象征进攻的"咚咚"的鼓声把大家唤醒。

6 时 10 分，全员集合。点名之后，各个学员面向故乡，遥拜父母，心中默念：“孝，德之本也。身体发肤，受之父母，不敢毁伤，孝之始也。立身行道，扬名于后世，以显父母，孝之终也。”接着，做早操。然后，列队跑步 3 千米。

7 时 10 分，早饭。每顿饭前，全体正襟危坐，双手合十，口诵“五观之偈”，飘飘然，若在世外：一偈“此膳耗费多少劳力”，二偈“自己是否具有享用此膳之功德”，三偈“以清心寡欲为宗”，四偈“为走人之正享用此膳”。

饭后，还要双手合十，诵念：愿此功德，广播天下，吾与众生，共成道业。

7 时 50 分，商业道德课。通常学习《大学》《论语》《孟子》《孝经》，确立“经商之道在于德”的思想。

8 时 40 分，早会。全体师生集合，站成方队，朗诵松下公司的“纲领”“信息”“精神”，齐唱松下公司之歌。

9 时，以班为单位，站成一圈，交流经验。

9 时 10 分至下午 4 时，4 节业务课。由讲师讲解经营之道，如经营思想、经营心理学、市场学以及顾客招待术和商品推销术。

如何接电话、打电话，也是其中的科目之一。要求在接、打电话时，正襟危坐，聚精会神，不许吃东西，不许吸烟。听到电话铃响，马上去接，首先要声音清晰、态度和蔼地表明自己公司的名称和所属部、课，并准确地记下电话内容，然后交由主管人处理。打电话时，内容力求简明扼要，拨通电话后，马上报出公司名称和所属部以及自己的姓名，在简单地问候后，把要求和希望简要告诉对方。说话时，语气要委婉诚恳。讲完后，要说些“拜托了”之类的客气话才能挂上电话。

下午 4 时 30 分，自由活动。有的到运动场打球，有的到卡拉 OK 歌厅唱歌，也有的到体育馆练柔道、剑道。

晚上 6 时 50 分，茶道。大家都换上和服，席地而坐，通过煮茶和品茶，追求形式上的完善、气氛上的和谐和精神上的享受。

10 时 17 分，点名。全体学员面壁父母，感谢父母的养育之恩。

10 时 20 分，全体正襟冥思，总结一天的收获。

10 时 30 分，一天的学习结束了。

（资料来源：谭杰. 松下公司这样培养商业人才[J]. 商业故事，2010（8）：66.）

思考讨论题

1．松下电器公司对销售经理的培训有什么特点？其指导思想是什么？

2．松下电器公司在培训内容上如何安排？有什么特色？为什么？

3．松下电器公司试图培养一种什么样的企业文化？为什么？

4. 松下电器公司采用哪些方法和手段培养优良的企业文化？
5. 此案例中你受到什么启发？

录像教学

刘一秒和翟鸿燊“大师”就这么会忽悠你

片长：24 分钟

语言：中文

内容简介：通过此录像，能够发现刘一秒和翟鸿燊“大师”组织和实施培训的一些手法。

（资料来源：辽宁卫视．老梁观世界[EB/OL]．爱奇艺．http://www.iqiyi.com/w_19rs42wn2t.html．）

问题讨论

1. 本录像中这些所谓的“大师”采用了哪些方法忽悠你？
2. 你认为应该如何以批判性的态度看待一些所谓的“培训大师”？

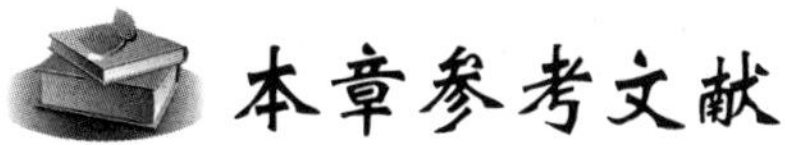

本章参考文献

[1] 陈林凤．大庆油田勘探开发研究院员工培训项目风险控制研究[D]．大庆：东北石油大学，2012．

[2] 常金玲，裴阳，任照博．从企业培训到知识管理的变革——以中兴通讯为例[J]．中国人力资源开发，2018，35（08）：126-134．

[3] 车平平，张毅．新形势下企业内训师队伍建设研究[J]．企业改革与管理，2018（18）：74-75．

[4] 董文军，陈坚，傅洪全．电力企业专职培训师队伍建设探讨[J]．大众用电，2018，32（09）：43-44．

[5] 付立红．TTT 培训模式的实质及应用要点[J]．中国管理信息化，2015，18（20）：91-92．

[6] 侯晓虹．培训操作与管理[M]．北京：经济管理出版社，2006．

[7] 李荣凯．加强国际化培训师队伍建设[J]．中国电力教育，2018（11）：25-26．

[8] 华茂通咨询．现代企业人力资源解决方案[M]．北京：中国物资出版社，2003．

[9] 匡晓蕾．人员培训与开发——理论、方法、工具、实务[M]．北京：人民邮电出版社，2014．

[10] KRUEGER ROUSE. Strategic human resource management in the 21s' century[J]. Human resource management review, 2009(3): 69-72.

[11] 谭杰．松下公司这样培养商业人才[J]．商业故事，2010（8）：66．

[12] 王少华，姚春望．员工培训实务[M]．北京：机械工业出版社，2008．

[13] 王芝阳．关于怎样进一步提升企业培训师素质的思考[J]．人力资源管理，2014（07）：101-102．

[14] 熊永诚．高新技术企业技术秘密系统保护研究[D]．武汉：武汉理工大学，2014．

第六章

成人学习理论

学习目标

1. 掌握成人学习者的特点；
2. 了解成人学习理论；
3. 了解学习风格的模型和理论；
4. 掌握成人学习理论的应用。

引例

设计持久性的学习活动培训班

2008 年 6 月 11 日到 13 日，一个为期三天的“设计持久性的学习活动培训班”在上海国家会计学院举行。这个培训班是亚太财经与发展中心同世界银行学院共同策划和实施的“设计持久性的学习活动”系列培训的一部分，旨在帮助学员灵活整合现代信息技术和混合型学习方法，开发适合于成人学习者的有效的培训课程。该培训班的学员分别来自国家财政部培训机构和省级财务部门机构，以及中国西部开发远程学习网的 12 个省级学习中心、国家开发银行干部培训局、清华大学教育扶贫办公室、农业广播电视学校网络教育中心、中国城市规划学会等单位。

在三天的培训当中，每天都能听到的一个高频词是“学习设计”，这是贯穿整个培训的主题。世界银行学院咨询顾问 Adnan Qayyum 认为，学习设计这个概念的兴起是个非常好的现象。很多人都有这样一种假设，如果学员在学习活动中感到比较满意，那就是成功的学习活动。但实际上，很多情况下，人们即使对学习活动不太满意，也能学到东西。还有，人们在学习活动中学到了东西，就能把它转化为绩效提升。人力绩效提升概念的侧重点在绩效，而非学习成绩。在知识经济时代，已实现从“教学设计”到“学习设计”的转变。教学设计是把重点放在教师身上，把教师放在学习的中心，而学习设计则是把重心放在学习环节。这就引出了另一个趋势——知识管理。把学习放在中心位置，主要是因为对知识的需求越来越强烈。有些知识光靠单纯的教学活动是无法完成传授的，我们要设法管理这些知识，让后来的人有渠道获取这些知识。与更加强调学习设计概念相关的，还有一个趋势——非正式学习，主要是学习者偶发的非意识的学习。

（资料来源：郝丹. 为成人学习者设计持久性学习活动[J]. 中国远程教育，2008（7）：11-14.）

引例中“设计持久性的学习活动培训班”在一定程度上反映了成人学习的一些理论。那么，什么是成人学习？成人学习有哪些心理特点？关于成人学习的理论有哪些呢？本章将着重探讨这些问题。

当今竞争激烈的市场上，立于不败之地的企业一定是掌握知识和核心技术的企业，员工是企业不可缺少的血液。因此，那些能够关心员工进步、帮助员工充分发挥自己全部潜能的企业才能在知识经济的时代拔得头筹。那么怎样才能充分发挥人力资源管理的优势呢？企业的员工培训是提高员工知识和技能的重要途径，而员工都是在职成人，他们具有成人学习的一般特征。因此，对于企业来说，掌握成人学习理论并运用到员工培训中来，效果是显而易见的。

第一节 成人学习者

成人学习理论的研究开始于 20 世纪 30 年代。1928 年，美国心理学家桑代克（E. L. Thorndike）的《成人学习》（*Adult Learning*）一书的出版标志着西方成人学习理论的诞生。随后，由于成人学习和成人教育运动的广泛开展，成人学习理论越来越受到重视。

成人学习理论是围绕成人学习者的特点来展开的，首先我们必须了解成人学习者。所谓成人，在法律意义上来说就是指年满十八周岁，具有独立的自我生存能力，以从事社会劳动作为自己主要责任的人。学校学生可能有些人年满十八周岁，但以从事学习作为自己主要责任，因此本章所指的成人不包括学校学生。那么，到底成人学习者具有哪些特点呢？

一、成人学习者的特点

成人与青少年相比有许多特点，成人的心理较为成熟，具有较强的独立性和自我指导性。这些特点是成人学习的优势，但是成人学习也有劣势。了解成人学习者的特点，明确他们的优势和劣势，有助于更好地对成人的学习进行指导。

美国著名成人教育理论家马尔科姆·诺尔斯（Knowles，1995）对成人学习进行过深入的研究，认为成人学习者具有四个方面的特点：一是随着个体的不断成熟，其自我概念将从依赖性向独立性转化；二是成人从社会生活中积累的经验为成人学习提供了丰富资源；三是成人学习的计划、目的、内容、方法等与其社会角色密切相关；四是随着个体的不断成熟，成人学习的目的逐渐从为将来工作准备知识向直接应用知识转变。现代研究者在诺尔斯的研究基础上，总结出成人学习的六大特点（王霞，2018）。

（一）拥有认知需求，自我指导

成人学习者和青少年儿童在学习的主动性上存在着非常显著的差别。儿童的学习是被动的，依赖于教师的教学活动和教学计划，而成人学习的自主性和独立性在很大程度上来说取代了对教师的依赖性。成人学习者有强烈的自我意识，有了自己的认知需求，基本具备自己选择学习内容的能力，习惯按自己的方式和进度学习。成人学习的目的不是为了系统接受教师的讲授，而是有目的地接受知识。

（二）拥有丰富的学习经验和工作经验

成人作为社会的一员，已经拥有了比较稳定的生活坐标，对许多事物都有亲身的体验或者间接的经历。这些经验是成人学习者的学习背景，是区别于普通学习者的重要特征，直接影响着成人学习活动的有效开展。成人学习活动通常会以个人经验作为指导，并且会根据相关经验，判断学习价值，制订学习计划并独立完成。他们以自己已有的知识和生活经验为依据和前提，迅速对新的知识进行选择并重新组合。成人原有的知识和经验有助于对现有学习内容的理解和把握，立足于调动过去的经验积累以激发联想、比较、思考等心理过程来接受和理解现在的学习内容。因此，已有经验是新知识同化、改组的基础，是成人学习者的重要资源。值得注意的是，原有的知识和经验也有可能成为其进一步学习的障碍。

（三）以生活为中心且以问题或任务为导向

成人学习多是为了应对当前工作与生活的需要，是为了生活目标、解决问题或者完成任务而投入学习的，并且希望能够尽快看到成效。他们不像青少年学习知识是为了将来的储备，他们的学习具有较强的职业性需求，希望通过学习提高工作效率，或者尽快找到理想的工作。

通过学习不断提高其能力，成人学习者还能够有意识地加强学习与工作、生活之间的联系，把所学到的新知识自觉地运用到实际中去，进行创造性的劳动，并且在实际中检验所学知识和理论的正确性与可行性。

海尔的实战培训

海尔集团常务副总裁柴永林，是20世纪80年代中期在企业发展急需人才的时候进厂的。一进厂，企业没有给他出校门进厂门的适应时间，因为时间不允许。一上岗，他稚嫩的肩上就压上了重担，从国产化、引进办，后又到进出口公司当一把手，领导们看得出来他很累，甚至压得他喘不过气来。有一阶段工作也上不去了，但领导发现，他的潜力还很大，只是缺少了一些知识，需要补课。为此就安排他去补质量管理和生产管理的课，到一线去锻炼（担任检验处处长、分厂厂长），边干边学，拓宽知识面，积累工作经验。在较短的时间内他成熟了，担起了一个大型企业副总经理的重任。由于业绩突出，1995年又被委以重任，接收了一个被兼并的大企业，这个企业的主要症结是：亏损，困难较大，离市场差距较远。他不畏困难，一年后就使这个企业扭亏为盈，企业两年走过了同行业二十年的发展路程，成为同行业的领头雁，他也因此成为海尔吃“休克鱼”的典型，被美国哈佛大学收入其工商管理案例库。之后他不停地创造奇迹，被《海尔人》誉为“你给他一块沙漠，他还给你一座花园”的好干部。

（资料来源：海尔．浅析海尔的员工培训[J]．人才资源开发，2005（9）：71-72.）

（四）学习动机来源于内部而非外部

动机是指激发、引导、维持并使行为指向特定目的的一种力量。学习动机分为外部动机和内部动机，外部动机是指因学习活动的外部后果引起的动机，而内部动机是指因学习活动本身的意义和价值引起的动机。成人学习通常都出于自愿，参加学习或培训来提高工作技能、获得职业提升都是个人选择。这个激励因素是成人学习的推动力，因此，使用一些引人深思的教学材料，挑战常规理念、活跃思维，能够激发学习者的内在学习动力。

（五）学习能力与青少年、儿童存在较大差异

部分成人学习者通常会在学习过程中感叹自己学习能力下降，如记忆力的衰退、对复杂动作的协调性较差。但是有关成人认知特点和潜能的研究表明，成人学习者虽然在机械记忆方面的能力不如青少年、儿童，但是他们在感知、理解能力以及对知识的整合

能力方面却具有独特优势。

成人的学习能力在 30 岁时达到顶峰，30～50 岁是平稳的高原期，50 岁以后才开始下降。专家估计成人大脑未曾利用的潜力竟高达 90%。过去所认为的上了年纪后大脑的学习能力就变弱的观点已经完全被推翻了。我们的神经系统有一种潜能，它会随着年龄的增长而变得越来越复杂，因为生活中的相关刺激会促进脑细胞的联结，保持大脑的活跃就会形成新的脑联结。因此，成年人未必像儿童一样敏捷，但是他们具有丰富的经验作为补偿，可以与新的知识和事物发生新的脑联结，表现出良好的表达能力和判断能力，更大幅度、更大范围地学习知识。

（六）对学习环境的要求高

教学环境包括教学媒体、课室的布置以及集体的气氛、学员间的关系、社会舆论，甚至是培训师的资质、授课风格。加拿大著名成人教育学家博希尔（Boshier，1971）认为，成人学习的过程实质上是学习者个人与教育环境间相互制约和影响的过程，当二者相吻合、协调一致时，教与学才会发生，学习者个人需要、兴趣与教学进程之间就会形成良性的循环；相反，潜在的学习者，即使存在学习需要和兴趣，如对教育环境不满，包括对教师、教学方法、大纲内容及其创造性水平、价值取向、其他同学的行为乃至衣食住行不满意，都会成为成人学习的障碍而中途辍学（毕叔芝，1995）。

二、成人学习者的劣势

成人学习者由于在社会中的身份多重化，有相当一部分已婚，且大部分是在岗人员。因此，他们在生活中同时扮演着学生、丈夫（妻子）、父母、子女、员工等不同的社会角色。角色的转换、沉重的负担、对理解和尊重的渴望，或者对物质条件的追求，使得成人学习者在学习的过程中困难重重。成人学习者的劣势主要表现为如下五个方面。

（一）功利性太强

由于成人学习者的学习通常以问题和任务的解决为目的，因此成人学习具有较强的功利性。成人教育的各种教学项目无不体现出它们的实用性、功利性。功利性太强使得成人学习变得急功近利，学习者为眼前利益所蒙蔽，违背了学习的初衷，失去了学习知识和技能的乐趣，使得学习变得淡然无味。

（二）时间紧迫或不规律

成人学习者的学习与青少年、儿童的全日制学习可谓大相径庭，成人学习者角色的转换不但占用学习时间，还占用了学习的精力，如果不合理分配和兼顾，就会顾此失彼，得不偿失。在这种压力下学习，成人学习者很容易产生焦躁和烦闷情绪，一旦受挫，就极容易中断学习，形成学习失败的负面经验。

在互联网时代，企业培训趋于碎片化、移动化、游戏化和社区化。现代人都提倡“碎片化学习”，把整体的学习内容和时间划分成若干小份，每次只学其中一段，一段的学习时间为 5～15 分钟。碎片化学习的时间和场地不受限制，培训更有灵活性、针对性和高效性，因此碎片化学习被广泛应用于企业培训。然而，碎片化学习和培训通常会具有简化推演过程、逻辑性不强、学习时间不连续等弊端，因此成人学习者的学习需要适应碎片化学习的这些特点。

成人在生活和工作中经常会感到时间不够用。学习与工作要求以及家庭事务之间的冲突，使得成人学习者难以进行很好的注意力分配和转移。由于角色的转换，他们通常感到坐立不安，定不下神，很难及时从工作状态转换到学习状态，或者学习不了多长时间就得去应付没完没了的学习以外的事情，难以有整块的时间进行系统的学习。

（三）外界压力过大

现代社会对人的要求越来越高，人与人之间的竞争愈来愈激烈，工作压力越来越大，生活节奏越来越快。许多成人生活在工作与学习的夹缝中，工作要做好，否则就会被炒鱿鱼；学习也不能放松，否则就失去竞争力，就难以保住优势地位。但许多人常常顾此失彼，当工作与学习发生矛盾时首先放弃的就是学习。若要两者兼顾，就要付出比常人更多的努力。对这种压力要是处理不当，就会使成人对学习失去信心，严重时甚至自暴自弃。

（四）自信心不足

成人由于生理功能的老化，记忆力和感知能力下降，容易使成人不能及时地捕捉外界信息和对信息进行加工、整理、分析、综合、评价和总结，从而产生自己学习能力已经不如青少年、儿童的想法，甚至怀疑自己的学习能力。另外，许多成人再次学习时，都已经放下课本好久，而对自己的学习能力充满了疑惑。也有一些成人即使有迫切的学习愿望，却惧怕学习，认为自己已经过了学习的年龄。

（五）多重身份，易受多种因素干扰

成人学习者有很多事情需要平衡：家庭、交友、工作、公益以及对于有质量的个人时间的需求。成人很难挤出大块的时间用于学习，而多数的学习是在业余时间进行，要做到工作、生活与学习兼顾易使他们产生疲劳感。这种感觉不仅会影响成人学习时注意

力的集中，还会让他们以为自己学习能力下降而降低自信，削弱其学习的积极性。

第二节 成人学习理论

成人教育作为一个重要的实践性专业自20世纪20年代诞生以来，研究成人如何学习一直是该领域的核心问题。本节将介绍成人学习理论的基础、成人学习理论的学派以及成人学习理论的新进展。

一、成人学习理论的基础

虽然成人学习是人们日常生活的一部分，但是人们对学习理论的系统研究到了20世纪初才开始。桑代克的《成人学习理论及其启示》（Edward L. Thorndike，1914）标志着研究者从行为主义心理学的角度开始对成人学习的研究。实际上大量早期的对成人学习的研究是从研究对比中体现出来的，其中包括年轻者与年老者的学习能力对比、成人与儿童的对比，通过对比发现成人的智力并不是随着年龄的增长而下降。到20世纪50年代，教育心理学家通过研究慢慢发现，除了智力因素外，问题解决和认知发展也是他们研究的重点。但是大多数研究都没有严格区分成人与儿童的学习，而且试验中的一些非认知因素（如受教育程度、反应速度等）的作用也没有考虑到。所有这些孕育了成人教育的两个最重要的理论，即成人教育学和自我导向学习，在20世纪70年代和80年代后得到了广泛的关注。

（一）成人教育学

美国成人教育学者诺尔斯发展了“成人教育学”（Andragogy）。他首次描述了发展中的美国成人教育运动，是第一个系统评述了非正规成人教育实践的学者，也是第一个试图以成人教育学建构普遍的成人学习理论的学者（Merian，2006）。

诺尔斯（1950）把成人教育定义为“帮助成人学习的科学和艺术”，是成人学习的“一种新标志和新技术”。他区分了成人教育学和普通教育学，认为成人教育的任务是帮助全世界千百万成长中的人们变成成熟的成人，成人学习的氛围应该是成人化的，是被接纳、被尊重和被支持的。他认为，过去大多数成人教师只知道运用在强迫入学条件下教授儿童的经验，造成成人学习者的反感；在知识更新日益加快的情况下，必须把教育解释为探索未知知识的终身过程，而不仅仅是传递已知知识的过程；他指出成人教育的目的在于引导成人学生主动学习，并对自己的学习承担起责任来。

诺尔斯的成人教育学理论自提出以来一直饱受争议和批评，主要集中在以下两点。

（1）20 世纪七八十年代，成人教育学的争论围绕成人学习理论是否有效而展开。对于成人教育学能否作为学习的一种理论这个问题，诺尔斯认为成人教育学与其说是成人学习的理论，倒不如说是一个关于学习的假设模型、一个基础性的框架。

（2）针对诺尔斯提出的成人学生特点的假设的争论，争论的焦点为其在多大程度上是仅仅适合成人而非儿童的，这样的批判一直持续到现在。例如，有些成人对教师的依赖性也很强，成人的生活经验不一定都是对学习有帮助的，一些反面的生活经验就有可能起阻碍作用。

这些意见使诺尔斯反思了他的模型，最终认为成人教育学和学校教育学是一个连续体，而不像刚开始时认为是一个对立体。总的来说，诺尔斯及其成人教育学对于成人学习理论的建设有着不可取代的地位和作用。

（二）自我导向学习

大约就在诺尔斯成人教育学概念提出的同一时期，自我导向学习（Self-Directed Learning）理论也开始出现。诺尔斯、霍尔（Holzer）和格若（Gele）等学者对自我导向学习理论都有一定的贡献，而对该理论贡献最大的则是塔夫的研究。塔夫（Tough，1967）最先对自我导向学习进行了全面细致的描述，认为自我导向学习是由学习者制订计划和引导学习活动进行的自我学习。他以“学习计划”作为衡量自我学习的单位，并将之界定为“一系列有关的活动，时间总数至少七个小时，每一次的活动至少有一半以上的动机是为得到或保留某些相当明确的知识或产生某些持久性的行为改变”。这种新型的学习形式一经提出立即成为成人学习理论的一大突破。

早期的关于自我导向学习过程的一些理论模型多为直线模型。例如，塔夫和诺尔斯等人提出的模型，包括从需求分析、资源评估、教学形式到结果评价的一系列过程。后来的模型不仅考虑到了学习者因素，还将学习环境、学习内容等因素考虑在内，并增加了更多的互动性。例如，丹尼斯（Denis）提出的模型中，将学习策略、学习阶段、学习内容、学习者的特点和学习环境等因素全都加以考虑来分析自我导向学习过程。在教学情景下，教师如何才能引导学生实现自我导向学习的模型中，最著名的是格若提出的分阶段自我导向学习模型。按照学生的准备程度将其划分成四种类型，分别为依赖型、兴趣型、参与型和自我导向型（Grow，1991）。

梅里安（Sharon B．Merian）和凯芙瑞拉（Kayfreera）在 1999 年对自我导向学习进行了总结，认为自我导向学习的目的由于学者的哲学取向不同而不同，主要有三个：持人本主义哲学观的学者认为自我导向学习的目的是学习者自我导向能力的发展；麦基罗（Mezirow）认为学习过程的核心是学习者的批判反思，并提出了质变学习，认为帮助成人获得自我导向学习的能力是成人教育家的工作；布鲁克菲尔德（Brookfield）和考林斯

（Tony Cowling）提倡自我导向学习要有一种更具批判性的政治性的分析，他们把学习定位于对社会和政治的影响上而非个人影响上（Merian，2006）。

二、成人学习理论的学派

成人学习理论有四个学派，分别为行为学派、认知学派、建构学派和人本学派。

（一）行为学派

行为主义理论强调学习是因环境而导致的行为的改变。行为主义学习理论试图解释行为的变化与环境刺激之间所存在的关系，即在特定的条件下，通过重复性的反射作用使动物的某种习惯得到强化，并逐步固定下来。行为主义心理学家认为根本就没必要去研究意识，为了使心理学研究更加客观化，它就必须以行为作为其唯一的研究对象。

行为学派的奠基者和捍卫者华生认为必须使学习得到可信的测量，而这个测量的工具就是行为。华生认为所有的学习皆可用条件反射来解释，学习即一系列刺激和反应的过程，学习的实质是形成刺激与反应之间的连接，这就是“刺激—反应”原理。

但并不是所有的学习都是自动的、无意的，人的大部分学习还是主动的或自愿产生的。随着操作环境的改变，我们学会了某种行为方式，桑代克的联结主义解释了这一学习过程。该理论认为，学习的实质在于形成刺激反应联结。这种联结是在通过尝试各种失败和错误的过程中自动形成的。桑代克提出在某个行为之后的刺激影响了未来的行为。

20 世纪 40 年代，社会认知理论对学习提出了三个假设：① 个体、行为、环境之间是相互作用的；② 学习与表现是不能等同的；③ 学习可以分为参与性学习和替代性学习。

在行为主义理论的指导下，学习者开始开发出一些自我调节技术，如 Boekaerts 自我调节学习的循环过程模式，该模式包括三个互相关联的部分：自我评价与监控；目标设置与策略计划；策略执行与控制和策略结果的监控（王云，闻素霞，2014）。在这些阶段中，自我调节活动被逐渐建构到五个领域，即认知的、动机的、情感的、行为的和情境的。自我调节学习的内在影响因素主要包括自我效能感、元认知、目标、情感、归因等。自我调节学习的相关行为反应包括三种，即自我观察、自我判断、自我反应。自我调节学习的外在环境影响因素分为两类，即社会环境和物质环境。所有这些都为成人学习理论的发展奠定了基础。

华为员工必读书目：《没有任何借口》和《把信送给加西亚》

《没有任何借口》和《把信送给加西亚》是华为公司要求入职后的员工必读的书目，

目的是通过阅读这两本书，让员工保持一颗积极、绝不轻易放弃的心，有一种负责敬业的精神和服从诚实的态度。同时，员工间通过相互探讨，发掘自身周边人或事物最美好的一面，从中寻找正面的看法，让自己有向前走的能力和完美的执行力。其中，“没有任何借口”是美国西点军校 200 年来奉行的最重要的行为准则。它强调的是每一位学员想尽办法去完成任何一项任务，而不是为没有完成任务去寻找借口，哪怕是看似合理的借口。它体现的是一种完美的执行能力、一种服从诚实的态度、一种负责敬业的精神。其核心是敬业、责任、服从、诚实。这一理念是提升企业凝聚力、建设企业文化的最重要的准则。《把信送给加西亚》讲述的是在 19 世纪美西战争中，美方有一封具有战略意义的书信，急需送到古巴盟军将领加西亚的手中，可是加西亚正在丛林作战，没人知道他在什么地方。此时，挺身而出的一名年轻中尉——罗文，不讲任何条件，历尽艰险，徒步三周，走过危机四伏的国家，把那封信交给了加西亚。故事中罗文正直、忠诚和自我牺牲精神的品质是每个人在工作中应该学习的榜样。

（资料来源：搜狐网站. http://www.sohu.com.）

（二）认知学派

认知主义学习理论起源于德国格式塔心理学派的完形理论。“格式塔”是一个德语名词，含义是完形，指被分离的整体或组织结构。格式塔心理学派形成于 1910 年。格式塔心理学是以反对元素分析、强调心理的整体组织为其基本特征的，它认为每一种心理现象都是一个整体。

认知主义学习理论坚决反对行为主义学习论，反对研究实验室中动物的学习行为，它强调人类的认知活动对学习的作用，使学习理论的研究更加切合人类学习的实际，从而在学习理论研究中开始占据主导地位。

认知主义学习理论重在研究学习者对环境刺激的内部加工过程和机制，研究人是如何形成概念、理解以及如何思维和解决问题的。它强调学习是一种主动的心智活动，是一个内在认知表征的形成、丰富或改组的过程。

20 世纪五六十年代开始，随着对复杂学习活动以及语言发展等相关问题研究的深入，认知主义学习理论逐渐进入了发展与兴盛的时期。在这一时期，认知学习理论主要包括两种倾向，即信息加工的学习理论和认知结构理论。

1．信息加工的学习理论

1）学习的信息加工过程

在学习过程中，学习者会接触大量信息，但是只有部分信息能够被保留下来，那么人究竟是如何加工、保留信息的呢？综合阿特金森（Atkinson）和谢夫林的记忆模型以及教育心理学家加涅（Robert M Gagne）的学习模型，我们可以用图 6-1 来解释学习的信息加工过程。

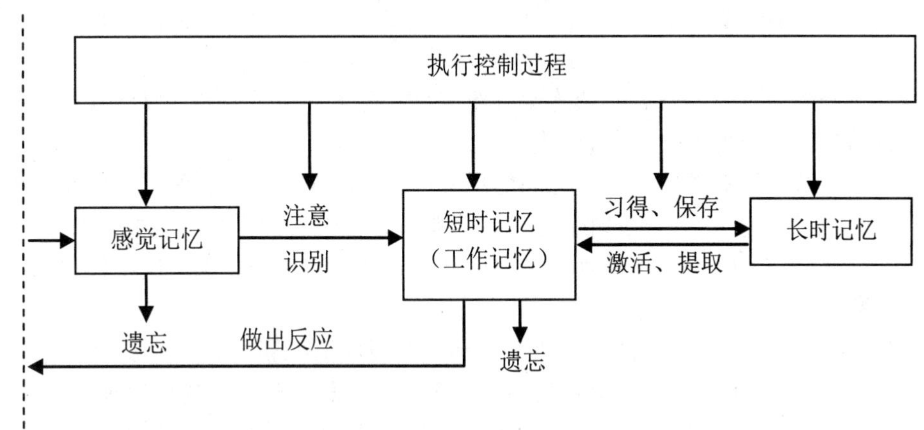

图 6-1　记忆的信息加工模型

资料来源：陈琦，刘儒德．教育心理学[M]．北京：高等教育出版社，2005.

如图 6-1 所示，人的学习和记忆包括一系列的信息加工流程，首先从外界接收采集到的信息，通过感觉记忆进行初步加工，识别编码以及保存，形成短时记忆，同时从长时记忆中提取有关内容联系起来，等到需要此类知识时再从长时记忆中提取出来。

按照存储的内容和形式不一样，记忆分为长时记忆和短时记忆。短时记忆又称为工作记忆，是记忆系统中学习者当前能明白、能明确意识到，并给予关注的内容。它既包括抽象的语义，又包括具体的感觉形象。但是短时记忆的容量是很有限的，信息的保存时间也很短，除非外界对信息不断重复，才可以使学习者的信息保持激活的状态。而长时记忆的储存容量几乎是无限的，时间比较长久，长时记忆至少包括情境记忆、语义记忆和程序记忆。此外，记忆按照记忆形式的不同，可以分为情境记忆、语义记忆和程序记忆。情境记忆的主要表征形式是具体形象；语义记忆是关于各种概念、思想及其关系的记忆，主要以语义的形式进行表征；程序记忆是关于如何做某事的记忆，这种知识是通过一系列的“条件—行动”组合的形式进行表征的。

2）学习的基本阶段

关于学习和记忆的基本模型，加涅分析了学习过程中必须按顺序完成的以下八个基本阶段（Gagne，1985）。

（1）注意。学习者首先调节自己的注意力，使自己对当前可接收的信息保持敏感和关注。

（2）目标预期。学习者所需要达到的具体目标就是目标预期，目标可以由老师定，也可以由学习者自己定。目标的确定会给学习者以引导并对信息进行加工选择以及确定反应方式。

（3）提取先前知识。学习者在学习之前还得针对当前的学习内容回忆自己曾经学习过的东西。

（4）选择性知觉。学习者必须感觉到新信息，辨认它是否重要，以将其识别并转化成有意义的模式，接纳到记忆系统中去。

（5）语义编码。对进入工作记忆的信息进行加工组织，并与长时记忆联系起来，形成对新信息的理解，然后进入长时记忆中。这是学习记忆过程中最关键的环节。

（6）做出反应。学习者从长时记忆中提取某些知识和技能，利用这些知识和技能完成某项工作或活动。

（7）反馈强化。针对实际的学习进展和活动的反应情况获得有关的反馈信息。例如，学习者通过学习达到了某个预期目标就将会获得这类积极的经验，从而起到强化的作用。

（8）提取应用。提取应用所习得的知识，推广到新的情境中去，这个阶段可能在若干天之后才进行。学习者在新的情境中根据线索提取和运用有关知识和技能，这样有利于将所学到的知识和更多情境联系起来，从而进一步促进对知识的提取回忆及灵活运用。

在这八个阶段中，前三个阶段是学习的准备活动，以形成对学习的动机和期望；接下来的四个阶段是学习的核心，是实际上完成学习任务的阶段；最后一个阶段是学习的升华和迁移。

为了促进学习者对知识的获得和保持，应该帮助他们尽可能用多种表征方式来理解和运用要学习的内容，以加强他们对知识的理解深度，尽量使他们在真实的情境中进行学习以促进知识的迁移。

2．认知结构理论

认知结构理论的代表人物是瑞士心理学家皮亚杰（Jean Piaget）、美国心理学家布鲁纳（J. S. Bruner）。认知结构是学习者通过学习使新材料或新经验和旧材料或旧经验结为一体，形成的一个内部知识结构。认知过程是学习者主动地形成认知结构的过程。他们认为，认知结构就是学习者头脑里的知识结构，它是学习者全部观念或某一知识领域内观念的内容和组织。

1）皮亚杰的认知结构理论

皮亚杰成功地将图式、同化、顺应和平衡这几个概念引入了心理学，他指出认知结构是以图式、同化、顺应和平衡的形式表现出来的。所谓图式就是人们为了应付某一特定环境而产生的认知结构。当有机体面对一个新的刺激情境时，能够主动利用已有的图式把刺激整合到自己的认知结构中，这就是同化；当有机体不能利用原有图式接受和解释它，其认知结构由于刺激的影响而发生改变时，这就是顺应；而平衡是主体发展的心理动力，是主体的主动发展趋向。皮亚杰认为心理发展就是个体通过同化和顺应日益复杂的环境而达到平衡的过程，个体也正是在平衡与不平衡的交替中不断建构和完善认知结构，实现认知的发展。他还认为，学习不在于被动地形成反应，而在于主动地形成认知结构。学习由一系列过程组成，要重视研究学习者的学习行为，而教学应注意学习各门学科的基本结构。

2）布鲁纳的认知发现说

布鲁纳的认知学习理论受完形说思想的影响，但又与完形说有区别，其中最大的区别在于完形说理论是建立在对动物学习进行研究的基础之上的，所谈的认知是知觉水平上的认知，而布鲁纳的认知学习理论是建立在对人类学习进行研究的基础上的，所谈的认知是抽象思维水平上的认知。其基本观点主要表现在以下三个方面。

（1）学习是主动地形成认知结构的过程。布鲁纳认为，人积极主动地选择知识，是记住知识和改造知识的学习者，而不是一个知识的被动的接收者。学习包括三种几乎同时发生的过程，这三种过程为知识的获得、知识的转化和知识的评价。这三个过程实际上就是学习者主动地建构新认知结构的过程。

（2）强调对学科的基本结构的学习。布鲁纳非常重视课程的设置和教材建设。他认为，无论教师教什么学科，务必要使学生理解学科的基本结构，即概括化了的基本原理或思想，也就是要求学生以有意义地、联系起来的方式去理解事物的结构。所有的知识，都是一种具有层次的结构，这种具有层次结构性的知识可以通过一个人发展的编码体系或结构体系（认知结构）而表现出来。人脑的认知结构与教材的基本结构相结合会产生强大的学习效果。

在教学当中，教师的任务就是为学生提供最好的编码系统，以保证这些学习材料具有最大的概括性。要使教学真正达到目的，教师就必须使学生能在某种程度上获得一套概括了的基本思想或原理。知识的概括水平越高，知识就越容易被理解和迁移。

（3）通过主动发现形成认知结构。布鲁纳认为，教学一方面要考虑人已有的知识结构、教材的结构，另一方面要重视人的主动性和学习的内在动机。他认为，学习的最好动机是对所学材料的兴趣，而不是奖励、竞争之类的外在刺激。因此，他提倡发现学习法，以便使学生更有兴趣、更有自信地主动学习。

布鲁纳认为发现学习的作用有四点：提高智慧的潜力；使外来动因变成内在动机；学会发现；有助于对所学材料保持记忆。认知发现说强调学习的主动性，强调已有的认知结构、学习内容的结构、学生独立思考等的重要作用。因此，认知发现说是值得重视的一种学习理论，对培育现代化人才具有积极的意义。

（三）建构学派

建构主义是认知学习理论的新进展。20 世纪 80 年代中期，建构主义作为一种新的认识论和学习论在教育研究界产生了非常深刻的影响。建构主义强调，意义不是独立于我们存在的，个体的知识是由人建构起来的，学习者以自己的知识经验为基础来建构自己对现实世界和客观环境的了解及解释。

作为建构主义的先驱，皮亚杰为哲学、心理学和学习理论的发展做出了巨大的贡献。其贡献可以概括为三个方面，即发生认识论、认知发展阶段论，以及对物理知识、社会或习俗知识和逻辑—数学知识等三类知识的区分。

建构主义学习理论认为，学习不单是知识由外到内的转移和传递，而是学习者主动建构自己知识经验以及内部心理表征的过程。它不仅包括结构性知识，而且包括在具体情境中形成的大量的非结构性的经验背景。具体来说，知识主要不是通过教师传授得到的，而是学习者在一定的情境，即社会文化背景下，借助其他人（包括教师和学习伙伴）的帮助和利用必要的学习资料，通过意义建构的方式而获得的，即通过人际间的协作活动而实现的意义建构过程。因此，建构主义学习理论认为情境、协作、会话和意义建构是学习环境中的四大要素或四大属性，强调学生是认知的主体，但也不能忽视教师的指导作用。

1．认知建构过程

我们是怎样建构对知识的理解的呢？美国的维特罗克（Wittrock，1992）提出了生成性学习理论。他认为学习就是学习者生成信息的意义的过程。意义的生成是通过原有认知结构与从环境中感受到的信息相互作用而实现的。

意义建构需要学习者采用建构性的加工策略，它与学习者先前的知识水平是相互联系的。建构要经历一个不断深化的过程，而知识的学习不在于所获得知识的数量积累，更重要的是知识的迁移运用。

为了促进知识的建构，建构主义鼓励以学习者为中心的探究性学习。该学派认为学习是一个积极主动的意义建构过程，应该以深层理解为核心，将学习活动设置在有意义的问题情境当中来，一旦发现问题，通过跟进性探究来进行持续性的知识建构。

2．社会建构过程

学习是作为社会文化的内化过程，是通过对活动的参与实现的。所谓内化就是把存在于社会中的文化变成自己的文化，从而有意识地指引和掌握自己的各种心理活动。活动是指主体与客观对象进行相互作用的过程，是一种感性实践过程。我们在活动时获得知识的理解，这些理解又影响我们的活动，活动又进一步影响我们的理解，这样就形成一个循环的过程。

在学习过程中，应该使学习的活动具有真实性，以反映该活动作为一种社会实践活动的关键特性。学习者首先看到问题情境，然后运用已有的知识尝试理解情境中的现象和活动，最后运用自己的理解方式来体验和思考问题。

综上所述，学习不仅是学习者个人完成的认知活动，而且是一个社会建构过程。学习者通过逐步深入地参与蕴涵着某种文化的实践活动而理解有关的活动和规则，建构有关的知识技能。

（四）人本学派

人本主义学习理论建立在存在主义哲学和现象的基础之上，它立足于人本主义人性观，旨在强调充分发挥人的学习潜能和价值，探索怎样使一个人成为具有完美人格的人。人本主义心理学认为，学习的实质是形成与获得经验，学习的过程实际上就是经验的过程。它可以说是与行为主义的联结说以及认知主义的认知结构说直接抗衡的结果。它反对行为主义不重视人类本身的特征，认为心理学应该探讨的是完整的而不是认知过程、情绪等割裂开来的人，同时它也强调人的价值，强调人的发展潜能，因而主张自我发生的学习是最符合人类天性的学习，强调了人的自我发展。

美国心理学家罗杰斯（Rogers，1969）认为我们正在面临一个全新的教育环境，在这个多变的环境中，要把学生教育成能够充分发挥潜能的人。“只有学会如何学习和如何适应的人，只有意识到没有任何可靠的知识、唯有寻求知识的过程才是可靠的人，才是有教养的人。”他的学习观认为人的学习以自主学习的潜能的发挥为基础，以学会自由和自我实现为目的，以自主选择的自认为有意义的知识经验为内容，以“自我—主动学”为特征。这种学习过程不仅包括认知过程，还包括情意过程，并涉及学习者个性的发展，其影响非常广泛，包括学习者的态度、认知、情感、意志、行为和个性等方面。这种学习理论突出了以人为本的理念，重视学习者学习过程中的主动性和自主性，强调学习内容的社会实践意义。

罗杰斯所倡导的学习的核心就是让学生自由地学习，这样就会在学习过程中形成适应自己风格的、促进学习的最好方法。他在《学习的自由》一书中详细地总结了他所坚持的十个学习原则，如下所示。

（1）人生来就有学习的潜力。

（2）学习者觉察到材料有意义而且学习内容与自己的目的相关时，意义学习就发生了。

（3）涉及改变自我组织（自我看法）的学习是具有危险性的，往往受到抵制。

（4）当外部的威胁降到最低时，就比较容易察觉并同化那些威胁到自己的学习内容。

（5）对自我的威胁很小时，学习者就会用辨别的方式来知觉经验，学习就会取得进展。

（6）大多数意义学习都是从做中学的。

（7）主动自发并全身心投入的学习才会产生良好的学习效果。

（8）涉及学习者整个人的自发学习才是最持久、最深刻的。

（9）当学生以自我批判和自我评价为主要依据时，独立性和自主性才会得到促进。

（10）在现代社会中，最有用的学习是了解学习过程、对经验持开放态度，并将自己结合进变化过程的学习。

罗杰斯还提出了教育的目的就是在于促进学生的发展，要求学生掌握科学家“探究—发现”式的研究方法，同时要求教师应该“真诚一致”“无条件积极关注”，要有“同情心”，即设身处地，与学习者感同身受。

罗杰斯虽然非常不赞同指南式的教学方法，但他还是针对他所坚持的十种自由学习的原则，提出了十种在他看来有助于学习者自由学习的方法，列举如下。

（1）创设真实的情境。学习者面临对他们有个人意义的问题时就会全身心地投入学习。

（2）提供学习资源。这样有助于学习者学习的投入和兴趣的培养。

（3）使用合约。有助于学习者在自由的学习氛围中有责任地学习。

（4）利用社区。可以提供真实的情境，以及一些有用的人力、物力资源。

（5）同伴教学。使双方都有更强的自信和学习动机。

（6）分组学习。学习者也应该辅之以被动的学习。

（7）探究训练。变化是当今社会的性质，应该让学习者达到自主的发现。

（8）程序教学。有助于学习者直接体验到满足感，理解学习过程，掌握学习内容。

（9）交流小组。有助于形成一种意义学习的气氛，使每个交流者都面临一种与人坦诚交流的情境。

（10）自我评价。学习者只有在负责自己决定评价的准则和目的以及达到目的的程度时，他才是在真正地学习，才会对自己的学习负责。

总之，整个教学的过程就是要以学生为中心，教师为学生提供学习的手段，学生最终要知道怎么去学，怎样成为一个完美的学习者。

三、成人学习理论的新进展

21 世纪的人类社会是一个变化速度超过以往任何时代的社会，全球化使终身学习不再仅仅是一个口号。我们不能再指望，在少年儿童期就完成的正规教育，足以保证我们一直是对社会有用的人。成人学习理论的新进展探究了质变学习、非正式和偶发学习、情境认知论、权力与成人学习以及教育神经科学与成人学习。

（一）质变学习

大部分的学习本质上都是累积性的，都是在已有的知识上添加新的知识，我们把这种学习称为信息性学习，即把已经建立的认知能力扩展到新的领域，它改变的是我们所知道的信息，而质变学习则不同，它改变的是人们看待自己和看待世界的方式。质变学习有可能是一个逐渐发生的过程，也可能是因为某种突发性的强烈的经验而引起的，它改变的是我们获取知识的方式。这种学习在成人期的学习中占据相当重要的地位，我们可以从以下四个视角来看质变学习（Merian，2006）。

1．解放教育观

保罗·弗莱雷（Paulo Freire）强调，被动地听、被动地接受事实，这种填鸭式的教育会使学习者备受压迫。他认为教育的目的是解放，即解放教育观。学习者要通过意识的提升或觉悟启蒙，以一种不同于以前的方式来判断这个世界。

2．理性认知论

麦基罗（Mezirow）提出的质变学习的理性认知论和弗莱雷的解放教育观有共同的理论基础，他们都宣扬成人教育必须赋予人以力量，都运用建构主义的方法来研究质变学习，都认为知识要由学习者对新的体验进行不断的解释而创造出来。在不断的解释过程中，赋予事物的意义会发生变化，这就是麦基罗的“观点质变”（Mezirow，1991）。麦基罗的理论强调在质变学习过程中理性思考和反思的重要性；他还强调了学习过程中情感的、情绪的和社会情境等因素在意义形成过程中的重要性。学习发生在真实世界中，它有着复杂的机构性、人际性和历史性背景。我们必须把学习放在文化导向的背景下来理解它，要把这些文化导向因素包括在影响因素的框架里。

3．发展观

达罗斯（L. A. Daloz）发现，学生经常会处于一个发展的转变期，所以他认为，教育是帮助学习者从已经支离破碎的生活意义结构中找回生活的意义。他还发现，质变学习依赖于知觉，发生在一定的情境基础上，是一个整体知觉的过程。

4．强调精神和学习之间的联系

德克斯（J. M. Dirk）认为想象力是通过心灵的作用来促进学习的。海利（Highley）则研究了那些喜欢沉思的人的质变学习的过程，这些人都有膨胀的自我意识，从而导致了更深的自我理解和关注。

麦基罗认为认知冲突的解决会导致质变的发生，认为质变是一个自我从不同侧面加以整合的超理性过程。麦基罗建立了质变学习的理论框架后，泰罗（Frederick Winslow Taylor）对这一领域进行了批评性继承。他认为质变学习比原来想象的更具有个性化、流动性和循环性，是一个与思想和感情有关的复杂过程。质变学习是一个长期累积的过程，它并不是一个独立的行动，而是建立在信任基础上的一种相互依赖的关系。

（二）非正式和偶发学习

正式学习是由学习机构发起的、基于课堂的、组织严密的学习。非正式学习的掌握权主要在于学习者。偶发学习则是各类学习的副产品。

沃特金斯（Watkins，1990）的研究表明，非正式和偶发学习与许多文化和情境中的实践相关联。他认为，“搭桥”学习（受不同文化熏陶和情境影响的人的相互学习）有助于不同背景的人们相互理解，并更有效地一起工作，所以我们可以通过提供交流和互动的机会，激发学习者的学习热情，并使他们相互学习技术和知识并进行运用。

只要人们有需求、有动力、有机会去学习，非正式学习和偶发学习就会发生。马席克与沃尔浦（Marsick，Volpe，1999）总结了以下非正式学习的六个特征。

（1）与日常生活结为一体。

（2）由内在或外在的触动引起。

（3）通常不是有意识的。

（4）受偶然因素的影响。

（5）是反思和行动的归纳过程。

（6）与其他学习相关联。

如图 6-2 所示，这是一个增强非正式和偶发学习的模型，由马席克和沃特金斯提出，克赛（Cseh）做出修正。这个模型描述了一个意义建构的过程，新知识的获得是不断回顾并质疑早期对事情的理解的循环过程。这个模式虽然是环式的，但是步骤之间既不是循环的，也不是线性的。

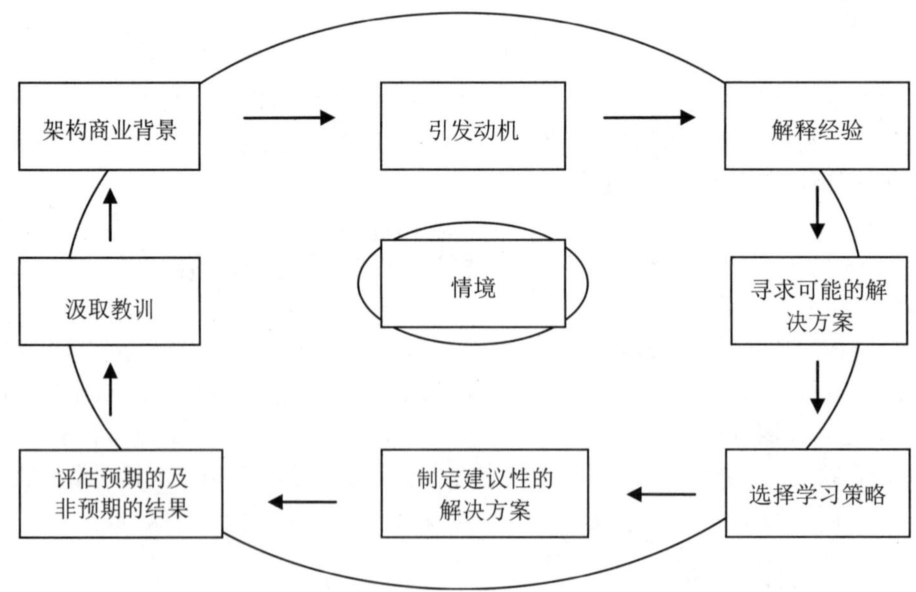

图 6-2　马席克和沃特金斯的非正式和偶发学习模型（经克赛调整）

非正式和偶发学习往往能够提高学习者的自我意识，帮助他们把握生活中的各种学习机会，加强自我学习偏好。因此，我们可以利用非正式和偶发学习这类工具帮助成人学习者学习，引导他们以使其具有更强的自我导向性。尤其是在互联网时代，企业培训基于互联网成为未来的主流趋势，利用微信、微博等社交平台展开的碎片化学习越来越受到人们的青睐，而众多的企业大学也相继开发了员工社区平台，如腾讯学院的MLearning、百度旗下的专业教育平台百度传课、平安大学的知鸟移动学习平台等，都是为员工提供正式学习与非正式学习的平台。

当学习者激发或增强了他们的自我意识时，非正式和偶发学习就可以得到增强，那么正式学习也可以得到加强。

京东激发员工自主学习

互联网时代，互联网思维是一种工具。京东利用互联网思维对传统的培训方式进行革新，设计出令人尖叫的产品，一是京东TALK，即模仿美国的演讲秀模式，一个铺着红地毯的舞台和两块显示屏，一块显示倒计时（共18分钟），还有一块用来放PPT，鼓励员工进行演讲；二是京东TV，它是一个内部视频传播的培训方式，又可称为“快手酷拍”，即鼓励配送员用闲暇时间，用手机把他们工作中的重点记录下来，自编自传，通过海报邮件造势，以拉票赚人气和围观投票的方式决胜负，胜出者将有超值大奖激励。为了让学员自发地学习，以知识习得为方法，而最终目的是提升员工能力。京东还开发了一个产品——京东年级，是一种能力等级项目，用一种显性且易操控的方式鉴别员工的成长与价值。员工如果想升级，需要获得足够多的积分，有三种获得积分的方法：一是完成学习任务；二是贡献Know、How；三是参与部门级任务或公司级任务。

（资料来源：刘强东．看京东如何用互联网思维培训6万员工[J]．中关村，2014（10）：86．）

（三）情境认知论

成人学习是很注重经验和合作的一种学习，通过共同参与学习活动，个体接受学习目的，了解方法和内容，获得其所需要的技能。这种学习是通过情境学习而不是通过学科学习。在关于成人学习的研究中，社会情境对于学习的重要性受到了重视。学习的本质是社会性的，是在与别人合作时发生的，学习也可以说是依赖性的，因为它需要社会提供学习工具，这些工具帮助学习者实现认知过程的结构化，最终就是这种社会性和工具依赖性使得情境决定了学习本身。

学习通过学习情境中的背景、工具、文化的相互交融进行。20世纪，苏联心理学家维果茨格认为，所有人类活动都发生于某种背景中，活动中充满了各种不同层次的交流、共享的信念、价值观、知识、技能、结构性的关系和符号系统，这些使得语言学上的意义有了共享性的社会意义。这些观点很多都被整合进了另外一种基于情境的理论，即情境认知论。

情境认知论的核心观点是：学习的本质是社会性的，学习是交往、交往工具、活动本身以及活动所发生的背景的综合。成人在社会环境中活动并与其相互作用，存在社会关系以及工具的现实社会情境是最好的学习环境。

从情境的视角来看，当人们参与并密切地介入一个社群或者某种学习文化，与社群中的其他成员进行交流，并开始学会理解和参与形成社群的历史、假设及其文化价值观和规则的时候，人们就是在学习。因此，学习就是处在意义社群里的外围参与者与全程参与者的相互交流。这些相互交流发生在实践环境中，并以模仿掌控实践的能力和模仿获得掌控能力的过程为特征。这些观点整合了学习的情境观点，其中认知学徒制和实践社会群突出地显示了学习和社会的互动性。

1．认知学徒制

认知学徒制试图借鉴某种行业中师傅带徒弟的传艺模式，来使学习者参与真实的情境性活动。简而言之，认知学徒制是指知识经验较少的学习者在专家的指导下参与某种真实性的活动，从而获得与该活动有关的知识和技能。例如，在汽车维修行中徒弟所进行的学习就是一种情境性的学习方式。在这种学习活动中任务是真实的，环境是真实的，知识和技能是蕴涵在真实活动之中的，徒弟学到的是可以解决实际问题的本领。

认知学徒制的基本步骤有五个，即模仿、接近、渐退、自我导向学习和概括，这五个阶段按照一定的顺序进行。其中，模仿分为行为模仿和认知模仿两个部分，行为模仿即学习者观察团体中有经验的成员在活动时的行为；认知模仿即共享有经验成员的工作秘诀。接近即在教练的辅导下学生尝试进行这种活动。渐退即随着活动的进行，外部支持、引导逐渐减少。自我导向学习是学习者对自己所学到的知识以及技能、策略进行思考，用语言进行总结。概括即学习者对自己的学习过程及进展进行反思，将自己的活动表现和最初表现进行对比，并与教练的做法进行比较。最后学习者将会尝试用学到的新知识和技能来解决他们所遇到的问题或面临的任务。

2．实践社会群

温格（Wenger，1998）将实践性社群中的关系维度描述为以下三个概念。

（1）成员的相互约定。允许这些参与者做他们需要做的，并把所有的成员联结为一个社会实体。

（2）共同的事业。源于集体的协商过程，这种集体的协商反映了相互约定的复杂性。

（3）公共资源的全部共享。这些属于实践性社群的公共资源包括方针、语言、工具、做事的方法、故事、手势、符号、风格、行动或概念等，它们是在生存过程中形成或被认可的，并成为社群的一部分。

承诺、对团体专业知识的认同、资源共享，这些因素就是团体成员紧密联系到一起的原因。成员能够自己组织，自己制订计划，建立自己的领导体系。团体的生命周期是由团体成员认同的共同因素决定的。

真实的环境文化背景、工具以及在自身领域进行学习，这三个因素将会促进成人学习者的社会交流，发现知识，形成知识并使自己的知识显性化。认知学徒制和实践社会群的观点为成人教育工作者提供了重新设计工作场所和学习工具的指导。未来的成人学习将会考虑到活动、文化以及工具的重要性。

例证　6-4

We Team——工作、学习更轻松的社交平台

We Team 是一款可以移动工作和学习的绩效支持平台，它可以帮助企业和团队将碎片的东西结构化，将碎片的思路流程化，致力于解决企业团队在各个时间段面临的问题，利用工具引导的方式支持工作和学习，提升绩效。其主要具有以下几个功能。

（1）企业聊天：可以实现部门间、同事间即时沟通，保障信息畅通无阻。

（2）协作笔记：适合各种个人、项目团队、中小企业，用做工作记录云服务的特性笔记，使协作变得极其灵活和简单。

（3）资源管理：将协作分享的个人、团队资源自动分类，让个人和团队的资源变得井井有条，想要就能快速找到。

（4）动态分享：让分享也成为你工作学习的一部分，乐趣无穷。

（5）任务通知：重要的工作不会遗漏，办公效率没有更快，只有最快。

（6）组织架构：清晰明了的企业组织架构，只为更方便地工作和学习。

（7）企业移动学习：随时随地的碎片化学习，从学员学习到管理员培训实施、评估、分析的培训管理规划，最大化提升绩效支持。

（资料来源：We Team 官网. http://www.weteam.im/home.html.）

（四）权力与成人学习

在现实社会中，普通学习者往往不能通过预期的方法获得知识，在关注知识的同时不得不考虑权力。通常对整齐划一的成人学习理论提出批判的不是批判主义，就是后现代主义。但无论是批判理论家，还是后现代理论家，他们都认为知识是社会建构的，是认知者看待世界的方式，知识和权力之间存在着直接和紧密的关系。下面分别列出了这两种理论对于知识和权力关系的观点。

1．批判主义

批判主义认为，知识是人类兴趣理性的产物；权力是为主体所拥有的，具有压迫性，通过压迫性的真理主张对他人施加压力。权力和知识相关意味着知识是服务于某些个人或者集团利益的，真正的知识能够使学习者从强权中脱离出来并实现自由。学习是通过批判性反思和意识的提升而获得的，是一个挑战真理、获得批判意识的过程，它服务于某些个体或集团利益。

由于权力是属于不同个体或集团的，因此，一些批判主义理论家反对学习的个人主义，试图用团体学习理论来替代个人学习理论，他们把目光集中在个人与社会的关系上。

2．后现代主义

后现代主义理论认为，知识是短暂的、多面的，但是不一定是理性的。知识与动机和兴趣相联系。权力不是被一个人或者一个集团所掌控，而是存在于他们之间，是由主体来表达的，具有生产性，但是没有人能够拥有它。权力既提供了让人难以忍受的束缚，又提供了丰富的机会。权力和学习交织在一起，知识是权力的行使，同时有权力的人才能够认知。知识是权力的一种表达。

通常人力资源专家都会使用“赢得认同”来形容他们是如何从组织中的其他人，特别是规划制定者们那里获得认同和合作的。而这里的赢得认同实际上并不是真正地把其他人融入决策过程中来，这种发言权可能并非真正存在，也有可能是霸权产生的压制性实例，即权力的作用。因此，学习被认为是霸权反思的过程，是用决定意识和解放性知识替代霸权的过程。学习是通过解构、实施、折中而获得的。

无论是批判主义理论还是后现代主义理论，他们都认为，知识是社会的产物，并不游离于社会权力和权力关系之外，是非常彻底地与学习的过程和学习中的政治整合在一起的，他们都承认了我们今天教育领域所服务的多背景学习者。因此，学习并不是一个能够预测的一般过程，而是一个为了拥有不同声音的个人和群体的利益而由他们自己来审视的过程。

（五）教育神经科学与成人学习

经过科学家的研究，我们已经对大脑有了基本了解，并形成了对大脑各个相关功能区定位的脑地图，如图 6-3 所示。我们知道，人的大脑中约有 100 万亿个突触。信息是通过突触由一个细胞传向另一个细胞的，而大脑的功能就是通过信息流在大脑和身体中的复杂的神经细胞工作网络中的传递而实现的。所有的这些相互联系使得大脑对不同环境产生各种不同的反应。

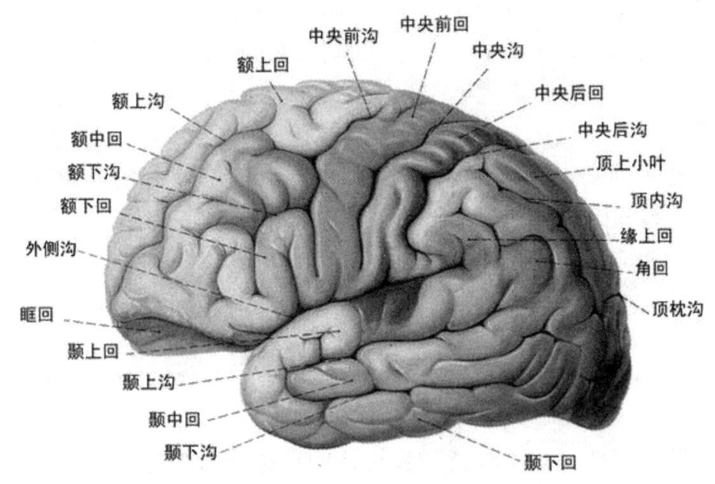

图 6-3 脑的主要结构

大脑是由大量持续变化的细胞连接组成的，这些连接通常受到学习者经历的极大影响，显示出极大的可塑性。大脑会趋向于习惯性和选择性地接收信息。当我们面对真实的情境或者刺激时，我们的记忆通常就会更深刻，能达到最佳的回忆效果。

教育神经科学是将心智、大脑与教育联结起来为教育奠定科学基础的具有巨大发展潜力的新兴学科，它探索有关学习的认知与脑机制，并依据研究成果设计更加有效的教学。目前，神经科学对教育的重要性已经形成广泛共识，教育神经科学已经初步形成了跨学科网络来从事这一领域的研究，如英国剑桥大学的教育神经科学中心（Centre of Neuroscience in Education）、丹麦教育大学的丹麦学习实验室（Learning Lab Den-mark）、德国乌尔姆神经科学与学习转化中心（ZNL）、中国教育科学研究院教育神经科学实验室（Institute of Neuroscience）、北京师范大学认知神经科学与学习国家重点实验室（National Key La-boratory of Cognitive Neuroscience and Learning）等都已走在前列（经济合作与发展组织，2010）。教育神经科学的研究主题包括阅读障碍、体育锻炼、情绪、记忆、记忆的巩固以及营养与学习的关联性，一方面通过脑成像技术揭示学生学习的脑机制及其影响因素，另一方面制定基于“教育生态环境”的教育干预措施。

过去我们认为上了一定年纪，大脑的学习能力就变弱，这种观点已经被彻底推翻了。费希尔（Fischer，2009）通过新的脑成像技术研究发现，随着年龄的增大，神经元的数量并不是持续减少，而是较“大”神经元不断减少，“小”神经元数量不断增加，神经元总量保持稳定。因此，即使大脑发育成熟以后仍然存在可塑性，只要提供适宜的刺激和经验，大脑就会产生具有可塑性的变化，而且这种可塑性不会因为年龄的增长而丧失

（Knusden，2004）。复杂的学习情境以及富有刺激性的生活方式可以帮助我们的认知功能提升到一个更高的水平。对于成人学习者而言，年龄的增长并不等同于学习能力的消退，人脑需要各种智力活动和新奇的体验来保持脑细胞的活跃。真实的生活情境、情绪状态可以调用多种感官体验，在大脑中建立起各种不同的联结，帮助激活学习联结路径，形成成人学习者的学习和记忆。

有关大脑和意识的知识能够更好地帮助成人形成一个良好的学习基础。大脑会保持一生的可塑性；情绪和感觉参与整个学习过程；意识结合个人经历产生新的相应的学习。这就是大脑、意识和成人学习之间的关系。

第三节　学习风格

风格是个体解决问题、思考、感知或记忆的典型或习惯方式。而关于学习风格的定义，研究者从不同的方面进行了描述。Dunn 夫妇（2001）将它定义为“学生集中精力并试图掌握和记住新的或困难的知识和技能时所表现出来的方式”；Keefe（1982）则把学习风格定义为“相对稳定的个体认知、情感和生理特征，表明了学习者如何感知学习环境，如何与学习环境发生互动作用以及如何回应学习环境”；谭顶良（1995）认为“学习风格是学习者持续一贯的带有个性特征的学习方式，是学习策略和学习倾向的总和”。综合各学者对学习风格的解释，我们总结出学习风格有以下特点：强调学习策略、方式以及倾向；具有稳定性，很少因情境因素的变动而变动；具有个别差异性和独特性。

学习风格除包含信息加工方式外，还体现出个体的感情因素、心理行为以及与学习环境相互作用所产生的学习方式的偏爱。它的情感和意动因素涉及情绪表露、价值判断、动机成就、主动性和冒险性等多个方面。

以下介绍五种经典的学习风格理论，即场独立型和场依存型、库勃的学习风格模型、荣格的学习风格理论和 MBTI、邓恩的学习风格理论以及斯滕伯格的心理自我管理理论。

一、场独立型和场依存型

场独立型和场依存型这两个概念最早是在 1954 年由美国“认知风格之父”威特金（Witkin，1977）提出的。场依存型是指在知觉、记忆、思维、问题解决以及人格领域，习惯于将外部的信息作为自己判断的依据，从整体上来把握和认知事物，是外部定向者。而场独立型则习惯把自我参照作为处理信息的基准，具有分析性的倾向，善于区分部分与整体，使问题的某一部分不受其他干扰，是内部定向者。

威特金指出，场独立和场依存不是简单地被定义为一组风格，它是包含能力在内的一种结构。例如，判断某人是偏向于场独立型或场依存型，可以给其一张特殊的画。这张画可能乍一看，是有花、有树的森林，但事实上，画里花草中隐含着一些动物、鸟类，它们的线条是由树枝、树叶不规则地排列组成的，有时你必须将画倒着看或侧着看。如果你能迅速找出画中的动物、鸟类，说明你的学习风格是偏向场独立型；反之，如果你首先看见的是森林全貌而没能分辨出里面的东西，或者花较长时间才能分辨出，则你的学习风格偏向场依存型。

在认知活动中，场独立型常以分析的眼光看问题，能将背景中某个具体相关项分辨出来，知觉比较稳固、自主，能够独立对信息进行重组；而场依存型常以整体或全局的眼光去看问题，对隐含在场中的相关项不容易分辨，其感知易受外界环境的影响，认知改组技能较差。在人际交往方面，场独立型表现得更有自主性，较少考虑他人的意见；场依存型则更多地考虑他人的意见，对别人的想法和情感更加敏感。例如，在社会交往活动中，场依存型表现得热情、老练、容纳他人；而场独立型则表现得冷漠、不体谅别人、与他人保持距离。表 6-1 列出了场独立型和场依存型具有的一些基本特征。

表 6-1　场独立型和场依存型的基本特征

场 独 立 型	场 依 存 型
分析的、创造结构、内部导向、不关注社会信息、哲学认知者、个人主义、社会关系疏远的、内在的、冷漠的、开拓性的、创设自己的假设、概念导向的、获得与概念图示匹配的信息、受结构和形式影响较少、非感情导向的、对社会暗示不敏感、忽视外部压力影响	整体的、接受结构、外部导向、关注社会信息、冲突解决者、喜欢社交、从属关系导向的、人际的、需要友谊、传统的、易受突出特征影响、事实导向的、获得无关联的事实、受结构和形式影响、考虑别人的感受、对别人敏感、受压力影响

场独立型和场依存型所描述的是学习者对信息的感知或理解受周围场或情境场影响的程度。场定向很可能是职业选择中的一个因素，如果其他条件相等时，场独立型倾向于建筑师、工程师以及涉及数学和自然科学的职业；场依存型倾向于社会科学的教学、医疗护理等涉及与人交往的职业。但是场独立和场依存倾向在人的一生中是会变化的，随着自主能力和自我意识的增长，将会由场依存趋向于场独立。

二、库勃的学习风格模型

一般的认知学习理论只强调认知的影响，而美国教育心理学家库勃（David A. Kolb）则着重强调了经验的作用。他认为，任何经验会从原有的经验中获得有价值的东西，又会以某种方式改变今后的经验质量。库勃对学习风格的研究就是立足学习本身，围绕经验和变化来展开的。他把学习看成是经验的改造、产生知识的过程，在成人学习的整个过程中特别重视经验的挖掘、提炼、改造以及总结和推广。

库勃（1984）对学习过程周期进行了独特的分析，认为学习过程周期由四个相互联系的环节组成，即具体经验、反思观察、抽象概括和积极实践。其中，具体经验是让学习者完全投入一种新的体验，强调由情感体验和实际经验而导致的学习，善于与学习伙伴间的沟通和交流；反思观察是学习者在停下的时候对已经历的体验加以思考，这一阶段的学习特点为通过看和听来学习，依赖于仔细观察做出决定；抽象概括是学习者必须达到能理解所观察的内容的程度，并且吸收它们使之成为合乎逻辑的概念，这一阶段注重对符号的理解，擅长在非人际环境中以及权威指导下的学习；积极实践阶段强调学习者要验证这些概念，并通过行动学习新的东西，注重实践并关注所学东西产生的实际效果。

库勃认为对每一个学习者来说，学习过程都必须经历上述四个环节，根据学习者对这四个学习环节的偏爱程度，将学习者分为四种主导的学习风格：以具体经验和反思观察为主的发散型；以抽象概念和积极实践为主的聚合型；以反思观察和抽象概念为主的同化型；以积极实践与具体经验为主的顺应型。

他还认为，学习过程有两个基本结构维度，即领悟维度和改造维度。领悟维度包括两个对立的掌握经验的模式：一是直接领悟具体经验；二是间接理解符号代表的经验。改造维度包括两个对立的经验改造模式：一是通过内在的反思改造；二是通过外在的行动改造。在学习过程中，领悟维度和改造维度两者缺一不可。经验学习的过程是不断的经验领悟和改造的过程。

图 6-4 所示的库勃学习风格模型揭示了人们在学习中须经历的循环过程。由于每个学习者在掌握和信息改造两个维度上分别处于某个特定位置，每个学习者对某一极的偏好程度不同，而表现出个人独特的风格，这使得即便在同种风格的学习者之间，也可以存在较大的差异。但是每一种学习方式都有自身独特的优势，当学习者在经历过四个阶段的一个循环过程之后，就能够更好地运用各种学习风格。

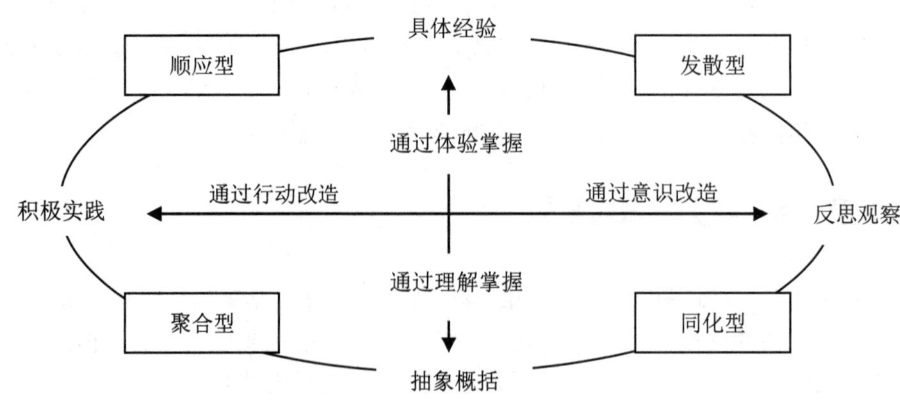

图 6-4　库勃学习风格模型图

三、荣格的学习风格理论和 MBTI

瑞士心理学家卡尔·荣格（Jung，1921）从心理类型的角度定义了四分法。他认为，我们可以通过具体的感官或者抽象的直觉感知信息，也可以通过逻辑思考或者主观感受判断信息。这四种人格维度，每一种都对应于一种明显的有意识的经验获得方式。感官告诉你某些事物存在，思考告诉你这是什么，感受告诉你是否愉快，直觉告诉你何去何从。他还考虑过，一个个体在与外界互动时，是活跃的还是沉思的（外向的还是内向的）。荣格模型的核心，依旧是我们熟悉的四分法，如图 6-5 所示。

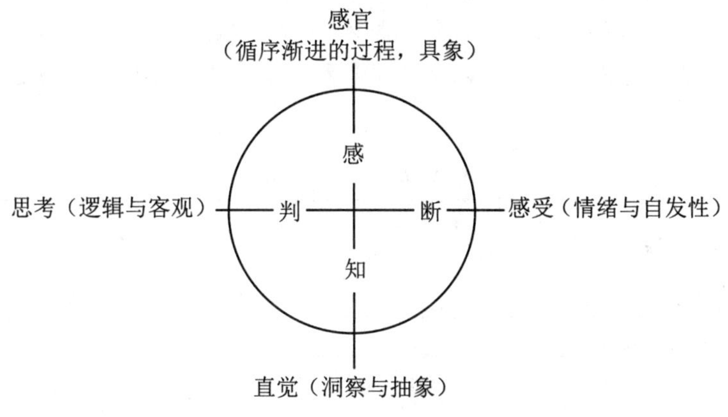

图 6-5　荣格的四分法

哈维·席尔瓦和汉森（Silva，Hansen，2004）以荣格的学习风格理论为基础，探讨了四种学习风格的搭配，创立了一个以过程为导向的学习风格模式，如图 6-6 所示。

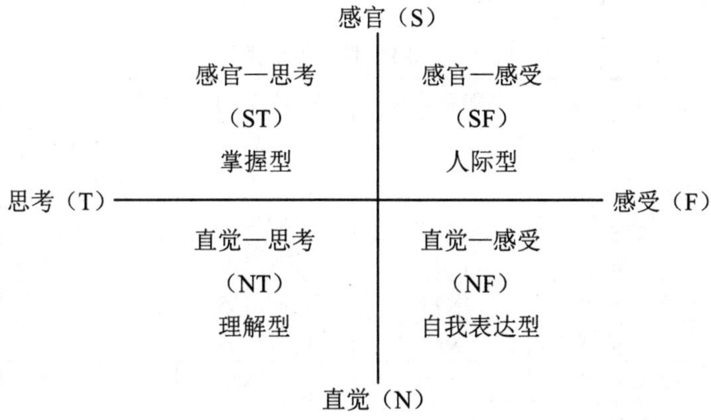

图 6-6　席尔瓦和汉森的四种学习风格模型

掌握型学习者喜欢有组织、有效率的方式，偏好动手操作或技术性的学习，更多地关注事而不是关注人；理解型学习者喜欢采取有逻辑的、有组织的、系统的方式进行学习，喜欢将人纳入事物当中，喜欢独立工作；自我表达型学习者渴望探索观念，喜欢提出新问题的解决方法，他们的兴趣会经常变化，所以他们的工作动力就是他们的兴趣，他们是独立的、不顺从的一群人；人际型学习者会采取一种人性化的方式进行学习，喜欢受到人的关注，表达价值、感受及个体记忆的机会最能调动他们的积极性。

凯恩琳·库克·布理格斯和她的女儿伊莎贝尔·布理格斯·麦尔斯（Briggs，Briggs，1948）根据荣格的学习风格理论创立了一种学习风格测试模型，即 MBTI。迄今为止，MBTI 已成为认识正常的个体之间差异的使用最广泛的手段。MBTI 常常被用于测试自身发展、职业的发展与开拓、关系的评估、学术评估、组织的发展、团体的组建、问题的解决、管理人员和领导人员的培训以及其他多元文化培训等方面。表 6-2 所示为 MBTI 的人格维度。

表 6-2 MBTI 的人格维度

维　度	偏　好
人与世界是如何相互影响的，即精力引向何处：搜索信息的方式	外倾（E）—内倾（I）
我们自然而然注意的信息类型：加工信息的方式	感觉（S）—直觉（N）
我们如何做决定：评估信息的方式	思维（T）—情感（F）
愿意以一种较固定的方式生活（做决定），还是愿意以一种更自发的方式生活（理解信息）：行为表达方式	判断（J）—感知（P）

搜索信息、加工信息、评估信息、行为表达这四个方面恰好构成了一个完整的学习过程，即接触→加工信息→评估信息→行为输出。这四个维度、八种偏好的组合有可能产生 16 种人格类型，如表 6-3 所示。

表 6-3 MBTI 性格测试类型

主导功能	辅助功能	MBTI 类型	主导功能	辅助功能	MBTI 类型
内向实感	外向思考	ISTJ	内向思考	外向实感	ISTP
内向实感	外向情感	ISFJ	内向思考	外向直觉	INTP
外向实感	内向思考	ESTP	外向思考	内向实感	ESTJ
外向实感	内向情感	ESFP	外向思考	内向直觉	ENTJ
内向直觉	外向思考	INTJ	内向情感	外向实感	ISFP
内向直觉	外向情感	INFJ	内向情感	外向直觉	INFP
外向直觉	内向思考	ENTP	外向情感	内向实感	ESFJ
外向直觉	内向情感	ENFP	外向情感	内向直觉	ENFJ

这 16 种类型各有自己的长处与短处，区别只在于学习者的性格偏好不同导致行为差异而已。例如，SJ 型人的共性是有很强的责任心与事业心，他们忠诚、按时完成任务，推崇安全、礼仪、规则和服从，他们坚定，尊重权威、遵守等级制度，持保守的价值观，充当着保护者、管理员、监护人的角色；SP 型人有冒险精神，反应灵敏，在任何要求具备较强技巧性的领域中游刃有余，他们常常被认为是喜欢活在危险边缘寻找刺激的人，他们为行动、冲动和享受现在而活着，被称赞为天才的艺术家；NT 型人有着天生的好奇心，喜欢追求梦想，有独创性、创造力、洞察力，有兴趣获得新知识，有极强的分析问题和解决问题的能力，独立、理性、有能力，人们称 NT 型人是思想家、科学家的摇篮；NF 型人在精神上有极强的哲理性，他们善于言辩，充满活力，有感染力，能够影响他人的价值观并鼓舞其激情，被称为传播者和催化剂，他们约有一半在教育界、文学界、咨询界以及心理学、文学等方面显示着他们的非凡成就。

四、邓恩的学习风格理论

在邓恩（Dunn，2001）看来，学习风格是指学习者关注、加工、内化学习内容以及记忆新的或困难的学习内容的方式。

邓恩认为，学习者所表现出的学习偏爱是各不相同的，这体现为学习风格的不同，而学习活动所涉及的因素是多方面的，包括物理环境、心理环境、社会人际环境等，它们共同构成了学习风格的要素。因此，邓恩从环境、情绪、社会、生理、心理五个维度对学习风格的要素进行了分析，他的学习风格模型共包括 21 个独立的要素，如表 6-4 所示。

表 6-4　邓恩的学习风格要素

五个维度	环境	情绪	社会	生理	心理
具体要素	声音 光线 温度 坐姿	动机 坚持性 责任 学习内容	自我 结伴 团队 成人 多样化 程序化	感觉与知觉 摄食 时间 活动	分析与综合 大脑左右半球 沉思与冲动

资料来源：根据 http://www.learningstyles.net 资料整理

虽然一个人并不会受表 6-4 中所有 21 个要素的影响，但通常来说，其中会有 6～14 项因素在影响着学习者的学习。当然，学习风格具有一定的稳定性，并会在某一段时间内表现出强烈的风格偏爱，而当教师运用与这些风格偏爱相一致的教学策略时，学习者更容易完成学习任务。

邓恩认为，学习者的一些特征如果仅从外部进行观察，反而很容易被人误解，所以学习风格的测量需要用准确的工具。在他看来，只有可靠、有效的综合性工具才能揭示哪些学习者受到了哪些因素的影响。

邓恩指出，在教学策略问题上，没有可以应对不同学习风格的单一的教学策略。因此，对于教师而言，需要尝试各种教学策略，让学生选择哪些策略更有趣，哪些策略可以帮助他们更容易理解学习内容。

五、斯腾伯格的心理自我管理理论

美国耶鲁大学的斯腾伯格（R. J. Sternberg）于 1985 年提出个体具有某种能力却没有合适的使用它的方法时，或者个体原先具有的偏好遭遇某种惯性的压制而不得不转向自己所不擅长的风格时，这种能力就形同于浪费。因此，要使能力得到实质的发展，就要使能力与风格相匹配，即首先要明了个体的风格。

斯腾伯格吸收并整合了以认知为中心、以人格为中心和以活动为中心的风格理论，提出了一种关于心智活动的理论，即心理自我管理理论（Sternberg's Theory of Mental Self-Government）。斯腾伯格认为学习风格不是能力，而是个体带有个性特征的学习方式，是学习策略和学习倾向的总和，是运用能力的偏好程度（Sternberg，1988）。风格实际上不是静态、单一的，它的形成和塑造除了受外因的影响之外，其内部的决定因素恰恰就是智力，所以学习风格更应该被视作为一种智力或认知系统发展的内在需求。

斯腾伯格（Sternberg，1997）将学习者的思想和行为与政府机构相类比，发现学习也同样具有功能、水平、倾向、形式和范围方面不同的特点，他按照五个维度一共划分了十三种学习风格。

（一）功能维度

功能维度包括立法型、执行型、审判型的学习风格。立法型学习风格的人喜欢那些可以应用新创意，产生新方法和新结论的工作；执行型学习风格的人喜欢有既定解决规则的任务；审判型学习风格的人更注重评估工作进程和他人工作成果。

（二）水平维度

水平维度包括全局型和局部型的学习风格。局部型学习风格的人喜欢做一些详细、具体的工作；而全局型学习风格的人喜欢那些概况性的和需要抽象思维的工作。

（三）倾向维度

倾向维度包括激进型和保守型的学习风格。激进型学习风格的人喜欢那些可以超越既有的规则和结构的工作，喜欢那些可以带来质变结果的任务；而保守型学习风格的人喜欢那些熟悉的工作，因为可以使用既有的规则和结构。

（四）形式维度

形式维度包括等级型、平等竞争型、专制型和无政府型的学习风格。等级型学习风格的人喜欢对同时存在的几个任务进行优先排序，从而更好地分配他们的注意力和精力；平等竞争型学习风格的人喜欢在一段时间内专注解决一件事情；专制型学习风格的人也喜欢同时解决几个不同的任务，但他们不会对任务进行排序；无政府型学习风格的人喜欢那些没有系统、弹性比较大的工作。

（五）范围维度

范围维度包括内倾型和外倾型的学习风格。内倾型学习风格的人喜欢那些可以独立完成的工作；而外倾型学习风格的人更喜欢与他人互动合作来完成工作。

斯腾伯格认为，学习风格既不属于能力范畴，也不属于人格范畴，而是介于能力和人格之间的一个连接界面。

学习风格决定如何运用思维模式，不同的学习风格会运用不同的思维模式，也有可能运用多种模式的综合来解决问题。在学习者的学习过程中，思维的培养要有针对性，运用的策略才有效，思维才会得到全面的发展，能力才会得到全面的提升。

第四节　成人学习理论的应用

了解成人学习的特点以及研究成人学习理论，主要目的就是为了在成人学习以及培训开发工作中能够充分利用这些特点和理论，以使企业员工培训与开发能够达到事半功倍的效果。

一、培训的原则

通过对成人学习理论的学习，我们总结了企业员工培训与开发的七条原则。

（一）注意原则

培训师在培训中要不断地联系未来情境，强调培训中所学东西一定会有利于员工今后的工作和职业发展，同时，不断强化培训的目标有助于员工端正态度，积极参与。员工在培训中希望学习到自己不懂的和知之甚少的东西，不愿培训师重复讲授他们已经知道的内容。因此，培训师应在教学中注意创设问题情境，巧妙地置疑设难，引导员工溯本求源，探索知识的应用价值，自然能使员工兴趣盎然，求知欲浓厚。

（二）目标订立原则

培训的目标设定太难和太容易都会失去培训的价值，因此，培训的目标设置要合理、适度，同时，与每个学员的具体工作相联系，使接受培训的学员感到目标来自工作，又高于工作，能够促使自己发展。

（三）以学员为中心原则

传统的培训是以培训师为中心的教，而不是以员工为中心的学，强调的是知识的灌输而不是给学员思考的时间。但是根据成人学习理论的发展观点来看，培训效果不再是靠培训师的几句话、几个设定好的案例就能够左右的。成人是拥有丰富知识和阅历的一群人，因此，作为培训师更多的是要直接指导，讲出员工想学的东西，使员工真正在无抗拒中学习。

（四）呈现与保持原则

对员工的教育培训应从实际操作练习开始，通过实际操作发现问题，针对问题由培训师讲方法、讲理论依据。培训设计过程中必须考虑学习情境和培训师的引导，必须给员工以示范操作、参与讲授、进行体验性操练、角色扮演、游戏等多种方法对培训内容进行理解和记忆，调动员工的积极性，使他们参与到学习活动中来。这样，在较短的时间内使学员的工作能力有明显的提高，必然会受到企业界的欢迎。

（五）反馈原则

培训师应不间断地对学员的反应给予及时反馈，使每个学员可以准确知道已经取得了哪些进步，还需要做出哪些努力。总之，要在培训中让员工产生成就感，降低挫折感，增强自信心。反馈的信息越及时、准确，培训的效果越好。

（六）迁移原则

成人学习的主要目的是为了更好地履行责任和完成任务，培训师应该在培训中不断地联系员工未来的发展情境，强调培训中员工所学到的知识一定会有助于今后的工作和发展。假如员工认为，企业培训的内容与个人发展目标趋于一致时，有助于自己在工作变动较多的情况下应对不同的任务和问题，就会加倍工作与努力学习。因此，培训一定要使员工能够把知识和技能迁移运用到其他情境中去。

例证　6-5

三星“传达教育”

员工的职业生涯观念和工作态度会严重影响员工的学习动机，这是影响员工进行培训迁移的主动因素；培训后跟进追踪培训效果的方法也是一种学习效果的转化促进，即促进员工进行学习迁移，是被动因素，通常对其学习效果进行跟踪、评价和反馈，并形成 PDCA 循环。例如，外派员工参加培训后要进行“传达教育”，即要把所学东西用讲课的方式给主管或其他人员呈现出来，从而增加学习的压力和动力，强制性地提升了员工的学习意愿。

（资料来源：李斌. 三星集团培训管理案例研究[D]. 北京：北京师范大学，2012.）

（七）练习与强化原则

成人是通过“做”来学习的。他们学新东西时，总希望亲自动手实践一下。因此，培训期间，训练内容越真实，身体力行的内容越多，培训效果就越好。培训经理要确保培训目标所需要达到的主要能力都能在培训中得到练习和应用，最好将课堂教学与员工的工作、生活实践结合起来，使学习过程和工作过程相互促进，形成一个良性循环。培训内容学习完毕以后，必须对员工所学的知识进行不断强化，加深印象。企业最好是在今后工作安排方面尽早让员工学以致用，增强培训的实效性，进一步强化培训效果。

二、成人学习心理特点的应用

成人学习者的特点显现出丰富的多元性，分析成人学习心理特点的现实意义就是使企业和培训机构能够重视成人学习的心理特点，关注成人知识、技能内化的先决条件，全面理解学习动机。针对成人学习心理特点，企业员工培训与开发必须着重注意以下四点。

（一）相互启发和合作指导

成人都是具有独立人格的个体，培训师可以采取提问、分组讨论、让学员示范操作、参与讲授、进行体验性操练、角色扮演、游戏、户外拓展训练等多种方法调动员工的积极性，使他们参与到培训中，在学习中相互启发。同时，培训师在学习过程中要细心引导，与员工相互合作，共同进步。

（二）将经验作为范例应用于培训之中

员工工作中的成败得失是培训中的案例“金矿”，培训师在教学前一定要了解员工的知识、经验及需求，培训中要注意激发员工回忆起以前学过的相关知识，要注重员工的成败经验和教与学的设计结合。由于培训中运用的案例都是员工自己工作中发生的，具有典型性和真实性，培训师使用这样的案例进行培训，受训员工更容易理解且印象更深刻。最好是将培训与员工的工作、生活经验结合起来，使学习过程和工作过程相互促进，以形成一个良性循环。

海尔“即时培训”

海尔在进行技能培训时重点是通过案例并到现场进行“即时培训”的模式来进行的。具体来说，是抓住实际工作中随时出现的案例（最优事迹或最劣事迹），当日利用班后的时间立即（不再是原来的停下来集中式的培训）在现场进行案例剖析，针对案例中反映出的问题或模式，来统一人员的动作、观念、技能，然后利用现场看板的形式在区域内进行培训学习，并将案例通过提炼在集团内部的报纸《海尔人》上进行公开发表、讨论，形成共识。员工能从案例中学到分析问题、解决问题的思路及观念，提高员工的技能。这种培训方式已在集团内全面实施。对于管理人员则以日常工作中发生的鲜活案例进行剖析培训，且将培训的管理考核单变为培训单，利用每月8日的例会、每日的日清会、专业例会等各种形式进行培训。

（资料来源：付玉花，2007）

（三）根据兴趣和能力进行开发指导

不了解学员需求，就难以做到有的放矢，提高员工培训效果也就无从谈起。由于学员对自己的需求往往不是很清晰的，需要培训公司或培训师通过调查和沟通，主动去发现和识别学员的真正需求。为了掌握学员的需求，应让培训公司根据企业情况设计专门的培训需求调查表，真正掌握员工的培训需求，然后设计相关的培训内容，结合员工选择适合的培训方案组织实施培训，因此，确保培训有效性的第一步必须调查清楚学员的培训需求是什么，然后针对问题进行培训。

（四）以问题定位学习，并立即应用所学内容

企业组织员工培训的目的在于通过培训让员工掌握必要的知识和技能，以完成规定的工作，最终为提高企业的经济效益服务。培训内容必须是员工个人与工作岗位需要的知识、技能以及态度等，必须是他们当前所能应用的内容。因此，在培训项目实施中，把培训内容和培训后的使用衔接起来才能体现到实际工作中去，才能达到培训目标和预期效果。企业员工教育培训与普通教育的根本区别在于它的针对性和实践性。企业发展需要什么、员工缺乏什么就教育培训什么，要努力纠正脱离实际、向学历教育靠拢的倾向，不搞形式主义的教育培训，而要讲求实效。

如果企业能够充分运用成人学习理论进行培训和开发，以动态、综合的眼光来看待成人学习，必然可以寻找到科学的培训方法，建立合理的培训模式，真正使企业有所得，使员工有所成。

例证 6-7

通用电气公司的变革加速计划

变革加速计划简称 CAP 项目，所有参加 CAP 项目的人员被分成不同的小组，每个小组自己提出一个问题加以解决。项目必须符合以下几个标准。

（1）必须包含文化和组织方面进退两难的难题。

（2）必须包含在 CAP 培训之外的工作。

（3）必须对业务和公司整体有显著的效益。

第一项要求可以确保 CAP 的工具和技术与实际问题相关，并且有助于问题解决。第二项要求保证参加者不把课程看成一个有限时间内的一次性事件，而是一种持续的、超出克罗顿维尔之外的学习体验。它也突显了项目的两个目标：一是解决一项紧迫的问题；二是学习更多、更适用的变革管理技能。第三项要求确保 CAP 的有限培训资源被用于可能产生最大价值的地方。因为高层经理培训课程非常耗时且昂贵，如果希望公司的投资没有白费，项目必须能够产生可观的回报。

在项目中，通常一天是这样度过的：开始的两个小时是“灌输内容”，然后在教练的帮助下将剩下的时间花在项目工作上，新学到的概念和工具能够马上得到应用。

（资料来源：颜世富. 培训与开发[M]. 北京：北京师范大学出版社，2007.）

本章小结

1. 成人学习者具有六个学习特点：（1）拥有认知需求，自我指导；（2）拥有丰富的学习经验和工作经验；（3）以生活为中心且以问题或任务为导向；（4）学习动机来源于内部而非外部；（5）学习能力与青少年、儿童存在较大差异；（6）对学习环境的要求高。

2. 成人学习者的劣势主要表现为五个方面：（1）功利性太强；（2）时间紧迫或不规律；（3）外界压力过大；（4）自信心不足；（5）多重身份，易受多种因素干扰。

3. 成人学习理论有四个学派，分别为行为学派、认知学派、建构学派和人本学派。

4. 学习风格具有的特点：强调学习策略、方式以及倾向；具有稳定性，很少因情境因素的变动而变动；具有个别差异性和独特性。

5. 企业员工培训与开发有七条原则：（1）注意原则；（2）目标订立原则；（3）以学员为中心原则；（4）呈现与保持原则；（5）反馈原则；（6）迁移原则；（7）练习与强化原则。

6. 针对成人学习心理特点，企业员工培训与开发必须着重注意四点：（1）相互启发和合作指导；（2）将经验作为范例应用于培训之中；（3）根据兴趣和能力进行开发指导；（4）以问题定位学习，并立即应用所学内容。

网站推荐

1. 学习风格网：www.learningstyles.net
2. 五分钟课程网：www.5minutes.com.cn
3. 百度传课：www.chuanke.com
4. 中国神经科学学会：www.csn.org.cn

思考练习题

1．简述成人的心理特征以及学习的特点。

2．如何在企业员工培训与开发中考虑成人学习心理的特点？

3．简述库勃的学习风格模型。

培训游戏：代号接龙

1．内容

这个游戏在于训练个人的反应力和记忆力，以最快的速度判断自己的所在位置。

2．方法

（1）人数在10个人以内最适合。

（2）参加者围成一个圆圈坐着，先选出1人做“鬼”。

（3）参加者以“鬼”的位置为基准，从“鬼”开始算来的数字，就是自己的代号。每个当“鬼”的人都是1号，“鬼”的右边第一位是2号，依次为3号、4号……

（4）游戏从“鬼”这里开始进行。如果“鬼”开始说“1、2”，就表示代号由第1个人传给第2个人的意思。2号在接到口令后，就要马上传给任何一个参加者，例如“2、5”，2当时就是自己的代号，5则是自己想传达者的代号，此数字可以自由选择。

（5）如此一直进行下去，直到某人的代号被叫到而却没有回答，那么此人就要做“鬼”。

（6）“鬼”的代号是从1开始，所以当“鬼”换人时，则所有人的代号重新更改，游戏进行到下一轮。

重点：本游戏主要考查参与者反应速度的快慢。

心理测试：库勃学习风格测试

试根据实际情况运用数字进行排序。

1	2	3	4	备　注
最不符合	一般符合	比较符合	最符合	用1、2、3、4这四个数字来表示从最不符合到最符合，对每一题四个空格进行排序； 每题四个空格均须填写1～4的数字，彼此之间数字不能相同

序号	问题	**以下四项是您在学习中使用方式的偏好，请根据您的实际情况对它们进行评分，注意，每一题四个空格给分不能相同**			
1	我在学习过程中	喜欢调动自己的情感体验	喜欢看和听	喜欢思考	喜欢做中学
2	我感觉什么时候学习效果最好	相信自己的预感和体验的时候	认真聆听并观察的时候	借助逻辑思考的时候	努力将事情做完的时候
3	我在学习过程中	有强烈的情感反应	安静而沉稳	喜欢推理	认真负责
4	我采用什么方式学习	情感体验	观察	思考	实践
5	我学习的时候	对新的体验、新经历采取开放的态度	会多方位地观察问题	喜欢分析事物，将整体分解成各部分	喜欢试验
6	我在学习的时候	看重直觉	乐于观察	偏重逻辑思维	积极活跃
7	通过什么途径我会学得最好	人际间互动	观察	合理的理论	有机会试验和实践
8	我学习的时候	喜欢全身心投入学习	喜欢看到自己的学习成效	喜欢理念和理论	倾向于行动前做好充足的准备
9	什么时候我学得最好	凭借感觉时	依赖观察时	思考时	自己尝试做时
10	我在学习中	是个乐于接受的人	是个心静、含蓄的人	是个理性的人	是个负责的人
11	我学习时	乐于投入其中	喜欢观察	喜欢对事情做评价	乐于积极行动
12	什么时候我可以得到最理想的学习效果	乐于接受、思想开放时	认真仔细时	进行思考、分析时	学以致用时

计分：在 12 道测试题中，1、5、9 作答的第 1 栏，2、6、10 作答的第 2 栏，3、7、11 作答的第 3 栏，4、8、12 作答的第 4 栏，将它们的得分加总后即为库勃学习风格理论的“具体经验”分数；1、5、9 作答的第 4 栏，2、6、10 作答的第 3 栏，3、7、11 作答的第 2 栏，4、8、12 作答的第 1 栏，将它们的得分加总后即为“主动实验”分数；1、5、9 作答的第 3 栏，2、6、10 作答的第 4 栏，3、7、11 作答的第 1 栏，4、8、12 作答的第 2 栏，将它们的得分加总后即为“抽象概括”分数；1、5、9 作答的第 2 栏，2、6、10 作答的第 1 栏，3、7、11 作答的第 4 栏，4、8、12 作答的第 3 栏，将它们的得分加总后即为“反思观察”分数。具体经验、主动实验、抽象概括、反思观察的 Cronbach's Alpha 分别是 0.70、0.68、0.70 和 0.60。具体经验、主动实验、抽象概念、反思观察的均值和方差（$M \pm SD$）分别为 28±6.2、33.5±6.0、30.7±6.1、27.9±5.2。低分和高分可以根据分数偏离方差的程度加以判断，比如低于 2 个方差值，属于典型的低分。

思考讨论题

根据测验结果，你的学习风格有何特点？试举例说明，并与小组分享。

案例分析

奇瑞公司的非正式学习

奇瑞汽车股份有限公司，简称奇瑞公司，是中国新兴的大型国有股份制企业。现有两个轿车厂、两个发动机厂、一个变速箱厂和汽车工程研究院总院等生产、研发单位。目前拥有员工两万多人。奇瑞产品更新及后续产品开发异常丰富，对高精尖专业技术人才的需求量越来越大，企业内部人员的培训也变得至关重要。此次采用问卷调查了奇瑞公司外饰部、动力总成部、底盘部、车身部、涂装部、冲压部、CAE 部、总装部 8 个部门的 153 名员工，其中，男性 147 人，女性 6 人；大专生 34 人，本科生 101 人，研究生 18 人，被调查员工的平均年龄为 24.8 岁。

奇瑞公司的企业培训采用的是传统的培训方式，即在固定时间，有组织、有安排地进行集中授课，教学方式多以讲授式教学为主。超过一半的奇瑞公司员工每周只参加一次培训。但是，奇瑞对员工参与培训的次数要求一般是每周不能低于两次，如果工作忙的话可以一次。由此可见，奇瑞员工参与企业培训的积极性并不是很高。表 6-5 所示为奇瑞公司员工参与培训效果分析表。

表6-5 员工参与培训效果分析表

项　目	频数分布 N（比率/%）				
	完全不满意	不满意	一般	满意	完全满意
教学内容丰富，形式多样化	23（15.03）	33（21.57）	51（33.33）	34（22.23）	12（7.84）
资料难易适中，合乎逻辑	15（9.81）	28（18.3）	35（22.86）	52（33.99）	23（15.04）
教师知识丰富，授课条理清晰	20（13.07）	27（17.65）	41（26.80）	48（31.37）	17（11.11）
教师能够对学员提出的问题给予回馈和解答	9（5.88）	22（14.38）	38（24.84）	59（34.56）	25（16.34）
课堂气氛活跃，学员之间有互动和讨论	12（7.84）	30（19.61）	45（29.41）	39（25.49）	27（17.65）
培训能综合分散的知识和较低的技能	18（11.76）	30（19.61）	52（33.99）	36（23.53）	17（11.11）
培训有利于问题的解决和个人能力的提高	11（7.19）	34（22.23）	53（34.65）	35（22.86）	20（13.07）

从表6-5中的数据可以看出，员工对培训内容的安排和教师的教学还是比较满意的，但是对培训后的效果反映不佳，培训未能很好地满足员工的需求。企业培训在客观上面临着员工参与培训的积极性不高的问题，培训往往把参训者看作是被动接受者，认为他们缺少某种东西，把培训看作是弥补缺陷，而不是挖掘潜力、发挥优势。另外，通过交谈，发现员工对教师的教学水平褒贬不一，反映出很多职业培训师缺乏一定的教学技能，导致培训最终呈现出低效的甚至是负面的效果。在对奇瑞公司员工非正式学习的现状进行调查时，有超过90%的员工在工作之余进行非正式学习。表6-6显示了这些受测者平时所采用的非正式学习方式。

表6-6 员工非正式学习方式的频次分析表

项　目	频数分布 N（比率/%）				
	从　不	很　少	偶　尔	有　时	经　常
通过文本材料自主学习	18（11.76）	44（28.76）	35（22.88）	32（20.92）	24（15.68）
参加公司技术交流会	12（7.84）	26（16.99）	34（22.22）	58（37.92）	23（15.04）
自发地与同事交流经验	8（5.23）	37（24.18）	41（26.80）	45（29.41）	22（14.38）
通过网上图书馆学习	46（30.07）	53（34.64）	25（16.34）	23（15.03）	6（3.92）
通过公司网络平台学习	25（16.34）	44（28.76）	37（24.18）	39（25.49）	8（5.23）
登录专业论坛进行学习	3（1.96）	22（14.38）	35（22.88）	57（37.25）	36（23.53）
通过搜索引擎搜索相关信息学习	4（2.62）	25（16.34）	40（26.14）	67（43.79）	17（11.11）

非正式学习虽然不像正式学习那样有相对固定的教师、场所、学习内容，但是学习形式更趋于多样化，学习地点多变。非正式学习强调合作与交流，强调个体之间的协作性，更能快速提高人们的能力和绩效。因此，共享文化是非正式学习的一大特征。

有些员工非正式学习具有清晰的目标，如解决一个工作中遇到的难题或了解本职工作的前沿知识。但多数时候员工非正式学习的目标并不是清晰明确的，如工作时的某个联想、和同事聊天时的某个思想共鸣等。此外，通过对接受调查的员工的计算机熟练程度及网上学习时间进行调查发现，奇瑞公司70%以上的员工都能熟练操作电脑进行网上娱乐或学习。虽然网上学习时间不多，但是他们对各种网络学习的方式都尝试过，尤其是通过论坛进行技术交流与学习的方式受到了很多员工的好评。

（资料来源：王银环，袁晓斌，2009）

思考讨论题

1．试分析奇瑞公司员工参加培训的积极性不高的主要原因。
2．结合本案例谈谈非正式学习在员工培训与开发中的作用。

本章参考文献

[1] A TOUGH. Learning without a teacher[M]. Toronto: The Ontario Institute for studies in education, 1967.

[2] BOSHIER R. Motivational orientations of adult education participants:a factor analytic exploration of houle’s typology[J]. Adult education quarterly, 1971, 21(2): 3-26.

[3] CAINLIN COOK BRIGGS, ISABEL BRIGGS MILES. Gifts differing: understanding personality type[M]. Boston: Kluwer Academic Publishers, 1948.

[4] C G JUNG. Psychological typology[M]. ChangSha: Hunan Literature and Art Publishing House, 1921.

[5] C R ROGERS. Freedom to learn: a review of what education might become[M]. Columbus, Ohio: Merrill, 1969.

[6] DAVID A KOLB. Experiential learing: experience as the source of learning and development[M]. Englewood Cliffs, New Jersey: Prentice-Hall, Inc., 1984: 28.

[7] E WENGER. Communities of practice[M]. New York: Cambridge University Press, 1998.

[8] EDWARD L THORNDIKE. Learning theory of adult and its enlightenment[M]. New

York: Columbia University Press, 1914.

[9] FISCHER K W. Mind, brain and education: building a scientific ground work for learning and teaching[J]. Mind, brain and education, 2009, 3(1): 3-16.

[10] G GROW. Teaching learners to be self-directed: a stage approach[J]. Adult education quarterly, 1991, 41(3): 125-149.

[11] HARVEY SILVA, CHARLIE STRONG, HANSEN. Multiple intelligence and learning style[M]. Beijing: Educational Science Press, 2004.

[12] H WITKIN. Studies in space orientation[J]. Experimental psychology, 1948, 38.

[13] H WITKIN. Field-dependent and field-independent styles and their educational implications[J]. Review of educational implications, 1977, 47(1): 1-64.

[14] J MEZIRROW. Transformative dimensions of adult learning[M]. San Francisco: Jossey-Bass, 1991.

[15] KNUSDEN E I. Sensitive periods in the development of brain and behavior[J]. Journal of cognitive neuroscience, 2004, 16(8): 1412-1425.

[16] MARSICK V J, VOLPE M. The nature and need for informal learning[J]. Advances in developing human resources, 1999(1): 1-9.

[17] MALCOLM S KNOWLES. Informal adult education[M]. Chicago: Association Press, 1950.

[18] MERLIN C WITTROCK. Generative learning processes of the brain[J]. Educational psychologist, 1992, (9): 531-541.

[19] M S KNOWLES. Designs for adult learning[M]. Alexandria: American Society for Training and De-velopment. 1995.

[20] SHARON B MERIAN. New progress in adult learning theory[M]. Beijing: Renmin University Press, 2006.

[21] RITADUNN, S J DENIG, M LOVELACE. Multiple intelligence and learning styles: two sides of the same coin or different strokes for different folks? [J]. Teacher librarian, 2001, 28(3): 9-15.

[22] ROBERT M GAGNE. The conditions of learning and theory of instruction[M]. New York:Wadsworth Pub.Co., 1985.

[23] R J STERNBERG. Thinking styles[M]. New York: Cambridge University Press, 1997.

[24] R J STERNBERG. Mental self-government: a theory of intellectual styles and their development[J]. Human development, 1988(31): 197-224.

[25] WATKINS K. Informal and incidental learning in the workplace[M]. New York: Routledge and Kegan Paul, 1990: 12.

[26] 毕淑芝，司荫贞．比较成人教育[M]．北京：北京师范大学出版社，1995.

[27] 海尔．浅析海尔的员工培训[J]．人才资源开发，2005（9）：71-72.

[28] 陈琦，刘儒德．教育心理学[M]．北京：高等教育出版社，2005.

[29] 郝丹．为成人学习者设计持久性学习活动[J]．中国远程教育，2008（7）：11-14.

[30] 经济合作与发展组织．理解脑：新的学习科学的诞生[M]．北京：教育科学出版社，2010.

[31] 李乐．我国企业员工培训中的问题及模式构建[D]．开封：河南大学，2010.

[32] 李斌．三星集团培训管理案例研究[D]．北京：北京师范大学，2012.

[33] 刘强东．看京东如何用互联网思维培训 6 万员工[J]．中关村，2014（10）：86.

[34] 王霞，王中华．三十年来我国成人学习理论研究的检视与反思[J]．成人教育，2018，38（02）：1-4.

[35] 王云，闻素霞．自我调节学习研究综述[J]．赤峰学院学报（自然科学版），2014，3（4）：204-205.

[36] 姚远峰．西方成人教育学史略[J]．湖北大学成人教育学院学报，2006，6（3）：33-35.

[37] 颜世富．培训与开发[M]．北京：北京师范大学出版社，2007.

第七章

培训方法

学习目标

1. 掌握常用的企业培训方法；
2. 了解常见培训方法的适用情形；
3. 掌握培训方法的选择原则。

引例

IBM 公司的销售人员培训

国际商用机器公司（IBM）是一家大型跨国企业，其年销售额约为八百多亿美元。它是世界上经营最好、管理最成功的公司之一。在计算机这个发展最迅速、经营最活跃的行业里，其销量居世界之首，多年来，在《幸福》杂志评选出的美国前 500 家公司中一直名列榜首。IBM 公司追求卓越，特别是在人才培训、造就销售人才方面取得了非常成功的经验。

IBM 公司的销售人员和系统工程师要接受为期 12 个月的初步培训，主要采用现场实习和课堂讲授相结合的教学方法。其中，学员 75%的培训时间是在各地分公司度过的，25%的时间在公司的教育中心学习。分公司负责培训工作的中层干部将检查学员的教学大纲，这个大纲包括学员的素养、价值观念、信念原则以及整个生产过程中的基本知识等方面的内容。学员们与市场营销人员一起拜访用户，从实际工作中得到体会。

此外，IBM 公司还经常让学员在分公司的会议上，在经验丰富的市场营销代表面前，进行他们的第一次成果演习。有时，有些批评可能十分尖锐，但学员们却因此增强了信心，并赢得同事们的尊敬。

IBM 公司市场营销培训的一个基本组成部分是模拟销售角色。在公司第一年的全部培训课程中，没有一天不涉及这个问题，并始终强调要保证学习或介绍的客观性，包括为什么要到某处推销和希望达到的目的。

IBM 公司采取的模拟销售角色的方法是，学员们在课堂上扮演销售角色，教员扮演用户，向学员提出各种问题，以测试他们解决问题的能力。这种上课接近于一种测验，可以对每个学员从优点和缺点两个方面进行评判。

另外，IBM 公司还在一些关键的领域内对学员进行评价和衡量，如联络技巧、营销与学习技能、与用户的交流能力以及一般企业经营知识等。对于学员们扮演的每一个销售角色和介绍产品的演习，教员们都给出评判。特别要提出的是，IBM 公司为销售培训所发展的具有代表性、最复杂的技巧之一就是阿姆斯特朗案例练习，它集中考虑一种假设的，由饭店网络、海洋运输、零售批发、制造业和体育用品等部门组成的，具有复杂的国际业务联系。通过这种练习可以对工程师、财务经理、市场营销人员、主要的经营管理人员、总部执行人员等的形象进行详尽的分析。这种分析使个人的特点、工作态度，甚至决策能力等都清楚地表现出来。

在练习中由教员扮演阿姆斯特朗案例人员，从而创造出了一个非常逼真的环境。在这个组织中，学员们需要对各种人员完成一系列错综复杂的拜访。面对众多问题，他们必须接触这个组织中几乎所有的人员，从普通接待人员到董事会成员。

由于这种学习方法非常逼真，每个“演员”的“表演”都十分令人信服，因此每一位参加者都能像 IBM 公司所期望的那样，认真地对待这次学习机会。这种练习机会就是组织一次向用户介绍发现的问题，提出该公司的解决方案和争取订货的模拟用户会议。

（资料来源：朱丽姝. IBM（中国）员工培训改善策略[D]. 大连：大连海事大学，2013.）

IBM 的现场实习、课堂讲授和模拟销售角色的方法成功地为企业造就了人才。由此可知，企业员工培训的成功与否很大程度上取决于培训方法的选择。那么，什么是培训方法？有哪些培训方法？应该如何选择培训方法？这是本章要探讨的内容。

第一节　培训方法概述

人力资源是企业的一种特殊经济资源，企业只有将这种特殊的经济资源与其他资源有机地结合起来，充分发挥人才的作用，才能在激烈的竞争中占据一席之地。然而，人力资源培训离不开高效且适用的培训方法。

一、培训方法的概念与特点

培训方法是指为了有效地实现培训目标而确定的手段、技术和方法（邱羚，2014）。培训师在培训过程中，必须结合公司的培训需求和员工的个人需求，借助相关的具体方法，对培训对象的知识进行扩展或者深化，并对其某方面的技术或者能力进行训练和提升。培训师可以借助的培训方法有很多，但其最终目的都是取得较好的培训效果，满足公司和员工的培训需求。因此，培训方法的实施是实现培训效果的必经阶段，培训方法具有以下三个主要特点。

（一）多样性

目前，企业员工的培训方法种类繁多，不仅有常用的传统培训方法，现代的新技术培训方法也在不断地涌现。常见的传统培训方法有讲座法、视听法、案例研究法、角色扮演法、仿真模拟法等；现代的新技术培训方法有多媒体培训、计算机辅助培训、电子绩效支持系统、远程网络培训等。培训方法的多样性要求培训部门在确定培训方案时，应该先对培训方法有一定的了解，并能判断各种培训方法的适用范围、适用对象以及经费需求等。

（二）针对性

培训方法有一定的侧重点，培训对象、培训目标、培训时间和培训投入的不同决定了培训方法的不同。比如，对于刚入职的员工，企业可以选择拓展训练法、军事训练法以及团队培训法等团建方法，既可以让新员工快速了解并学习企业文化，融入团队中，增进员工间的相互了解，让员工之间相互包容、相互信任，让队员之间相互尊重；也可以让队员之间充分认识到个体的差异性，让队员去相互学习对方身上的优点，努力地向更好的方向进步。该方法有助于自我意识能力、问题解决能力、冲突管理能力和风险承担能力的开发。因此，培训方式与方法的选择应因时、因人、因地而异，有针对性地对员工进行培训，才能做到有的放矢，最大限度地开发员工的潜能。

（三）灵活性

培训方法的选择并不是固定不变的，企业可以根据特定的需求或培训目标，灵活结合不同的培训方法或者对某个培训方法做出适当的调整。培训方法具有一定的灵活性，应当因地制宜，量体裁衣。企业在培训过程中，应用的培训方法并非是单一的，一般都会结合不同的培训方法，形成一个培训方法组合，以期达到更好的培训效果。其中，混合式培训方法，也就是线上培训与线下培训相结合，已经成为目前流行的一种培训方法。

二、培训方法的分类

培训方法的分类依据有很多种，如按培训载体分类，按培训师与学员之间的关系分类，按培训时所使用的设备分类等。本节仅介绍以下两种常见的分类方法。

（一）按培训的载体分类

根据培训载体的不同，可以分为传统培训方法和新技术培训方法。

1. 传统培训方法

传统培训方法是指以培训师直接面对学员为主要形式的培训方式（徐庆文，裴春霞，2004）。这类方法主要以粉笔、黑板、挂图、幻灯片、投影机等为工具，一般不需要借助新技术传递信息。它具有直观、生动、形象、成本低、便于面对面交流等特点，是目前员工培训中普遍采用的方式。然而，传统的培训方法有其固有的缺陷：它所使用的工具简单，无法展示出复杂的内容，略显单调；企业大多运用传统的授课模式“老师讲，学生听，考试测”，容易产生枯燥、效果差的弊病。

2. 新技术培训方法

新技术培训方法是指通过网络、电子信息传递技术等现代通信技术培训员工的一种方式。新技术培训方法主要可归纳为媒体辅助远程培训、计算机辅助培训、多媒体远程培训、技术辅助远程培训、利用电信技术的培训、网络培训等。这种培训方法以技术为支持，使培训和教育超越了传统课堂的限制，以学员为中心，为学员提供更多自我探索和自我学习的机会。

（二）按培训师与学员之间的关系分类

根据培训师与学员之间关系的不同，可以分为单向讲授方法和双向互动方法。

1. 单向讲授方法

单向讲授方法是指培训师在培训过程中与学员保持单向沟通的培训方法。这种方法比较简单，容易操作，但是这种单向的讲授方法缺乏针对性和互动性，不利于调动学员的学习积极性，并且讲授的对象一般是全体成员，没有区别对待学员的个别问题。

2. 双向互动方法

双向互动方法是指培训师在培训过程中与学员保持双向沟通的培训方法。培训师采用“启发式”教学法，鼓励员工积极参与培训过程，在双向沟通中，引导与启发学员思考和讨论。这种方法有利于提高学员的学习积极性和学习效率，但是这种方法要求培训师有较强的课堂控制能力，能够合理、有序地安排与学员的沟通和互动。

三、培训方法的发展趋势

随着信息技术的不断发展和完善，培训方法出现了新的发展趋势，主要有以下三种。

（一）新技术的应用

新技术的应用主要体现在网络多媒体技术和虚拟现实技术的应用方面，基于互联网开发 E-learning、微课等在线学习或远程培训教育。市场上在线学习平台包括 MOOC、可汗学院、云学堂等。先进的教学设备和教学手段的应用是现代培训方法的一大特点。以先进技术作为媒介和教学手段，提高了学员学习的积极性和主动性，也在一定程度上增加了培训时间和内容的灵活性，极大地增强了培训效果。

例证 7-1

西南航空公司飞机驾驶员模拟培训

西南航空公司利用高级模拟器对飞机驾驶员进行模拟培训，飞机驾驶员可以按照自动运行的程序模拟飞机“滑行、起飞、爬升、航行、降落、着陆和绕行”，如果是利用真正的飞机来培训飞行员的话，比较不实际，也不明智，而模拟设备的使用不仅可以减少成本支出，还可以提高员工培训的安全性。

（资料来源：孙智. S 航空公司飞行员管理与开发策略[D]. 济南：山东大学，2012.）

（二）多种培训方法的组合

由于新的培训方法不断地发展，企业使用的培训方法不再局限于过去的传统方法，而是更多地融合了多种培训方法。传统的培训方法一般都是以讲座的形式为主，教学工具简单，不能满足企业所有的培训要求。现代企业所采用的培训方法主要有案例研究、管理游戏、电子学习、仿真模拟等，教学工具先进，极大地增强了培训效果。因此，越来越多的企业针对不同的培训需求和培训目标，开始结合多种培训方法对员工进行培训，包括混合式培训。

（三）针对性的增强

一般来说，企业在制订培训计划之前，都会对培训对象进行测评，再根据测评的结果设计相应的培训方法和内容。针对每一个员工个人的长处和待改善的地方，配合业务的需求，综合考虑员工未来的职业兴趣和未来工作的需要来选择或者改善相应的培训方法，这无疑增加了培训方法的针对性。

例证 7-2

破解培训针对性难题——美的学院管理技能状况评估

美的公司内部创立的美的学院采用了华夏基石管理科技有限公司的HRway管理能力评估与提升系统，帮助学员了解其现有的知识层次、技能层次以及自身能力的差距，最终保证训练营课程体系的设计具有针对性。

该系统以管理技能 STONE 模型为核心，即战略思考（Strategy）、团队建设（Teambuilding）、组织发展（Organization）、下属管理（Nourish）、卓越执行（Executive）。这五个维度与美的管理者核心能力非常吻合。

HRway 管理能力评估与提升系统采用情境判断测验，通过模拟一些工作中实际发生或可能发生的情境，要求被试者针对情境中的问题，对可能的几种反应做出判断。每个受测者会得到一个关于集团的背景资料，然后根据场景转换处理面临的一系列管理问题。通过对受测者在这些管理情境下反应的记录，来评价受测者在这些管理素质上的表现。同时，提供受测者这些情境的标准答案，最终达成对受测者管理能力评估与训练的目的；并最终提供受测者以正确反应的专家点评，达到管理技能训练的初步目标。同时，为了明确后备管理者的行为特征，此次评估还附加了一个性格测评与职业素养测评。前者即为经典的 MBTI 测评，以明确后备管理者的行为风格与互动模式；后者测评个体在工作中表现出来的“责任意识、主动性和工作韧性”，也以情境判断测验的方式呈现。

此次所有的评估分为线上与线下完成。HRway 管理能力评估与提升系统完全在线上完成，立即可以看到个体评估报告，同时获得专家点评。性格与职业素养评估为线下评估，需要在规定的时间内完成。其中，职业素养评估由华夏基石专门为美的人力资源人员、财务人员、IT 人员分别设计，形式也是情境判断测验。

美的学院统一组织学员进行限时测评，以保证测评数据的效度和信度。在后期数据分析中，美的学院把 HRway 系统线上测评的 STONE 五维度数据进行了拆分，并细化了维度，把这些细化维度与美的的核心能力进行了匹配，同时，结合线下测评的结果，使每个受测者最终比较清晰地了解自己在评估维度上的细致表现。

（资料来源：华夏基石，2010）

第二节 培训的主要方法

不同的培训方法适用于不同的培训目的和培训需求，培训方法与培训技术的采用直接影响到培训的效果。按照培训载体的不同，培训方法可以分为传统培训方法和新技术培训方法。这两类培训方法在企业员工培训过程中都有不同程度的应用，本节将介绍这两类培训方法的基本概念、优缺点以及适用范围。

一、传统培训方法

传统培训方法是指以培训师直接面对学员为主要形式的培训方式，一般不需要借助新技术传递信息。传统培训方式具有直观、生动、形象、成本低、便于面对面交流等特点，是目前员工培训中普遍采用的方式。本节讨论的传统培训方法分为三类，即演示法、传递法和团队建设法（诺伊，2015）。

（一）演示法

演示法（Presentation Methods）是指学员被动接受知识和技能的培训方法。它的主要特点是学员在培训过程中具有被动性。演示法常见的类型有讲座法和视听法。

1. 讲座法

讲座法是指培训师用语言把知识、技能等培训内容传授给学员的培训方式，它是最传统的培训方式。在这种培训方式中，培训师讲授培训内容，学员只是单纯地吸收知识。也就是说，培训师与学员之间的沟通属于从培训师到学员的单向沟通。讲座法可以分为标准讲座、团体教学、客座发言、座谈小组和学生发言等不同形式，表7-1描述了上述五种不同形式的讲座方法及其优缺点。

表7-1 不同的讲座方法及其优缺点

方法	具体描述	优点	缺点
标准讲座	培训师讲，学员听，并吸取知识	有效地传递大量信息，成本最低，时间最节省	单向沟通，缺乏反馈
团体教学	两个或两个以上的培训师讲不同的专题或对同一专题的不同看法	给培训带来更多的技术和观点	培训师必须与其他培训师协调
客座发言	客座发言人按事先约定的时间出席并讲解主要内容	可以给学员相关的例子和实际的应用，激发他们的学习动机	对某一领域不了解的学员难以理解重点

续表

方　法	具体描述	优　点	缺　点
座谈小组	两个或更多的发言人进行信息交流并提问	有利于学员充分表达自己的立场、观点	对某一课题不了解的学员难以理解重点
学生发言	各学员小组在班上轮流发言	提高培训的价值及学员的关注程度	若学员发言技巧匮乏，将导致学习受阻

虽然讲座法是一种单向的沟通方式，但是它按照一定的组织形式有效地传递大量信息，成本最低，时间最节省。它可以快速、简单地向一大群学员传递信息，还可以作为其他培训方法（如行为示范）的辅助手段，这也体现了不同培训方法之间的相互补充性。另外，讲座法还有以下四个优点。

（1）易于安排整个讲述程序。

（2）比单纯的阅读成效高。

（3）适合任何数量的听众。

（4）培训师能够集中向学员介绍较新的研究成果，具有较强的针对性。

讲座法的局限性在于缺少学员的参与、反馈以及与实际工作环境的密切联系，阻碍了学习和培训成果的转化，具体表现在以下几个方面。

（1）由于讲座法强调的是信息的聆听，学员处于被动的位置，不容易调动其积极性。

（2）不容易找到所谓的“名嘴”或“讲手”。培训师的水平是增强培训效果的关键因素之一。虽然培训水平高的培训师不一定能够保证培训的效果，但是培训水平低，甚至培训经验不足的培训师一定不能确保培训的效果。

（3）不适当的环境（如场地、音响、辅助媒体等）容易影响倾听的效果。

（4）由于是单向沟通，学员的反馈有限，培训师很难迅速、有效地把握学习者的理解程度，学习的成效并不高。为克服这些问题，讲座法常常会附加问题、讨论和案例研究。

因此，为了促进学习和培训成果的转化，组织好讲座，应该注意以下四个问题。

（1）选取好的培训师。培训师是讲座法的灵魂，培训师水平的高低直接关系到培训的效果。好的培训师应该能够在了解学员基本情况的基础上，有针对性地准备好讲课的课件，事先发给学员讲演的大纲与摘要，以便于学员了解演讲者的意图、方向和重点，在课堂上还要求培训师能够自如且清晰地向学员传递信息或者技能。

（2）妥善安排好演讲的环境，如场地、音响、辅助媒体等，使所有的学员特别是坐在后排的学员都能清晰地听到培训师的声音。

（3）避免在太短的时间内灌输给学员太多的资讯，以免造成接收不良。

（4）演讲结束后，适当安排问答、讨论或者案例研究，以便于双方沟通，提高学习成效。

2. 视听法

视听法是利用幻灯片、电影、录像等视听材料进行培训的一种方法，它是一种多感官参与的培训方法，多用于对新员工的培训（徐庆文，裴春霞，2004）。这种方法不仅可以用来培训学员的沟通技能、谈话技能和服务技能等，还能用于详细说明某一生产步骤。目前的视听法培训多强调计算机科技和光碟设备的应用，如投影仪、录像、电视、电影、计算机，以满足员工个人差异、自学步调与双向沟通的需求。

视听法最大的优点是可以提供个性化的教学。由于视听媒体具有重播、慢放或快放等功能，培训师可以根据学员的水平来灵活调整培训内容，还可以让学员接触到难以解释说明的设备、难题和事件，如设备故障、顾客抱怨或其他紧急情况。同时，一些视听设备（如 CD、DVD）和优酷、抖音短视频等，进一步向学员提供了互动功能，容易引起学员的学习兴趣。换句话说，在培训课程的每一个阶段，学员可以根据学习能力和学习需求的差异，安排自己的学习步调。因此，不管是单独使用还是与其他的培训方法结合起来使用，视听法越来越受到企业的重视。

视听法的主要问题在于所使用的创作方法具有较多局限性。例如，视听设备和材料的成本较高，且容易过时；视听内容本身的缺陷会削弱培训效果；学员容易受视听设备或场所的限制等问题。

采用视听法进行培训，要做好以下几点：首先，视听法教学要求培训师按照培训主题选择合适的视听材料，并事先准备好适当的教学软件、计算机、音响等培训设备；其次，视听培训之前，培训师应先说明培训的目的，并配合培训的内容进行讨论，增加理解，以期达到理想的培训效果；最后，培训师应在讨论之后总结重点或谈谈将培训知识应用于实践的具体方法。

（二）传递法

传递法（Hands-on Methods）是指培训师以某种方式把知识、技能传递给学员，并要求学员互动参与的培训方法。传递法以学员为中心，培训师充当引导和激发学员学习动力的角色，力求启发学员积极参与学习，掌握相应的知识和技能。这类方法主要包括在职培训、仿真模拟、案例分析法、管理游戏法、角色扮演法、行为示范法等，它提供了亲手操作的工作体验，有利于开发学员特定的技能，理解技能和行为的实际应用。

1. 在职培训

在职培训（On-the-Job Training，OJT）是指员工在不离开工作岗位的前提下，管理者在日常的工作中指导、开发下属技能、知识和态度的一种训练方法。在职培训是最好的培训方法之一，它在工作场所有计划、有组织地对员工进行培训。一般情况下，在职培训多用于在实际工作中培训新员工；帮助有经验的员工进行新技术升级培训；在统一单位或部门内进行交叉培训；岗位发生变化或得到晋升的员工的新工作适应培训。在职培训尤其适用于发展员工在工作中所需的特定技能，特别是很容易上手，并有现成设备和设施供实际操作的技能。

在职培训有很多优点：① 在材料、培训师的工资或指导方案上投入的时间或资金相对较少；② 某一领域内的专家和同事都可以作为指导者；③ 学员可以边工作边学习；④ 企业一般已具备在职培训所需的设备和设施；⑤ 学员在实践中学习，培训师可以及时对学员的学习过程进行反馈。

然而，在职培训对培训师的要求却比较高。培训师自身必须经过严格有素的训练，并提供必要的培训材料；培训师还须熟练运用演示、实践和反馈等技巧，有组织、有计划地对学员进行有效的在职培训。其中，师带徒和自我指导学习是在职培训最常见的两种形式。

（1）师带徒。师带徒（Apprenticeship）是指员工结合在职培训和课堂培训进行学习的一种培训方式。它是最为传统的现场培训方式，常用于诸如机械师、实验室技术员或电工等技能行业（伯兰德，斯内尔，2006）。它是由经验丰富的员工作为师傅，传授技艺给一个或者几个新员工，主要有示范、实践和评估三个步骤。师傅首先要确认徒弟已具备对某一操作过程的基本知识，然后向徒弟演示这一过程的每一步骤，并强调安全事项和关键步骤，最后师傅还要为徒弟提供实际操作该过程的机会，直到师傅认为徒弟已经可以安全且准确地完成该项工作为止。师带徒的步骤如图 7-1 所示。

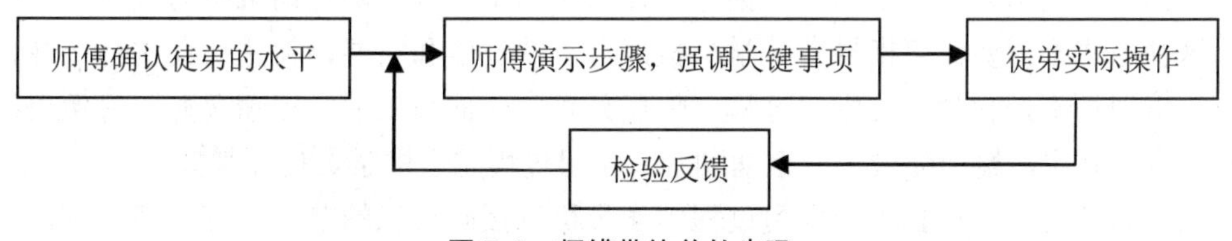

图 7-1　师傅带徒弟的步骤

师带徒的培训方式的主要优点是可以让学习者在学习的同时获得收入，一般学徒培训会持续几个月甚至几年的时间，所以带薪学习对员工很重要。毋庸置疑，随着学习者技能水平、工作熟练度的提高，以及师徒之间人际关系的发展，具体工作的协调和开展将会更加顺利。

其缺点在于：① 由于新技术与新的管理技术在企业中的运用，培训的技能可能无用武之地；② 由于工作性质的变化（新技术运用和跨职能部门团队运作的结果），一些企业认为师带徒培训出来的员工技能不具有推广性，不愿意聘用“师带徒”计划中成长起来的工人；③ 师傅担忧“带会徒弟，饿死师傅”，因而传授时有所保留。

学徒制教育——瑞士表业成功的法宝

“时间中心”职业学校和斯沃琪集团的合作，是瑞士学徒制职业教育的典范。瑞士职业教育是由企业、政府和学校三方紧密合作的学徒制教育模式。“时间中心”是瑞士政府认可的 7 所钟表职业学校之一，就在离“时间中心”不远的地方，坐落着全世界最大的手表企业——斯沃琪集团的学徒培训中心。学生首先要找到一家愿意“聘用”他学习的钟表企业，与经政府认可且符合资质的企业签订学生、企业和政府间的三方协议。学徒期间，企业支付给他正式员工工资的 25%作为薪酬，同时将其分配到政府认可的钟表职业学校进行 3～6 年的职业教育学习。这样，学生每周 4 天时间在企业学习实践操作，1 天在学校学习理论知识，企业为经过训练合格的学徒颁发证书。

斯沃琪是全球唯一一家具有生产全部手表零部件能力的企业。在斯沃琪做学徒，可以亲身参与手表每一个零件的制作。斯沃琪集团全球客户服务总监比特·艾比认为，坚持学徒制职业教育是瑞士钟表业成功的一大法宝。

（资料来源：刘栋. 学徒制教育传承瑞士钟表业精髓[N]. 人民日报，2014-09-11.）

（2）自我指导学习。自我指导学习（Self-directed Learning）即我们通常所说的自学，是指员工全权负责自己的学习，包括选择什么时间学习以及确定请谁参与到学习过程中来。这种方式不需要任何指导者，学员按照自己的进度和需要，自主自愿进行个性化的学习。培训师不控制学员的学习过程，他们只负责评估员工的学习情况并回答所提出的问题。也就是说，培训师只是一个辅助者，学习过程完全由学员自己掌握。

从个人角度讲，自我指导学习过程中学员可以按照自己的节奏制订学习计划，安排学习并得到有关学习绩效的反馈；从公司角度讲，自我指导学习仅需要少量培训师，减少了聘请培训师、租用会议室、交通等相关费用，也使在多种场合下培训成为现实。

自我指导学习自主自愿的性质也是其主要缺点所在，一方面，由于它基于学员的自主性，这就要求学员必须有良好的学习能力和动机，自觉、自律地安排自我学习。另一方面，公司的自我指导学习开发成本较高，时间较长。要想真正实现员工的自我培训，企业必须全面做好各方面的准备，建立、健全培训激励机制。随着企业激励机制的发展，自我指导学习将会变得越来越流行。

例证 7-4

波音为员工自学买单，设法让员工留下来

“员工可以学习自己想学的任何东西，不论与工作有关还是无关，公司都会全力资助”，这就是波音公司著名的 Learning Together Program（LTP）项目。

波音公司在美国有一名司机，他对国际关系产生了浓厚的兴趣，于是就在公司的资助下攻读了国际关系等三个硕士学位。学 MBA、学烹调、学飞机驾驶等，只要员工自己想学，公司几乎都可以提供资助。

其实申请资助的过程很简单。任何一名员工，如果感觉自己有学习的需求，又有剩余的时间与精力，选好某种课程之后，就可以向公司提出申请。只要是公司所在国家认可的正规学科，其申请通常都会获得通过。波音公司几乎是无条件支持员工的学习计划，不会考量你的资历、职位，也不会要求员工签订额外的协议。

对于这种无条件资助的风险，波音公司完全不怕员工会在获得某个学位或资格之后跳槽，“因为我们有充分的自信，我们有足够的吸引力让员工留下来。即使员工学成之后走了，那也是波音对社会的贡献”。

（资料来源：中国人力资源网. http://www.chinahrd.net/news/info/13865.）

2．仿真模拟

仿真模拟（Simulation）是指把培训对象置于模拟的现实工作环境中，让他们依据模拟的情境做出及时的反应，分析、解决实际工作中可能出现的各种问题，为实际岗位的工作打下基础的一种培训方法（石金涛，2002）。仿真模拟培训针对特定的条件、环境及工作任务进行分析、决策和运作，可以让学员在一个人造的、无风险的环境下看清他们所做决策的影响。该方法常常被用来传授生产和加工技能、管理能力和人际关系技能等，如培训飞行员的飞行模拟器的模拟飞行。

仿真模拟可分为模拟设备和模拟情境两类。前者主要是以模拟设备为基础，对学员使用该设备的技能进行模拟训练。在模拟设备的操作训练过程中，学员可以反复练习，不用担心失误会带来不良后果，也可以在训练过程中进行自我反馈和自我纠正。后者主要是根据培训的需求和实际的工作环境，模拟某一工作情境，让学员在一个现实的社会环境氛围中对未来的职业岗位有一个比较全面的理解，特别是某些行业特有的规范。情景模拟有助于全面提高学员的职业素质。

由于仿真模拟复制了学员在实际工作中所使用的物理设备，不必担心错误的操作会带来不良的后果，可以用最少的成本支出确保培训时最大的安全性。同样地，用于管理

和人际关系技能训练的仿真模拟也不会真正地造成人际关系的破裂，学员可以放心地进行模拟训练。

当然，仿真模拟也有以下几个不足之处。

（1）模拟训练的情况与现实情况之间始终会有一些差距，因此，模拟的解决方式不一定完全适用于现实情况。

（2）模拟设备的关键在于要具有与工作环境相同的因素，而且随着外部环境和内部环境的变化发展，模拟设备必须及时更新，因此，其开发成本通常都比较高。

（3）培训师必须对各项技能的训练非常熟悉，才能使学员通过仿真模拟得到真正的训练。

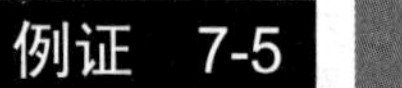

西门子全仿真实训平台

根据仪表维修工职业技能鉴定实际操作基本要求，设计、开发可用于教学和演练的西门子 S7-300 PLC 实训平台，实训内容涉及机电一体化专业多学科知识。为使在职员工通过培训掌握 PLC 的维护、安装及调试等方面的理论知识和应用能力，建立现场仪表综合实训实验室，结合淘汰旧的 PLC 部分卡件，设计搭建和开发出一套 S7-300 全仿真实训平台。实训平台是石化公司的浓缩装置，结合了控制系统和现场仪表两个部分，体现控制系统和现场仪表具有相同的重要性。实践证明，实训平台对提高员工的工程实践能力、动手能力及培养员工创新意识和团队合作精神具有积极作用。

（资料来源：杨海军. 西门子 S7-300PLC 全仿真实训平台[J]. 设备管理与维修，2014,（7）：35-36.）

3．案例分析法

案例分析法又称为案例研究法或案例研讨法，是一种体验式培训方法。案例分析法是指把实际工作中出现的问题作为案例，交给学员研究、分析、评价所采取的行动，指出正确的行为，并提出其他可能的处理方式，以此培养学员们的分析能力、判断能力、解决问题及执行业务能力的培训方法。

案例分析法由哈佛大学于 1880 年开发完成，后被哈佛商学院用于培养高级经理和管理精英的教育实践。该方法一般以会议讨论的方式进行，适用于新进员工、管理者、经营干部、后备人员等，其培训目标主要是提高学员解决问题的综合能力，使他们在以后的工作中出色地解决各类问题。

案例分析法的优点主要有以下三点。

（1）案例分析的过程需要学员高度参与互动，进行讨论，最终得出结论，也就是说，与讲座法只听讲而不参与相比，其参与性要强得多。

（2）通过对个案的研究和学习，能够明显地增加员工对公司各项业务的了解，获得有关管理方面的知识和原则，提高员工解决问题的能力。

（3）它是一种信息双向交流的培训方式，有助于培养员工良好的人际关系，增强企业内部的凝聚力。

虽然案例分析法出现得比较早，经历了一百多年的发展，但是它仍然存在以下不完善之处。

（1）案例所提供的情境不是真实的情境，学员不能亲临其境，不可避免地存在失真性。

（2）对案例的实用性要求很高，在案例的编写和搜集时，不仅要注意其与培训内容的关联性，还要看其是否能激发学员的研究兴趣。

英特尔公司领导力开发途径

英特尔对其高层管理人员提出了一系列的要求，包括战略的思想、商务执行能力、个人对公司的忠诚度、全球性的领导力。公司内部除了设有不同的课程，还有许多外部培训机会。公司与许多国际上著名的提供EMBA课程的教育机构合作，选派公司重点培养的员工去参加EMBA培训。除了众多课堂学习培训之外，还通过许多动手、实践的机会培训员工。公司为候选人指定一名资深的管理者，这个管理者会为参训者提供许多案例，让参训者去具体分析这些案例，探究怎样解决问题。参训者要汇报对案例的分析与解决的结果，管理者由此来了解参训者是否从培训计划中学到了所要求的领导技能。

（资料来源：金鑫. 领导力开发的途径[J]. 人力资源，2005（1）：62-62.）

4．管理游戏法

管理游戏法（Management Games）又称为商业游戏法（Business Games），是指由两个或多个参与者仿照商业竞争的原则，相互竞争并达到预期目标的方法。商业游戏主要用于管理技能的开发，它要求学员搜集信息，对其进行分析并做出决策。管理游戏法原先是作为企业培训的一种高级训练方法，这种培训方式是从 MBA 案例教学讨论发展而来，一般统称为“做中学”（Learning by Doing），是让学员走出办公室，在相对集中的一段时间内参与管理游戏，在游戏过程中培养与人相处的一种健康心态，并通过管理游戏，培养学员的管理思维方式（朱良辉，2008）。

管理游戏法的优点体现在：一方面，参与者积极参与游戏，而且游戏仿照了商业竞争的常态，情境逼真，可以刺激学习，培养学员对学科的兴趣；另一方面，在培训时，往往以小组的形式进行，需要整组学员齐心协力才能取得游戏的最终胜利，因此在不知不觉中培养了学员的领导才能和团队精神，极大地增强了公司员工的凝聚力。最重要的是，学员在决策时会面临各种各样的矛盾，成功与失败的可能性都存在，需要学员积极地参加训练，运用相关的理论与原则、决策力和判断力对游戏中所设置的各种难题进行分析研究，采取必要措施，取得胜利。因此，该培训方法在增强学员学习兴趣、培养学员团队精神的同时，也训练了学员由此及彼的思维能力和创造能力，提高了学员解决实际问题的能力。

管理游戏法也有一定的局限性。应用这一方法，从前期的游戏选择、道具准备到游戏的开始进行，直至最后的结果和行为分析，都需要相当长的时间，并且在游戏设计、规则制定、胜负评判等方面都有较大的难度，对培训师把握游戏的能力有相当高的要求。

在管理游戏中能否做到有效引导，并把握好现场的互动，往往是影响管理游戏实施效果的关键因素。首先，要学会巧妙提问。通过提问帮助学员逐一理解游戏规则，发现学员偏离游戏规则时，应通过提问，给予及时辅导。分享阶段，应通过设计精辟的问题，让学员自己寻找答案。其次，善于组织小组讨论及大组分享。一般游戏方案的制定、游戏结果的分享，都是通过小组讨论进行的，对精彩之处，要及时给予肯定，并加以总结和发挥。另外，要重视角色的扮演。角色的产生一般用主动报名方式，培训师应给予必要的辅导。表演结束后，表演者谈完感想后，由观察者给予赞赏性和建设性两个方面的反馈，最后由讲师进行总结性辅导。

例证 7-7

你还有潜力可挖！从 15 秒到 0.5 秒

游戏：十几个学员平均分为两队，要把放在地上的两串钥匙捡起来，从队首传到队尾。规则是必须按照顺序，并使钥匙接触到每个人的手。

比赛开始并计时。两队的第一反应都是按老师做过的示范：捡起一串，传递完毕，再传另一串，结果都用了 15 秒左右。老师说："动动脑筋，时间还可以再减半。"一个队先"领悟"了，把两串钥匙拴在一起同时传，这次只用了 5 秒钟。老师说："时间还可以再减半，你还有潜力可挖！"怎么可能？学员们很不自信。这时场外没参加游戏的人急忙提醒道："只是要求按顺序从手上经过呀，不一定非得传呀。"一个队明白了，完全抛开了传递方式，开始飞快地把手扣成圆桶状，摞在一起，形成一个通道，让钥匙像自由落体一样从上落下来，既按了顺序传递，同时也接触了每个人的手，时间是 0.5

秒，随即欢呼声起。

启示：

（1）单纯模仿会造成思维定式，提高效率就要开动脑筋，寻找新方法。

（2）创新遇阻往往是企业自我设限造成的。当一个新目标提出时，可能会产生“是否可能”的怀疑，但当外界给你肯定的答案和压力时，经过努力你会发现，原来目标是能达到的，而且目标定得越高，压力越大，但目标最好是循序渐进地推进。

（3）企业必须以开放的姿态对待周围的环境，封闭只会造成由于满足现状而不思进取，因此，一方面要关注周围的竞争者；另一方面也要重视身份超脱的“外援”，旁观者清，他们往往会在关键时点醒当局者。

（4）大家之所以敢于大胆地尝试，是因为游戏中没有破产等损失的风险存在。可见，企业应该有一个“决策实验室”，在小范围中做试点工作，在尝试失败中寻找创新。

（资料来源：http://women.sohu.com/20041110/n222903321.shtml）

5．角色扮演法

角色扮演法是指在一个模拟的环境中，规定参加者扮演某种角色，借助角色的演练来理解角色的内容，模拟性地处理工作事务，从而提高问题处理能力的一种培训方式。角色扮演法最常用于人际关系的培训，它可展示人际关系与人际沟通中的不同手段与观念，为体验各种行为并借此进行评价提供了一种有效的工具。另外，这种方法也可用于询问、电话应对、销售技术、业务会谈等基本技能的学习与训练。它与仿真模拟的区别在于学员可选择的反应类型及情境信息的详尽程度。角色扮演提供的情境信息十分有限，而模拟所提供的情境信息通常比较详尽。

角色扮演法作为颇受欢迎的培训方法之一，具有以下三个优点。

（1）学员的参与性强，学员与培训师之间的互动交流比较充分。这样有助于提高学员的学习积极性，变被动为主动，让其积极参与到培训中去。

（2）特定的模拟环境和主题有助于训练基本技能，有利于增强培训的效果。角色扮演法往往都是先根据学员的个别情况和培训需求来设计特定的模拟情况，这就增加了培训的针对性和有效性，摆脱了传统培训泛泛而谈的缺点。

（3）通过亲身体验和观察其他学员的扮演情况与行为，有助于学员发现问题，提高学员的观察能力和解决问题的能力，学习各种交流技能。

当然，角色扮演法并非十全十美，也存在着一些问题。一方面，学员的角色扮演不一定是完全成功的，一次失败可能会挫伤学员的积极性。另一方面，角色扮演法具有较强的人为性，该方法的效果好坏主要取决于培训师的水平，一个既符合培训目的又能使学员积极参与的角色扮演往往对培训师的水平有很高的要求。

6．行为示范法

行为示范法（Behavior Modeling）是指让培训对象观摩行为标准样例或录像视频、幻灯片等，并进行实际操练的一种培训方法。行为示范法结合了几种不同的培训方法和学习原则，它主要包括以下四项基本内容（伯兰德，斯内尔，2006）。

（1）学习重点。开展教学活动时，需要列举培训计划重要的目标和目的，指出学习的关键点所在。

（2）模拟。通过观看示范者的标准样例或录像视频、幻灯片等，学员进行模拟训练。示范者主要展示应付情形的方法，并讲解学习的重点。

（3）练习和角色扮演。培训的大部分时间都用于这一部分，即学员模拟示范者的行为进行训练。

（4）反馈和强化。反馈可以向学员提供强化信息以表扬他们执行的正确行为，并且告诉他们如何改进自己的行为，以此强化培训效果。整个培训阶段应强调如何把培训转化到工作中。

行为示范法包括四个步骤，具体如图7-2所示。

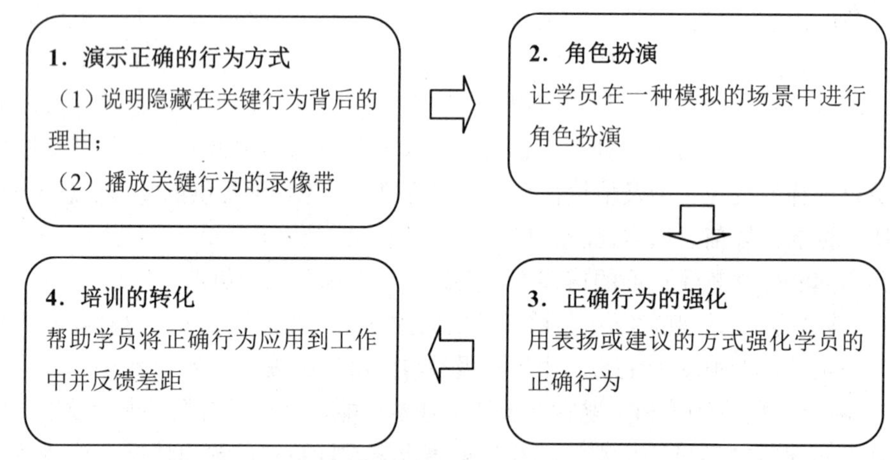

图7-2　行为示范法的四个步骤

行为示范法以社会学习理论为依据，强调学习是通过观察示范者演示的行为及替代强化而发生的。行为示范法更适合于学习某一种技能或行为，而不太适合于事实信息的学习。行为示范法是传授人际关系和计算机技能的最有效的方法之一，该方法能够让参与者比较好地领会到参与的目的，为他们创造一个实践的良好机会，有利于员工在培训中学到人际关系的交往能力和特殊的工作技能。

但是，行为示范法存在着不少不确定的结果和未验证的假设，特别是有关学员将培训内容应用于现实环境中的困惑。大多数培训师只依靠训练标准来评估该方法的培训效果，而没有评估这些行为的工作产出。另外，现存的行为示范模式或太简单，或冗长，或不现实，其系统因缺少变化而缺乏吸引力。

（三）团队建设法

团队建设法（Group Building Methods）是指用来提高团队或群体成员的技能和团队有效性的培训方法。它注重团队技能的提高以保证进行有效的团队合作，这种培训让学员共享各种观点和经历，建立群体统一性，了解人际关系的力量，审视自身及同事的优缺点，并制订计划以将培训中所学的内容应用于工作当中的团队绩效上。它包括拓展训练法、军事训练法、团队培训法和行动学习法。

1．拓展训练法

拓展训练（Adventure Learning；Outward Bound）也称野外培训、户外培训、冒险性学习法，它是利用结构性的户外活动来开发团队协作和领导技能的一种培训方法。拓展训练又称外展训练（Outward Bound），原意为一艘小船驶离平静的港湾，义无反顾地投向未知的旅程，去迎接一次次挑战。这种训练起源于第二次世界大战期间的英国，当时大西洋商务船队屡遭德国人袭击，许多缺乏经验的年轻海员葬身海底。针对这种情况，汉思等人创办了“阿伯德威海上学校”，训练年轻海员在海上的生存能力和船触礁后的生存技巧，使他们的身体和意志都得到了锻炼。战争结束后，许多人认为这种训练仍然可以保留，于是拓展训练的独特创意和训练方式逐渐被推广开来，训练对象也由最初的海员扩大到军人、学生、工商业人员等各类群体，训练目标也由单纯的体能、生存训练扩展到心理训练、人格训练、管理训练等。

拓展训练法最适用于开发与团队效率有关的技能，如自我意识能力、问题解决能力、冲突管理能力和风险承担能力等。拓展训练采用的户外活动必须与所要开发的技能类型相关。在活动结束之后，应由一位有经验的指导人员组织对学习内容、练习与工作的关系，以及如何设置目标，并将所学知识应用于工作等问题进行讨论和总结。例如，在活动中发生了什么事？学到了哪些东西？发生的事情与实际工作情境有无相似之处？若有所收获，应如何将其应用到现实工作中去？

拓展训练法获得成功的关键因素在于坚持让整个培训小组一起参与这种学习，这样才可以显示出妨碍群体有效性的因素，并对其加以讨论。只有这样，拓展训练法才能发挥其优点，让学员对人际交往方式有着更深刻的理解的同时，增强个人的领导技能和团队的协作能力，进而增进企业内部的凝聚力。

拓展训练法的不足之处在于以下两个方面。

（1）它对学员的身体素质有相当高的要求。

（2）学员在练习中常常发生身体接触，会给组织带来一定风险，这些风险有时是因私怨、感情不和而导致的故意伤害，而不能将其归咎于疏忽。因此，采用拓展训练法时应当慎重。

例证 7-8

中国平安长兴岛雅趣谷一日团建

参与人数：46　　参与人群：精英

训练基地：雅趣谷　　参与项目：破冰之旅、皮划艇、袋鼠跳、真人 CS

中国平安线上客户中心销售管理部拓展活动行程表

时　间	项　目	目 的 地	目　标	备　注
8:30—8:40	集合	指定地点	人员集中	
8:40—9:40	路上	路上	前往雅趣谷	
9:40—10:10	破冰之旅	基地	团建游戏互相活动	
10:10—12:00	皮划艇	基地	2 队皮划艇分开	
替换项目	毛毛虫[上午]	基地	休闲拓展活动	
	袋鼠跳[上午]			
12:00—13:30	午餐	基地	补充体力享用美食	
13:30—16:10	真人 CS	基地	比赛式的 1VS 3 分出名次	
16:10—16:30	分享点评	基地	拍照留念	
16:30—17:50	活动结束	基地	活动结束返回出发点	

活动评价：

这次户外拓展训练，不仅能发掘每个人的潜力，增加个人的自信，更能让每个人明白团队的力量是最强大的。

（资料来源：三夫团建网．http://www.35expand.com/case/1160.html．）

2．军事训练法

军事训练，简称军训或军事拓展，是拓展训练法的一种典型表现形式。军事训练就是借助军事化训练和管理的理念，将军队的先进管理理念进行商业化应用，主要培训学员面对困难、克服困难的能力，培养坚强的毅力、超强的执行力，提升其在团队中的人格魅力，良好的沟通和协作力，百折不挠、打不烂、拖不垮的铁血精神，对待生活的正确态度，全面提升个人综合素质，从而帮助其成为中国未来的商业精英和主流社会的领袖。

例证 7-9

“迎接挑战，共筑未来”军事拓展活动

作为中国乃至全球电力行业最大的综合解决方案提供商之一，中国能源建设集团江苏省电力设计院有限公司于 2017 年 8 月 30 日进行了为期 5 天的入职培训军事拓展训练，该培训以“迎接挑战，共筑未来”为主题。同时，该活动作为该公司入职培训的第三阶段，新员工在 5 天的时间里，共完成军姿训练、三大步伐、军体拳 3 项军事训练科目以及 10 余项素质拓展活动。通过此次军训拓展训练，不仅加深了新员工相互之间的了解，锻炼了个人的身体素质，也增强了大家的团队意识、纪律观念，凝聚了团队的精气神。

（资料来源：http://www.jspdi.ceec.net.cn/art/2017/8/30/art_8481_1461103.html）

3．团队培训法

团队培训法（Team Training）是指通过协调在一起工作的个人绩效，从而实现共同目标的培训方法。其培训内容包括知识、态度和行为三个方面。知识培训，是指不断对员工实施完成本职工作所必需的基本知识及迎接挑战所需的新知识的培训。通过知识培训能够使团队队员记忆力好、头脑灵活，使其能够在新的情况或意料外的环境中发挥作用。态度培训是指不断对员工实施心理学、人际关系学、社会学和价值观方面的培训，从而建立公司与员工之间的相互信任关系，满足员工自我实现的需要。行为培训则是对员工日常工作行为规范方面的培训，包括日常办公秩序、行为举止等。行为培训能够促使团队成员在接到一项任务时，尽快采取沟通、协调、适应且能完成任务以实现目标的行动。

团队培训法不仅可以利用讲座或录像等视频向学员传授沟通技能，也可以通过角色扮演或仿真模拟给学员提供讲座中强调的沟通性技能的实践机会。它的方式有交叉培训、协作培训和团队领导技能培训：① 交叉培训，即指团队队员熟悉并实践所有人的工作，以便团队队员离开团队后其他成员容易承担其工作；② 协作培训，即指对团队进行如何确保信息共享和承担决策责任的培训，以实现团队绩效的最大化；③ 团队领导技能培训，即指团队管理者或辅助人员接受的培训，包括培训管理者如何解决团队内部冲突，帮助团队协调各项活动或其他技能。

团队培训法目前仍然是企业管理中的基本培训方式之一，它在协调团队成员关系、促进成员之间的合作方面发挥着很重要的作用，极大地推动了组织目标的实现。另外，团队的士气、凝聚力、统一性与团队绩效密切相关。研究表明，受过有效培训的团队能够设计一套程序，做到能发现和改正错误、协调搜集信息及相互鼓舞士气。无论在国企还是在私营部门（如家电装配、民航客机）中，其工作都是由所在机组、所在群体或者所在班组共同完成的。成功的绩效取决于在决策活动中的相互协调能力、团队的业绩以及处理潜在危险情况的思想准备。

例证 7-10

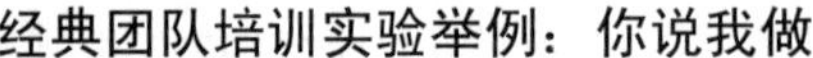

经典团队培训实验举例：你说我做

（1）道具：七彩积木。

（2）参加人数：20～30 人。

（3）用时：约 1 小时。

（4）游戏前准备：培训师先用积木做好一个模型。

过程：

（1）将参加人员分成若干组，每组 4～6 人为宜。

（2）每组讨论 3 分钟，根据自己平时的特点分成两队，分别为“指导者”和“操作者”。

（3）请每组的“操作者”暂时先到教室外面等候。

（4）这时培训师拿出自己做好的模型，让每组剩下的“指导者”观看（不许拆开），并记录下模型的样式。

（5）15 分钟后，将模型收起，请“操作者”进入教室，每组的“指导者”将刚刚看到的模型描述给“操作者”，由“操作者”搭建一个与培训师提供的一模一样的模型。

（6）培训师展示标准模型，用时少且出错率低者为胜。

（7）让“指导者”和“操作者”分别将自己的感受用彩笔写在白纸上。

游戏点评：

（1）身为指导者的你，体会到了什么？

（2）身为操作者的你，体会到了什么？

（3）当操作者没有完全按照你的指导去做的时候，身为指导者的你有什么感觉？

（4）当感觉到你没能完全领会指导者意图的时候，身为操作者的你有什么感觉？

（5）当竞争对手已经做完，欢呼雀跃的时候，你们有什么感受？

（6）当看到最后的作品与标准模型不一样的时候，你们有什么感受？

（7）是效率给予的压力大，还是安全性给予的压力大？

（8）指导者和操作者感受到的压力有什么不一样？

（资料来源：狼牙培训，2013）

4．行动学习法

行动学习法是由英国管理学思想家雷格•瑞文斯（Reg Revans）提出来的。所谓的行动学习法培训就是通过行动实践来学习，又称为“干中学”，即在一个专门以学习为目标的背景环境中，以组织面临的重要问题作载体，学习者通过对实际工作中的问题、任务、项目等进行处理和反思，总结个人的经验，与团队成员互相学习并讨论，在这个过程中让团队成员之间产生情感、态度、思想、行为方面的变化，从而达到开发人力资源和发展组织的目的。瑞文斯将学习分为两类：P 和 Q，并用公式 $L=P+Q$ 来描述行动学习法，其中 L 为行动学习；P 为结构化知识，指那些已经成型的、可以通过阅读书籍或者其他研究方法获得的能够用来评价理论或概念的知识；Q 为洞察力，指某一情境中问题的应用以及结构化知识如何在这一情境中应用，特指提问、洞察的能力，换句话说，行动学习发生的前提是：通过质疑，把已经成型的知识应用到难题中去（沈明霞，2013）。

行动学习法的明显特征是以实践活动为重点，以学习团队为单位，以真实案例为对象，以角色扮演为手段，以团体决断为要求。它与传统培训方法存在明显的差异，如表 7-2 所示。

表 7-2　传统培训与行动学习的主要差异

传统培训	行动学习
讲授	引导
告知—命令	调动参与
教师/管理者	引导者
学员/员工	参与者
课堂	行动学习
以教师为核心	以学员为核心
以个人为核心	以团队为核心
教师是内容专家	引导者是过程专家
以理论为核心	以实际应用为核心

资料来源：钟敏，何平．组织变革与行动学习[J]．新经济，2006（10）：63.

行动学习法将结构化的团队对话渗透在“学习→行动→再学习→再行动”的循环过程中，从而使学习者及时将行动体验上升到认识水平，并将新认识及时转化为行动，继而在行动中检验认识，并产生新的学习体验，极大地增强培训效果。其本质是通过努力观察人们的实际行动，找出行动的动机和其行动可能产生的结果，从而达到认识自我的目的（Crul，2014）。

行动学习法是一种严谨的方法，主要应用于经理人员培训和解决战略与运营问题，一般包括以下四个要点（Goldsmith，2009）。

（1）创造一种让学习者参与进来的经历，以此选出参与其中的领导者，给公司带来真正的价值。

（2）简要汇报经历——从“结果”和“过程”两个方面回顾所发生的事情。

（3）从结果中进行归纳，即不仅要明白发生了什么，还要明白结果对于学习者和公司所产生的影响。

（4）学以致用，也就是用学到的主要东西帮助参与者成为更好的领导者，帮助公司更好地迎接相关的挑战。

行动学习法具有以下几点优越性：① 内容丰富，时间灵活，可长可短；② 通过互相学习分享经验和反思碰撞解决具体问题，最大限度调动学员积极性，增强组织凝聚力；③ 有效降低企业成本；④ 可对团队成员的表现进行及时反馈和有效跟踪；⑤ 加强组织学习能力，促进个人和组织的共同发展（沈明霞，2013）。由此可见，行动学习法是员工培训、组织发展的利器，顺应了21世纪发展中的人本主义管理哲学，受到世界一流企业的关注，正在影响着全球从工商界、非营利组织到公共管理机构等不同类型的组织，未来它在企业培训中的应用会是一大趋势。

当然，行动学习法也存在着一定的局限性。它要求培训师组织一系列的有效活动，因此该方法使用的项目设计及其内容尤为重要。另外，学员有时过多地将重点放在结果上，而对学习过程不够重视，缺乏充分的反馈和反思。也就是说，行动学习法要求有一个优秀且客观的培训师，引导学员对整个过程进行反思和积极反馈。

二、新技术培训方法

随着现代科学技术的发展，大量的信息技术不断地应用于培训领域，其中包括多媒体技术、远程学习、专家系统、电子支持系统和培训应用软件、VR技术等。新技术的应用使得数字化合作成为可能，降低了传递培训课程所耗费的成本；互联网的诞生更是推动了学习的变革，使学习过程动态化、形象化和灵活化。

下面简述四种基于新技术的培训方法。

（一）多媒体远程培训

多媒体远程培训是指采用了多种媒体手段，利用现代化的技术将声音、图像传递到各个教学地点，学员一般会在各地专门的教室中接受远在外地的教师的培训。支撑多媒体远程培训的设备有计算机网络，包括路由器、网络电缆、服务器、数据库、DNS服务器等；其次还需要开发教学系统，该系统的功能须包含课件点播系统和同步广播授课系统，如多媒体计算机辅助教学（Multimedia Computer Assistanted Instruction，MCAI）软件。多媒体远程培训具有跨地域性、沟通多向性、及时同步性、便捷性的特点。

远程学习适用于在地域上较为分散的企业向员工提供关于新产品、公司政策或程序、技能培训以及专家讲座等方面的信息时使用。它是参与培训项目的受训者同时进行学习的一种培训方式。远程培训的好处之一在于企业可以因此节省一大笔成本，它还为分散在不同地点的员工获得培训提供了机会。当然，远程学习的不足是限制了培训者和受训者之间的互动。然而受训的员工和培训者之间的沟通是十分重要的，因此，在远程培训的过程中，有必要由一些现场的指导人员或协调人员来回答一些问题，并且调整提问和回答的阶段性安排。

（二）计算机辅助培训

计算机辅助培训（Computer-based Training）是指将培训材料传输到计算机终端，使学员可以利用计算机进行互动学习的培训方式。与传统课室的指导和学习不同，它包括互动性录像、光驱和其他一些计算机驱动系统，学员通常都是通过安装在计算机上的特定软件进行学习，主要有计算机辅助指导（Computer Assisted Instruction，CAI）和计算机管理指导（Computer Managed Instruction，CMI）两种类型。计算机辅助指导系统可以提供个性化的教育指导，如操练与实践、情景模拟、游戏指导等，学员可以设定自己的学习速度。计算机管理指导系统则是与计算机辅导指导系统相辅相成的，它可以通过计算机为考题打分，以确定培训水平（张爱卿，钱振波，2008）。随着教学软件的发展和网络的日益广泛使用，计算机培训也更趋于先进。计算机辅助培训既有优点又有不足，如表 7-3 所示。

表 7-3 计算机辅助培训的优势与劣势

优 势	劣 势
能使学习者在自己选定的时间、空间学习	相对不灵活，取决于预制程序
能提供有直接反馈的高级相互反应机制	要求学员有高度自我约束力，并做出承诺
为学习者提供检验自己学习效果的机会	由于个人单独学习，会造成孤立感
能自动保存学生的记录	它不允许直接的个人强化，降低了培训的动机
当用到屏幕显示信息时，它是多种多样的	当需要昂贵的硬件时，成本就变得太高
节省成本，依据情况而定	

资料来源：（英）马丁・所罗门．培训战略与实务[M]．孙乔，译．北京：商务印书馆国际有限公司，1999．

（三）互联网培训

互联网培训又称为基于网络的培训，是指通过互联网或者公司的内部局域网传递、展示培训内容的一种培训方式。目前，互联网作为一种方便、快捷的通信工具，具有很广泛的应用，是收发信息、共享资源的好方式。随着互联网技术的发现和应用，互联网培训已经成为一种不可抵挡的趋势，越来越多的企业开始使用互联网对员工进行培训。一般情况下，培训师将培训课程储存在培训网站上，散布在世界各地的学员利用网络浏览器进入该网站接受培训。在培训过程中，无论是资料的即时更新、数据的分发和共享，还是学员之间的交流都没有障碍。

2012 年掀起了大型开放式网络课程 MOOC（Massive Online Open Courses）的浪潮，MOOC 主要由 Coursera、Udacity、edX 三大提供商提供。作为一种新型的学习和教学方法，MOOC 易于使用，费用低廉，绝大多数课程都是免费的，平台收录了来自全球最好大学的 921 门课程，逐步引进商业方面的精品职业课程，学习资源丰富，面向人群广，为用户自主学习提供了良好的平台。MOOC 网上课程多以短视频呈现，每节课不超过 10 分钟，教程中融入动画特效、流行词语，内容具有趣味性，授课方式易于引起用户的兴趣。类似于 MOOC 的网络课程还有微课网、翻转课堂等，它们已在国内市场上遍地开花。

与传统的培训相比，互联网培训具有以下五个优势。

（1）互联网培训可降低培训的费用。一般来说，传统的培训需要将学员从各地召集到一起进行培训，他们的差旅费用本身就是一笔巨大的开支。在国内，每家公司的培训费用中约有 70%的费用用于支付交通费、食宿费和讲课费。而在互联网培训中，则不存在这一问题，学员只需通过网络便可接受培训。

（2）互联网培训能够及时地、低成本地更新培训内容。随着人类社会的不断进步，知识更新的速度不断加快，培训的内容也必须紧跟时代的节拍。但是更新课程要付出巨大的成本，如重新印制教材、刻录光盘等，而通过互联网这个载体，课程设计者可直接在网上删除过时的内容，将更新后的内容传送到网上，学员只需点几下鼠标就可以学习到更新后的内容。

（3）互联网培训能够提高学习兴趣。互联网培训课程中有着大量的声音、图片和影音文件，课程生动有趣，有利于提高学员的学习兴趣。

（4）互联网培训便于学员学习。在课堂培训中，学员不得不中断工作，集中一段时间进行脱产培训，这样多少会影响工作。而互联网培训则可使学员在其有空闲时，按照自己的进度在办公桌上接受培训。

（5）互联网培训能够促进企业文化的良性改变，调动学员的学习积极性，使整个企业变成一个学习型组织，紧跟最新的技术和市场变化。

虽然互联网培训的好处很多，但同时它也存在一定的缺陷。例如，需要对使用者进行控制并向用户收费；编写的学习课程或超媒体无法满足直线学习法（例如，先学 A，然后学 B，最后再学 C）的要求。

例证 7-11

腾讯 Q-learning 培训模式

腾讯公司是目前中国最大的互联网综合服务商之一，也是中国服务用户最多的互联网企业之一。互联网行业发展迅速，腾讯公司更是如此，企业每年新进人员以 20%～30% 的速度递增。针对互联网行业的发展特点以及公司企业文化建设和人才培养的实际需求，腾讯于 2007 年 5 月正式启动了 E-learning 项目，并根据腾讯公司的特色，将 E-learning 的名称进行了中西合壁的个性化改变，改称为 Q-learning，意为“求学”。腾讯 Q-learning 拥有独特的培训架构——“培训发展大厦”，包括课程体系、讲师管理、导师制度，以及电子化学习平台等。

在 Q-learning 培训模式中，实现传统培训投入基础上的“放大、穿透、继承、节省”效应，为员工提供 3A 式学习支持，营造学习型组织。四大效应的具体含义如下。

（1）“放大”是考虑到面授培训一次投资数万，只能让 20～30 人受益，通过转化到 Q-learning 平台，可以有效放大培训的效果，让全公司所有有需求的人员获益。

（2）“穿透”意味着 Q-learning 不仅仅用于培训，还可以通过平台上的在线考试等功能，确保某些重要内容被员工真正阅读、了解和吸收。

（3）“继承”是指通过各类培训、论坛活动等内容在平台上的不断积累，以及持续的内容管理，形成腾讯自己的知识体系。

（4）“节省”是指 Q-learning 不但可以节约培训成本，更可以节省大量的时间成本。通过线下培训和在线课程的有机结合，可以先让员工通过在线进行基本概念和基础知识的学习，从而缩短集中线下培训的时间，节约培训师的课酬，以及学员宝贵的工作时间。

腾讯将 Q-learning 的功能定位分阶段地推进，并逐步提高。第一阶段的主要功能是培训运行电子化和在线学习，主要包括六个方面：在线学习、培训档案、课程体系、PDI 选课、培训流程、资料中心、服务商。除了传统的培训和学习方式外，腾讯还有一套架构清晰且全面的 LMS 系统。

（资料来源：段宁贵. 腾讯 Q-learning 培训模式对在职教师培训的启示[J]. 中小学电教，2008（10）：16-18.）

（四）虚拟现实培训

虚拟现实（Virtual Reality）培训是指利用虚拟技术为学员提供三维学习体验的一种培训方式。虚拟现实是发展到一定水平的计算机技术与思维科学相结合的产物，它的出现为人类认识世界开辟了一条新途径。虚拟现实的最大特点是：用户可以用自然方式与虚拟环境进行交互操作，改变了过去人类除了亲身经历，就只能间接了解环境的模式，从而有效地扩展了自己的认知手段和领域。它特别适用于军事人员、飞行器驾驶员、空中交通管制人员、汽车驾驶员、医务工作人员、体育运动员等方面人才的培训，原因在于学员能够看到自己在工作中可能遇到的任何情境，在这个虚拟的环境中学员能够接触、观看以及进行操作演练，给人一种“身临其境”的感觉。也就是说，他们能从这种培训中获得感性知识和实际经验。

虚拟现实培训的优点在于仿真性、超时空性、自主性、安全性。由于学员在虚拟培训中操作的设备与现实中的设备功能一样，操作方法也一样，因此虚拟现实设备的仿真性不仅可以让学员在没有实际危险的情况下进行一些危险性的操作和行为，还可以让学员获得相应的实际操作经验。另外，学员可以自主选择或组合虚拟培训场地与设施，超越了时空的限制，而且可以反复训练，增强训练效果。

虚拟现实培训的缺点在于开发或购买成本较高、质量较差的设备有时达不到让人身临其境的效果，反而会使学员产生不良的生理反应，如晕眩、恶心等。

大众集团在 MWC 展示 VR 训练模拟实例

作为世界十大汽车公司之一，大众集团在 2018 年首次设立了自己的大众数字现实中心集团。这是一个虚拟现实平台，旨在帮助公司员工与奥迪、SEAT、ŠKODA 及大众的品牌进行协作。该公司表示，他们将在虚拟世界进行更深入的研究，通过与 Innoactive 合作创建的三十多个 VR 培训模拟系统来培训生产部门和物流部门的一万名员工。该公司在 2018 年的 MWC（世界移动通信大会）上展示了一个虚拟现实训练模拟实例。该模拟训练将让用户置身于一个使用 HTC Vive Pro 的工业工作区中，它是利用 Innoactive Hub SDK 构建的，并针对 Vive Pro 进行了优化。

大众集团表示，它将“让员工能够利用 VR 技术来传递知识，并通过集团上下都有可使用的 VR 头盔来改善工作流程”。此外，Innoactive 还在 2018 年 MWC 上发布了一款全新的 VR/ AR 企业软件，名为 Innoactive Workspaces。这是一个 VR 解决方案，能让用户在工业工作区进行计划、模拟和培训。

（资料来源：青亭网．http://www.7tin.cn/news/107680.html.）

第三节　培训方法的比较与选择

培训师面对如此多的培训方法，究竟应该如何选择呢？在选择培训方法之前，又该如何对培训方法进行比较和分析呢？本节将讲述培训方法的比较，并分析影响培训方法选择的原则和因素。

一、培训方法的比较

只有选择合适的培训方法，才能够获得有效的培训成果，满足企业发展的要求。因此，在选择培训方法之前，对其进行比较和分析，显得很有必要。一般来说，要从培训成果、培训环境、培训成果的转化、成本预算和培训效果五个方面对各种培训方法进行比较，表 7-4 从这五个方面对常见的传统培训方法进行了比较。

表 7-4 常见的传统培训方法的比较

		讲座	案例分析	角色扮演	自我指导学习	在职培训	仿真模拟	管理游戏	行为示范	拓展训练	行动学习
培训成果	言语信息	是	是	否	是	是	否	是	否	否	否
	智力技能	是	是	否	是	否	是	是	否	否	否
	认知策略	是	是	是	是	是	是	是	是	是	是
	态度	是	否	是	否	否	否	否	否	是	是
	运动技能	否	否	否	否	是	是	否	是	否	否
培训环境	明确的目标	中	中	中	高	高	高	高	高	中	高
	实践机会	低	中	中	高	高	高	中	高	中	中
	内容的意义	中	中	中	中	高	高	中	中	低	高
	反馈	低	中	中	中	高	高	高	高	中	高
	观察、交流	低	高	高	中	高	高	高	高	高	高
培训成果的转化		低	中	中	中	高	高	中	高	低	高
成本预算	开发成本	中	中	中	高	中	高	高	中	中	低
	管理成本	低	低	中	中	低	低	中	中	中	中
培训效果		对言语信息效果好	一般	一般	一般	对有组织的 OJT 效果好	好	一般	好	差	好

资料来源：（美）雷蒙德·A. 诺伊. 雇员培训与开发[M]. 6 版. 徐芳，译. 北京：中国人民大学出版社，2015.

（一）培训成果

培训成果主要表现在言语信息、智力技能、认知策略、态度、运动技能等方面。每一种培训方法在不同培训成果方面都会有不同的影响，如案例分析与拓展训练在态度方面的影响就不同。案例分析主要培养言语信息、智力技能以及认知策略，在态度方面的影响很少；而拓展训练在学员的态度方面影响较大。总之，培训师必须明确企业所需要的培训成果，以便选择适当的培训方法。

（二）培训环境

讲座法也好，角色扮演法也好，每种培训方法都有特定的培训环境。培训师要清楚学员是否了解培训的目标，培训的内容是否有意义，是否有机会实践培训的内容，能否得到反馈，是否观察并与他人交流。

（三）培训成果的转化

如果培训的成果无法转化成实际的绩效，那么培训也就没有存在的意义了。因此，培训内容和培训环境应该与实际情况相联系，以便培训成果能在实际工作中进行应用。不同的培训方法具有不同程度的成果转化，一般来说，案例分析、角色扮演、在职培训、行动学习、仿真模拟、行为示范要比讲座法和拓展训练的成果转化程度高。

（四）成本预算

培训成本一般包括开发成本和管理成本。培训方法的选择在很大程度上受到培训预算的限制，在资金宽裕的情况下可以选择那些有利于培训成果转化的方法，若资金紧张则可选择有组织的在职培训，如低成本而有效的传递法。

（五）培训效果

培训效果的好坏主要看学员实践的感受。举例来说，讲座法在培训学员的言语信息方面的效果比较好，而有组织的在职培训在这一方面效果也比较好。

在培训领域，新兴的培训方式正在不断涌现。前面比较了传统的培训方法，表 7-5 对新技术培训方法进行了比较。新技术培训方法的特点是开发费用高，管理费用低。在方法的适用性方面，虚拟现实和智能指导系统适合机械设备与器具等的操作学习，而光盘、互联网等培训方法则适用于事实、图表、认知策略和人际关系能力方面的学习。与传统方法相比，新技术培训方法适用于以下情况：① 资金充裕；② 学员分布在相距较远的不同地域；③ 在产品制造或服务领域运用新技术被列为公司的经营战略；④ 雇员的时间与培训项目的日程安排冲突以致无法协调；⑤ 学员愿意使用计算机、互联网等新技术（张爱卿，钱振波，2008）。

表 7-5　新技术培训方法的比较

		计算机培训	光盘培训	互联网	内部网	远程学习	智能指导	虚拟现实
培训成果	言语信息	是	是	是	是	是	是	是
	智力技能	是	是	是	是	是	是	是
	认知策略	是	是	是	是	是	是	是
	态度	否	是	否	否	否	否	否
	运动技能	否	否	否	否	否	是	是
培训环境	明确的目标	中	高	高	高	中	高	高
	实践机会	中	高	中	中	低	高	高
	内容的意义	中	高	高	高	中	高	高
	反馈	中	高	中	中	低	高	高
	观察、交流	低	高	中	中	低	低	低
成本预算	培训转化	中	高	中	中	低	高	高
	开发成本	高	高	高	高	中	高	高
	管理成本	低	低	低	低	低	低	低
培训效果		中	高	中	中	中	高	高

资料来源：（美）雷蒙德・A. 诺伊．雇员培训与开发[M]．6 版．徐芳，译．北京：中国人民大学出版社，2015.

表 7-4 和表 7-5 分别比较了传统的培训方法和新技术培训方法，那么传统的培训方法与新技术培训方法之间又有什么不同呢？很显然，传统的培训方法在不少方面无法与新技术培训方法相媲美，但是新技术培训方法却对培训设施、培训师提出了更高层次的要求，在开发成本和学员主动性方面的要求也更高，表 7-6 对传统培训、计算机辅助培训和网络培训进行了比较。

表 7-6　不同类型培训方法的比较

	传 统 培 训	计算机辅助培训	网 络 培 训
跨地域性	无	无	应用地域范围极广
信息流动	双向	通常为单向	通常为单向
组织形式	正规	松散	松散
安全	有交通危险	无	无
培训内容	会滞后	及时	及时
技术设备要求	低	中	高
培训师要求	中等	自适应学习，培训师负责回答与咨询	培训师仅负责回答与咨询
学员准备性	低	中等	高
学员主动性	一般	高	高

二、选择培训方法的原则和影响因素

培训方法种类繁多，作为一名管理者或培训师，经常会面临这样的决策：在现有的条件下究竟选用哪种培训方法？下面主要阐述培训方法选择的原则和影响因素。

（一）选择培训方法的原则

培训方法的选择在培训过程中至关重要，它直接关系到培训工作的成败。由于培训方法的多样性，再加上不同的培训方法具有不同的特点，所以其应用范围也各不相同，这使选择培训方法变得比较困难。选择培训方法时通常要遵循以下五个原则。

1. 目标导向原则

在选择培训方法时，要把培训目标放在第一位。通常企业培训的目标主要有：更新知识；培养能力，包括工作技巧、工作技能和经验决策能力等内容；改变态度（刘厚金，2006）。培训师要首先确定培训能够产生的学习成果，选择一种或几种最有利于实现培训目标的培训方法，再结合开发和使用已选择的培训方法的成本，做出最佳选择，以最大限度地保证培训成果的转化。培训目标不同，其培训方法也不同，如表7-7所示。

表7-7　培训目标与培训方法的对应关系

培训目标	培训方法	原　　因
更新知识	多采用课堂讲授、视听技术等方法	知识性培训涵盖内容较多且理论性强，课堂讲授法能够体现其逻辑相关性，对于一些概念性的内容、专业术语内容通常需要讲授，以便于学员理解，而视听技术可以作为补充
培养能力	多采用角色扮演、工作指导、案例分析、座谈研讨等方法	技能培训要求学员掌握实际操作技能，如销售技能、生产作业技能等，学员经过角色扮演、工作指导反复练习，使技能熟练到运用自如。对于以培训企业中级以上经营管理人员的经营决策能力为培训目的，则应选择案例分析法、座谈研讨法，通过案例分析和事件研讨来增强其解决实际问题的能力
改变态度	多采用游戏、拓展训练等方法	态度培训若采用课堂讲授方法会使学员感到空洞，而角色扮演又较难体现态度转化课程的内容。采用游戏培训可以使学员通过共同参与游戏活动，在轻松愉快的游戏中得到启发，再通过培训顾问在方法上加以引导，将很快转变学员的主动行动

2. 方法为内容服务原则

从表7-4和表7-5中培训方法的比较可知，不同的培训方法在培训内容上取得的效果是不同的。也就是说，培训师必须根据培训内容的需要有针对性地选择更有效的培训方法，全面考虑不同培训方法的优缺点、使用范围和效果等因素，以方法为内容服务为原则。实际上，没有一种培训方法是万能的，也没有一种方法永远是最佳的。对于培训师来说，重要的是抓住培训的重点内容，并根据各种培训方法的特性，选择不同的方法或者一组最佳的方法组合，让学员能够以最快速度和最节约成本的方式掌握培训的内容。

3．因材施教原则

应根据学员的不同特点来决定需要采用的培训方法。在选择培训方法时，要区分职位的差别，不同的职位运用不同的培训方法。例如，对一线员工和管理人员，培训方法应该有很大差异。即使是管理人员的培训，也应该分出层次，对高层管理者、中层管理者和初级管理者进行培训应选择不同的方法。如果在培训方法上分不出层次，针对不同员工进行的培训效果也不会好。

4．经济性原则

根据人力资源部门的培训预算成本来进行选择。培训方法的选择依赖于培训经费的支持，预算经费紧张时，培训组织者可以选择讲座法，这样既可以节省资源，又可以使培训在比较大的范围内进行。当资金条件比较好时，则可以考虑使用角色扮演、情景模拟等方法。

5．可操作性原则

一个好的培训方式必须有可操作性，才能切实提高企业人力资源的整体素质。无论多么好的培训方法，如果不切实际、无法操作的话，那都是空谈。在企业选择培训方法时，不能一味地跟风或追求最新的培训方式，而应该根据实际情况，考虑所选培训方式在现存的情况下是否可行，是否能够奏效。

（二）影响培训方法选择的因素

企业培训方法的选择受到多方面因素的影响，主要需要考虑以下五个方面的因素。

1．培训时间

各种培训方法所用时间有很大的弹性，要根据培训时间的长短来选择合适的方法。毋庸置疑，一个好的培训方法必然是建立在合理充分的培训时间上的。例如，多媒体教学、录像带教学等需要较长的准备时间，而工作轮换等需要较长的实施时间。影响培训时间的还有学员工作与休闲时间的分配，如果需要利用员工的休闲时间，应该先征得学员的同意。

2．经费预算

培训的费用不仅包括培训师、教学工具、设备、管理等的支出费用，还应包括学员参加培训而耽误工作的机会成本。另外，国资委对党政机关、国有企事业单位员工的培训费用进行了严格限制。因此，培训方法的选择不仅需要考虑到企业与学员的消费能力和承受能力，还需要参考国家在培训方面的相关规定。

3．学员

培训对象的情况包括年龄、学历、行业、岗位、可离岗程度。这些因素会影响培训对象的需求，进而对培训方法的选择产生影响。这就要求企业在组织培训之前，应对培训对象的情况先有一个清晰的了解，确定培训需求，如万科对其物业经理的培训结合学员职务特点，采取了分组讨论、模拟练习、案例讨论方式，取得了较好的效果。另外，参加培训的员工数量和员工的可离岗程度也会影响培训方法的选择。培训人数较多时，可考虑演讲、多媒体教学、讲座等方法，便于控制气氛，也容易协调；对一线员工等难以离开岗位接受培训的员工应采用分散的培训方式，而对工作可离开程度较高的员工，企业可以统筹安排进行集中培训。

4．科技支持

有的培训方法需要相关的科技知识或技术工具的支持，如网络多媒体教学需要声光器材的支持。培训单位或组织能否提供相关的技术和器材，将直接影响到高科技培训方法的采用。

5．培训师

培训师的情况包括培训师的水平和培训风格。首先，培训师的水平直接关系到培训效果的好坏。水平高的培训师应该具备充分的专业理论知识、实践操作能力以及授课技巧，一些诸如案例分析法、管理游戏法等培训方法对培训师的水平提出了很高的要求，要求培训师必须有能力掌控、引导整个过程，能够调动培训对象的学习积极性和参与度。其次，培训师的培训风格很大程度上也决定了培训效果。教师的教学风格对其学生的学习风格起指导和支配作用（张国辉，2007），这主要体现在以下三个方面。

（1）教师的教学风格直接影响学生学习风格的形成和发展。

（2）对学生已有的学习风格的丰富和发展起到积极的引导和推动作用。

（3）对学生已有的学习风格的丰富和发展起消极的阻碍作用。

本章小结

1．培训方法具有三个特点：（1）多样性；（2）针对性；（3）灵活性。

2．传统培训方法分为三类：（1）演示法；（2）传递法；（3）团队建设法。

3．基于新技术的培训方法主要包括：（1）多媒体远程培训；（2）计算机辅助培训；（3）互联网培训；（4）虚拟现实培训。

4．与传统方法相比，新技术培训方法适用于以下情况：（1）资金充裕；（2）学员分布在相距较远的不同地域；（3）在产品制造或服务领域运用新技术被列为公司的经营战略；（4）雇员的时间与培训项目的日程安排冲突以致无法协调；（5）学员愿意使用计算机、互联网等新技术。

5．培训方法的选择，需要注意五个原则：（1）目标导向原则；（2）方法为内容服务原则；（3）因材施教原则；（4）经济性原则；（5）可操作性原则。

网站推荐

1．慕课网：www.imooc.com
2．微课网：www.vko.cn
3．勤学培训网：www.qinxue365.com

思考练习题

1．常用的传统培训方法有哪些？各有何优缺点？
2．常用的新技术培训方法有哪些？各有何优缺点？
3．如何比较和选择不同的培训方法？

学以致用：运用行动学习法寻找实习单位

假如修读本课程的是高年级学生（大三或大四），考虑到很快就要找实习单位、找工作和就业了。试将班级分成若干小组，每组7～8人，小组聚集在一起，开展行动学习，为期3个月左右，共同解决寻找实习单位和实现高质量就业难题。各组在期末汇报成果。比较本届学生与上一届学生同时期寻找实习单位和就业的情况。

培训游戏7-1：泡泡室内操

泡泡室内操：小苹果版，用于课间活动筋骨。

（资料来源：http://www.iqiyi.com/w_19rwqlhnu1.html）

培训游戏 7-2：微软的智力题

有一道来自微软的智力题，据说此题曾被用来招聘微软公司的高级人才，感兴趣的同学可以试试。

有两间房，一间房里有三盏灯，另一间房有控制这三盏灯的开关（这两间房是分割开的，毫无联系）。现在要你分别进这两间房一次，然后判断出这三盏灯分别是由哪个开关控制，你能想出办法吗？（注意：每间房只能进一次）

（答案见书末）

案例分析

戴尔的员工发展框架："70-20-10"

戴尔在培训管理方面的核心内容是将重点放在员工的发展计划上。公司有一个名为"70-20-10"的员工发展框架，在这个体系中，他们会集中 70%的员工通过工作经验来不断学习和提高，20%的员工通过辅导和指导提高自身，而另外 10%的员工则进行正规学习。根据这一模型，10%的员工的学习重点是在正式的课堂。他们的正规培训课程包括基本技能的培训和管理能力的培训，而重点放在领导力的培训上。另有 20%的员工的学习重点是接触不同领域的人和事，做跨领域的项目，如鼓励员工参与业务流程再造（BPI），或者在公司内部不同部门寻找不同的教练。其余 70%的员工则是在工作的过程中学习，以提高自身能力。

戴尔中国员工不断地接受各种课程的培训。每一年，戴尔中国的员工都要接受人均 50 小时的培训和教育，获益于多种多样的职业发展培训课程。这些课程内容广泛，既包括工作所需的专业技术培训，也包括沟通技巧和管理能力的培训。现任戴尔大中华区市场总监的孙伟伦介绍说，戴尔十分重视"工作中学习"。每个月都有学习的项目，可以给员工两天假去学习。"你可以自己任意挑课程，要去学习不用请假，跟你的经理说一下就可以。"这种培训的课程分为两种形式：一种是 E-learning 形式的网上学习；另一种是面对面的课程讲授。

（资料来源：https://v.youku.com/v_show/id_XMzgyMDUyNjg0.html?spm=a2h0j.11185381.listitem_page1.5!4~A）

思考讨论题

1. 戴尔员工培训采用了哪些培训方法？
2. 结合本案例，谈谈企业应该如何为员工提供不同形式的培训？

录像教学

魔鬼训练营

片长：15 分钟。

语言：英语，但通过肢体语言可感受和理解。

内容简介：通过此录像，西方人能够发现铁石心肠、不愿退让并且不为所动的日本商人是如何被训练出来的。魔鬼训练营（一个商业赞助的机构）教它的学生除了失败以外不感到羞耻，并且把那些无法完成该课程的人赶出这个群体。

（资料来源：WILLIAM K, MCCLURE. Hell camp: how to succeed in business[M]. CBS News, Princeton, NJ.: Films for the Humanities & Sciences, 1987.）

问题讨论：

1. 本录像中哪些训练方法有助于激发员工的自信心？
2. 你认为本录像中哪些方法能增强团队凝聚力？

本章参考文献

[1] LISELORE CRUL. Solving wicked problems through action learning[J]. Action learning: research and practice, 2014, 11(2): 215-224.

[2] 金鑫. 领导力开发的途径[J]. 人力资源，2005（1）：62-62.

[3]（美）雷蒙德·A. 诺伊. 雇员培训与开发[M]. 6 版. 徐芳，译. 北京：中国人民大学出版社，2015.

[4] 刘厚金. 企业员工管理开发培训的最新方法及其选择[J]. 企业活力——人力资源开发，2006（8）：48-49.

[5] 刘栋. 学徒制教育传承瑞士钟表业精髓[N]. 人民日报，2014-09-11.

[6]（美）乔治·伯兰德，斯科特·斯内尔. 人力资源管理[M]. 13 版. 魏海燕，译. 大

连：东北财经大学出版社，2006.

[7] 石金涛．培训与开发[M]．北京：中国人民大学出版社，2002.

[8] 孙智．S 航空公司飞行员管理与开发策略[D]．济南：山东大学，2012.

[9] 沈明霞．论行动学习法在企业培训中的应用[J]．职教通讯，2013（4）：34-36.

[10] 徐庆文，裴春霞．培训与开发[M]．济南：山东人民出版社，2004.

[11] 杨海军．西门子 S7-300PLC 全仿真实训平台[J]．设备管理与维修，2014，（7）：35-36.

[12]（英）马丁·所罗门．培训战略与实务[M]．孙乔，译．北京：商务印书馆国际有限公司，1999.

[13] 邱羚，秦迎林．国际人力资源管理[M]．北京：清华大学出版社，2014.

[14] 张爱卿，钱振波．人力资源管理：理论与实践[M]．北京：清华大学出版社，2008.

[15] 张国辉．论教学风格和学习风格的相互作用[J]．中国成人教育，2007（15）：117-118.

[16] 朱良辉．《管理学》MG 教学法的探讨[J]．经济师，2008（7）：116-117.

[17] 朱丽姝．IBM（中国）员工培训改善策略[D]．大连：大连海事大学，2013.

[18] 钟敏，何平．组织变革与行动学习[J]．新经济，2006（10）：63.

[19] 段宁贵．腾讯 Q-learning 培训模式对在职教师培训的启示[J]．中小学电教，2008（10）：16-18.

第八章

培训成果转化

学习目标

1. 了解培训成果转化的概念、作用和过程；
2. 了解培训成果转化的影响因素；
3. 掌握促进培训成果转化的途径和方法。

引例

上海烟草公司的培训转化法

上海烟草公司作为一家生产型企业，极其重视员工培训。每年，企业投入的培训经费占职工工资总额的1.5%左右，然而，培训的效果却不甚理想，培训对员工行为的改变作用不大，没有带来高回报率，甚至成为企业的无效投资。更为棘手的是，企业难以验证培训的有效性。

为了使知识能够迁移转化和长期保留，企业通过一系列培训转化机制而并非一次简单的培训活动去激发员工的学习动机，帮助员工从自我学习中得到提高，并运用客观的指标加以衡量，使企业在人力资源投资中得到回报，获得“可见”收益。自2010年以来，公司引入计算培训成果转化率的方法来考核培训效果。培训成果转化率=(培训取得成果的项数/培训组织的项数)×100%。培训组织的项数是指年度企业组织的各类技术、管理等专项培训总数；培训取得成果的项数则指通过参训人员参与培训项目前后的行为对比，达到预期培训目标的项目数。2012年，公司共组织各类技术、管理等专项培训16个，其中内部培训师训练项目培训、5S3 定现场管理培训和质量改进专题培训都获得了较好的培训收益，视为“培训有成果”。

5S3 定现场管理培训是通过对现场管理方法论的学习，以 5S 运动的有效开展来检验培训成果，通过培训改变以往的工作行为，科学有效地对工作现场进行规范管理。首先，公司领导确立了明确的培训目标，即通过培训切实改善企业目前的工作现场及提升员工素质，并对培训前的工作现场进行实地拍照，拟与培训后的工作现场进行对比，从而验收培训的有效性。其次，在对公司领导及相关人员开展 5S3 定现场管理培训教育后，企业立即成立现场管理推进小组，小组成员对每位员工进行言传身教的二级培训，让 5S 理念深入人心并付诸实际行动，在自己的工作区域内进行规范化管理，形成标准化操作。再次，由推进小组每月对各个工作区域进行检查，通过督促形成良好习惯，从而提升素养。正是由于此次培训前期策划周全，目标明确；培训后期检验方法适当，改进措施明显，从而达到了培训目的，使培训成果得到充分转化，成果转化率为 100%。

（资料来源：周佳婷. 探索运用培训成果转化率评价培训有效性[J]. 上海市烟草系统 2012 年度优秀学术论文集（经济管理类），2012（12）：1-12.）

上海烟草公司在培训实施过程中，通过设立培训目标以及在培训后进行行动改善计划的制订，采用不同的形式和方法，促使培训成果进行有效转化。企业的发展需要永续的绩效提升，为使培训成果转化实现常态化，不断提高培训成果转化率，就必须把培训当作一项重要的投资来运作，将有限的培训资源合理分配使用。那么，究竟什么是培训成果转化？其影响因素有哪些？企业应该如何促进员工培训成果的转化呢？本章将对这些问题逐一进行探讨。

第一节　培训成果转化概述

学员能否有效转化培训成果，决定了企业能否实现培训的最终目标。在选择了合适的培训方法之后，企业只有合理地控制影响培训成果转化的因素及其转化过程，促进培训成果的转化，才能够真正实现企业培训的价值。

一、培训成果转化的定义

培训成果转化也称培训迁移，是指员工把在培训中获得的知识、技能、行为、态度应用到实际工作中的程度（Baldwin & Ford，1988；Wexley & Latham，1991）。需要指出的是，培训成果转化并不等同于学习，学员在培训过程中通过一系列的努力掌握了某种知识、技能、行为、态度，也许学习效果很理想，但这却不意味着学员在任何场所中都能应用这些学习所得。学习的内容转化为个人所得之后，只有进一步转化为实际的个人绩效，才能说是培训成果的转化。

事实上，只有40%的培训内容在培训后的短时间内能够立刻被应用到工作情境中，25%的内容在6个月以后还能应用，15%的内容能够维持到当年年末。如果以货币形式来衡量，大约只有10%的培训投入能够转化为员工日后的工作行为（Newstrom，1986）。由此可知，学员在培训项目和培训课程中的学习所得，如果没有经过培训成果转化这一过程，那么所有的培训投入将无法指向最终的目标，即无法提高员工的工作绩效，进而也无法提高公司的整体绩效。要想缩短学习和应用之间的差距，促进培训的学习所得向绩效转化，就必须弄清楚培训成果转化的过程和步骤。

二、培训成果转化的过程

培训成果转化的过程模型如图8-1所示，包括培训投入因素（学员个人特征、培训项目设计、工作环境）、学习和保存（培训的学习所得）、推广和维持（培训成果转化的条件）三大元素。以上这三大元素共同作用形成了培训成果转化的过程。

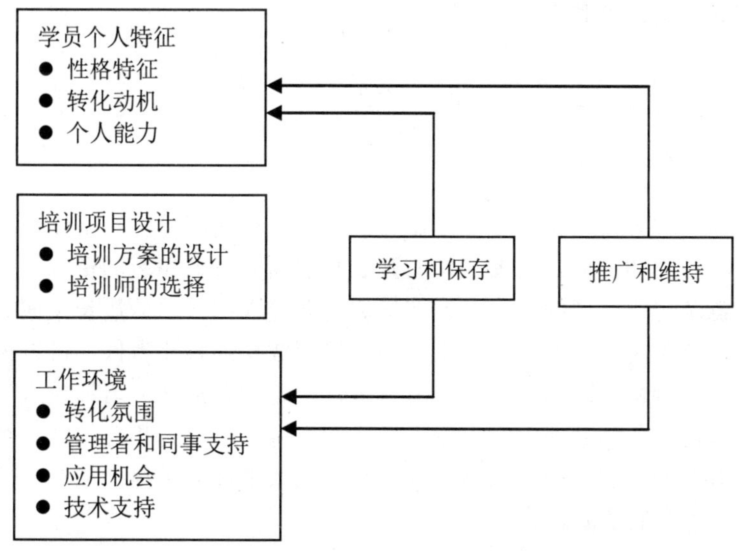

图8-1　培训成果转化过程

资料来源：秦培仁，黄荣萍．企业培训成果转化及其过程模型的构造[J]．改革与战略，2005（1）：130-132．

其中，培训成果转化不可缺少的条件包括将保存下来的学习所得（知识、技能、态度、行为）推广到实际的工作当中去，并能够维持该学习所得在实际工作中的应用。推广是指学员在遇到与学习环境类似的问题和情况时，将学习所得应用于工作环境中的过程。维持则是指学员长时间持续应用新获得的能力的过程。

培训资源等投入因素就位后，学员还必须通过培训学习并保存所学的各种能力，才能为培训成果（新获得的各种能力）的推广和维持做好铺垫。换句话说，培训投入因素是培训成果转化的基础，培训所得的保存则是培训成果转化不可缺少的原材料，而培训成果的转化条件则是获得培训成果的必经路径。

从图 8-1 中可知，学员个人特征、培训项目设计、工作环境分别对学习和保存、推广和维持产生间接或直接的作用。另外，培训成果转化不是一个单向的过程，现实中的培训成果转化是一个反复循环的过程。在成果的保存、转化推广时，可能会遇到各种阻碍因素或出现新的问题，为此需要进行实时的信息反馈，加强学员、培训师及管理者之间的沟通，解决新问题，扫除障碍，共同促进培训成果的转化，同时也为下一次培训项目的设计提供经验借鉴。

因此，培训成果转化是一个将培训内容保存，再加以推广到工作当中，并能够维持所学的内容，同时进行实时的信息反馈，通过调整实施再学习、再推广的循环过程。

三、培训成果转化的意义

培训成果转化主要有以下三个方面的意义。

（一）提高培训的有效性

培训被视为一项人力资源投资，企业力求通过培训提高员工的工作技能和能力，为企业带来更多的利益和价值。培训工作的开展必然需要投入相应的资源，然而很多企业普遍出现培训资源转化率低的问题，致使培训资源投入与产出的增长不成比例，甚至出现零增长。培训资源转化率低的原因主要在于培训成果的转化率低，可以说，如果没有培训成果转化这一过程，培训资源投入得再多，也是一种浪费。培训投入只有通过员工的学习，将所获得的各种新能力应用到工作环境当中，转化为相应的个人绩效和组织绩效，才能算是有效的培训。因此，培训成果转化极大地提高了培训的有效性，有助于更充分、合理地利用企业资源。

（二）提升员工的个人绩效

培训成果的转化首先应该是个人工作绩效的转化，培训成果转化率的提高也就意味着员工个人绩效的提升。培训项目是企业根据企业的发展和员工的需求而专门制定的，其目的是提升个人的工作能力，满足企业发展的需要。所有的培训投入都需要通过学员的学习和应用得以实现其价值，员工通过在工作中运用培训所学来改善自己的工作行为，提高工作效率。

（三）增强企业竞争力

培训成果的转化不仅发挥了培训资源的作用，也满足了企业的培训需求，使员工改善自我行为，提高个人效益和组织的总体效益，这从根本上增强了企业的竞争力。在市场经济下，行业竞争激烈，新技术、新知识不断涌现，企业只有根据需求，投入培训资源，让员工不断地充电，学习新的技术和知识，促进培训成果的转化，才能为企业储备人才资本，以便在激烈的竞争中站稳脚跟。

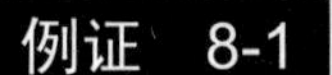

IBM 的培训促进发展

IBM 公司有着出色的员工培训体系，在 IBM 员工培训中盛行着这样一句话："无论你进入 IBM 的时候是什么颜色，经过培训，你都是蓝色。"由此可见，IBM 能够一直在 IT 行业中处于领先地位，它的员工培训起着不可磨灭的作用。员工在经过长久的培训后，将接受 IBM 统一的价值观，将"蓝色血液"注入所有"新蓝"的思维中，让他们真正成为"蓝色巨人"的婴孩。IBM 有着强大的企业文化与人力资源培训体系，因为他们坚信没有受过培训的员工会给公司造成利益损害，未经过培训的员工是不允许上岗的。当你进入了 IBM，你就要做好一切学习的准备，在 IBM"学习是与生俱来的"。在 IBM 不知道学习的员工是待不久的。培训对于员工来说是没有终止的，无论新员工还是老员工，乃至于管理层都是要经过不断参加培训来提升自己的素质，从而适应时代的发展，才会帮助 IBM 一直处于领先的地位。

（资料来源：孙晓明. 关于 IBM（中国）公司的员工培训及启示[J]. 知识经济，2017（05）：94-95.）

第二节　影响培训成果转化的因素

既然培训成果转化意义如此之大，那么究竟是什么因素在影响着培训成果的转化呢？本节将从三个方面阐述培训成果转化的影响因素，即学员的个人特征、培训项目的设计和工作环境。

一、学员的个人特征

学员的个人特征对培训的影响不仅发生在培训的过程中，而且还发生在培训转化的过程中。影响培训成果转化的个人特征主要包括性格特征、转化动机和个人能力。

（一）性格特征

在培训过程中，培训师经常会发现，采用相同的培训方法和相同的培训内容，不同的学员会获得不同的培训效果；即使培训效果相差无几，不同学员在培训成果转化的程度方面还会有所差异。在外部条件都一致的情况下，学员本身的性格特征会直接影响整个培训过程的效果和培训成果的转化（Ford，Quinones，1992）。例如，Kimberly 等人（2001）研究了学员特征和小组氛围及小组领导支持对培训迁移的综合影响，指出性格内向的学员无论是否觉察迁移环境的支持性，他们都要比性格外向者更倾向于应用培训知识。

（二）转化动机

在个人特征中，转化动机也是一个重要的因素。转化动机是指学员转化培训成果意愿的强烈程度，它与学员在培训中知识和技能的获得、行为的改变密切相关。如果学员不将其培训所得转化为实际的工作绩效，那么企业最终还是没有实现其培训目标。因此，转化动机是培训成果转化的助推器，转化动机受到以下三个因素的影响。

1. 期望

弗鲁姆（Vroom，1964）的期望理论认为，激励力=效价×期望。一方面，人之所以能够从事某项工作并达成组织目标，是因为这些工作和组织目标会帮助他们达成自己的目标，满足自己某个方面的需要。目标价值越重要，实现目标的概率越高，所激发的动机就越强烈。换句话说，员工满意度会带来高绩效。另一方面，通过培训成果转化获得的绩效也可以为员工带来满意感，产生内在激励和外在激励。

2. 公平

公平因素把激励过程与社会比较直接联系起来，如果员工感觉通过参加培训有可能得到公平的报酬或其他奖励，那么他们就有可能很主动地学习。相反，如果员工感觉不到培训有可能给他们带来任何公平的报酬或其他奖励，就会挫败他们学习的主动性和成果转化动机。

3. 目标设置

人们的行为是由目标和志愿所驱动的，具体和高难度的目标能够促进工作绩效的提高。绩效目标与员工提高绩效的工作行为有直接的联系，因此制定员工在未来某段时间内要完成的目标和任务非常重要。

首先，目标设置为员工提供了一个动机基础。如果员工知道自己应该朝着哪个目标努力，那么员工便清楚要达到既定的目标，还需要做哪些方面的努力。因此，员工可以依据目标或任务的需要进行努力。

其次，目标可以指导员工的行为，即目标为员工提供完成具体行为的线索，指导员工的注意力和活动的方向。

目标设置应注意以下两个维度。

（1）具体性。目标越具体，员工对目标的要求就能够了解得越多；具体的目标也提高了绩效反馈的价值。

（2）困难度。一般认为，困难的目标尽管达到的可能性较低，但与容易的目标相比，可以导致更高的绩效。当然，目标难度对绩效的作用还受到其他因素的影响，如奖励、个人责任感等（Locke，1968）。

（三）个人能力

个人能力也会对培训成果的转化产生影响。学员的个人能力主要是指学员顺利完成工作并且能够学习工作内容所需的技能，是学员本身所具有的能力（柳小龙，2007）。个人能力包括认知能力、阅读和写作能力等。认知能力主要包括三个方面，即语言理解能力、定量分析能力和推理能力。认知能力对个人工作的重要性很明显，认知能力与所有工作的成功都呈正相关（Gottsfredson，1986）。例如，超市收银员必须懂得基本的数学计算，才能正确地给顾客找零，还要能够理解顾客并与顾客进行必要的沟通，这属于语言能力的范畴。

此外，阅读能力不足会阻碍培训项目的学习和绩效的转化。如果学员无法理解培训过程中使用的文字材料，那么学员的学习效果不仅不会有所突破，反而会下降。可想而知，学员的工作绩效也就无从保证。

学员在培训中的学习水平经常与学员的能力相联系（Baldwin，Ford，1988），能力较强的个人能够较好地为掌握培训所学的内容做好准备，特别是那些复杂的、艰巨的任务，他们也更有可能积极主动地去寻找或获得运用培训所学知识的机会，以便更好地保持和提高工作绩效水平（Ford，Quinones，1992）。

例证　8-2

个人能力不足导致培训的失败

佐治亚—太平洋公司是一家造纸企业，它曾经为 1 800 名小时工进行过项目培训，其效果很差。学员们都反映他们能够理解培训的内容，但是一旦脱离培训回到工作岗位上，他们就无法保持培训时的水平。为了查明培训失败的原因，该企业对员工的个人能力进行了测试，发现很多学员存在不同程度的阅读和写作困难，导致他们无法理解培训所使用的材料，他们自然也无法将材料中所学的知识和技能应用到实际的工作当中，更别提工作绩效的提高了。

（资料来源：M DAVIS. Getting workers back to the basics[J]. Training and development, 1997 (10): 14-15.）

二、培训项目的设计

大部分培训的目的不在于从根本上解决员工的实际问题，而在于引导员工找出最合适、最有效的方法来解决具体问题，也就是我们所说的“授之以渔”。因此，培训方案的设计和培训师的选择对培训成果转化的影响至关重要，本章第三节我们将详细讨论这部分内容。

三、工作环境

除了学员的个人特征和培训项目的设计之外，工作环境同样会影响培训成果的转化。培训成果能否顺利转化与工作环境密切相关，因此营造良好的工作环境对培训成果转化非常重要。工作环境主要包括转化氛围、管理者的支持、同事的支持、运用所学能力的机会和技术支持。

（一）转化氛围

转化氛围是指学员对能够促进或者阻碍培训技能或行为应用的工作环境特征的感觉（葛玉辉，2014），这主要包括企业战略目标和企业文化。

积极转化氛围的良好作用

组织行为学家鲁伊勒（Rouiller）与戈德斯坦（Goldstein）在一个拥有 102 家连锁店的餐饮企业做了一项研究。在每个连锁店随机抽取管理者参加一个为期 9 周的培训，培训内容为基本的管理技术和管理行为。结果发现，在具有积极转化氛围的连锁店中，管理者更容易在工作中应用培训所学的技能，并收到良好的效果；如果管理者在工作中因为应用培训所学的技能而受到组织的奖励，他们则会表现出更好的培训成果转化行为。

（资料来源：Rouiller，Goldstein，1993）

1．企业战略目标

战略目标是对企业战略经营活动预期取得的主要成果的期望值，是企业整体发展的根本方向，也是企业关于未来的设想。其中，人力资源培训与开发战略是企业战略目标的重要组成部分。人力资源培训的主要目的是人才素质的培养以及培训成果的转化。人力资源素质的提高能够促进企业生产水平的提高，同时还能减少由于人员流动或者员工技能落后造成的成本开支。因此，合理的企业战略目标应该包括人力资源的培训以及学员培训成果转化，才能保证企业的长久与持续发展。

2．企业文化

积极向上的企业文化可以促进员工培训成果的转化。组织学习氛围是企业文化的一种重要表现形式，从侧面体现着企业的价值观念和精神，并以潜移默化的方式影响员工的思想和行为。在学习氛围浓厚的组织中，管理者重视企业的可持续发展，关注员工的进步与提高，随时随地对员工进行指导，把下属的进步看作是对自己工作的肯定；在这种组织的领导下，员工的上进心强，能够抓住一切可以利用的机会进行学习提高，并乐于将学习所得迁移到工作中（葛玉辉，2014）。

也就是说，企业文化的形成实际上是企业内部动力机制的建立，它不仅引导着员工朝着企业既定的目标前进，而且作为激励机制的隐含部分将员工的个人思想和企业的价值观联系在一起，产生一种强大的凝聚力量，激励员工积极转化培训成果，提高工作绩效，进而实现个人目标和企业目标的统一。

例证　8-4

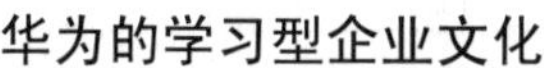

华为的学习型企业文化

在我国企业中，华为在培训人才方面是倾注热情最大也是资金投入最多的企业之一。它的培训体系的一大特色便是全员学习。华为通过建立学习型组织，促进全员持续性学习，不断提升员工自身价值，提高人力资本对企业的贡献质量。在竞争激烈的通信行业里，只有具备持续高效学习的能力，才能在市场中占有一席之地。对此，华为创始人任正非一再强调，要建立学习型企业，所有的华为员工都必须保持持续学习的习惯。而培训是学习型企业的必备要素，于是，华为通过建立多样化、体系完善的培训体系，培训和引导员工，使得华为内部形成了独特的学习型文化：持续性、系统化学习成为华为员工的良好习惯。在这样的组织中，几乎每个员工的自身价值都在持续提升，从而对企业的价值贡献也有了质的提高。

（资料来源：靳书昂. 华为员工培训模式对电子行业员工培训的启示[J]. 太原城市职业技术学院学报，2018(07)：25-27.）

（二）管理者的支持

管理者是否重视员工参与培训项目以及培训内容在工作中的应用程度，都极大地影响着培训成果的转化。管理者对培训的支持程度越高，培训成果就越容易实现最大程度的转化。

管理者对培训项目最低水平的支持是承认培训项目的重要性，即同意员工参加培训；最高水平的支持是作为培训师在培训项目中任教，促成培训成果的最大程度转移。另外，管理者还可以通过强化学员获得的新技能，并为其提供实践该技能的机会和平台，鼓励学员通过实际操作把新技能应用到工作当中，完成培训成果转化的最后步骤，提高个人的工作绩效，从根本上实现培训的目的。表8-1列出了管理者支持对培训成果转化的影响（徐芳，2001）。

表8-1 管理者支持对培训成果转化的影响

支持程度		重点内容	
在培训中任教	高支持 ↓ 低支持	作为培训领导者参与培训计划，促成最大程度转化	高支持 ↓ 低支持
目标管理		与学员共同制定转移目标；提出待解决的项目或难题，提供必要的各种资源，明确进度要求	
实践技能		提供工作中的现有机会让学员应用新知识和技能	
强化		与学员讨论培训成果应用情况，对成功应用加以表扬，对失误加以引导解决	
参与		全过程关心了解培训进展、学员的收获	
鼓励		通过重新安排工作日程让员工安心参加培训	
接受		承认培训的重要性，同意员工参加培训	

例证 8-5 

沃尔玛支持员工培训转化

沃尔玛的培训是全员参与的培训，这其中当然少不了领导或经理给予的支持和指导。沃尔玛要求受训员工的直属经理能在工作中帮助员工完成培训成果的转化，即及时地给予指导并与员工沟通，促使员工将所学应用到工作中。另外，培训后其经理会将与培训内容相关的工作安排给受训人员，使员工能够及时地将所学应用到工作中，巩固知识的同时也促进了培训的转化。

（资料来源：冯琳琳. 美国大型零售企业员工培训研究[D]. 长春：东北师范大学，2011.）

（三）同事的支持

员工在日常的工作中，不可避免地必须与周围的同事进行沟通、协调，甚至是合作。因此，同事之间的相互支持不仅是培养良好人际关系的基础，同时也可以创造一种良好的学习和成果转化氛围，促进培训成果的转化。无论是从学习的规律还是从成果转化（见图 8-1）的过程来看，反复的学习可以强化学员在培训中获得的新知识和新技能。学员之间以学习小组或者联系网络的形式互相鼓励、交流和监督，有助于增加学员的成果转化动机。

学习小组一般由两名或两名以上的学员组成，在这种形式的学习小组当中，他们可以面对面互相交流学习的进展、学习过程中遇到的障碍，以及在实际应用中遇到的瓶颈和难点。另外，学员们还可以通过网络系统、电子邮件等电子媒介进行沟通和交流，分享在工作中转化培训成果的成功案例，使其他员工可以从中借鉴经验，少走弯路，实现培训成果的转化。

（四）运用所学能力的机会

运用所学能力的机会是指企业向学员提供或者学员主动寻找机会实践培训中学到的新知识、新技能和行为方式。学员获得了新知识和新技能并不意味着他们完成了培训成果的转化，培训成果转化的关键还在于学员是否有运用所学能力的机会。这里所说的机会包括培训内容的使用程度、频率和执行培训内容的难度和重要性。

运用所学能力的机会受到工作环境和学员动机两个方面的影响，它一方面由企业内部决定，另一方面还被学员寻找应用机会的主动性所左右。如果企业提供了一定的实践机会，而学员却不积极地去利用，那么培训成果只停留在个人内部转化的阶段，而无法进一步通过学员的实践，将个人内部的转化用于企业培训成果的转化。

（五）技术支持

技术支持包括各项培训成果转化所需资源和设备的支持，如硬件的购买。这是提高培训成果转化率的保障。

一个再好的培训项目，如果没有相关的资源和设备支持，那么员工获得的新技能也无法实施。即使企业提供了应用该技能的机会和平台，学员们也只能是“望洋兴叹”，毕竟“巧妇难为无米之炊”，没有到位的技术支持，学员在培训之后就算有再好的创意，也只能是徒劳。

第三节　促进培训成果转化的途径

在第二节中，我们从学员的个人特征、培训项目的设计以及工作环境三个方面阐述了影响培训成果转化的因素，这些因素直接或者间接地影响着企业培训资源投入的有效性。针对这些因素，企业应该采取什么途径来促进培训成果的转化呢？本节将针对这三个方面的因素，提出促进培训成果转化的途径与方法。

一、制定适合本企业的培训方案

不同的企业有不同的战略目标和定位，在不同的时期也有不同的培训需求和培训目标。因此，制定一个适合本企业需求和发展目标的培训方案往往决定了企业人力资源投入能够有所产出。培训方案的制定可以从培训方案本身的设计和培训师的选择两个方面着手。

（一）培训方案的设计

培训方案包括培训目标、培训教材、培训对象、培训方式、培训时间、培训地点和设备等内容。为了实现培训成果在工作场所中的成功转化，培训方案的设计应具备以下两个要求。

（1）培训方案必须与工作相关。其设计必须来源于对组织、工作任务和员工个人需求的分析，才能避免培训工作的盲目性和随意性，使培训内容与企业实际需求相一致。

（2）培训方案还必须让学员了解培训内容与实际工作之间的关系，以便学员将培训所学的内容应用到实际工作当中（Bates，Holton，Seyler，1997）。

（二）培训师的选择

企业应该按照不同的培训需求，选择不同风格的培训师。通常情况下，培训风格活泼、注重沟通和反馈的培训师比培训风格保守、注重授课、忽略沟通和反馈的培训师会取得更好的培训效果。

企业可以通过外聘和内聘这两种方式来选择培训师，但无论采用哪一种方式，培训师都必须拥有专业的培训技能和相关的培训经验。

1．内聘培训师

从企业内部选择培训师无疑是最好的方式，可以重点选取那些技术有专长、工作经验丰富的员工担任，甚至要求公司各级行政领导担任。每个企业都有其独特的战略目标、经营方式和企业文化，因此企业内部的人员更了解企业内部以及业务等方面的情况，能够更有针对性地对学员进行培训和指导，有利于员工提高管理和技术水平。同时，管理者的支持是影响培训成果转化的因素之一。企业内部人员作为培训师参与培训计划的制订是对培训项目的有效支持，能够促成较大程度的成果转化。另外，从内部选择培训师还可以降低企业招聘外部培训师的成本。

2. 外聘培训师

如果培训课程无法由内部培训师完成，就必须外聘培训师。外聘培训师通常有两类：一是培训咨询机构的经验派培训师；二是学校或科研机构的学院派培训师。前者实践经验丰富，但易受行业的限制；后者理论研究基础深厚，但可能缺乏参与企业管理的实际经验，在培训过程中无法做到理论和实践的融会贯通。因此，企业在选择培训师时要优先考虑两者兼备的培训师（赵英，2006）。

二、强化学员的成果转化动机

前面已经提到，个人转化动机是培训成果转化的助推器，它与激励机制息息相关。下面将从两个方面阐述如何通过激励机制强化学员的培训成果转化动机，促成培训成果的转化。

（一）需求激励

需求理论认为，如果一个人的主要需求得到满足，那么他的行为动机和积极性就会被激发出来。员工的需求不仅包括物质需求，还包括精神需求。

无论是企业之间还是企业内部都存在着不同程度的竞争，员工要想在企业内部的竞争中站稳脚跟，寻求发展，就必须不断充实自己，学习新的知识，掌握新的技术，努力提高绩效。这属于物质需求的范畴。也就是说，如果企业能够满足学员寻求发展所需要的知识或技能培训需求，那么该需求的满足便能够形成个人的内在激励，激发学员的成果转化动机，实现培训成果的转化。

此外，如果企业能够通过授予荣誉、给予关怀和尊重等手段满足员工的精神需求，那么其培训成果的转化动机则会大大地加强。

由此可见，培训需求分析很重要，培训需求分析不仅是培训项目设计的基础，还为需求激励提供了依据。企业在制定培训项目时，一定不能够忽略员工个人需求的满足。

例证 8-6

惠氏把“要我学”变成“我要学”

惠氏是全球 500 强企业之一，也是全球最大的以研发为基础的制药和保健品公司之一。惠氏在研究、开发、制造和销售药品、疫苗、生物制品、营养品和非处方药品等方面处于全球领先地位。

惠氏有一个为期 12 天的新员工培训，在这 12 天中，大中华区总裁与各个部门的主管都会到场和新员工聊天，了解他们的想法，使新人感受到公司对于培训的重视。惠氏用很多方式去营造学习氛围。在新员工培训中，公司要求每个学员给自己写一封信，谈谈他内心的想法与对自己今后发展方向的规划。一个月后，公司会将这封信寄给他，让他将当初的所写与眼前的状况进行对照，找出不足之处，想办法提高。惠氏通过这样的方式树立员工自我发展的需求，把“要我学”变成“我要学”。

（资料来源：谢代国，苏华. 培训成果转化路在何方[J]. 现代营销（经营版），2008（10）：64-65.）

（二）结果激励

激励机制时刻关系着员工的个人利益，员工之所以有转化动机，归根结底离不开转化培训成果之后所得到的物质、精神或晋升激励。结果激励最重要的表现形式就是合理晋升。

培训结束后，学员将培训成果积极转化到实际工作中，并获得个人工作绩效的提升，企业应该给予加薪或职务、职称的晋升等外部激励，让学员真切地感受到转化培训成果与获取个人利益之间的纽带关系，激发学员转化培训成果的原动力。

首先，要确保学员明确培训目标。让学员清楚培训的目的是提高个人工作绩效，而不是找出他们存在的问题。一个简洁明了又具有挑战性的目标比模糊的目标更能调动人的积极性。培训前最好让学员了解培训项目包含的内容，与学员一起共同设定具体的目标，提高学员对培训的兴趣、理解能力和努力程度，以期达到理想的培训效果，为培训效果的转化打好基础，并增强学员的转化动机。

其次，使学员了解培训后的收益。沟通不仅可以拉近培训师与学员的关系，还可以使学员意识到他们的培训需求和职业生涯发展目标。工作中的高绩效能够给他们带来工作、个人以及职业生涯方面的收益，学员意识到目标与现实之间的差距之后，会更有动力去努力增强技能，实践新获得的知识，提高工作绩效，从而建立起努力→成绩→奖励之间的依存关系，这更有助于激发学员的学习转化动机。也就是说，个人转化动机与激励机制息息相关。

例证 8-7

沃尔玛的培训激励

沃尔玛把员工完成的培训课程和培训考核成绩作为其将来晋升的参考标准。在员工培训计划上，沃尔玛始终推行员工培训与发展计划相结合的方式。在沃尔玛内部，各国际公司必须在 9 月份与沃尔玛国际部共同制订和审核年度培训计划。沃尔玛人力资源部会为每位员工制订相应的员工发展计划，并以此为基础，依据员工各自的成长路线为其提供相应的培训。例如，从刚加入公司的新员工的入职培训到普通员工的岗位技能培训和部门专业知识培训，到部门主管和经理的基础领导艺术培训，到卖场副总经理以上高管人员的高级管理艺术培训、沃尔顿学院系统培训等，沃尔玛的员工在每次成长或晋升时都会有不同的培训实践和体验。

（资料来源：张雅光，2009）

三、积极培育有利于培训成果转化的工作环境

为了使工作环境有利于学员培训成果的转化，可以从以下三个方面鼓励和推动学员积极转化培训成果，改进个人的工作绩效。

（一）学习型组织

为了创造有利于员工学习和培训成果转化的氛围，目前很多企业正在努力转变为学习型组织。学习型组织是一个具有开发能力与适应变革能力的组织，能够充分发挥每个员工的创造力，形成一种弥漫于整个群体与组织的学习气氛，并能够凭借学习充分体现个体价值，以大幅度提高组织绩效（Senge，2009）。学习型组织被看作是一种组织文化，它不仅注重员工个体层面上的进步，还注重团体和组织层面上的可持续发展，其特征如表 8-2 所示。

表 8-2 学习型组织的特征

特　征	具体描述
持续学习	员工共享学习成果并把工作作为知识和创造的基础
知识创造和共享	开发创造、获取和分享知识的系统
严格的系统化思维	鼓励员工用新的方式思考，找出联系和反馈渠道，并验证假设
学习文化	公司的管理人员和公司目标明确对学习进行奖励、促进和支持
鼓励灵活性与实践性	员工可自由承担风险，不断创新，开创新思路，尝试新过程，并开发新产品和服务
重视员工价值	系统和环境注重对每位员工的培训开发和福利

首先，在这样的组织里，知识和技能的获得是每个员工的基本职责，员工、上下级、团队之间都存在着合作关系。这种合作得到鼓励，并形成组织的支持性系统，为培训成果的转化创造了良好的环境。

其次，学习型组织还重视为员工个人发展提供机会，以此鼓励员工将培训获得的新知识和技能应用到实际工作当中。这样做不仅为员工提供了广阔的实践平台，也极大地提高了员工的培训成果转化动机。

最后，革新与竞争也是学习型组织内涵的一部分。企业向学习型组织转变，目的是鼓励组织中的每一个人要有学习和培训意识，要有共享知识和创新的理念，并更积极地投身到扩展技能和提高组织效率的行为中去，这样组织就更容易适应竞争激烈、瞬息万变的外界环境。员工只有尽可能地把培训所学迁移到工作中，才有更多的机会在竞争中求取发展。

向学习型组织的转型并非一朝一夕就能完成，但其一旦形成，对于促进培训成果转化、提高组织绩效将会发挥巨大的作用。企业必须将学习型组织的建立作为战略目标的一部分进行贯彻和落实，并通过组织层面支持学习，鼓励学习，倡导知识共享，促进成果转化，改变员工的行为；运用系统理论和系统方法分析管理要素和管理过程，优化管理的整体功能，从而取得良好的管理效果。

（二）知识管理

在竞争日益激烈以及创新速度加快的知识经济条件下，学习已成为企业得以持续发展的根本保证，组织成员获取知识和使用知识的能力已成为企业赢取竞争优势的基础。同时，全球化经营对知识获取、知识创造与知识转换能力的要求依赖于企业的学习能力。因此，知识管理显得尤为重要，所有的企业都必须不断更新知识，以顾客和市场为导向，利用知识为企业和社会创造价值。

知识管理是网络新经济时代的新型管理方法，它是指通过设计和运用工具、流程、系统、结构和文化来改进知识的创造、共享和使用，从而提高组织绩效的过程（Delong，Fahey，2000）。知识管理可以使资讯与知识通过获得、创造、分享、整合、记录、存取、更新等过程，达到知识不断创新的最终目的，并回馈到知识系统当中，使个人与组织的知识得以永不间断的累积，以应对市场的变迁。

实施知识管理可通过以下四种主要途径。

（1）应用技术和软件组建知识管理系统。例如，通用汽车公司将新车的理想尺寸以及现有零部件的参数等信息全部输入公司的计算机辅助设计系统，轿车与卡车设计人员可以轻松调用这些数据。

（2）建立企业内部网，方便员工储存和共享信息。

（3）建立在线图书馆，为员工提供诸如期刊、技术手册、研讨会等学习资源。

（4）在企业内部设立知识管理主管的职位，负责信息的分类与交流。例如，首席学习官或首席知识官（Chief Learning/Knowledge Officer）便是公司内部负责知识管理的领导者，主要负责开发和应用公司的数据库、内部网等技术基础设施。

（三）各项培训资源与配套制度的支持

1．培训资源的支持

培训资源包括培训经费、培训场地、设施设备、工作人员等，每个培训项目从策划到实施都离不开以上各项资源，一个再好的培训项目没有这些资源的支持也是无法实现的。培训经费来源应有计划、有保证，稳定而充足。

培训经费主要用于支付培训师授课费、外派培训人员经费、培训管理费用、添置培训设施设备及培训资料的支出等。培训经费每年年末由人力资源部门按培训计划做出资金预算，经总经理批准后，在下一年度应该按时按量到位，确保培训方案如期实施。

培训设施设备包括培训场地、多媒体教学设备、仪器教具、培训资料（如 EPSS 系统）等，这些都要由专人负责管理与维护，从而为培训项目的顺利实施提供保障。

培训是一项复杂的工作，要配备足够的工作人员才能达到培训效果，培训课程开发、师资培训、需求调查分析、培训计划制订、培训项目实施、培训效果评估分析等都需要由有一定工作经验、高素质的工作人员来完成，人员配备充足，工作做得细，效果好；人员配备不足，工作做得粗，效果差。

2．配套制度的支持

为调动员工的学习积极性，增强培训效果，必须要有一系列配套制度的支持，即将培训工作与人力资源管理各环节密切配合，建立、健全各项人力资源管理制度，如新员工培训制度、竞聘上岗制度、员工职业生涯规划、激励制度、绩效考核制度、专业技术人员继续教育制度、特殊工种人员培训制度等。

员工培训应与奖惩制度相结合。在建立了激励机制提高学员转化培训成果的动机之后，还必须完善绩效考核机制，建立快速的反馈渠道，使两者相得益彰。

惠氏企业如何提高培训转化率

惠氏在 2006 年有一个区域拓展项目，要拓展以前没有涉及的领域。针对这个项目，公司招聘了大量的人员，为了保证这些人员在短期内适应这个行业，快速产生绩效，培训部门为这个项目量身定做了“极易快速启动班”。新员工进入公司先上为期 4 天的启动班，了解公司、产品、相关流程以及必备技能等情况；第二个星期，开始在工作中运用这些知识；第三个月，新员工重新回到启动班进行为期 12 天的第二阶段培训。如此循环，整个培训一直持续了 6 个月。这个培训的针对性非常强，因此效果也非常好，新员工能在很短的时间适应公司，有效开展工作。

（资料来源：admin，2015）

本章小结

1．培训成果转化是指员工把在培训中获得的知识、技能、行为、态度应用到实际工作中的程度。

2．培训投入因素（学员个人特征、培训项目设计、工作环境）、学习和保存（培训的学习所得）、推广和维持（培训成果转化的条件）三大元素共同作用形成了培训成果转化的过程。

3．培训成果转化主要有三个方面的意义：（1）提高培训的有效性；（2）提升员工的个人绩效；（3）增强企业竞争力。

4．影响培训成果转化的因素主要包括：（1）学员的个人特征；（2）培训项目的设计；（3）工作环境：转化氛围、管理者的支持、同事的支持、运用所学能力的机会、技术支持等。

5．促进培训成果转化的途径主要包括：（1）制定适合本企业的培训方案；（2）强化学员的成果转化动机：通过需求激励与结果激励强化培训转化动机；（3）积极培育有利于成果转化的工作环境，具体可以从三个方面鼓励和支持培训成果的转化：学习型组织、知识管理、各项培训资源与制度的支持。

网站推荐

学习转化网：reviewing.co.uk/transfer
哪里有培训网：www.nlypx.com/
培训通网：www.pxto.com.cn/

思考练习题

1．培训成果的转化有何意义？

2. 影响培训成果转化的因素有哪些？
3. 如何做好培训成果的转化工作？

培训游戏：思维方式转换培训

游戏目的：帮助学员学会转换思维方式。

角色扮演：三个穷书生；旅店老板；伙计。

剧情：有三个穷书生进京赶考，途中投宿在一家旅店，这家旅店的房价是每间 450 文，三人决定合住一间，一人向老板支付 150 文。后来老板觉得三人可怜，优惠了 50 文，让伙计还给三人。伙计贪图小财，从中拿走 20 文，将剩余的 30 文钱还给了书生。

思考问题：每个秀才实际上支付了 140 文，合计 420 文，加上店小二私吞的 20 文，等于 440 文，那么还有 10 文钱去哪里了？

（答案见书末）

学以致用：学习转化

将你所学过的所有课程罗列出来，然后按其性质和特点进行分类。试尽量结合自己的生活、交往和社团活动、学习和工作，谈谈如何将各门课程（堂）所学理论和知识应用到实际中。学校、教师和学生分别如何做，才能有效地促进教学成果的转化？将班级分成若干小组讨论，然后分享总结。

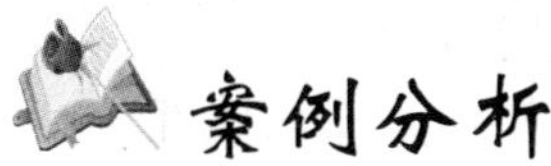

案例分析

华为普通员工培训及成果转化问卷

华为一直重视员工培训，它有一套培训制度，主要包括四个方面：（1）经典案例库；（2）培训讲师制；（3）技术等级制；（4）培训组织形式。华为在组织机构上通过设立技术委员会、技术资源池和培训经理、培训接口人来保证培训的正常运作。为了更好地满足员工的培训需求，使培训更具有针对性和实用性，切实帮助员工的日常工作，特别设计了关于培训成果转化的问卷，具体内容如下。

（一）单选题

1. 我参加这次培训的原因是（　　）。
   A. 个人工作需要　B. 迫于无奈　C. 提高自己技能　D. 不清楚
2. 在参加培训之前，我对本次培训的期望程度怎样？（　　）
   A. 很高　B. 高　C. 一般　D. 低
3. 参加本次培训后，我期望达到的程度如何？（　　）
   A. 达到　B. 基本达到　C. 有一点达到　D. 没有达到
4. 本次培训对我的工作和个人成长的影响如何？（　　）
   A. 很大　B. 大　C. 一般　D. 小
5. 我在本次培训中的出席情况如何？（　　）
   A. 很好　B. 好　C. 一般　D. 差
6. 我与培训工作人员的配合情况怎样？（　　）
   A. 很好　B. 好　C. 一般　D. 差
7. 我在遵守培训纪律方面做得怎样？（　　）
   A. 很好　B. 好　C. 一般　D. 差
8. 培训课程中的工作环境与我们平时的工作环境（　　）。
   A. 完全一样　B. 基本一样　C. 有的地方像　D. 不像
9. 培训评估结果与我们的个人绩效挂钩。（　　）
   A. 不同意　B. 不太同意　C. 同意　D. 不确定
10. 培训后我不太愿意将培训所学应用到工作中去。（　　）
   A. 不同意　B. 不太同意　C. 不确定
   D. 同意　E. 非常同意
11. 培训后单位会给我机会让我将培训所学应用到工作中去吗？（　　）
   A. 很多　B. 有些　C. 很少　D. 没有
12. 培训后培训机构会提供相应的资源支持我应用培训所学吗？（　　）
   A. 很多　B. 有些　C. 很少　D. 没有
13. 如果环境允许，我会试着将培训所学的知识和技能用于工作。（　　）
   A. 不同意　B. 不太同意　C. 不确定
   D. 同意　E. 非常同意
14. 我非常希望把培训所学的知识和技能应用于工作。（　　）
   A. 不同意　B. 不太同意　C. 不确定

D. 同意　　E. 非常同意

15. 尝试去应用培训所学将会消耗我太多的精力以至于影响我其他的工作。(　　)

A. 影响大　　B. 影响小　　C. 有些影响　　D. 不确定

16. 培训后我将培训所学的知识和技能应用于工作中，并因此我的工作效率提高了。(　　)

A. 不同意　　B. 不太同意　　C. 不确定

D. 同意　　E. 非常同意

17. 培训内容对工作的适用性如何？(　　)

A. 很不适用　　B. 不适用　　C. 一般

D. 适用　　E. 很适用

18. 本次培训的组织服务如何？(　　)

A. 很差　　B. 差　　C. 一般

D. 好　　E. 很好

19. 你对本次培训的整体评价如何？(　　)

A. 很差　　B. 差　　C. 一般

D. 好　　E. 很好

(二) 多选题

1. 你认为影响教师培训成果转化的原因主要有哪些？(　　)

A. 相关政策、制度　　B. 管理层的支持程度

C. 培训机构的组织管理　　D. 培训的内容、方式

E. 培训主讲教师因素　　F. 受训者个人因素

G. 培训后续服务支持　　H. 相关奖励机制

2. 就课程内容来说，哪些问题需要日后继续探讨？(　　)

A. 原材料检验　　B. 实验室操作

C. 质量管理理论及方法　　D. 客户需求

E. 工艺标准及问题　　F. 终检标准及问题

G. 客户反馈　　H. 企业文化

3. 你认为最有效的培训方法是什么？(　　)

A. 讲授法　　B. 案例分析　　C. 游戏

D. 情景模拟　　E. 课堂讨论　　F. 观看多媒体资料

G. 互动练习　　H. 其他

（三）简答题

1. 目前你觉得把培训所学到的技能、知识、态度和行为运用到实际工作中存在的问题或面临的困难是什么？对此，你有什么看法或者建议来促进员工有效应用培训成果到实际工作中来提高工作效果？

2. 您认为本次培训讲师的哪些优点需要保持？

3. 你还希望获得什么培训？请谈谈您对下次培训的建议？

（资料来源：邱海燕．华为员工培训体系及其启示[J]．广东广播电视大学学报，2011，11（4）：1-4.）

思考讨论题

从华为公司的培训成果转化问卷调查表中可以看出，华为公司将从哪些方面支持普通员工的培训成果转化？

本章参考文献

[1] 冯琳琳．美国大型零售企业员工培训研究[D]．长春：东北师范大学，2011.

[2] 葛玉辉．员工培训与开发[M]．北京：清华大学出版社，2014.

[3] 柳小龙．加强企业培训成果转化机制的现实意义[J]．发展，2007（9）：108-109.

[4] 秦培仁，黄荣萍．企业培训成果转化及其过程模型的构造[J]．改革与战略，2005（1）：130-132.

[5] 邱海燕．华为员工培训体系及其启示[J]．广东广播电视大学学报，2011，11（4）：1-4.

[6] 西武．如何管理[M]．北京：机械工业出版社，2004.

[7] 谢代国，苏华．培训成果转化路在何方[J]．现代营销（经营版），2008（10）：64-65.

[8] 赵英．提高企业培训成果转化率的途径[J]．发展研究，2006（11）：133-135.

[9] 周佳婷．探索运用培训成果转化率评价培训有效性[J]．上海市烟草系统2012年度优秀学术论文集（经济管理类），2012（12）：1-12.

[10] 孙晓明．关于IBM（中国）公司的员工培训及启示[J]．知识经济，2017（05）：94-95.

[11] （美）彼得·圣吉．第五项修炼[M]．郭进隆，译．上海：上海三联书店，2003.

[12] 靳书昂．华为员工培训模式对电子行业员工培训的启示[J]．太原城市职业技术学院学报，2018（07）：25-27.

[13] 徐芳. 培育培训成果转化的工作环境[J]. 中国人力资源开发，2001（4）：45-46.

[14] A S KIMBERLY, S EDUARDO, B T MICHAEL. To transfer or not to transfer? investigating the combined effects of trainee characteristics, team leader support, and team climate[J]. Journal of applied psychology, 2001, 86(2): 279-292.

[15] C KONTOGHIORGHES. Predicting motivation to learn and motivation to transfer learning back to the job in a service organization: a new systemic model for training effectiveness[J]. Performance improvement quarterly, 2002(15): 114-129.

[16] D W DELONG, L FAHEY. Diagnosing cultural barriers to knowledge management[J]. Academy of management executive, 2000(14): 113-127.

[17] D L KIRKPATRICK. Evaluation of training[M]. New York: McGraw Hill, 1996.

[18] E A LOCKE. Toward a theory of task motivation and incentives[J]. Organizational behavior and performance, 1968(3): 157-189.

[19] J K FORD, M A QUINONES. Factors affecting the opportunity to perform trained tasks on the job[J]. Personnel psychology, 1992(45): 511-527.

[20] K R WEXLEY, G P LATHAM. Developing and training human resources in organizations[M]. New York: Harper Collins, 1991.

[21] L S GOTTSFREDSON. The factor in employment[J]. Journal of vocational behavior, 1986(19): 293-296.

[22] M DAVIS. Getting workers back to the basics[J]. Training and development, 1997 (10): 14-15.

[23] R A BATES, E F III HOLTON, D L SEYLER. Factors affecting transfer of training in an industrial setting[C]. In R TORRACO (ed.), Proceedings of the 1997 academy human resource development annual conference, academy of human resource development 1997 conference proceedings. Baton Rouge, LA, 1997: 5-13.

[24] V H VROOM. Work and motivation[M]. Oxford: Wiley, 1964.

[25] W J NEWSTROM. Leveraging management development through the management of transfer[J]. Journal of management development, 1986, 5(5): 33-45.

第九章

培训效果评估

学习目标

1. 了解培训效果评估的概念和作用；
2. 掌握常见的培训效果评估模型；
3. 掌握培训评估的流程和实施。

引例

海尔集团的员工培训评估

海尔集团能够长时间保持高速发展的势头，与其在人才培养方面的创新密不可分。与其他传统家电制造企业不同，海尔在员工培训和评估方面进行了创造性的改革。海尔与全国多家大专院校深度合作，在全国范围内建立了数十个培训服务中心，借助高校的力量完善了自身的技能培训与人才储备。在培训评估方面，海尔基本做到每次培训必然有相应的评估，形成“凡培训必评估”的制度。在评估方法上，海尔在问卷填写、笔试、评估访谈等传统方法的基础上，增加了360度绩效考核、顾客满意度调查、绩效记录持续追踪、生产率和事故率评定等多层次综合性的评估方法，构建了一个相对完善的评估体系。在评选评估的影响方面，传统家电制造企业通常只将培训评估作为受训者在培训活动中表现的总结，而海尔通过建立档案长期记录员工的培训表现，受训者的评估结果将告知受训者所在部门的负责人，而且评估结果会与该员工未来的职位升迁与工作奖励直接关联。

（资料来源：李杨. 企业员工培训评估中存在的问题与对策研究——以某家电制造企业为案例[J]. 山东社会科学，2015（4）：148-152.）

从引例可以看出海尔集团对培训评估的重视。员工培训流程的最后一个环节是评估。评估是对企业员工培训项目进行时和结束后，培训在多大的程度上实现了预期目标所进行的评价。因此，对培训的评估实际上应该从设定目标时就开始了。当我们能够清楚地确定培训项目的目标时，也就意味着我们可以确定明确的衡量效果的标准，对效果的评估工作也就随之展开。

培训效果评估是人力资源培训与开发中发展最快的领域之一，一方面是因为对评估的需求越来越大；另一方面是因为越来越多的学者将计量方面的理念和方法引入评估中。培训效果评估是实现企业员工培训战略的重要手段，也是人力资源培训专业人士获得高层支持的必要工具。

第一节　培训效果评估概述

与管理中的控制功能相似，在企业培训的某个项目或课程结束后，一般要对培训的效果进行一次总结性的评估或检查，以便找出学员究竟有哪些收获与提高。实际上，员工培训评估就是对员工培训活动的价值判断过程。

一、何谓培训效果评估

培训效果（Training Effectiveness）是指公司和学员从培训中获得的收益。培训给学员带来的好处是，他们可以学习各种新的技能和行为方式，而公司的收益则可能包括销售收入上升及顾客满意人数增加。培训效果评估包括衡量对项目收益起决定作用的特定成果和标准。培训评估（Training Evaluation）是指搜集培训成果以衡量培训是否有效的过程（Noe，2007）。培训评估包括事前评估和事后评估（Van Wart，Cayer，Cook，1993）。

二、培训效果评估的作用和局限性

（一）培训效果评估的作用

公司在培训项目上投入了大量的经费，想以此赢得竞争优势。如果在培训上的投资没有获得足够的回报，公司就会削减对培训的投资。培训效果评估能够提供必要的数据，证明公司确实从培训中获得了收益。培训效果评估的作用主要包括以下三个方面。

1．为决策提供有关培训项目的系统信息

决策需要高质量和高可信度的信息，而培训评估是提供这些信息的最好手段。通过从培训评估获得的信息，有助于判断在特定的环境和条件下何种培训方案能够起到更大作用，也有助于决定时间跨度较长、投入资金较多的培训项目是需要继续，还是需要即行终止。

2．促进培训管理水平的提升

培训评估可以帮助培训组织者全面审视培训的各个环节，如培训需求的确定、培训目标的选择、培训计划的拟订、培训资源和时间的控制、培训形式的采纳、培训师的确定、培训环境的营造等。经过此环节，有关各方可以汲取经验教训，从而使培训需求的确定更加准确，培训计划的制订更加符合实际需要，培训动员更加有效，培训资源的分配更加合理，培训内容与形式更加相得益彰，培训师更加符合需要，而且有利于及时对培训进行调整和纠偏。这样，组织培训工作就能够不断跃上新台阶。

3．使培训管理资源得到更广泛的推广和共享

通过培训评估，可促进有关各方关注与培训活动有关的资料，同时使培训对象更清楚自己的培训需求与目前水平的差距，从而增强其未来参加培训的愿望，进而间接促进培训的深入发展。

（二）培训效果评估的局限性

培训效果评估的局限性主要包括如下三个方面。

（1）评估委托方往往要求评估者做出全面的总结，甚至提出改进方案，一旦涉及自己的利害关系，将使培训带有太多的主观感情色彩。

（2）评估往往是由内部人员进行的，这些人员可能不愿报告方案的消极因素，有些组织甚至要求培训方案设计者自己进行评估，这将愈发加重这种倾向。

（3）虽然有培训效果评估制度，但难以使用其结果，导致评估虎头蛇尾，不了了之。

总之，对培训进行评估并不像想象中那么容易。一般而言，培训者不喜欢别人对其工作进行审查，他们不欢迎在自己身上使用评估方法。他们抵制的理由有些是对的，如许多传统的方法只是填表格、文字汇报，而不是分析和解决问题。但与此同时，由于缺乏有效的评估，这将会在某种程度上导致培训在许多组织中只能处于从属的、非战略性的地位。

三、培训效果评估的四个维度

判断培训效果是好还是坏的时候，需要从标准相关度、信度、区分度和可行性四个方面加以衡量。

（一）标准相关度

标准相关度是指培训结果与培训计划之间的相关性。学员从培训中所学到的各种能力是否与工作所需的能力保持一致，是评估培训效果是否具有相关性的一个方法。这要根据该项目的学习目标来评估结果。学习目标能够影响预期行为、学员实际行为所需的条件及绩效的水平或标准。

有两种情况会导致培训结果缺乏相关性：一种是标准干扰，是指培训效果评估测量了不相干的能力或受到了额外因素的影响。例如，学员在培训中所需要的某种技术在实际工作中是不实用的，因为实际环境采用了比学习中介绍的更新的技术，因此培训后观察不到他们技能水平的改变。另外一种是标准缺陷，是指期望测量的结果很难测量到。例如，对一门实践性很强的知识就很难测量，评估内容无法量化地考核到学员真实的掌握情况。图 9-1 所示为相关度及影响因素。

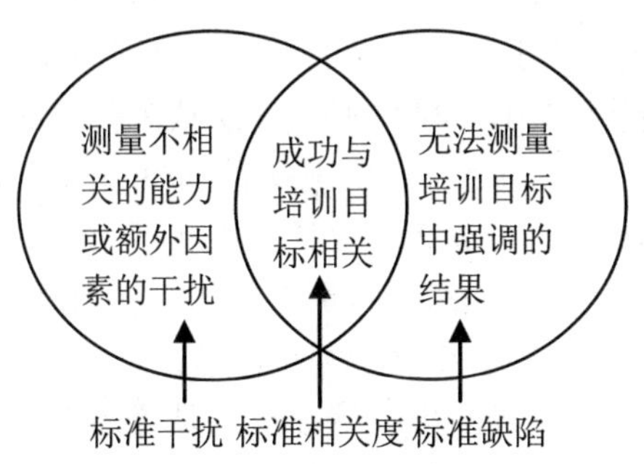

图 9-1　相关度及影响因素

（二）信度

信度是指一项测试结果的可信程度、稳定程度。例如，通过对一名员工在培训前后分别做过的测试进行比较，如果学员对测试题目的理解和解答在经过一段时间后并没有发生改变，可以说信度很高；相反，如果前后差距很大，就需要考虑是什么因素引发了这一变化。

（三）区分度

区分度是指学员取得的结果能够真正反映绩效的差别。例如，要衡量话务员所掌握的各种业务信息，那么就可以通过培训后的测试发现不同话务员（参加培训和未参加培训的）业务信息掌握水平的差异，分数高的人肯定比分数低的人掌握了更多的业务知识。

（四）可行性

可行性是指搜集培训测量结果的难易程度。很多公司无法做培训评估的原因就在于搜集相关数据是件很费力的事情。例如，在评估销售人员的行为转变上，让供应商评价销售人员通常不可行，这可能会占用供应商较多的时间，以及可能破坏彼此的关系。

四、培训效果评估的关键问题

在进行培训效果评估之前，应该首先考虑以下四个问题，它们在培训效果的判断中具有重要作用。

第一个问题：有没有发生变化？培训的最根本目的就是改变学员的知识、技能、行为、态度，弥补其在工作、人际关系上欠缺的地方。因此，评估培训效果的首要因素就是经过培训之后，学员有没有在上述几个方面发生变化。一次有效的培训必然会产生有变化的结果。

第二个问题：这种变化是否由培训引起？由于学员培训前后的行为和态度变化不仅仅取决于培训过程本身，还取决于组织环境的变化，培训期间个体的成长、成熟，学员对培训的认知等多种因素的复合作用。因此，必须设法从诸多变量中区分出培训本身的影响。

第三个问题：这种变化与组织目标的实现是否有积极的关系？企业要想生存和发展，重视绩效是必然的。企业组织的很多活动都是围绕实现企业绩效的提升而展开的，培训也不例外，培训的最终目的就是在提高所有员工水平的基础上推动企业的发展。因此，培训后的变化是否与组织目标的实现有积极的关系，是评定培训效果好坏的关键指标之一。

第四个问题：下一批学员完成同样的培训后，是否还能发生类似的变化？这指的就是培训的效果问题。如果只是某一批学员发生了改变，而其他人员变化不大，就应该分析除了培训以外的其他影响因素。如果说技能、知识水平差不多的多批学员均发生了相似的显著变化，培训发生了作用就是毫无疑问的了。

例证 9-1

三星——培训评估因课而异

三星有一个“现场管理者”的培训项目。对于该培训项目的效果评估，三星主要采用二级评估和三级评估的方法。三星分别在培训前一周、培训刚结束和培训后三个月对学员进行问卷调查。之后，三星再用量表将上述三个阶段的问卷结果呈现出来。

首先，三星对培训前一周和培训刚结束的问卷结果进行比较，发现参加培训的员工在各项管理技能上都有所提升。其次，三星从以下三个方面对培训刚结束和培训后三个月的问卷结果进行分析。

第一，学员在“现场管理者角色认知”和“如何履行工作职责”两个方面变化不大。

第二，培训后三个月，员工在“现场安全作业管理方法”和“班组会议运营技巧”两个方面有所提升，因为这两项内容是班组长每天都要做的。

第三，培训后三个月，员工在“班组沟通技巧”和“班组人际冲突处理”两个方面掌握程度比起培训刚结束时有所下降，因为在实际运用中，由于学员的素质、性格和经验等不尽相同，其效果不如相对简单的“现场安全作业管理方法”和“班组会议运营技巧”。

通过以上的评估分析，三星得出这样的结论：“现场管理者”培训项目的课程设计，基本符合班组长的需求，而“班组沟通技巧”和“班组人际冲突处理”则需要进一步培训。

（资料来源：搜狐网．http://info.ceohc360.com/2006/08/15103927591.shtml．）

第二节　培训效果评估理论

最有影响的培训效果评估理论是柯克帕特里克（Kirkpatrick）在 1967 年提出的四级评估法。对柯克帕特里克四级评估法做了最大且最有价值的改变的是菲利普斯（Phillips）所提出的 ROI 过程模型。本节就五种常用的培训效果评估理论进行阐述。

一、柯克帕特里克的四级评估法

柯克帕特里克（1967）创立的四级评估法（Kirkpatrick’s Four Levels of Evaluation）是培训界最为流行的一种评估方法，该方法对培训的评估主要包括以下四个层面。

（1）反应层面，即学员对已发生的培训活动有何感觉或印象。

（2）学习层面，即主要考察学员学到的知识和技能。

（3）行为层面，即主要考察学员通过培训所发生的行为举止和态度的改进或变化。

（4）结果层面，即主要考察培训为组织带来的效果。

（一）反应层面

1．评估内容

这一层面的评估内容局限在培训的表面效果上，其内容主要包括以下四个方面。

（1）对培训师的评估。主要是指培训师的表现，具体体现在培训师的准备工作、专业知识和技能、培训技巧、内容安排和培训时间安排等方面。

（2）对培训内容的评估。主要是指课程内容设计，具体体现在培训教材的适用性和难易程度。

（3）对培训方法的评估。主要是指采用的培训方法是否有助于促进培训目标的实现和满足学员的需要，是否有助于取得良好的培训效果，是否有助于调动学员的学习热情和兴趣。

（4）对培训条件和环境的评估。主要是指与培训活动相关的支持性的服务工作，具体体现在住宿、餐饮、交通、休闲娱乐等方面。

2．评估方法

反应层面的评估目的在于考察学员对培训活动的满意度，在大多数情况下，是向学员发放一份“培训评估表”，具体实例如表 9-1 所示，借以搜集学员对培训师、培训内容、培训方式和方法、培训条件和环境以及培训管理方面的主观感受。

表 9-1　某公司培训评估表

课程名称：________ 培训时间：________ 培训师：________ 评分标准：5 分=极好　4 分=很好　3 分=好　2 分=及格　1 分=差 编号：________						
项　　目	评 估 内 容	评　　分				
		5	4	3	2	1
培训师表现	培训准备工作	5	4	3	2	1
	专业知识或技能	5	4	3	2	1
	授课技巧	5	4	3	2	1
	工作态度	5	4	3	2	1
培训内容	课程难易程度	5	4	3	2	1
	课程结构的合理性	5	4	3	2	1
	教材的实用性	5	4	3	2	1
培训方法	有助于提高学习效果	5	4	3	2	1
	有助于调动学习热情	5	4	3	2	1
	有助于学员参与	5	4	3	2	1
培训条件和环境	场地布置	5	4	3	2	1
	设施设备	5	4	3	2	1
	桌椅舒适度	5	4	3	2	1
	场地通风	5	4	3	2	1
	场地光线	5	4	3	2	1
后勤支持	餐饮	5	4	3	2	1
	交通	5	4	3	2	1
	住宿	5	4	3	2	1
	课间茶水供应	5	4	3	2	1
合　计						
意见或建议						

以上各评估事项的衡量尺度采取 5 分制，也可采用 100 分制。该培训评估表采用比较直接的画钩方式，这样可占用学员较少的时间。评估表设计的总体原则是：重点明确、简单明了。

发放“培训评估表”是搜集学员对培训整体感觉和印象的一条途径，通过该途径所搜集到的信息，也能够在一定程度上反映出学员对培训的满意程度。

在实际操作中，培训师或培训管理人员会在培训结束时向学员发放“培训评估表”，要求学员填写评估表中的所有项目。这时，学员的心思已经不在培训场所了，大家交换名片，互相道别，急于启程归家，培训师此时的心情也与学员的心情一样。这样在有限的时间里，学员只能是匆匆地浏览一下评估表中要求填写的内容，然后匆匆起笔画钩，完成任务。一些企业回收的“培训评估表”，几乎有 90%～95%的评估表中最后一项“意见或建议”栏目均为空白，即使有些学员填写了这一栏的内容，也大多是泛泛而谈。

绝大部分“培训评估表”都是在培训结束时发放给学员填写的，一些学员在填写意见时会认为这个时候评估没有什么实质性的意义。为弥补这种不足，平日培训师可通过与学员交谈，培训管理者可通过随堂听课或观察来了解培训进展情况和搜集学员的反馈，这样便可及时发现问题并随时进行实质性的改进。交谈可以在培训课间进行，也可以在就餐时进行，还可以在课堂面向全体学员搜集意见。随堂听课或观察也有助于及时了解学员的需求和真实感受。

为了避免只在培训结束时才了解学员的感受和需求，可以在培训一开始就经常以正式或非正式的形式征求学员的意见，向学员提供咨询，向有特殊需求的学员提供帮助等。这有助于加强与学员之间的沟通，及时调整培训内容，改进培训方法，改善培训条件和环境，加强后勤服务工作。

这种发放“培训评估表”的方法虽然简单易行，但也会出现以下不正常的现象：一些学员由于对某位培训师有好感而对培训师持肯定态度，对各评估项均给予高分；或由于某些原因引起的对某位培训师不满而对培训师持否定态度，对各评估项目均给予低分。针对这种情况，可召开座谈会来了解具体情况。

“培训评估表”中的评估对象更多的只是涉及培训方面的工作，如培训师的聘任、课程内容的设置、培训方法的选定、培训条件和培训环境以及培训后勤服务的安排等。但负面的反应并不一定完全是由培训工作造成的，除了培训工作本身存在的问题外，学员的知识技能水平、自我管理和控制能力、学员所在部门对培训工作的配合程度，都会对培训效果产生正面或负面影响。

以上着重叙述了学员对培训的反应。此外，培训师和培训管理人员对培训的看法、意见和建议也是改进培训工作的一个重要的信息来源，其内容主要包括以下四个方面。

（1）学员接受能力、反应能力、学习态度、学习气氛以及自我管理和控制能力。

（2）学员的出勤率、参与程度、完成作业（任务、项目）情况和考试通过率。

（3）培训师就培训内容、培训时间安排和培训方法提出修改、调整和创新的建议。

（4）培训管理人员和培训师对培训活动相关的支持性服务提出的改进意见。

培训评估表的填写包括纸质填写和网上填写两种。由于互联网发展迅速，一些大中型企业已经启用了网上填写培训评估表的方式。

例证 9-2

某电信企业培训评估在线评估表

填表人：　　　　　　　　职位：

最差①—②—③—④—⑤最好

1. 本次培训是否达到您的期望值？ ①—②—③—④—⑤
2. 讲师讲解与主题对应程度 ①—②—③—④—⑤
3. 讲师对专业知识的掌握程度 ①—②—③—④—⑤
4. 讲师解答问题的能力 ①—②—③—④—⑤
5. 讲师授课技巧 ①—②—③—④—⑤
6. 讲师案例分析的能力 ①—②—③—④—⑤
7. 讲师讲解清晰、生动 ①—②—③—④—⑤
8. 学习材料是否好学易用？ ①—②—③—④—⑤
9. 练习、讨论、游戏设计是否适当？ ①—②—③—④—⑤
10. 课程内容是否对您目前和将来的工作有所启发？ ①—②—③—④—⑤
11. 参加本次培训获得了哪些受益？

□ 获得实用的新知识　□ 给我一个与其他同学进行有益交流的机会

□ 可以获得一些可操作的工作技巧　□ 将帮助我改善我的工作方法

□ 给我一些新的思想、概念　□ 对我的实际工作有所帮助

12. 您对本次培训的整体满意度 ①—②—③—④—⑤
13. 请您思考一分钟后，用 1～3 句话写下您参加此次培训（讲座）后的收获。

____

14. 您认为本课程内容方面最实用的部分是：______________

您认为本课程内容方面最不实用的部分是：______________

您认为本课程资料方面最实用的部分是：______________

您认为本课程资料方面最不实用的部分是：______________

15. 您希望增加的培训附加服务是：______________________________
16. 您认为现场会务需要改进的地方是：____________________________

提交　　重新填写

（二）学习层面

这一层面的评估主要测评“学员通过培训学到了什么”，即从知识、技能和态度三个方面对学员学到了什么、掌握了什么进行测评。

1．评估内容

主要评估学员从培训中获得的知识、技能和态度。

1）评估知识掌握的情况

主要测评学员对知识的理解和记忆程度，其评估的具体内容包括以下几方面。

（1）对概念、原理和事实的理解和记忆程度。

（2）对工作要求、工作程序、工作要点、注意事项和规章制度的理解和记忆程度。

2）评估技能掌握的情况

技能主要是指学员的心智技能、动作技能和社会技能，其评估的具体内容包括以下几方面。

（1）对概念和原理的运用程度。

（2）分析和解决问题的能力。

（3）操作的熟练程度和准确程度，如根据测试要求和程序在规定的时间内按质、按量完成某项任务。

（4）处理人际关系问题的能力。

3）评估学员的态度

主要评估学员在培训中表示或表现出的行为、看法、倾向或意愿，其评估的具体内容包括以下几方面。

（1）对组织形象、组织文化和规章制度的认识和重视程度。

（2）对环境的适应能力。

（3）对新观念或对其他人意见的接纳能力。

（4）为了改变自己所采取的行动，所表示出的意愿或所做出的努力。

（5）对培训活动表现出的参与热情。

2．评估方法

由于对学习层面的评估包括知识、技能和态度三个方面，这三个层面的测评内容又有各自不同的特点，因此采用的评估方法也不尽相同（菲利普斯，2001）。下面分别加以介绍。

1）知识领域常用的评估方法

根据知识领域的测评内容，采用客观题型进行检测较为合适。它与主观测验不同的是，客观检测题的评分规则是明确的，不依测评人的个人判断而变化，即无论测评人是谁，只要依照评分规则行事，同一试卷会给出相同的分数。

客观测验又包括四种形式：正误判断题的题型是给出一个陈述，然后要求学员判断其正误，适用于测试简单知识和技能；选择题的题型是给出 3～5 个备选项，让学员选择其中一个正确答案，其他选项则是似是而非的诱答项，该题型可用于测试较为复杂的知识和技能，但命题难度大；配对题的题型是向学员提供两组信息，要求他们对一组信息与另一组信息进行匹配（配对），该题型在测评简单知识时很有效，对于难度较大的知识测评则不太适宜；填充题的题型要求学员填写适当的词、句子或数字，这就要求学员根据所学到的知识来构思答案，在判阅这类试题时会遇到这样一个难题，即答案总会有一定的分散度。

一般而言，采用客观测验能够极大地节省阅卷人的工作时间和成本，也便于对评分数据进行统计。它的可靠性表现在评分规则和答案明确具体，不会因阅卷人的个人判断而给予学员不同的分数，也可以较为全面地考察学员对知识或技能的掌握情况，也有利于学员巩固所学到的知识和技能的要点。但是，客观测验本身也存在着一些缺点。客观测验是一种低级形式的测评形式，因为它促使学员死记硬背，而无法测评学员的表达能力和实际运用能力。

因此，为了弥补客观测验的不足，有些培训组织者采用主观测验，如论文、开放性问题的短答案或限制性回答，即主观测验。主观测验一般包括简答题和论述题，其中简答题通常要求学员使用简明的语言来回答某个知识或概念；论述题一般是考察学员对知识技能的理解程度及思维逻辑，一般要求学员根据自身的理解来论证某种观点或问题。虽然采用主观测验能够更好地检测学员对知识或技能的理解程度，但是在评分过程中评阅人会对同一份试卷给出不同的评分。因此，应向阅卷人提供试卷的答案要点，让阅卷人根据要点逐项评分，这样可避免产生较严重的误差。

2）技能领域常用的评估方法

根据技能领域的测评内容，在测评动作技能时，采用操作测验的形式较为适宜。这种测评形式属于非文字性的测验，主要测评应试者的实际操作能力。对于测评心智技能和社会技能而言，还需设置和创造一些适宜的或特殊的环境氛围，采用案例分析、角色扮演等形式较为适宜。

（1）动作技能的操作测验。它要求学员按照培训师或录像中的示范动作操作一台机器、工具或设备，或演示自己的身体动作（如军事训练、体育竞技活动），或展示自己的动手技巧（如打字、弹琴、编织）。因此，操作测验使实践能力成为测评的主要内容，对提高学员的实际操作能力具有很大的价值。

（2）心智技能和社会技能的操作测验。它可采用案例分析和角色扮演等形式。与操作测验不同，案例分析是指写作方面的笔试测验，它向学员提供的是建立在实际工作中的材料。案例分析要求学员对这些书面的文字材料进行分析，确定问题，并提出解决问题的方案。这类测试可测评到学员分析问题和解决问题的心智技能。角色扮演是测评学员在人际交往和沟通过程中的口头沟通能力、非语言表达行为的一种有效的测验方法。这种测验可以测评到无法通过笔试和操作测验测评到的口头表达能力。角色扮演将学员置身于某一特定的情境中，通过扮演某一角色来展示自己的口头沟通能力和非语言表达行为。

下面以“交谈”为例，对心智技能测评的清单进行说明。交谈能力由听、回答问题和提出问题及非语言表达行为几个方面的能力构成，具体内容如表 9-2 所示。

表 9-2　交谈测评

项　　目	内　　容
听	接收对方信息
	理解对方信息
回答问题	使用特定的语言结构（如专业术语、礼貌用语）
	进行必要的说明和解释
提出问题	澄清你未听懂的或对方未能表达清楚的问题
	确认对方是否听懂了你的表达
	询问对方是否需要得到进一步的帮助
非语言表达行为	目光接触
	面部表情
	手势或身体动作

如果建立了交谈内容的测评清单，就可避免测试人的主观判断和防止测试人的个人好恶倾向，从而提高测试结果的可信度。

为了节省租用测试场地和道具的费用，也可以通过展示一组图片或视频的方式，要求学员讲述一个故事，根据一组录音来演示一组动作。这类方式是测试口头沟通能力和非语言表达行为的有效方式。

3）态度领域常用的评估方法

与知识和技能测验相比，尽管态度测量是最棘手的，尤其是人们对探究内在原因的测试表示怀疑，但大部分培训师和组织者都认为，由于人们的行为是判断态度的基础，因此，通过培训和测试，学员能够了解和掌握到组织所期望的正确态度。这些态度可以通过一系列行为和言语体现出来，如使用礼貌用语、道歉用语、乐于助人、耐心解答问题、面带微笑等。此外，通过培训经常重复使用这些言语和按照组织期望的态度行事，就可养成一种良好的习惯，这种良好的习惯自然会使人们的态度发生变化。

态度测量的方法主要包括以下几种。

（1）表述法。向学员提供一系列的陈述，让他们按照自己真实的感觉进行画钩选择填写或回答。

（2）观察法。根据学员在培训期间所表现出的参训行为得出结论，即通过观察他们的行为来推断他们的态度。

（3）生理现象判断法。通过生理反应做出判断，即通过诸如瞳孔扩张和收缩、呼吸和心跳频率、皮肤电反应等生理学方法对态度进行测量。

（4）报告法。通过学员提交的报告来了解和考察人们的态度。报告可以用书面形式，也可以用口头形式来进行表述。

（三）行为层面

该层面的评估主要测评学员是否通过培训改进了行为，需要回答的问题是“学员在工作中使用自己在培训中所学到的东西了吗？”

学习层面的评估可以测评出学员在纸上写出来的或在模拟情境下以口头和非语言形式演示出来的东西，但无法测评出学员在离开培训场所后，走到工作岗位上是否能将学到的知识和技能很好地运用到工作中，而行为层面的评估则可考察出学员学以致用的情况。

1．评估内容

行为层面的评估内容主要是测评学员在培训后将知识、技能和态度运用和发挥在工作岗位上的程度，具体表现在以下四个方面。

（1）根据学员培训后的工作表现，测评学员是否达到了培训目标中规定的标准和要求。

（2）测评培训内容是否能够为工作所用。

（3）测评学员在工作中新的表现或改变在多大程度上是由于参加了培训而带来的，如迟到减少、浪费减少、投诉减少、纪律性增强等。

（4）测评阻碍在培训中学到的东西不能在工作岗位上得到应用的因素。

2．评估方法

行为层面的评估会涉及学员和与学员相关的人员，如学员的直属主管、部属、同事和客户等。评估通常采用问卷/访谈法、行为观察法、检查行动计划的执行情况和自我评估法等方法。

1）问卷/访谈法

通过设计问卷让学员和与学员相关人员回答，或者设计访谈提纲，对学员和与学员相关人员进行访谈，从而搜集培训效果信息。

问卷和访谈中应该如何提问呢？对学员的问题有以下几个。

（1）本次培训帮助你掌握了哪些知识和技能？

（2）本次培训帮助你解决了哪些问题？

（3）你将培训所学到的知识、技能和态度应用到工作中了吗？

（4）在工作中存在哪些阻碍知识、技能和态度运用和发挥的因素？

针对与学员相关的人员的问题有以下几个。

（1）你的下属、上司或同事通过培训在知识、技能和态度方面发生了哪些变化？

（2）你的下属、上司或同事通过培训是否提高了工作效率？

（3）你的下属、上司或同事通过培训在哪些方面做到了学以致用？

（4）培训对你的下属、上司或同事是否产生了负面影响？如果是，在哪些方面产生了负面影响？

（5）培训帮助你的下属、上司或同事解决了哪些问题？

（6）培训内容与哪些工作有关？

以上这些问题有的只需进行简单的回答，有的则需进行较为详细的回答；需要简单回答的问题能够收到较高的反馈率，而需要详细回答的问题收到的反馈率则往往较低。因此，一些需要进行较为深入回答的问题要采用面对面的访谈形式，才能收到较好的反馈结果。无论是发放问卷，还是进行访谈，问题的设计应重点突出、简洁明确，回答问题占用的时间应该较短。

2）行为观察法

对行为表现进行直接观察是判断培训效果的一种可靠的方法，也是考察学员在行为方面发生了哪些变化的一种最直接和最有效的方法。观察者可通过对学员参加培训前后的具体表现进行比较，来发现培训是否给学员带来了变化。

尽管行为观察法是评估培训作用和效果的一种可靠方法，但对于某些时间周期较长的工作来说，却需要花费很多精力和时间来进行观察。此外，观察者的主观判断也会对评估产生不利的影响。

为了克服以上所谈到的弊端，应根据工作性质和工作周期的长短来决定是否采用行为观察法。为了提高测评的可靠性，可通过增加观察次数来避免某一行为发生的偶然性。为防止观察者的主观判断，应对被观察者的行为列出清单，并对清单列明行为设定标准。

3）检查行动计划的执行情况

在培训结束后的适当时间内，就学员在培训前制订的行动计划的执行时间、完成时间和计划内容进行逐项检查，并就行动计划和完成情况进行汇报。

常常会发生这样的情况，学员纸上写出的计划非常合理和完美，执行和完成计划的实际情况却不像纸上写的那么完美或与计划存在很大的差距。造成计划与实际差别的主要原因有两个：① 实施计划（即操作）时在技术方面出现了问题；② 学到的理论知识可能与实际情况相脱离。

通过检查行动计划来进行测评，主要是测评学员是否真正执行了行动计划，真正从事和完成了一项实际工作，主要目的是让学员在培训后能够做出（完成）某件事情，而不只是写出或说出如何做某件事情。通过这种测评方法，可以考察出学员在实践中运用了哪些在培训中学到的知识和技能；是否遇到了新的问题，对学到的知识和技能是否能够举一反三；是否能够通过进行改革和创新找到解决问题的新方法；造成计划受阻的原因和妨碍计划顺利实施的因素有哪些。从另一方面看，这也将有助于改进和进一步完善培训内容，从而使培训内容更加贴近现实。

4）自我评估法

对学员的评估除了来自培训师、学员的直属主管以及与学员一起共事的同事外，还应该有学员的自我评估。自我评估有时能够帮助我们了解到知识和技能未能得到运用的真正内在原因和外部制约因素。为了保证自我评估的标准化，可以向自评者提供一份自评提纲，一般包括以下四个方面的内容。

（1）你对培训中所学到的知识和技能的运用情况。

（2）你在工作中运用培训所学到的知识和技能解决问题的情况。

（3）阻碍你运用培训中学到的知识和技能的主客观因素。

（4）从知识、技能和态度三个方面，谈谈培训对你个人所产生的影响。

上面阐述了行为层面的四种评估方法，从中不难发现，行为层面的评估需要花费很多的时间和精力，需要相关人员（主管、同事、客户）的配合。此外，学员回到工作岗位上的表现也会受到诸多不确定因素的影响。要取得相关人员的配合，并让他们了解到评估的目的和好处，同时还要让他们掌握必要的评估方法。

由于这个层面的评估比较烦琐复杂，具体执行时也需要具备一定专业知识和技能的人员来参加；同时，还需占用较多的时间和较大的精力，因此，可考虑借用外部力量（如管理咨询机构）来完成这项评估任务。

例证 9-3

对广东四家制造企业基层主管培训进行的行为评估

该管理技能培训项目是一个针对制造业工厂基层主管开设的为期 4 天的系统培训，旨在提高其基本的人性化管理能力。

1. 对象

参加培训的单位是广东省内某跨国公司所属的 4 家加工厂。每家工厂随机选择 20 名基层主管，组成一个共 80 人的教学班，参加为期 4 天的管理技能培训。每名基层主管的直接上司作为评估人，共 80 人，评估该基层主管前后行为的变化。每名主管随机抽取 10 个下属作为评估人，共 800 人，评估该基层主管前后行为的变化。

2. 方法和步骤

采用问卷调查法。基层主管采用“主管的自我评估”，共 54 个问题。基层主管的上司采用“上司对主管的评估”，共 32 个问题。基层主管的下属采用“评估你的主管”，共 37 个问题。

第一步：确定名单和编号。

第二步：第一次评估。

（1）培训开始前 1～5 天完成上司对主管的评估，以及下级对主管的评估。

（2）第一次上课前 30 分钟内被评主管填写“主管的自我评估”。

第三步：第二次评估。

时间是放在最后一次培训课程结束两个月后 1～5 天内进行，同“第二步”第一次评估的做法一样。

3. 主要结果

（1）基层主管自我评估的前后对比。通过统计发现基层主管在“良好的人际关系”方面认为自己有明显进步，其中，男性基层主管认为在这方面进步明显，而女性基层主管则认为不那么明显。基层主管认为自己在“骚扰和虐待”方面有非常显著的进步，男女基层主管都反映说有明显进步，女性基层主管尤其明显。

（2）上司对基层主管的评估的前后对比。通过统计发现上司对基层主管的前后两次评估结果差异不大。

（3）下属对主管的评估的前后对比。通过统计发现下属认为基层主管在“有效分派任务/清楚地指示”方面有明显进步，其他方面的进步不明显。

4. 总结

（1）从 360 度评估来看，参加培训的基层主管至少在“有效分派任务/清楚的指示”“良好的人际关系”“骚扰和虐待”三个方面比原来有明显进步。

（2）下属对基层主管进步的评估和基层主管对自己进步的评估是一致的。

（3）与上司相比，主管自己以及他的下属更能感受到这种变化。

（资料来源：陈国海. 培训效果的行为评估[J]. 中国人力资源开发，2004（4）：53-59.）

（四）结果层面

结果层面的评估是在组织范围内，考察培训给组织带来的变化，回答的问题是“培训为组织带来了什么”，这也是培训的最终目标。组织投资于培训的根本目的就是提高组织的绩效，不能改变组织绩效的培训就是无效的培训。

1．评估内容

结果层面的评估内容，主要是为了反映培训最终给组织带来了怎样的效果和影响。可以度量的结果层面的评估内容具体表现在以下三个方面。

（1）组织目标的实现程度。组织目标的实现程度可以通过以下指标来度量：产品/服务质量、单位产品数量、残次品率、事故率、净利润、成本和投资回报率等。

（2）外部客户的满意度。外部客户的满意度可以通过以下指标来度量：客户对产品质量和服务质量的投诉量、产品退赔率、发货/交货准时性、处理投诉的及时性等。

（3）内部员工的满意度。内部员工的满意度可以通过以下指标来度量：员工的士气和精神面貌、员工的团队意识、组织内部各部门以及员工之间的沟通效率、组织环境的和谐程度、员工的忠诚度等。

2．评估方法

结果层面的评估指标完成情况是组织最关心的问题，培训的根本目的就是为了实现或提高这些指标。对于组织绩效来说，这些指标的完成情况是最具有说服力的数据，那么通过何种方法能够了解到这些指标的实现情况呢？一般来说，可以通过指标对照检查法、绩效考核法、问卷/访问法三种方法来进行测评（侯晓虹，2006）。

1）指标对照检查法

指标对照检查法是指在培训结束后的适宜时间内，根据制定的培训目标和要求对有关的计划指标进行测评，即对培训前后的指标完成情况进行对照比较。例如，培训后的销售额、净利润、投资回报率和劳动生产率等指标比培训前有了增长，残次品率、事故率、投诉率、人员流动率、产品退赔率等指标降低了，则表明培训是有效的，说明培训对组织目标的实现起到了促进作用。

2）绩效考核法

很多组织在年中和年末都会对其成员个人或部门的集体工作进行评估和分析，通过绩效考核可以了解到员工个人或部门在工作质量/数量、工作效率和工作态度上是否达到了组织的要求，从而判断出培训是否有效及其有效的程度。

3）问卷/访问法

内部员工和外部客户的满意度可以通过问卷获得。涉及内部员工满意度的问卷/访问的问题主要包括以下几方面内容。

（1）你所接受的知识和技能培训，是否足以使你胜任本职工作？

（2）作为组织的一员，你是否感到骄傲？

（3）你是否感觉到组织的凝聚力增强了？

（4）本组织的工作方式和工作程序，是否能够使你有效地开展工作？

（5）你在遇到困难或困惑时，是否能够通过有效的途径得到解决？

（6）你是否能够安心在本组织工作？

涉及外部客户满意度的问卷/访问的问题主要包括以下几方面内容。

（1）你对本组织产品的质量是否满意？

（2）你对本组织工作人员的服务态度是否满意？

（3）工作人员是否能够为你提供准确到位的服务？

（4）你的问题是否能够及时地得到解决？

（5）你对本组织的要求能够得到重视吗？

（6）你对本组织的服务效率满意吗？

（7）本组织的政策和工作程序是否考虑到你的利益？

（8）你会向你的家人或朋友推荐本组织的产品或服务吗？

通过问卷/访问可以了解到内部员工和外部客户对组织的印象和评价，他们的感受、看法和意见最能反映出组织的真实情况。如果一个组织通过培训最终能够使员工和客户满意的话，这就意味着培训是卓有成效的。

结果层面的评估对组织来说是最为重要的评估，但是从时间、费用和人力方面来说，这一层面的评估也是执行难度最大的。为了取得相关资料，必须取得组织各管理层的理解和合作。由于培训在短期内很难在组织层面上产生效果，在培训结束到测评结束的一段时间里，其他因素也会对上述指标产生正面或负面的影响，因此在评估时也应根据具体情况来考虑这些影响。

尽管柯克帕特里克的四级评估法获得了很大的认可，但是也面临许多批评。一些批评指出，这个模型只测量了培训后的变化，霍尔顿（Holton，1996）则认为这一模型没有提出四个层次之间的逻辑关系，这四个层次只是一个罗列而已，它们之间没有内在的关系。柯克帕特里克认为自己提出的只是一个框架而已，他从来没有将它看成是一个模型，他认为只要企业认为这样的框架有用就可以了（Kirkpatrick，1996）。

二、考夫曼的五层次评估模型

考夫曼（Kaufman）扩展了柯克帕特里克的四级评估法模型。他认为培训能否成功，培训前的各种资源的获得是至关重要的，因而应该在模型中加上这一层次的评估，并且培训所产生的效果不应该仅仅对本组织有益，它最终会作用于组织所处的环境，从而给组织带来效益。为此，他增加了第五个层次，即评估社会和顾客的反应，如表 9-3 所示（常洪波，2006）。

表 9-3　考夫曼的五级评估模型

层　次	标　准	具体解释
1a	培训可行性	人力、财务和物力资源投入的质量和可获取性
1b	反应	方法、手段和过程的可接受程度和熟练度
2	获得	个体和小群体技能与胜任力
3	应用	组织内个体效用和小群体（产品）效用
4	组织产出	对组织的贡献和回报
5	社会产出	社会和顾客的反应、结果和回报

三、CIRO 评估模型

这种方法认为评估必须从情境（Contextual）、输入（Input）、反应（Reaction）和输出（Outcome）四个方面进行。该方法起初由沃尔（Warr）、伯德（Bird）和拉克姆（Rackham）（1970）开发，被运用于欧洲国家中，是一种非常独特的区分评估过程的方法，它比一般的培训评估模型评估的范围更宽泛，如表 9-4 所示。

表 9-4　CIRO 评估模型

层　次	标　准	具体解释
1	情境评估	培训的组织者
2	输入评估	培训师
3	反应评估	学员
4	输出评估	公司高层

（1）情境评估是指获取和使用当前情境的信息来明确培训需求和培训目标。这种评估实际上是进行培训需求分析。在此过程中，需要评估三种目标，即最终目标（组织可以通过培训克服或消除的特别薄弱的地方）、中间目标（最终目标所要求的员工工作行为的改变）和直接目标（为达到中间目标，员工必须获取的新知识、技能和态度）。情境评估是要搜集组织绩效的信息，通过评估这些信息确定培训需求，在此基础上设定三个层次的目标。

（2）输入评估是指获取和使用可能的培训资源来确定培训方法。这些资源包括内部资源和外部资源，其中财务预算和管理要求可能限制了目标的选择。

（3）反应评估是指获取和使用参与者的反应来提高培训过程。这个评估过程的典型特征是参与者的主观评价，参与者的主观评价是非常重要的，但是评价质量的好坏在某种条件下依赖于信息搜集的方法是否具有系统性和客观性。

（4）输出评估是指搜集和使用培训结果的信息。该评估被认为是评估最重要的一个部分。它包括四个阶段：界定趋势目标、选择或构建这些目标的测量方法、在合适的时间进行测量和根据评估结果改善以后的培训。

四、CIPP 评估模型

CIPP 评估模型与 CIRO 评估模型相似，它同样包括四种评估，即情境评估、输入评估、过程评估和输出评估，如表 9-5 所示。

表 9-5 CIPP 评估模型

层　次	标　准	具体解释
1	情境评估	相关环境、需求和机会、存在问题的评估
2	输入评估	如何最佳使用资源，成功实施培训
3	过程评估	培训中提供反馈给培训实施者，监控失败的来源或提供预先的信息
4	输出评估	培训结果测量

（1）情境评估界定相关环境，识别需求和机会，诊断具体问题。需求分析是情境评估的一个例子。

（2）输入评估可以提供如何最佳使用资源去成功实施培训的信息。输入评估的信息有助于制订培训项目计划和培训设计的一般策略，通常输入评估的结果有关于制度、预算、时间安排、建议书和程序等方面的内容。

（3）过程评估可以提供反馈给负责培训实施的人，它可以监控可能的失败来源，或给预先的决策提供信息。

（4）输出评估对培训目标进行测量和解释。

总之，情境评估有助于形成目标，输入评估帮助计划培训项目，过程评估引导培训实施，输出评估有助于回顾决策。

五、菲利普斯的 ROI 过程模型

通常在培训结束后，绝大多数的公司只是报告在培训上花费了多少费用、使用了多少培训时间、参加培训的人数，而没有提供培训给公司带来的价值、参与者所学习的东西以及由于培训带来的投资回报。近年来，特别强调要对培训发展的投入产出进行评估，菲利普斯（Phillips）提出了 ROI 过程模型。ROI 过程模型在柯克帕特里克的四级评估法模型上加了第五个层次，即五层次 ROI 过程模型，分别为反应和已经计划的行动、学习、工作应用、组织结果和投入产出。

第一层次（反应和已经计划的行动）：测量学员的满意度以及他们打算如何应用培训所学。这一层次的评估通常是在培训后采用问卷测量。几乎所有的组织都会评估这一层次，但是学员满意的结果并不能确保他们会在工作中应用新的技能和知识。

第二层次（学习）：测量学员在培训过程中所学。这一层次的评估可以采用的评估工具有测试、技能练习、角色扮演、模拟、多人评估等。学习检查有助于确保学员是否掌握了培训材料并且知道如何使用它们，然而学员学习情况再好，并不能保证他们一定会在实际工作中应用所学知识。

第三层次（工作应用）：这一层次的评估通常使用许多跟踪方法，测量学员使用新技能的频率等，来判断学员是否将所学应用于实际工作中。这个层次很重要，但是它们并不能确保对组织有积极的影响。

第四层次（组织结果）：这一层次的评估测量学员应用培训所学后对组织产生的积极影响，通常测量产量、质量、成本、时间和顾客满意度。

第五层次（投入产出）：培训固然会对组织产生积极的影响，但是同样需要比较对培训的投入以及通过培训对组织产生的收益。ROI 通常表示成一个百分数或成本与收益的比率。

图 9-2 所示是 ROI 方法实施培训评估的全过程，从数据搜集开始，以 ROI 计算结束。

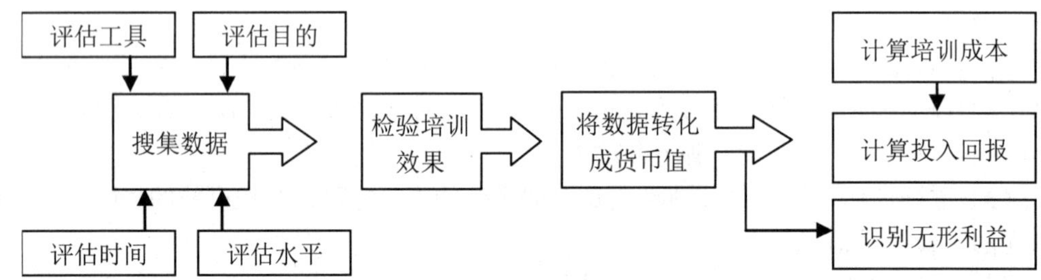

图 9-2　ROI 过程模型

评估目的必须在评估计划之前考虑，因为评估目的常常决定了评估的范围、评估工具的类型和所搜集的数据类型。例如，ROI 分析中有一个评估目的是比较培训项目的成本和收益，这就要求搜集的数据是硬数据，数据搜集的类型是绩效监控，分析的类型是全面分析，结果的报告方法是提交正式的评估报告。最常见的六种搜集数据的工具是调查、问卷、访谈、测试、观察和绩效记录。选用何种工具搜集数据取决于组织对它们的熟悉程度以及是否符合情境和评估要求。在某些情况下，数据搜集的时间是在培训实施前后进行的。然而，有时培训的数据无法搜集得到，只能在培训后进行跟踪评估。这里的一个重要问题是跟踪评估的时间，通常跟踪评估的时间范围是 3～6 个月。

计算 ROI 包括如下七个步骤。

（1）确定成果（如质量、事故发生率）。

（2）给每一个成果确定一个权重。

（3）在消除其他潜在因素对培训结果的影响后，确定绩效的变化。

（4）通过比较培训前后的结果（用货币形式表示），获得每年的收益数额（操作结果）。

（5）确定培训成本（直接成本+间接成本+开发成本+一般管理费用+学员薪酬）。

（6）计算总的结余，方法是用收益（操作结果）减去培训成本。

（7）计算投资回报率（ROI），方法是用收益（操作结果）除以成本。投资回报率是对花在培训上的每一元钱获得的货币回报的大致估计。

培训的成本收益分析

有一家木材厂专门生产承包商用作建筑材料的镶板。这家工厂雇用了 300 名工人、48 名一线主管、7 名轮值监管人员和 1 名工厂经理。在公司的经营中出现了三个问题：第一，每天生产的 2%的木镶板由于质量太差而被淘汰；第二，生产区域环境管理不佳，如镶板堆放不正确，有可能会砸到雇员；第三，可避免的事故发生率高于行业平均水平。为消除这些问题，该厂对管理人员进行了如下培训：（1）与质量问题和雇员不良工作习惯有关的绩效管理和人际关系技能培训；（2）如何表彰绩效提高的雇员。一线主管人员、轮值监管人员和工厂经理都参加了培训，培训在工厂附近的一家酒店内进行。培训项目采用购买的录像资料，该项目的指导者是公司内部的一名咨询专家。表 9-6 给出了培训中产生的每一项成本及其确定方法。

表 9-6　成本收益分析中成本的确定

单位：美元

直接成本	金额
培训师	0
公司内部培训师（12 天×125 美元/天）	1 500
小额福利（工资的 25%）	375
交通费	0
材料费（60 美元×56 人）	3 360
培训教室和视听设备租赁费（12 天×50 美元/天）	600
餐费（4 美元/天×3 天×56 人）	672
总的直接成本	**6 507**
间接成本	

续表

培训管理费	0
员工和管理人员工资	750
小额福利（工资的 25%）	187
邮资、运费和电话费	0
培训前和培训后的材料费（4 美元/人×56 人）	224
总的间接成本	**1 161**
开发成本	
项目购买费用	3 600
培训师培训费用	
注册费用	1 400
交通和住宿费用	975
工资	625
福利（工资的 25%）	156
总开发成本	**6 756**
管理费用	
组织的总体支持、高层管理时间（直接成本、间接成本和开发成本的 10%）	1 443
总管理费用	**1 443**
学员薪酬	
学员的工资和福利（根据离岗时间计算）	16 969
每个学员的成本	587
总的培训成本	**32 872**

通过考察培训项目目标和项目影响的培训成果种类来确定培训的收益，这些成果包括镶板质量、环境管理以及事故发生率。表 9-7 展示了如何计算培训的收益。

表 9-7　成本收益分析中收益的确定

经营结果	如何测量	培训前结果	培训后结果	差异（+或-）	收益值
镶板质量	淘汰率	2%的淘汰率，即每天 1 440 块镶板	1.5%的淘汰率，即每天 1 080 块镶板	0.5%，即 360 块镶板	每天 720 美元，每年 172 800 美元
环境管理	用包括 20 项内容的清单进行检查	10 处不合格（平均）	2 处不合格（平均）	8 处不合格	无法用美元表示
可避免的事故	事故数量 事故的直接成本	每年 24 次， 每年 144 000 美元	每年 16 次， 每年 96 000 美元	每年 8 次， 每年 48 000 美元	每年 48 000 美元

ROI=回报/投资=经营成果/培训成本=220 800 美元/32 872 美元≈6.7
总节约成本：187 964 美元

一旦确定了项目的成本和收益，用收益除以成本即为投资回报率（ROI）。在上例中，ROI 为 6.7，即每在项目中投入 1 美元就会带来大约 6.7 美元的收益。怎样判断一个 ROI 是否可以被接受？一个办法是，可以让管理者和培训者就 ROI 的可接受水平达成统一意见；另一个方法是，利用其他公司类似的培训类型的 ROI 来判断。

（资料来源：D G ROBINSON, J ROBINSON. Training for impact[J]. Training and development journal, 1989(8): 30-42.）

菲利普斯（1996）对多个行业的几种培训项目的投资回报率做了估计，如表 9-8 所示。可见，不同行业的培训投资回报率有差别，不同培训项目的投资回报率也不同。

表 9-8　培训投资回报率

行　　业	培 训 项 目	投资回报率（ROI）
制瓶公司	管理者角色研讨班	15∶1
大型商业银行	销售培训	21∶1
电力和煤气公共部门	行为规范培训	5∶1
石油公司	顾客服务培训	4.8∶1
保健机构	团队培训	13.7∶1

以上培训评估模型中都有着柯克帕特里克经典培训评估模型的影子，特别是菲利普斯的 ROI 过程模型仅仅是在最后加上了投入产出的分析而已，而考夫曼模型、CIRO 模型和 CIPP 模型则是在评估实施过程的两头做了文章，即将培训需求分析的一部分以及培训对外界的影响纳入评估范围之中，中间则几乎保持不变。

企业从事培训评估的人员虽然也希望能够得到投入产出的评估效果，然而企业经理和培训师因为缺乏有效的工具却很少能对培训进行系统的评估。在评估某种培训活动对组织绩效的影响时，投入产出的比率所得到的数值并不是那么有把握。当前培训活动的评估缺乏科学上可靠且有效的证据，并且有相当多的评估不能被该企业的组织文化所接受。

西北航空公司的培训评估

西北航空公司（Northwest Airlines）的技术运作培训部门有 72 名培训师，他们负责培训数以千计的飞机技术人员以及一万多家保证飞机正常飞行的外部供应商。每一位培训师专门负责一种机型的培训工作，如空中客车 320 部门的大部分培训采取培训师主导的课堂培训方式，但是也有一些培训项目采用模拟器或在真实的飞机中进行。

通过使用培训评估所需的部门培训数据，技术运作部门可以展示它们的服务对航空公司的经营做出的贡献，从而显示部门的价值所在。例如，技术运作部门使每位技术人员的培训成本减少了 16%，通过培训提高了客户满意度，增加了培训产出率；促使高层管理者为培训提供资金来源；改进了课程后的评估、知识以及获得的绩效。

为了获得这些成果，技术运作培训部门开发了培训质量指标（Training Quality Index，TQI），TQI 运用计算机操作来搜集关于培训部门的绩效、生产率、资金预算和课程方面的数据，并且对这些数据进行详细的分析。TQI 将所有的部门培训数据归为五个方面，即有效性、数量、学员感知、财务影响力以及运营影响力，培训的质量包含在有效性中。例如，知识获取与培训前后学员的知识差异相关，可以通过考试来测试。系统还能提供关于预算、每个学员每天的培训费用以及培训的其他成本的绩效报告。这些指标都与部门的目标和战略相联系，并且最终与西北航空公司的整体战略挂钩。在 TQI 未被开发出来之前，人们对公司的培训存在很多疑问，而且这些疑问都是很难解答的。例如，培训成本是如何确定的？培训对业务运营究竟有什么影响？技术人员究竟获得了多少培训？但是现在，这些问题都可以通过 TQI 系统来解答。例如，可以将培训需求与乘客的数量和航线数量相比较，继而确定培训师的数量和培训地点，以此来满足经营需要。公司的这种调整提高了客户满意度，并且使人们更加积极地看待培训。

（资料来源：J SCHETTLER. Homegrown solution[J]. Training, 2002(11): 76-79.）

第三节　培训评估的流程与实施

在培训项目实施之前，人力资源开发人员就必须把培训评估的流程确定下来。多数情况下，培训评估的实施有助于对培训项目的前景做出估计，如对培训系统的某些部分进行修订，或是对培训项目进行整体修改，以使其更加符合企业的需要。

一、培训评估的流程

遵循科学的培训评估流程是顺利、有效地进行培训评估活动的关键。一般来说，有效的培训评估应该包括以下八个主要环节：① 界定评估目的；② 明确评估标准；③ 制定评估方案；④ 搜集评估信息；⑤ 分析评估信息；⑥ 撰写评估报告；⑦ 评估结果反馈；⑧ 调整培训项目。

例证 9-6

宝洁公司新入职员工培训效果评估流程

（1）界定评估目的。确定新入职员工后来的职业技能培训、岗位培训所造成积极的影响，并且培训是否能对新入职员工的价值观和其对企业的认可度有很好的提升，以及提高企业的核心竞争力，充分衡量企业文化培训所做出的贡献。

（2）明确评估标准。考察新入职员工对企业文化的认知，以及对宝洁人、宝洁公司的价值观和经营理念的认知，重点分析通过企业文化的培训对新入职员工的影响力。

（3）制定评估方案。采用自编试题与试题库结合的方案来进行对新入职员工的测试。

（4）搜集评估信息。自编试题的内容分为三部分：① 员工对企业文化具体的认知与理解；② 员工所树立的价值观和品牌形象理念；③ 员工对自己与企业未来的发展规划的思考与认知。员工对企业文化具体的认知与理解：通过笔试的方法对员工进行测试，笔试具体包括对宝洁公司的历史背景、管理体制、人员关系、企业环境、国际地位等方面的测试。

（5）分析评估信息。① 新员工对本次培训项目的实用性反馈较好；② 要及时宣传培训目的，使受训人员的培训体会更加有针对性；③ 新增加的参加企业参观与实战演练感受让新员工更能加强对企业文化的深层次认识；④ 强调培训纪律，建立纪律标准，采取相应的管理措施；⑤ 本次评估是反应层面的评估，新员工的培训工作需要持续进行。

（6）撰写评估报告。形成《宝洁公司培训效果评估报告》。

（7）评估结果反馈。采用柯氏四层次经典模式中的第三层——行为层分析评估结果。通过对新入职员工在培训后的评估，加强了新入职员工的主人翁意识感，使其产生成为一个宝洁人的自豪以及强大的归属感，找到一种家的感觉，更能投入工作，实现自我及企业的价值。

（资料来源：贾红圣. 宝洁公司育人模式及其对高职教育改革的启示[J]. 武汉职业技术学院学报，2015（6）：93-97.）

（一）界定评估目的

在实施培训评估之前，必须明确评估目的。不同的评估目的涉及不同的人员，导致不同的评估流程，还会影响到数据搜集的方法和所要搜集的数据类型。多数情况下，培训评估的目的是对培训项目的前景做出决定，对培训系统的某些部分进行修订，或是对培训项目进行整体修改，使其更加符合企业的需要。在下面五种情况下需要进行培训评估。

（1）培训项目经费超过一定的警戒线。
（2）培训项目需要3个月或更长时间。
（3）培训项目的效果对组织有重要影响。
（4）一个业务单元的培训会对组织其他业务单元产生很大影响。
（5）当组织面临一系列重大改革举措，需要评估结论作为依据。

而在下面五种情况下不宜进行培训评估。
（1）培训项目目标不明确或目标尚缺乏共识。
（2）培训项目评估结果不能得到利用。
（3）时间有限，不能保证质量。
（4）评估资源（特别是资金）不足，不能保证质量。
（5）培训项目本身对组织业务并不能产生任何有益的影响。

（二）明确评估标准

根据培训的目标制定具有可操作性的标准是进行培训评估的关键。培训标准最好在培训正式开始前就公布于众，以便使学员、培训师及相关人员在培训一开始就知道应该做什么，由谁来做。这样就会使学员对培训有一个合理的期望，避免一些冲突和误解，也方便培训组织者及时发现问题，及时纠正改进。明确评估标准一般经过目标分解、拟定出具体标准、标准讨论、实验调整四个步骤。

（三）制定评估方案

制定评估方案一般包括确定培训评估层次、确定培训评估参与人员和选定评估对象三个方面的内容。

1．确定培训评估层次

根据培训评估的深度与难度，培训评估可以从反应层、学习层、行为层和结果层四个层次进行。培训主管要确定最终的培训评估层次，因为这将决定培训评估开展的有益性和有效性。

2．确定培训评估参与人员

培训评估工作需要花费大量的时间和精力。在实际工作中，企业往往把培训评估工作推到培训师身上，而目前企业外请的培训师很难去实施培训第三、第四层次的评估，更多地仅限于培训的反应评估。其实，系统的培训评估应由五方（即企业高层、培训经理、培训师、学员的直接上级、学员）全部投入，这样就能够形成良好的沟通氛围，培训评估也会因各方的努力而更加有效，同时，培训部门及人力资源部门的工作也将更有效，这对整个企业都有益。

3．选定评估对象

显而易见，培训的最终目的就是为企业创造价值。由于培训的需求呈增长的趋势，因而实施培训的直接费用和间接费用也在持续攀升，因此不一定在所有的培训结束后都要进行评估。只有选定评估对象，才可以有效地针对这些具体的评估对象开发有效的问卷、考试题、访谈提纲等。例如，针对下列情况，培训评估应各有所侧重。

（1）新开放的课程。此类评估应着重于培训需求、课程设计、应用效果等方面。

（2）新教员的课程。此类评估应着重于教学方法、质量等综合能力方面。

（3）新的培训方式。此类评估应着重于课程组织、教材、课程设计、应用效果等方面。

（4）外请培训企业进行的培训。此类评估应着重于课程设计、成本核算、应用效果等方面。

（5）出现问题和投诉的培训。此类评估应着重于投诉的问题方面。

（四）搜集评估信息

培训评估的进行要依据一定的信息资料，所以搜集评估信息也是评估的一个重要环节，它会影响到整个培训评估的成败。需要搜集的主要的评估资料包括企业的培训需求分析报告、本次培训项目计划、在方案形成和实施过程中的各种资料等。此外，还可以通过访谈、问卷调查、观察等方式搜集其他各类需要的资料。

（五）分析评估信息

培训主管对前期的培训评估调查表和培训结果调查表进行统计和分析，即对搜集到的问卷、访谈资料等进行统计、分析、整理、合并，剔除无效资料，同时得出相关结论。

（六）撰写评估报告

培训主管在分析以上调查表以后，再结合学员的结业考核成绩，对此次培训项目给出公正合理的评估报告。培训主管还可以要求此次培训的培训机构给予本培训项目的评估提交报告书，对培训项目做出有针对性的调整。在认真地对评估数据、评估问卷进行了考察之后，培训项目得到了学员的认可，收效很好，则这一项目继续进行。如果培训项目没有什么效果或是存在问题，培训机构就要对该项目进行调整或考虑取消该项目。如果评估结果表明，培训项目的某些部分不够有效，例如，内容不适当、授课方式不适当、学员本人缺乏积极性等，培训机构就可以有针对性地对这些部分进行重新设计或调整。

例证 9-7

某公司的培训评估报告（培训管理人员填写）

培训项目名称：________________ 培训对象：________

培训日期：________________ 培训单位：________

培训目标：________________ 预期效果：________

培训内容：________________ 课程

培训类型：□ 新员工培训 □ 管理人员培训 □ 技术人员培训

教材来源：□ 讲师推荐 □ 培训者自备

培训方法：□ 演讲法 □ 讨论法 □ 案例研究法

培训方式：□ 在职培训 □ 职外培训

□ 企业内讲授 □ 企业外讲授

培训费用：□ 人事 □ 器材 □ 杂费

培训结果应用情况：________________

此次培训的意义和局限：________________

改进意见：________________

（资料来源：袁华春．培训评估分析报告[J]．经营管理者，2010（2）：365-365．）

（七）评估结果反馈

评估结束后，应将评估结果反馈给相关部门和人员，但经常会发生这种情况：有很多企业重视培训评估，但是最终还是与实际工作脱节。培训组织者并没有将评估结果反馈给学员，学员所在的组织或部门也没有将其工作表现情况反馈给培训组织者，培训组织者也没有将学员对培训师的评估反馈给培训师本人。此外，有些评估结果不反馈给当事人本人，而只是在当事人中间通过小道消息传播一些片面和不真实的反映，由此产生了不良的影响。这种缺乏信息反馈的评估不会给学员、培训师及其有关培训管理人员以动力，而且这种缺乏信息反馈的评估还会产生很大的消极作用，它会使人们认为，评估仅是一种形式而已，对组织不会产生任何影响。

培训评估是为了改进培训质量，强化培训结果，降低培训成本，企业需要建立良好的培训评估反馈系统。培训报告的内容要及时在企业内部进行传递和沟通，评估报告应该传递到学员、培训主管、培训师、学员的直接上级和企业高层。

（八）调整培训项目

培训评估报告反馈后，紧接着要采取相应的纠偏措施并不断跟踪。这时培训主管就可以根据培训的效果对培训项目进行调整，对收效大、员工反映好的项目进行保留；对某领域欠缺的项目进行增补；对于培训项目中不够有效的部分，可以有针对性地进行重新设计或调整；对没什么效果或者存在问题的项目就要考虑将其取消。

培训评估应该是一个完整的循环，任何一项评估都是一个长期的、连续不断的过程。要使培训评估起到应有的作用，就必须使培训评估系统化、科学化。

二、培训评估的实施

培训评估的实施包括评估时机的选择、评估层面的选择、评估方法的选择以及评估的全面性四个方面的内容。

（一）评估时机的选择

由于四级评估在各层面上所采用的评估方法、评估重点和评估对象各有不同，因此在实施各个层面评估时，须安排合理的时间和选择适宜的时机。

反应层面的评估一般在培训中和培训结束后进行，采用交谈和随堂观察方法时，宜在培训过程中进行，因为这样能及时了解到学员对培训内容、方法及其他相关方面的看法，有助于及时调整培训内容、进度和方法以及改善其他相关工作。发放“培训评估表”、召开座谈会则宜在培训结束后进行。

学习层面的评估通常在培训中或培训结束时进行。一般来说，人们更倾向于在培训结束时通过笔试、口试和操作测验等方式，对学员的知识、技能和态度的领悟和掌握情况进行测评。但如果培训期较长，则应在培训过程中适当地进行阶段性测评，以便及时了解学员的学习情况。

行为层面和结果层面的评估由于涉及的参评人员较多，测评的主要目的是考察学员是否学以致用和培训后给组织绩效带来的影响，与反应层面和学习层面的评估相比更耗时、费力和需要更多的资金投入，所以实施难度较高。此外，由于学员在工作岗位上的行为改变和培训给组织带来的具体结果在短期内很难显现出来，因此行为层面的评估通常宜在培训结束三个月后进行，而结果层面的评估一般宜在培训结束半年或一年后进行。

（二）评估层面的选择

由于各级评估在各层面上所采用的评估方法、评估重点和评估对象各有不同，因此在实施各个层面评估时，应该有所选择。

首先，所有课程都可以进行反应层面的评估。要使学员掌握一些课程中所讲的某些特殊知识或运用某一具体技术可以进行学习层面的评估。行为层面的评估适用于工作表现，特别是客户对实际效果期望很高的课程。例如，在开放的电信业，负责修电话的技工不只负责装电话机和拉电话线。作为一线客户服务的技工，他们必须有效地与客户进行交流，有时甚至要说服客户继续购买他们的换代产品，他们这些工作将直接影响公司业绩。这时，做客户服务培训课的行为层面的评估时就要慎重，以确保他们真正做到学以致用。

结果层面的评估需要一些硬性数据。行为层面和结果层面的评估由于涉及的参评人员较多，测评的主要目的是考察学员是否学以致用和培训后给组织绩效带来的影响，与反应层面和学习层面的评估相比，更耗时、费力，需要更多的资金投入，所以实施难度较大。

要使与工作相关的培训做得好，需要对一部分培训课程进行行为评估甚至结果评估。然而，限于企业的精力、实力和财力，大多数的培训在做完反应评估或学习评估后就草草了事了。但如今员工对培训的要求已有所改变。学习是一件好事，但这还不够，不能改善经营业绩的学习毫无用处。因此，培训部的职责将必然从单纯统计培训时数和感到满意的学员人数，转向对培训效果的评估。这种压力促使培训者不得不进行更深层次的三级和四级评估。

（三）评估方法的选择

能否妥当地选择评估方法会影响评估结果的可靠性，不同的评估方法所耗费的时间、人力和财力也是不同的，因此必须考虑成本的合理性。选择评估方法时应考虑的因素有参训者、培训课程、用户需求和客观条件的制约。

1. 参训者因素

在选择评估方法时，应考虑到参训者的特点，如原有的教育水平、年龄和工作经历等。培训不同于学校教育，成人培训的学员在年龄、原有的教育水平和工作经历方面都表现得很不“整齐”，所以在培训开始前可对他们的知识和技能水平进行测试，对他们的教育水平和经验进行“摸底”。

从某种程度上来讲，这样做一方面可以了解到学员现有的知识和技能水平；另一方面可以发现学员之间存在的差距，还可以把这种通过“摸底”获得的测评成绩与培训后获得的测评成绩进行比较，从而可以考察出学员参加培训前后的变化情况。

此外，对于年龄较长的学员来说，一些评估方法对他们来说也不太适用，如客观测验中的填充题对他们来说就不太适用。这是由于年龄较长的学员除了记忆力不如年龄较小的学员外，他们离开学校若干年，已经不大习惯这种死记硬背的测评方法，因此，对这些年龄较长者、实战经验比较丰富的学员应采用口试和操作性的测评方式。

2．培训课程因素

选择评估方式时，还应根据所开设的培训课程来考虑，如客观测验的方式就不太适合有些技能课程方面的评估。如果让一位厨师以书面形式写出整个烹饪过程，而不是在厨房观摩他的烹饪过程和品尝他制作出来的菜肴，这是一种片面的做法。因此，涉及技能课程方面和语言沟通方面的评估，更多地应采用操作测验和口试等评估方式为宜。

此外，如果要对行为层面进行评估，选择客户服务、组织形象、时间管理之类的培训课程较为适宜。如果要对结果层面进行评估，选择一些性质稳定的培训课程，如安全管理、质量管理等课程较为适宜。

3．用户需求因素

培训评估的主要目的是为培训决策人或高层管理人员提供有用的信息。如果培训决策人或高层管理人员希望掌握某人或某组织制定的诸如质量、数量、销售额、利润之类的指标是否完成，那么，他们投资于培训的根本目的就是为了完成或提高这些指标，为此，就需要在结果层面上进行评估。如果在这个层面上测评出的信息能够使他们感到满意的话，他们就会看到培训的效果，这样，便会使他们更加支持和重视培训。

因此，评估人员在选择评估方法时应与培训决策人或高层管理人员进行磋商。首先，应就有关目标、标准或指标进行确认。其次，应就评估时间、方法、人力的投入和费用与用户进行磋商和设定。然后，形成书面的约定文件，以便取得用户的理解、合作和保证评估活动的顺利开展。只有看准了培训决策人或高层管理人员的兴趣和需求所在，并与他们进行磋商、达成一致意见和看法，才能够产生出对他们有用的信息。

4．客观条件的制约因素

客观条件的制约因素主要是指时间、人力、财力和执行难度。培训评估会消耗一定的资源和资金，也会占用相关人员的一部分时间，有时甚至是大量的时间。培训评估的四个层面所消耗的资源、资金和时间由低到高，行为层面和结果层面的评估虽然对组织的意义是最重要的，但消耗的费用、时间和执行难度也是最大的。此外，即使一些组织有条件进行深层次的评估，但由于缺乏必要的评估技能和经验，也难以完成深层次的评估。

因此，一般来说，有些组织只在反应层面和学习层面进行评估，是否需要进行深层次的行为层面和结果层面的评估，除了应考虑培训决策人或高层管理人员的需求外，还应当考虑客观条件的制约因素。

（四）评估的全面性

评估的全面性主要是指自评和他评。在对学员做评估总结前，最好先让学员进行一下自评，这是一个很必要，也是一个很有效的办法。即使我们自认为运用了很全面、很科学和很合理的方法对学员进行了评估，但也不能十分准确地了解学员的真实水平，更不能确切地判断出学员不能很好地掌握培训内容和发挥他们能力的真实原因。如果给了他们一个自评的机会，他们则会与你坦诚交流，你也会对他们有一个更深入和更全面的了解，这样评估结果就会变得更真实贴切，更令人信服。

他评是指学员的培训师、外部顾客、内部同事和学员的直属主管对学员进行的评估，其中，真正对学员产生主要影响的是学员的直属主管。组织是否支持学员参加培训，是否将培训评估结果与学员的奖惩制度进行挂钩，是否能保证学员将所学到的知识和技能运用到工作中，这都取决于学员的直属主管是否能正确地领会组织的培训意图、培训政策和培训制度。他评加上自评会使培训评估更加全面合理。如果有可能的话，在培训期间或培训结束后，学员之间的评价也会给学员带来意想不到的效果。

艾默生项目管理培训效果的全面评估

艾默生项目管理培训效果评估报告通过培训前后对比、自评和他评的方法，直观地展现培训效果。报告一开始对培训的整体效果进行评估，接下来，根据建议对一些分项目进行详细评估，如计划能力、工作分解能力、沟通协调能力等一些重要能力的评估。另外，通过调查搜集了受训者对公司项目管理体系的优化建议，以便从组织层面提升整体项目管理水平。

问题：学习了项目管理课程之后，与优秀的项目管理模式相比，认为在以往的工作中差距最大的两个方面在哪里？结果如图9-3所示。

A. 管理思路和管理意识　B. 计划能力　C. 执行和推动　D. 过程控制
E. 其他

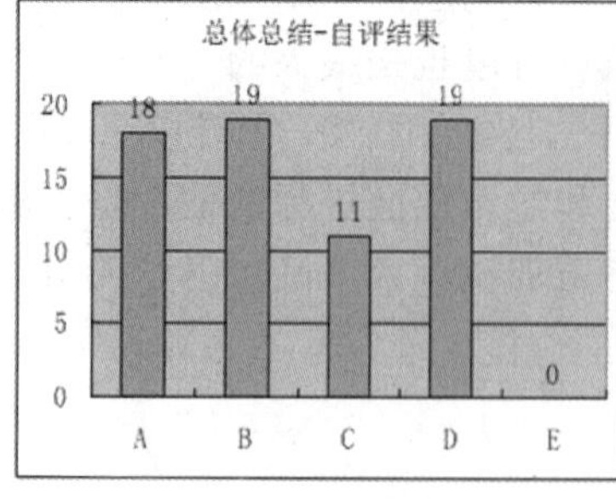

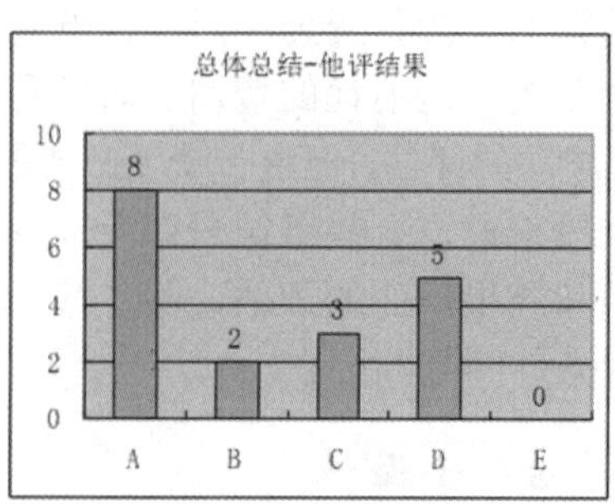

图9-3　整体培训评估结果

（资料来源：中国项目管理资源网，2014）

本章小结

1．培训效果是指公司和学员从培训中获得的收益。培训效果评估包括衡量对项目收益起决定作用的特定成果和标准。培训评估是指搜集培训成果以衡量培训是否有效的过程。

2．培训效果评估的作用：（1）为决策提供有关培训项目的系统信息；（2）促进培训管理水平的提升；（3）使培训管理资源得到更广泛的推广和共享。

3．柯克帕特里克的四级评估法主要包括四个层面：（1）反应层面，即学员对已发生的培训活动有何感觉或印象；（2）学习层面，即主要考察学员学到的知识和技能；（3）行为层面，即主要考察学员通过培训所发生的行为举止和态度的改进或变化；（4）结果层面，即主要考察培训为组织带来的效果。

4．培训效果评估的其他模型包括：（1）考夫曼的五层次评估模型；（2）CIRO 评估模型；（3）CIPP 评估模型；（4）菲利普斯的 ROI 过程模型。

5．有效的培训评估应该包括八个主要环节：（1）界定评估目的；（2）明确评估标准；（3）制定评估方案；（4）搜集评估信息；（5）分析评估信息；（6）撰写评估报告；（7）评估结果反馈；（8）调整培训项目。

6．选择评估方法时应考虑的因素包括参训者、培训课程、用户需求和客观条件的制约。

网站推荐

筑龙项目管理网：www.zhulong.com/zt_xm/yuangongpeixunxiaoguopinggu

培训评估方案及工具：zl.hrloo.com/hr/zl/zt/show?id=468

思考练习题

1．培训效果评估的模型有哪些？你认为哪一种更合理？

2．培训评估包括哪些基本步骤？

学以致用

对你熟悉的培训或曾经参加过的培训进行分享和总结，谈谈你对该培训的体会和看法，并从反应层面对其进行评估。

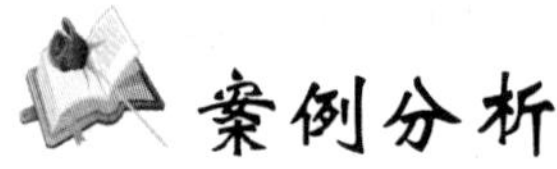

案例分析

希尔斯公司提供的培训项目

希尔斯公司设计了一个用于改善工具和硬件销售的培训。这一项两个小时的培训项目是一个远程学习过程，并且是通过广播的方式从希尔斯公司的培训中心向美国 10 家商店和 50 名销售人员进行传授的。这项培训包括教授学员该如何展示它们的商品来吸引客户的注意。在参加培训前，这 10 家商店的设备和硬件销售额是每周平均每家商店 5 000 美元，但是在经过培训后，每周平均每家商店销售额达到了 6 500 美元，销售纯利润是 20%，每年共有 52 周。该培训项目的成本如表 9-9 所示。

表 9-9　希尔斯培训项目的成本

项　　目	金额/美元
培训师	10 000
远程学习（卫星空间租赁）	5 000
材料（每位学员 100 美元，共 50 名学员）	5 000
学员的工资和福利（每小时工资 15 美元，共 2 小时，50 名学员）	1 500
培训专员的工资和福利（每小时工资 20 美元，共 30 小时）	600

计算题：

请问这个项目的年投资回报率（ROI）是多少？
（答案见书末）

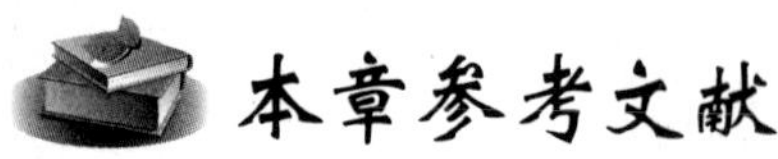

本章参考文献

[1] E HOLTON. The flawed four-level evaluation model[J]. Human resource development

quarterly, 1996(7): 5-21.

[2] D KIRKPATRICK. Evaluating training programs: the four levels[M]. 3rd ed. California: Berrett-Koehler Publishers, Inc., 2007.

[3] D KIRKPATRICK. Invited reaction: reaction to Holton article[J]. Human resource development quarterly, 1996(7): 23-25.

[4] B GERBER. Does your training make a difference? prove it![J]. Training, 1995(3): 27-34.

[5] D G ROBINSON, J ROBINSON. Training for impact[J]. Training and development journal, 1989(8): 30-42.

[6] J PHILIPS. Handbook of training evaluation and measurement methods[M]. 2nd ed. Houston: Gulf Publishing, 1991.

[7] M VAN WART, N J CAYER, S COOK. Handbook of training and development for the public sector[M]. San Francisco: Jossey-Bass, 1993.

[8] P WARR, M BIRD, N RACKHAM. Evaluation of management training[M]. London: Gower Press, 1970.

[9] J SCHETTLER. Homegrown solution[J]. Training, 2002(11): 76-79.

[10] 陈国海．培训效果的行为评估[J]．中国人力资源开发，2004（4）：53-59.

[11] 谌新民，徐汪奇．员工培训方案[M]．广州：广东经济出版社，2002.

[12] 陈小纪．ABC 公司培训体系诊断研究[D]．广州：华南理工大学，2011.

[13]（美）杰克·J. 菲利普斯．培训评估与衡量方法手册[M]．3 版．李元明，林佳澍，译．天津：南开大学出版社，2001.

[14] 李杨．企业员工培训评估中存在的问题与对策研究——以某家电制造企业为案例[J]．山东社会科学，2015（4）：148-152.

[15] 赵楠，施晨越．企业员工培训手册[M]．北京：经济管理出版社，2005.

[16] 侯晓虹．培训操作与管理[M]．北京：经济管理出版社，2006.

[17] 常红波．通信行业销售培训管理模式研究[D]．郑州：郑州大学，2006.

[18] 袁华春．培训评估分析报告[J]．经营管理者，2010（2）：365-365.

[19] 贾红圣．宝洁公司育人模式及其对高职教育改革的启示[J]．武汉职业技术学院学报，2015（6）：93-97.

第十章

员工开发

学习目标

1. 了解员工开发的概念、特点和作用；
2. 了解员工开发的战略和规划；
3. 掌握员工开发的方法；
4. 掌握开发有效管理者的方法。

引例

PPG Industries 公司员工的职位变动

位于宾夕法尼亚州匹兹堡市的 PPG Industries（http://corporateportal.ppg.com）是一家经营运输业及生产涂料的公司。PPG 公司经营范围很广，业务种类达 16 种。尽管每项业务各不相同，但是有一个需求是相同的，即开发员工，帮助他们晋升为普通经理（在 PPG，普通经理是一个很重要的职位）。在普通经理职位上的锻炼帮助员工掌握成为 PPG 高层管理者必备的能力。最近，PPG 的高层执行者推行了一种激进的员工开发方法，即通过让员工变换工作岗位来开发公司未来的领导人员。例如，公司人力资源部门经理可能去销售部门工作，某位经验丰富的销售人员则可能成为一个新工厂的厂长。为什么要让员工进行职位轮换，把他们调到新的职位上去呢？由于老员工退休和员工流动，PPG 迫切需要领导人才，然而传统的储备领导人才的职位体系并不能满足公司的要求。

为了塑造领导才能，PPG 要求每个业务单位每年都要对所有的管理者进行排序，以便根据公司的能力（素质）模型确认有潜力晋升高层领导职位的人选。通常情况下，只有排名处于前 10%的管理者才有资格参加 ACM（Aggressive Career Management，积极职位管理）人员开发计划。但与此同时，那些符合标准的员工也可获得其所在经营单位的提名，具体标准包括：个人有成为公司高层或中层领导的目标；有 5 年以上作为专业人员的经历；公司的记录证明此人有发展潜力。公司执行管理委员会将决定邀请谁参加 ACM 计划。一些员工拒绝了邀请，因为他们不希望变动目前的岗位和工作地点。加入 ACM 计划的员工是一个特殊的群体——在拥有 30 000 名员工的公司里，仅有 40 人可以参加此计划。

（资料来源：K ELLIS. Making waves[J]. Training, 2003(7): 16-21.）

PPG 公司的员工开发计划在一定程度上反映了目前企业员工开发的需求情况。员工开发正在成为区别比较成功的企业与不太成功的企业的关键因素。本章将探讨员工开发的特点、方法和趋势，探讨员工开发的规划与战略以及不同类型员工的开发方法。

第一节 员工开发概述

当前，面对激烈的人才竞争，越来越多的企业开始重视员工开发。了解员工开发的概念、特点和类型对有效地开展员工开发活动具有重要的意义。

一、员工开发的概念

员工开发（Employee Development）是指为员工未来的发展而开展的正规教育、在职体验、人际互助等活动，以及在学习型组织中为员工未来发展而开展的各种开发活动（白琳，2015）。员工开发与培训（Employee Training）两个术语有时可以混用，但实际上两者有差别，有关员工开发与培训的具体区别可参考本书第一章的相关内容，在此不再赘述。

二、员工开发的特点

随着 21 世纪知识经济时代的到来和经济全球化的加剧，员工开发已成为企业培养人才的重要手段。企业进行员工开发能够有效提升员工在企业中的归属感以及有利其长远发展，促进企业团队精神的壮大，提高企业员工的整体素质和企业对新产品的研究开发能力，从而不断提升自身的核心竞争力。员工开发的对象是在职员工，其性质属于继续教育的范畴，具有如下五个鲜明的特点（Mathis，2014）。

（一）广泛性

员工开发的涉及面较广，首先是有关开发的对象基本上是全员的，不仅需要对管理者进行开发，而且也需要对一般员工进行开发；其次是开发的内容涉及员工的知识、能力、潜能、技能、观念、态度等多个方面；最后是员工开发的方式方法也多种多样。

（二）协调性

员工开发是一个系统工程，它要求开发活动的各个环节相互协调，以使其运转正常。首先要从企业经营战略出发，确定开发对象、开发内容；其次应该适时地根据企业发展的规模、速度和方向，合理确定开发对象的数量与结构；最后还要准确地根据需要确定要开发的员工人数，合理地开展开发行动。

（三）实用性

实用性是指员工开发活动应当产生一定的回报。员工开发系统要发挥其功能，即将开发成果转移或转化成生产力，并能迅速促进企业竞争优势的发挥与保持。首先，企业应设计好开发项目，使员工所掌握的技能和更新的知识结构能够适应新的工作；其次，应让开发对象获得实践机会，使其有机会将新的知识、技能应用到实际工作中去；最后，为开发成果转化创造有利的工作环境，构建学习型组织。所谓学习型组织是一种具有促进学习能力、适应能力和变革能力的组织。

（四）预见性

企业对员工开发的投资并不直接增加固定资本和流动资本的生产能力，它只是形成潜在于人体之内的生产能力。对员工开发的资本投入与产出存在较长的时间差异，这一显著特点在客观上决定对员工开发的投资必须具有预见性。企业要通过对未来员工的供需结构、素质水平做一系列动态预测，通过各种途径获取各种有效信息做出科学、合理的员工开发投资决策，才能获得较为理想的投资效益。在充分认识员工开发特点的基础上，全面开发和利用员工是企业持续发展的重要条件。

（五）长期性

长期性是指随着科学技术的日益发展，人们必须不断接受和学习新的知识和技术，任何企业对其员工的开发都是长期的。因此，企业需要制定员工开发的长期目标，并将长期目标分解为中短期的、更为具体的若干小目标。

三、员工开发的类型

（一）按开发对象分类

按开发对象分类，员工开发可以分为员工能力开发与有效管理者开发。员工能力开发包括员工在学习型组织里的自我超越、心智模式、共同愿景、团队学习和系统思考五项修炼。

有效管理者开发包括正规教育、在职体验和人际互助等几个方面的开发。本书采用按开发对象分类的方法。

具体的开发活动将在本章第三节和第四节中详细阐述。

（二）按开发内容分类

按开发内容分类，员工开发可以分为心智开发与潜能开发。在组织中，人们通常按照现有的工作定义和职权来考虑行动和既定的行为规范。心智开发是指改变人们根据既定的设想来思考和行动的开发活动。这种开发一般适用于普通员工。

潜能开发，顾名思义，就是要把人们本身具有的但目前还没有表现出来的能力开发出来。潜能开发通过科学、专业和系统的指导和训练，消除潜意识中有碍于集中目标注意力的负面情结，建立潜意识中有利于强化目标注意力的正面情结。潜能开发一般适用于管理者开发。

四、员工开发的作用

员工开发可带来许多益处，约翰•阿代尔（John A，2011）曾用行动中心型领导模型（Action Centered Leadership Model）加以说明。他将员工开发的益处分为任务、团队和个人三个方面。

（1）对任务的益处。员工开发对任务的益处包括生产能力增加、工作目标明确、标准化的建立等方面。

（2）对团队的益处。员工开发对团队的益处包括设立团队行为标准、解决团队困难和团队内冲突、培养团队合作精神、鼓励建立目标型团队、促进团队成员间的交流和理解等方面。

（3）对个人的益处。员工开发对个人的益处包括了解个人的能力、优势、需求及目标；支持员工应对困难和挑战；获得对自己工作努力及绩效的认同；拓展知识面等方面。

可见，员工开发带来的益处是多层次、多方面的，可以同时促进组织和个人的发展，因此，一个设计合理的开发规划会得到组织和个人双方的支持。

例证 10-1

花开富贵，旗开得胜：花旗银行员工开发之道

花旗银行作为世界上历史最悠久的银行之一，其经营模式和企业文化受到各个国家包括银行在内各类企业的追捧，而花旗银行在人力资源管理与开发方面的锐意创新更是受到广泛的关注。

作为全球金融服务业的领跑者，花旗银行深谙优质的人才对企业发展的战略作用。因此，花旗银行的人才开发遵循以下七个标准：（1）保持专注（Stay Focused）；（2）凡事从正面去想（Think Positive）；（3）充分掌握专业知识（Master Your Craft）；（4）从容面对周遭压力（Develop Resilience）；（5）高度生产力（Be Productive）；（6）敢于发挥想象力（Dream Big Dreams）；（7）相信自己是赢家（Act Like A Winner）。花旗银行通过这七个标准来提升员工的业务技能和客户服务水平，增强员工的领导力，从而让更多的花旗金融领导人成长起来。

与大众消费品等行业不同，金融行业高级人才的成长往往需要较长的时间来培养。花旗银行由此发掘出大量的金融人才，极大地增加了公司的人才收益。

（资料来源：牛晓娟. 花旗银行人力资源培训启示[J]. 商业文化月刊，2011（3）：55-56.）

五、员工开发的发展趋势：互联网+

员工开发的未来发展趋势与开发传递方式密切相关。在未来，互联网会对员工开发产生日益深远的影响，同时，越来越多的企业将采用网上学习的方法，利用互联网实施员工开发。

（一）"互联网+"的人员开发形式

伴随互联网技术日新月异的发展，高效交互技术、丰富表现形式、多元化学习方式以及多样化教育支持手段，大大便利了企业利用远程网络教学进行人员开发计划的实施。企业在充分利用互联网技术发展过程中，形成"互联网+开发"的创新型人员开发形式，在自媒体的作用下，提升了员工开发的灵活性，增强了员工的主动性与选择性。其中，这种创新型的人员开发机制主要表现在三个方面：一是网络交互式的开发形式；二是"线上+线下"的开发形式；三是大数据分析的开发形式（石运甲，2018）。

1．网络交互式的开发形式

企业在员工开发平台的设置上，主要采用的是员工与互联网之间的交互式开发形式，展现的是企业人力资源管理与员工之间的无缝链接。通过互联网开发平台的形式，企业能够更好地了解员工期望值，在增强员工学习动力的同时，也促进了常态下的人力资源管理体系的建设，加强了员工的认同感与归属感。

2．“线上+线下”的开发形式

由于多媒体技术的日益完善和网络技术的日益普及，企业在进行人员开发时，构建线上教育课程和线下公开课程并行的开发模式，为员工提供移动学习终端，实现碎片化的学习模式，实现及时反馈制度和企业人力资源管理与员工管理上的无缝连接。“线上+线下”的开发形式为员工提供了更加自主、开放、交互、有效的学习支持。

3．大数据分析的开发形式

互联网时代也是大数据时代，在这个时代下各种数据资源能够方便快捷地进行共享，企业可以运用互联网技术对员工的各项数据进行搜集与统计，并通过对大数据的分析总结出企业每位员工的长处与不足，从而根据员工的特点进行针对性的开发。在互联网时代，企业对员工的开发与管理应该更多地基于对数据的分析，才能使人力资源管理工作更加科学合理。

（二）利用互联网实施开发计划

互联网和其他新技术的运用正日益广泛，越来越多的企业开始利用互联网来实施员工开发计划，如虚拟工作安排的方式。

虚拟工作安排（Virtual Work Arrangements）包括虚拟团队和远程工作（Tele-working），是指在偏远的地方进行工作（远离中央办公室），员工和其同事之间的联系会减少，但是他们却可以进行电子交流。虚拟工作安排的关键特征就是它的办公地点、组织结构和雇佣关系不再成为限制因素。例如，来自两个或三个不同组织的员工会就某一个项目合作，来共同满足他们各自组织战略或运作的需要。同样，同一个组织中的员工也会与组织中的其他营业单位或部门的同事合作组成一个项目团队，来共同完成工作。

目前虚拟工作安排面临如下两个挑战。

（1）企业必须投入资金研究开发传递的方法，从而使这种数字化合作更加便利。数字化合作（Digital Collaboration）是指两个或两个以上的人通过计算机来互相交流。互联网、内部网和学习门户能使员工根据需要在计算机上获得所需的开发资源，以及与其他人合作。虚拟工作安排将建立在数字化合作的基础上。企业必须在团队工作技能、文化差异和执行工作所必需的技术技能和素质等方面面向团队成员开展开发活动。

（2）对于实行虚拟工作安排的企业来说，想要取得成效，拥有知识，知道哪些员工拥有知识，并在组织、团队和个人之间分享知识非常关键。团队和员工必须具有获得知识所需的工具，并利用这些工具来获得知识并用来为顾客提供服务，开发和生产产品。

例证 10-2

宝钢集团有限公司人才开发院 E-Learning 系统

宝钢集团有限公司人才开发院推出的 E-Learning 培训系统，是面向集团内全体员工、多语言支持、分布式管理的线上员工自主开发平台。它集在线自主学习开发、实时远程学习、离线自主培训与开发和混合式培训与开发等多种模式于一体。

该系统采用国际先进的 E-Learning 平台技术，具有良好的扩展性和稳定性，员工可在任何时间、任何地点，通过网络即可学习所需课程。系统支持在线学习、离线学习、虚拟课堂等灵活多样的学习方式，有效地提高了员工学习的自主性。

系统支持知识资源管理，极大地方便了教师的知识资源积累和学员的知识资源检索与利用。系统主要包括学员学习模块、教师教学模块、跟踪评价模块、培训管理模块、数据报表处理模块、知识资源管理模块、安全管理模块等。

自 2009 年正式上线以来，累计服务员工总数高达 5 637 127 人。因为该系统，宝钢集团人才开发院获得“中国最佳企业大学第一名（2012 年）”“中国 E-Learning 行业卓越实施奖（2014 年）”等荣誉。

（资料来源：宝钢集团有限公司人才开发院. http://www.hztbc.com/news/news_14872.html.）

第二节 员工开发的战略与规划

员工开发的战略与规划是员工开发活动的重要准备阶段。本节将讨论企业员工开发的几种战略类型，紧接着阐述员工开发的规划。

一、企业员工开发战略

员工开发战略主要有四种类型，它们分别是：① 强调学习型文化为先导的员工开发战略；② 多层面、系统的员工开发需求评估战略；③ 深度开发战略；④ 员工开发与组织创新有机整合战略。

（一）强调学习型文化为先导的员工开发战略

企业员工开发的最终目的是要形成一种自上而下的全员学习型文化，进而提高员工的学习能力和创新能力。学习是企业创新思想的来源，构建企业文化，关键要从转变观念入手，通过观念的转变来形成公司高层、中层管理者以及普通员工对开发重要性的深刻认识，进行系统化的培训机制建设，对开发过程进行科学的设计，对开发结果进行有效利用，以学习型文化来引导企业的员工开发行为。

（二）多层面、系统的员工开发需求评估战略

目前，我国企业员工开发未能取得令人满意的效果，其中一个最普遍的原因是对企业员工的开发需求缺乏系统、科学的评估分析。为做好开发需求评估，我国企业应从公司整体发展战略层面、工作层面以及员工个人层面进行分析。公司整体发展战略层面分析是确定整个公司的开发需求，以保证开发计划符合公司的整体发展目标与战略要求。在工作层面分析中，要分析员工达到理想工作绩效所必须掌握的技能和能力，其中包括各种技术技能、管理技能以及创新技能等开发需求。个人层面分析是将员工目前的工作绩效与企业的员工绩效标准进行比较，寻找两者的差距，从而针对这些差距进行开发。个人层面分析的信息来源主要是业绩考评记录和员工个人提出的开发需求。通过对这三个层面的员工开发需求分析，企业就能依据一个完整的需求系统对员工进行开发，且能够实现公司战略需求与员工个人需求的有机整合。

（三）深度开发战略

开发内容将直接影响开发结果能否满足企业的需求。目前，绝大多数企业的开发仍停留在表面上开发，过分强调开发的专用性。当代企业的发展要求公司的任何一个员工不是被动地接受指挥，而要积极参与，因此既要掌握完成本职工作所需的技能，还需对企业的发展战略有清晰的理解，使自己的工作努力方向与企业的发展方向一致，员工必须带有明确的目的性和使命感。此外，当代企业要求员工具有协作精神，在工作中取长补短、精诚协作、积极创新，不断提高工作效率。

目前企业所需的深度开发战略主要包括以下两个方面。

（1）企业的深度开发战略的实施不应是临时的，而是一个长期的，与企业愿景、发展目标和价值观相吻合的开发战略计划。目前国内多数企业对开发未做系统规划，定位不准确，开发效果不明显，开发难以到位。企业领导或人力资源规划部门只重视眼前利益，而不考虑企业的长远发展和当今世界全球化竞争、信息时代对企业发展的深远影响，开发内容的设计只满足企业目前需求，忽视对企业未来所需的人才开发和知识储备，导致高层次人才时常断档。

（2）企业的深度开发战略要求对开发结果进行科学、严肃的考评，根据结果决定员工的奖金、晋升，并对开发内容的设计、开发方式的选择进行积极的反馈，不断优化，从而激发员工的学习热情。企业高层领导应起积极的倡导作用，要有明确的开发目标、

内容和方式，提高开发的针对性和实用性，随时评估开发绩效，根据需要随时调整开发战略和内容。

（四）员工开发与组织创新有机整合战略

员工开发与组织创新有机整合战略包括如下三个方面的内容。

（1）进行以提高员工的知识和技能为基础的制度设计，如职业生涯训练制度、岗位轮换制度、团队学习制度、企业内部沟通制度等。企业业绩的取得依靠人才的存量，更靠人才的能量。提供透明而具有诱惑力的发展前景，是成功管理人力资源的最好办法。

西门子公司结构化的员工开发体系

德国西门子电气公司重视技术开发是外界公认的，其实西门子更重视管理与开发人才，这才是其立于不败之地的根本。

西门子在全球实施一项“综合员工开发计划”（简称CPD），是西门子用人体系中最核心的内容。从初级的管理后备人员到公司关键的高管人员，每一层级都设置了相应的管理与开发项目。课程设置与人员职业发展相匹配，不仅帮助员工更好地胜任现有职位，而且帮助他们开发自身潜力，使他们的潜能转化为公司发展所要求的能力。西门子利用这套完整的结构化培训体系，从内部培养高级管理人员，以确保他们充分地理解和把握西门子的业务，从而减少可能的执行错误，因此相应地降低管理风险。其系统性和结构化的管理课程体系的示例如表10-1所示。

表10-1 德国西门子电气公司管理课程体系

课程层级	目标人群	课程目标	内容概要	运作方式
高管课程	关键岗位上的高管人员和高管后备人才	人员和战略	● 人力资源和经营战略结合 ● 全球新经济的理解 ● 电子商务 ● 新型组织中的领导力	● 论坛/研讨会 ● 远程教学 ● 多媒体 ● 项目/课程 ● 高管讲授
领导力课程	能影响全球西门子公司业务的总经理，例如对公司业务结果负责的总经理	领导力和创新；将企业家精神发展延伸到高级领导力	● 全球化 ● 电子商务和新经济 ● 领导力和反馈技巧 ● 公司文化和文化管理 ● 组织战略和变革管理 ● 本地化管理和文化差异	

续表

课程层级	目标人群	课程目标	内容概要	运作方式
企业家课程	在单一职能部门有多年经验，并准备接受跨部门管理责任的管理人员	发展企业家能力	● 有效企业家管理技能 ● 企业家/领导力行为 ● 创新和变革 ● 经营战略 ● 先进财务和股东价值理论 ● 客户和市场分析	

（2）建立有效的开发激励制度，调动员工接受开发的积极性。目前国内许多企业的员工开发流于形式，这与企业未能对开发进行有效的激励是分不开的。开发与员工的职业发展密切结合，这是提高员工开发积极性以及开发效果的最重要的因素。

（3）建立学习型组织，营造企业的创新氛围。学习型组织是员工发挥创新才能的稳定平台和组织保障，比开发具有更大的弹性和整体综合效能。学习型组织要求员工具有较高的素质，更重要的是具备学习能力、获取信息和利用信息的能力，建立积极的自我适应机制，并通过员工之间的相互交流和思想碰撞产生创新的冲动。学习型组织能够快速地适应外部环境的剧烈变化，不断进行观念创新、战略创新、制度创新、市场创新，这是企业培训的更高境界。

二、员工开发规划

员工开发规划是指根据组织内外环境变化和组织发展战略，考虑员工发展需要，通过对员工进行有计划的开发，提高员工能力，引导员工态度，使员工适应未来岗位的规划。

员工开发规划过程包括了解人员开发需求，选择开发目标，明确员工和企业为达到目标所需采取的行动，确定工作进展测量的方法，制定员工开发时间表。表 10-2 列出了人员开发规划的过程，它规定了员工和企业各自应承担的责任。员工开发活动的一个发展趋势就是由员工自己来制定员工开发规划过程。一般来说，员工开发方式取决于开发需求和开发目标。因此，为了确定自己的开发需求，员工要知道自己的目标、兴趣所在，自身的能力以及他人对自己的期望。员工现有的工作能力和兴趣与其期望工作或职位所需能力的差距，也可能会导致开发需求。

表 10-2 人员开发规划过程

人员开发规划	员 工	企 业
机会	我需要怎样改进？	企业提供评估信息，帮助员工认清自身的强项、弱项、兴趣及自身价值

续表

人员开发规划	员　　工	企　　业
动机	我愿意投入时间和精力开发个人技能吗？	企业帮助员工确认变革的个人原因和公司原因；经理人员讨论应对开发中的障碍与挑战的步骤
确定目标	我想要开发什么？	企业提供开发规划指导；经理要同员工共同讨论人员开发的问题
标准	我如何了解自己所取得的进展？	经理人员针对标准提供反馈
行动	我该采取什么行动才能达到开发目标？	企业提供课程教育、人员测评、在职体验和人际互助等开发方式
责任	我该制定什么样的时间表？该如何向他人征询有关我的进展情况的反馈意见？	经理对于员工在开发过程中的进展进行跟踪，并帮助员工制定一份达到目标的切实可行的时间表

例证　10-4

中国石油化工集团：将员工开发融入企业发展规划中

中国石油化工集团公司（英文缩写 Sinopec Group）是 1998 年 7 月国家在原中国石油化工总公司基础上重组成立的特大型石油石化企业集团，是国家独资设立的国有公司、国家授权投资的机构和国家控股公司。公司注册资本 2 316 亿元，董事长为法定代表人，总部设在北京。2016 年 7 月，公司在 2016 年《财富》中国 500 强企业中排名第 1 位。

中国石油化工集团坚持以人为本，着眼于企业和员工的共同发展，把企业发展战略与员工职业发展规划紧密结合，把员工开发融入企业发展规划协调推进，致力于构建具有中国石化特色的员工开发体系，保证开发经费的投入，全面加强对各类员工的开发，实现人力资本的保值增值。中国石化为更好地进行员工开发，建成远程员工开发系统建设项目并顺利通过验收，加大远程员工开发课件的开发力度，远程开发培训系统推广应用逐步深入。截至 2017 年年底，开展各类课程直播 95 次，组织在线培训项目 376 个，系统注册人数达到 32 万人，累计学习时间达到 325 万小时；为加强科技领军人才能力的开发，举办油气勘探、油气田开发、炼化设备、炼化工程首席专家研讨班、地质技术专家专题研讨班等专题研讨。此外，公司总部结合各直属单位实际，直接组织开发各类重点人才，包括高层经营管理人才、高层次专业技术人才、高级技能人才、国际化人才等，促进了员工队伍整体素质的提高。

（资料来源：中国石油化工集团公司官网．http://www.sinopec.com/．）

接下来，第三、四节将按开发对象分类的方法探讨针对不同员工的开发方法。

第三节 开发员工的能力

员工能力开发的目的是重视企业中的每一位员工，将他们的潜在能力开发出来，提高他们的工作效率，为企业的持续快速发展做出必要的贡献。企业员工能力开发主要包括三个方面，即员工适应能力开发、员工创新能力开发以及员工积极心理能力开发。

一、员工适应能力开发

开发企业员工的适应能力（Adaptability），有利于员工快速适应企业环境的变化，适应工作中运用的信息技术的变化。一般来说，为提高员工工作中的适应能力，可以从以下两个方面努力。

（一）构建学习型组织

个人开发的目的是帮助员工成为有效的学习者。“我们应当将学习看作是个人能力（创造和生产成果能力）的拓展”（Senge，1990a）。以这种方式比较广义地界定个人开发的目标，不仅限于知识、技能或能力的开发，还包括对态度的影响力以及潜能的开发。

其中，构建学习型组织是 20 世纪 90 年代的理想。在这个时代，管理者不断地投资于员工学习，使他们能够学习、成长和为组织做出贡献。员工用一种新的忠诚（对学习、成长和贡献的相应承诺）来回应。在这种组织中，要集中所有的力量，必须有一种超越一切的、共同的愿景和目的。

学习型组织认真地接受不断改进的思想。学习型组织中的员工不懈地寻求改进工作方式和提升产品及服务质量的手段。学习使员工能够试验新的想法，但偶尔也会犯错误。学习要求员工从每天的工作中抽身出来，重新检查工作是如何做的。

（二）学习型组织的五项修炼

彼得·圣吉（Peter Senge）是《第五项修炼》（*The Fifth Discipline*）一书的作者，他在书中全面阐述了学习型组织的思想。在麻省理工学院工作以及为其他企业工作的过程中，他已经将系统思考应用于开发组织中人的潜能中。如图 10-1 所示，他集中论述了学习型组织的五项修炼，并表明，如果这五项修炼得到有效的应用，组织就能获得有力的新竞争优势。

1．自我超越

作为第一项修炼，自我超越是指人达到一种“在各方面生活（个人生活和职业生活）中特别精通的水平”（Senge，1990b）。个人学习是组织学习的起点。个人需要、个人成长和学习的修炼，使他们能够不断扩大创造性的贡献。

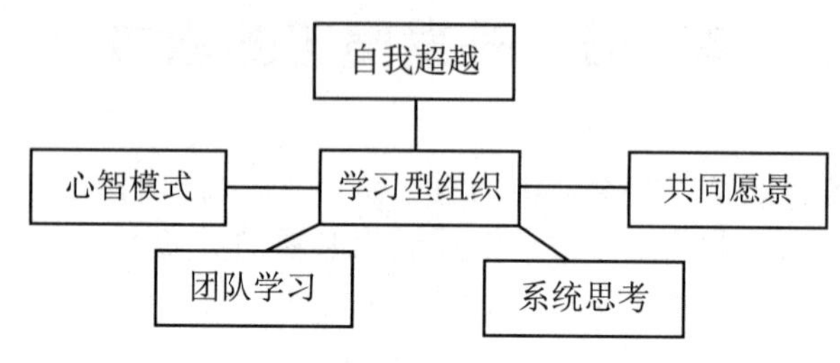

图 10-1　学习型组织的五项修炼

这项修炼包括两个方面：对愿景的认识，对现实与愿景相关程度的认识。个人需要了解什么对自己是重要的，必须知道自己的方向和目标，清楚自己想要成为什么人。当然，不断学习的人会保持设立比较高的愿景并且不断提升自己的愿景。个人还需要对现时环境有现实的看法，而不是天真的幻想。

这两种认识之间的差距导致了创造性张力的产生，这意味着人们在学习和成长的过程中需要做出选择；他们需要决定朝哪个方向投入时间和精力，以实现个人承诺；他们还需要确定什么是自己的“首要任务”。自我超越需要一个“不断地关注和再关注于一个人真正想要的东西、一个人的愿景的修炼过程”（Senge，1990b）。

缺乏目的、愿景、修炼意识和追求个人发展意愿的人可能只限于为自己的组织做贡献，而管理者需要放松约束，为员工提供一种促进个人发展的氛围。

2．心智模式

心智模式是学习型组织的第二项修炼。

个人也许能够以有利于学习和成长的方式进行思考。一般来说，人们根据既定的设想来思考和行动；员工通常根据过去的决定而非可能的选择来思考，他们立足于本土国家（如中国）而非其他经济和文化（全球的）进行思考。

在组织中，人们通常按照现有的工作定义和职权来考虑行动和既定的行为规范，结果，以往的情形直接变成了当前的决策。但是，在学习型组织中，这些预想受到了挑战并被加以调整以支持变革。

人们没有学习和成长通常不是因为他们不能学习和成长，而是因为他们觉得存在障碍。哈佛大学教授克里斯·阿吉里斯（Chris Argyris）观察到，人们不愿改变其组织中现有的思维模式；遵循过去的思维比提出异议更容易。人们需要学会如何学习（Argyris，1991）。

在学习型组织中，公开、信任、有效利用数据、合理推论和解决问题的过程非常重要。在运用得当的情况下，规划过程是改变心智模式的一种好工具；相反，在运用不当时，这种方法会固化旧的思想和行动。

3．共同愿景

学习型组织的第三项修炼是让人们一起建立共同愿景和面对现实。这要求人们互相交流和倾听，分享愿景，一起讨论什么是期望的和可能实现的目标。

学习型组织的这个目的是通过一种针对共同目标的伙伴关系制造一种人与人之间的黏合剂，从而形成一种压倒一切的使命感、愿景、价值观和命运。一个组织需要承诺，而非仅仅是员工的顺从。在人们认为现实与理想距离很远时，需要做大量的工作去确定其中的差距，并建立共同承诺以实现从现实到理想的过渡。

4．团队学习

团队学习是学习型组织的第四项修炼。在团队中，个人扮演同事的角色并一起努力去达到组织要求的新的知识和能力水平，这要求员工降低防御性障碍，并鼓励员工共同学习而非个别学习和行动。

信息是学习型组织的活力源泉。高级经理设立战略目标和工作绩效目标，操作人员在实现这些目标的过程中形成思想和方案。因此，组织应该让更多的员工而不仅仅是管理者参加团队学习。圣吉强调，团队学习本身就是一种团队技能。“有才能的个人学习者组合起来不一定能产生一个学习团队，但是，任何优秀运动员组合都能产生一个伟大的运动队”（Senge，1990b）。与运动队一样，实践应当是学习的主要方式。

5．系统思考

以上四项修炼中的每一项都有助于系统思考，同时也依赖于系统思考。第五项修炼要求人们理解行为的相关性。

系统思考的核心概念是反馈——向有经验的人学习，相应地，组织中所有要素是相互依赖的，因为学习型组织不能由个人独自形成，它要求每个人分担相应责任。

同时，组织中也有很多因素阻碍学习过程，因此，系统思考需要一种高度的实用主义——不断地认识和检查事实。其中，整体化概念（横向思考和综合思考）、事实测试和反馈都非常重要。组织中的人只有用这种方式才能将自己的精力和资源集中于学习和工作中的关键领域。

在学习型组织中，每个人都在做出贡献、领导他人、不断学习，并作为团队成员的一分子开展工作。一个组织的竞争能力取决于所有员工开发自己的能力。组织的学习速度可能会成为组织竞争优势的唯一可持续的源泉。

例证 10-5

学习型组织的神话：Rover 公司

20 世纪 80 年代晚期，Rover——英国最大的汽车制造厂商陷入了困境：每年亏损超过 1 亿美元，内部管理混乱，产品质量江河日下，劳资矛盾恶化，员工士气低落，前景一片黯淡。而时至今日，Rover 摇身一变成为全球最富有生命力的汽车制造厂商之一。在北美和亚洲，其产品供不应求；在过去的几年里，Rover 汽车全球销量几乎扩大了一倍；产品质量优异，几乎囊括了业界所有的质量奖。

Rover 振兴的秘诀是什么呢？调查显示，从高层领导到一线职工都一致认为，Rover 重振雄风最大的"功臣"首推公司致力于成为学习型组织的努力。

Rover 建立学习型组织经过了如下历程。

1. 建立组织学习的观念和信仰

Rover 公司的领导对组织学习看得很重，他们认为这是使公司振兴的唯一法宝。为了显示公司成为学习型组织的决心和信心，Rover 在公司内部大力推广关于组织学习的观念与信仰，并在此基础上推行全面质量管理和顾客满意项目。以下是 Rover 关于组织学习的观念和信仰。

（1）学习是人类的天性。

（2）学习和发展是创造性、凝聚力与贡献的"燃料"。

（3）每个人都有两项工作——现在的工作和改善它。

（4）谁发明，谁受益。

（5）要重视人、尊重人。

（6）创造性和独创性说起来容易，用起来难。

（7）管理不能解决所有的问题。

2. 主要措施

（1）把公司目标与组织学习联系起来。

（2）把组织学习与全面质量管理活动结合起来。

（3）领导率先垂范。

（4）组织结构变革。

（5）授权赋责与"以人制胜"的哲学。

（6）把学习扩展到顾客、分销商和供应商。

其中，Rover 十分注意为员工个人学习创造条件，为此公司采取了以下两项措施。

（1）由管理者协助员工制订个人发展计划书，明确提出自己通过实践和教育、培训要达到的学习目标，使之不仅有利于个人事业成功，也有利于员工符合公司发展需要。

（2）员工助学工程。公司每年支付员工 175 美元津贴用于员工个人学习，鼓励员工发展多方面的技能技巧，不仅鼓励员工学习与本职工作有关的知识、技能，而且鼓励、允许员工掌握新知识、新技术，拓展个人和公司的视野，创造出有利于创新的环境和机会。

在对待员工个人学习的问题上，Rover 的基本原则是：主动参与；反馈机制；学习转移；行为强化；激励；变革的意愿；反复练习；留出时间，并为员工学习提供必要的物质帮助。例如，公司编制印发学习手册《学习是生活的一部分》，回答了员工为什么要学习和怎样学习的问题；向员工赠送内容丰富多彩的学习日记。

（资料来源：Rover 公司官网．https://www.rover.com.au/.）

二、员工创新能力开发

创新能力是指人在顺利完成以原有知识、经验为基础的创建新事物的活动过程中表现出来的潜在的心理品质。创新能力可以教人学会创新思维、教人如何进行创新实践、教人解决遇到的各种现实问题。下面我们重点关注影响企业员工创新能力开发的因素，以及由此得出的开发员工创新能力的有效途径。

（一）影响企业员工创新能力开发的因素

总的来说，影响员工创新能力开发的因素可以分为两种：一种是员工内在因素；另一种是外部环境影响。

内部因素包括员工本身的性格、爱好、价值观等。创新能力强的人不一定是有很高成就的人，一般来说，他们具有高度的创新能力，而且还有良好的性格特点，表现在行为的动力、风格和活动效率等方面。良好的性格对员工的创新能力具有很大的促进作用，如工作态度勤奋、控制力强、自信等；相反，懒惰、消极的情绪对员工的创新能力起着抑制作用。

外部因素包括企业文化环境和工作氛围。如果在企业文化中认可、重视员工创新能力的开发，制定了相应的创新奖励制度的话，员工就更容易受到鼓舞，就会更积极地进行创新活动。

例证　10-6

海尔：打造“互联网+”创客平台

原来一提海尔，一定是个家电企业；未来一提海尔未必是家电企业，而是一个制造创客的企业。2005 年 9 月，为了把准时代脉搏，踏上时代节拍，海尔提出“人单合一双赢”模式，正式开始对互联网时代商业模式的探索，迈上互联网转型之路。

海尔进行了“企业平台化、员工创客化、用户个性化”及“人人创客”等管理模式创新。为了更好地承接海尔人人创客转型战略，海尔集团于2014年成立了“海创汇”。“海创汇”是海尔制造创客的创业服务平台，是一个市场化、专业化、集成化和网络化的创客孵化加速器。依托海尔集团在家电、电子信息、智能互联、节能环保等领域涵盖产业链上下游的综合优势及各类资源，以加快科技成果转化，培育科技型中小企业和企业家为主要目的，重点针对智慧家居、TMT、健康医疗、节能环保等符合国家和地方产业发展方向的领域。

“海创汇”将海尔由传统的管控组织塑造成新型的创业平台，让员工变成平台上的创业者，即创客，从被动执行转变为主动为用户创造价值。员工原来都是由企业发薪，变成给用户创造了价值，就有薪金；没有创造用户价值，就没有薪金。不仅如此，企业外部有意向创业的人也可以成为“创客”，在海尔的“创客公地”上以小微公司的形式自主创新。

截至2016年4月，“海创汇”已有1 190个项目在线，4 766家资源入驻，3 146位在线合伙人。其创业项目涉及家电、智能可穿戴设备等产品类别，以及物流、商务、文化等服务领域。另外，汇聚1 330家风投，管理30亿元的孵化基金，吸引全国各地政府合作园区资源入驻，多地政府支持创业政策，为创业项目提供完善办公场地和培训等资源，这里孵化和孕育着2 000多家创客小微公司。海尔创建的创业生态系统已为全社会提供超过100万个的就业机会。

（资料来源：石丹. 海尔组织之变：从生产产品到生产创客[J]. 商学院，2016（1）：1-2.）

（二）开发员工创新能力的有效途径

鉴于以上两种影响因素，企业在进行员工创新能力开发时一般通过以下四种途径。

1．增强员工的危机意识

微软公司的创始人、前任董事长和首席执行官比尔·盖茨曾经说过：“我们的成功取决于创新，微软距离破产永远只有18个月。”华为创始人任正非在《华为的冬天》讲话中指出，公司所有员工是否考虑过，如果有一天，公司销售额下滑、利润下滑甚至会破产，我们怎么办？企业员工感受到工作的压力，有了危机意识，才能主动地进行创新活动，创新能力才能得以提高。

2．建立有效的激励制度

企业需要建立一种有效的、合理的激励制度，发挥制度的引导功能，使员工自觉提高自身的创新能力。这种激励制度包括奖金激励以及员工声望和地位的改变等非经济激励手段。

与其他激励方式相比，以金钱作为激励手段能够使工作效率提高程度最大，达到30%

左右，因此，不能忽视这种激励手段。除此以外，其他的非经济因素也对创新能力的开发具有重要作用。

现在，很多创新要以团队合作才能实现，因此在激励时不仅要考虑到对员工个人的激励，还应该注意结合对团队的考核和激励。

3．营造员工创新的工作氛围

企业要营造鼓励员工创新的工作环境。员工在这种工作环境中能够按照自己的性格特点、专业优势、兴趣爱好从事自主性的创新工作。同时，企业对员工创新活动要进行保护并对其进行正确的引导和鼓励，使员工在相互影响和激励中将自己的创新行为纳入企业整体的创新过程中，为企业的发展做出贡献。

企业鼓励员工创新，还要允许员工犯错误，只要不犯重复的错误或者无可挽救的错误，那么企业还是应当给予继续创新的机会，使员工在错误和挫折中尽快成长。

4．构建有效的能力开发机制

通过各种创新能力的开发活动，企业可以提高员工的创新能力，为企业制度创新和核心竞争力的构建奠定坚实基础。企业为员工提供各种开发活动，必定会提高当期支出。但是，从长远来看，它可以大幅度提高未来收益，因此对员工进行开发是必要的。创新行为来源于企业员工的创新思想，来源于员工的创造力，来源于员工的整体素质，在人的整个一生中，学生时期只能获得所需知识的 10%左右，其余 90%的知识都通过在工作中不断学习来获得。在开发过程中，企业可以帮助员工树立创新意识，培养员工创新智能，并提高员工的学习能力。

IBM 公司培养员工的创新能力

随着科学技术的飞速发展和知识经济的到来，IBM 公司深知信息化与多元化的经营环境，使得企业面临的风险徒增，这就更加需要不断创新来加以应对。而知识型员工是企业的核心资源，是企业创新的主要推动力，因此，知识型员工创新能力的提升对企业发展至关重要。

IBM 公司为了激发公司内知识型员工的创新能力、创新欲望，在企业内部设立了一系列新颖的鼓励创新人员的制度。这个制度规定：对于有创新成果的员工，授予“IBM 会员资格”，并且给予 5 年的时间和各种物质支持，从而保证员工有充足的时间和资金等来进行创新活动。IBM 的独具特色的创新激励制度，对企业员工培养和强化创新能力方面是强有力的促进剂，从而实现对员工知识和技术的提升，以及对研发出的产品和服务的跟踪和改进。

如今，作为大数据与云计算时代的先驱企业，IBM公司依然不竭余力地在企业内推动以员工为驱动力的创新模式。2015年，公司实现业绩收入818亿美元。由IBM取得的各项创新项目和成就可以发现，最大限度地开发员工的创新能力，将使企业获得长久的竞争优势，这是企业持续发展的关键原因。

（资料来源：邓文娟. 企业员工创新驱动机制研究——以IBM公司为例[J]. 企业导报，2013（2）：190-191.）

三、员工积极心理能力开发

卢桑斯（Luthans）等人（2004）在对积极管理心理学研究成果进行归纳总结的基础上，认为心理资本是个体积极的心理发展状态，有五个判断标准，它们分别是：① 有理论和研究的根据；② 可有效测量；③ 在组织行为学领域相对比较新颖和独特；④ 是一种可以改变的心理状态（非固定的心理特质）；⑤ 对工作绩效有积极的影响。卢桑斯还提出，心理资本的结构包括五个方面，即自我效能感、希望、乐观、主观幸福感和复原力。上述五种心理资本被认为是积极心理能力的典型代表。企业可以从以下五个方面来提升员工的积极心理品质和能力。

（一）提升自我效能感

一方面，企业应该提供一切有利于员工工作成功的支持环境，使员工自我效能感的提高成为可能。另一方面，企业可以通过开展内部培训会等形式请受人尊敬的和有能力的人对员工进行暗示、评价或劝说，鼓励员工探索应对挑战的方式，使每个员工相信只要计划得当，时间安排合理，就一定能够实现目标，从而提高员工的自我效能感和增强必胜的信心。

（二）树立希望

企业应该建立目标导向的绩效管理。具体的、富有挑战性的、可衡量的组织目标和个人目标，有利于员工主动将目标分解为容易管理和实现的阶段目标，而这种容易达成的目标容易获得阶段性成功，从而有利于培育员工的自信心。

（三）培养乐观精神

从企业的角度来讲，企业应建立一种和谐、宽容的文化与氛围，时刻鼓励员工积极进取，不怕失败。同时，加强对员工的及时激励，让员工感觉到自己的努力受到承认与重视。另外，企业还应注重对员工职业生涯规划的培训，帮助员工更好地规划其职场生涯。

（四）提升主观幸福感

企业应该做到以人为本，实行情感管理。管理者必须尊重、理解和关心员工，充分信任员工，相信员工有能力、有潜力走向成功，给每一位员工提供发展的机会，充分发挥员工的潜能，发展员工的个性，真正体现员工工作的“主人”地位。积极心理学认为，只有当员工得到尊重、理解、关心和信任时，他们才能真正体验到工作的快乐，从而产生幸福感和满足感，最终实现企业的绩效目标。另外，管理者也应加强对员工日常生活和工作的关心，加强企业的内部沟通，建立一个和谐、温暖的工作氛围，满足员工职业归属的需要和自我实现的需要，从而提升员工的主观幸福感。

（五）增强复原力

企业可以让导师引导员工进行增强复原力的训练。首先，由导师要求员工将可利用的资源尽量完整地列举出来，同时及时补充其没有列出的资源，并要求员工尽可能地利用这些资源。随后，让员工尽可能地预测实现目标的过程中可能会遇到的障碍，并制订规避障碍的计划。最后，让员工对自己在面对逆境时可能产生的想法和情感进行批判性反思，并思考如何基于多种资源和选择采取最合理的方法来克服逆境，最终达到目标。

第四节　开发有效管理者

随着企业的成长与变化，对高素质管理人才的需求也在增长。相对于以前的组织（传统组织）而言，今天的很多组织经历了更快的变化速度，不得不特别注重管理人才的开发。第三节阐述了员工整体开发的方法，本节将探讨有效管理者的开发方法。

一、制订开发计划

开发全体员工很重要，而通常企业也特别重视有计划地开展管理人才开发和接班活动。管理人才是一种至关重要的资源，因为他们拥有丰富的经验、必需的技能和知识，并且在执行企业战略的过程中对个人和团队具有重大的潜在影响。

（一）制订接班与开发计划

几十年来，企业已经实施了管理者重置或接班计划，并且引导才能出众的管理者适应工作安排和实施旨在开发他们能力的管理培训计划。为了满足未来的需求，制订管理人才开发计划时需要更注意公司管理人才需求的变化，更严格地评价与这些需求相关的个人能力，并且更注重开发行动计划的实际执行。

为了适应未来的管理人才需求，大多数企业都为其高级管理者以及高潜质的管理候选人提供管理人才开发机会。它们的具体目标以及用来实现这些目标的方法大不相同。

20 世纪 90 年代以后，会有很多“婴儿高峰时期”出生的管理者成为可被提升的候选人，但实际上他们获得提升的机会却比较少。企业要得到适应公司战略的、具有适当技能和经验的管理人才需要仔细进行招募和选拔，或对公司内部已知候选人进行开发。由于高级管理者对组织具有重大影响，因此企业宁愿为关键职位从内部开发候选人。

1．重置计划

所谓重置计划，就是一种审查当高级管理者调任其他职务或离开本企业时得到替补人选的可能性的过程。这种重置计划通常包括高级管理人才开发行动建议，其活动形式通常是高级管理者教育计划或研讨会。

重置计划意味着需求的连续性：任职者将由具有同样技能和能力的人替代。一种习惯的说法是：一个管理者的首要职责就是推荐自己的接班人。管理者要鉴别和帮助合适的人发展，以使之历经必要的管理层次去接管职责。

例证 10-8

基业长青的“长板凳”计划

成功的企业之所以成功，是因为有好的领导者。好的领导者不是仅在顶层，而是在所有层次上。接班人的培养最关键在于从上到下每个人都去培养各自层面的接班人。

IBM 基业长青的秘密在于：公司的接班人计划是其完善的员工培训体系中的一部分，它还有一个更形象的名字“Bench（长板凳）计划”。公司要求主管级以上员工将培养手下员工作为自己业绩的一部分。每个主管级以上员工在上任伊始都有一个硬性目标，确定自己的位置在一两年内由谁接任，三四年内谁来接任，甚至你突然离开了，谁可以接替你，以此发掘出一批有才能的人。公司有意让被发掘出来的人知道公司发现了他们并重视他们的价值，然后为他们提供指导和各种各样的丰富经历，使他们有能力承担更高的职责。

每年 2 月，IBM 中国会要求每一个重要职位都列出他的接班人，第一期是谁，第二期是谁，然后人力资源部的负责人会和 IBM 中国的 CEO 一起，结合 IBM 其他区域甚至总部的接班人计划，来决定接班人在新的一年内的培养计划，作为未来升迁的考虑和依据。如果一位主管培养不出自己的接班人，那他就有可能长期待在这个位置上，上不去，也走不了。

（资料来源：王立伟，2010）

2．接班计划

现在，管理者开发变得更加复杂了，因为随着企业需求的变化，对管理者的要求也在变化。因此，这个过程需要确定需求的变化，考虑可供选择的接班候选人以及在组织变化的环境中制订工作安排计划。在组织更加扁平、精干并面临巨大的竞争压力的情况下，要开发出成熟的管理者是很难的，这就要求我们制订出一套比较精确的接班计划。制订接班计划的目的在于充实管理队伍和增强组织的能力。

3．重置计划与接班计划的差别

表 10-3 说明了重置计划与比较精确的接班计划之间的差别（Rhodes，Walker，1984）。重置计划针对直接的需求以及得到关键管理职位合格候选人的可能性做出一种“简单印象”（Snapshot）评价；相反，接班计划更针对长期需求以及培养可提供的合格人才以满足这些需求。接班计划需要对工作要求与改变组织需求的原因、候选人信息、开发需求以及特定的工作任务与候选人开发行动做比较精深的评审。重置计划与接班计划不是对立的选择物；接班计划是相当简单的静态供需状态的合理而自然的发展结果。

表 10-3 重置计划和接班计划的差别

变 量	重 置 计 划	接 班 计 划
时限	0～12 个月	12～36 个月
准备就绪	能得到最佳候选人	能得到具有最佳开发潜质的候选人
承诺程度	明确的最佳重置候选人	在职位出现空缺之前仅仅是可能性
计划的焦点	单位或只能内部纵向接班路线	具有能够承担任何几项任务的能力的候选人才库
发展计划	很少有非正式的计划，有关于优点和缺点的情况报告	为个人制订的特殊计划和目标
灵活性	受到计划结构的限制，但是在实践中有很大的灵活性	计划是灵活的，用于促进开发和考虑可选择的办法
计划的根据	基于观察和有经验的每位管理者的最佳判断	很多管理者讨论和发表意见的结果
评价	对长期工作表现、明显的能力以及在本单位的进步过程的观察	由不同的管理者对完成不同的工作任务的情况进行多方面的评价；在职业早期进行测试和开发

管理接班与开发计划过程正在变成战略性企业计划的重要手段。有关组织变革、国际性扩张以及新冒险与创新的决定越来越取决于管理人才的可获得性。

（二）制订管理人才开发计划的方法

开发管理人才有各种各样的方法。在设有各种部门的大型企业中，有很不正规的（简单的、非公开的、个人的）方法，也有很集中的、正规的和有文件记录的方法，有很多人员去了解信息，并跟进计划实施进展。大多数企业有正规数据搜集与评审、标准格式以及正式评审等程序（Rhodes & Walker，1984）。

所有这些方法都涉及同样的基本活动，后面将一一列出。它们都是直线管理流程，在必要时由人力资源管理部门给予协调和支持。所有方法都涉及由负责的管理者准备评审数据及计划，以及由管理者努力去实施这些计划。

图 10-2 列出了在大型组织中有效地进行管理人才开发时必不可少的活动。它说明了构成接班计划过程的这些活动之间的关系。这个过程是一整套活动，因此，前一个阶段的结果影响着对下一阶段的投入。在得到有效实施时，该过程能够自我维持，帮助企业形成越来越全面和客观的计划以及得到经过充分开发的管理者。

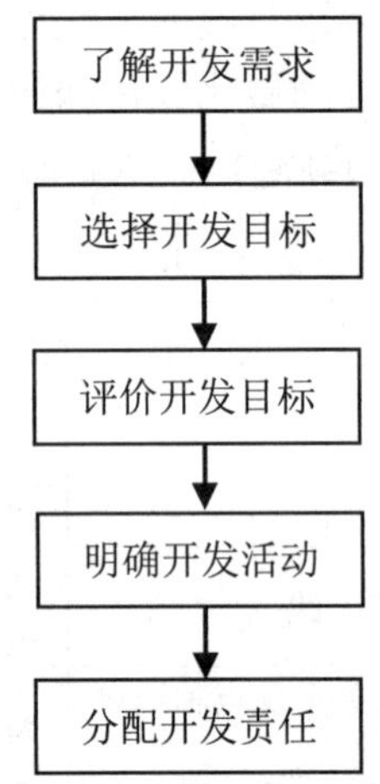

图 10-2 企业管理人才开发流程

二、了解开发需求

过去几十年里管理资源规划的一个重大进步是管理人才需求的精确度更高、更明确。在确定未来管理者需求计划的过程中，高层管理者需要考虑以下几个问题。

（1）一般来说，企业未来对管理者的能力要求是什么？

（2）对不同业务或职能（如国际管理者）的能力要求是什么？

（3）对每个关键管理职位的特殊能力要求是什么？

一般来说，较高层次的管理职位需要有针对性更强的职位要求说明（初级管理职位的职位要求比较简单，关键高层职位则有具体职位要求），而且要求通常是通过累积形成的，每一层的特殊要求都建立在前一层次的基础之上。

另外，开发计划的价值在于它的灵活性，它能使候选人标准适应变化。职位要求可能发生变化，因此，明显适应当前要求的候选人可能不是最佳的长期接班人，或者可能不能很好地适应变化的要求。

三、选择开发目标

选择开发目标时，要求确定现任职人员以及可能的候选人。候选人通常由直接管理者或单位管理者提名。

这些候选人中包括同轴（In-line）接班人（实际上是“等待”提升的人员重置）、本组织中其他地方的候选人以及比较长期或“高潜质”的候选人。

为了更好地选择开发目标，企业一般会为每个候选人准备个人剖面图，以保证人才的适用性。

（一）个人剖面图

在大多数企业里，会为每个作为任职者或候选人而被包括在这个过程中的人准备好个人传记概要。概要一般采用标准格式，一般来说，企业要求候选人提供至少以下六个方面的信息。

（1）当前职位信息。

（2）在本企业的前任职位。

（3）其他有价值的工作经验（如曾任职于其他企业、军队、学校、政府等）。

（4）教育水平（包括学位和证书）。

（5）语言技能及相关的国际经历。

（6）在社区或行业担任的领导职责。

在很多情况下还包括现在或过去的工作绩效等级，也可能包括薪资等级和分红资格，但不包括实际薪酬数额。

（二）人才的适用性

这个过程要求人才处于组织内部，随时可以根据未来需要去开发和配置。这意味着管理层应当根据组织外部人才可获得性评价库存人才的素质。

做这种评价的过程也就是定期检查本企业人才素质并与竞争对手以及开放市场上可得到的人才进行比较的过程。企业开展这方面活动有如下四种方式。

（1）制定人才竞争基准：是指为确定某一特定类型人才最佳等级，企业进行的制定竞争基准的活动。

（2）不断改进人才素质：是指确定人才库中素质最低的那部分人，向外安置他们，然后用外来人才替代他们的活动。

（3）人才检阅：这是一种非正式的鉴别、评价和审核方式，针对为某种未知的或可能的未来需求而从组织外部引进的人才。

（4）公开评鉴：是指根据企业的特定人才需求预测，鉴别和评价某一特定职能或行业群体的一种非正式方式，一般通过外部人才寻访顾问进行。

这些活动虽然不常见，但代表着将组织放到更大范围与更高标准进行比较的方式（Peters，1990）。

四、评价开发目标

评价开发目标是在搜集关于员工的行为、沟通方式以及技能等方面信息的基础上，为其提供反馈的过程。在此过程中，员工本人、其同事与上级以及顾客都可以提供反馈信息。人员测评通常用来衡量员工管理潜能及评价现任管理者的优缺点，也可以用于确认向高级管理者晋升的管理者潜质，还可与团队方式结合使用来衡量团队成员的优势与不足及团队效率和交流方式。

企业人员评价方式与信息来源多种多样。很多企业向员工提供绩效评价的信息；有些拥有现代开发系统的企业还采用心理测试来评价员工的人际交往风格和行为。当前比较流行的人员测评工具主要有梅耶斯-布里格斯人格类型测试（Myers-Briggs Type Indicator，MBTI；见本书第六章）、评价中心、360°评估、人际关系价值取向量表（FIRO-B）、个性测试工具DISC等。

（一）评价中心

评价中心（Assessment Center）是一种包含多种测评方法和技术的综合测评系统。一般而言，它总是针对特定的岗位来设计、实施相应的测评方法与技术。它通过对目标岗位的工作分析作业，在了解岗位的工作内容与职务素质要求的基础上，事先创设一系列与工作高度相关的模拟情境，然后将被试纳入该模拟情境中，要求其完成该情境下多种典型的管理工作，如主持会议、处理公文、商务谈判、处理突发事件等。在被试按照情境角色要求处理或解决问题的过程中，主试按照各种方法或技术的要求，观察和分析被试在模拟的各种情境压力下的心理和行为表现，测量和评价被试的能力、性格等素质特征。

评价中心常用的练习包括无领导小组讨论（Leaderless Group Discussion）、面试、文件处理和角色扮演（Role Play）。研究表明，评价中心的测评结果与员工的工作绩效、薪酬水平和职业生涯发展的关系密切；参与评价中心练习的员工通过测评所获得的有关个人的态度、能力及具有的优劣势等信息，也有利于评价中心进行员工开发。

（二）360°评估

360°评估（360°Feedback），又称“360 度考核法”或“全方位考核法”，是指由员工自己、上司、直接部属、同事、顾客、客户等从全方位、各个角度来评估人员的方法。评估内容可能包括沟通技巧、人际关系、领导能力、行政能力等。通过这种全方位的评估，被评估者可以从这些不同角度的反馈清楚地知道自己的不足、长处与发展需求。人在与不同人相处时有不同的行为表现，因此，每个评价者对一个管理者的能力有不同的看法，而且每个评价者通过多少有些不同的积极看法带来益处——看到一个管理者不同方面的能力。

这种方法对管理者评价特别有益，可以促成一种发展的氛围。个人受到鼓励去恳求反馈，综合各方面的意见形成行动方案。一般来说，人们喜欢反馈，而不是特别喜欢评价。运用反馈能够减弱人的防卫心态，使当事人能够积极参与整个评价过程并充分运用评价结果提升自我。

在 360°评价中，候选人是一个积极的参与者。在管理评价中，候选人作为参与者可能积极也可能不积极，这取决于由被评价的管理者所形成的氛围。我们经常将评价想成是候选人的一种被动的经历，其实不然。因此，企业一直在寻找能使管理者积极参与到评价过程中去的方法。

松下对管理层的考核和评价

在松下电器，评价对象主要是决策层、管理层和执行层，对管理层的评价是其中重要的一环。松下对管理层的考核和评价主要是从以下五个方面进行的。

（1）计划统率力。在松下电器，评价一个管理人员是否具有统率力，主要看他会不会做计划，该部门所有的管理是否建立在事前管理上。管理人员要不断地做计划，不断地修改。在松下公司，管理人员对“管理”下的定义是“就是做计划”。

（2）预见力。再好的计划在执行中也会遇到各种各样的问题，一个好的管理人员就必须有问题意识，每天要不断地思考还有什么问题。松下公司认为，“着火”了知道找一盆水，什么人都可以做到，而管理者的责任在于“不着火”。

（3）协调配合力。各部门之间是平级的，平级能不能主动配合，是考核中层管理人员是否具有管理水平的重要标准。两个平级的管理人员遇到问题总让上级裁决，就是没有协调配合力的表现。松下公司坚信：现在社会竞争激烈，没有群体作用，什么事都做不好。

（4）培育部下的能力。松下公司有一个规定，权力必须下放，但责任不能下放。一个部门中，每个人都能代表这个部门出去谈业务，但出了问题，责任是部门负责人一个人的。别人看一个部门也是看群体能力，部门负责人有责任使部门内每个人的能力都不断提高。

（5）全局观和创新力。这一点是要求所有的中层管理人员能站在公司总经理的角度看问题，一切工作都要从公司的大局出发，而在工作中又要有所创新，不循规蹈矩。

（资料来源：李青. 对松下人力资源管理的探讨[J]. 现代企业文化，2010（9）：51-53.）

（三）人际关系价值取向量表（FIRO-B）

在人际关系需求基础上形成的一个人对他人的基本反应倾向或待人的行为特征，亦称“人际反应特质”。心理学家舒尔兹（W. C. Schutz）认为，每个人都需要他人，因而都具有人际关系的需求。人际关系的需求可分为以下三种类型。

（1）包容的需求：希望与他人来往、结交、共处于某种和谐关系中的欲望。基于这种动机而产生的人际反应特质，表现为交往、沟通、相属、出席、参与、融合等；与此相反的人际反应特质为排斥、对立、疏远、退缩、孤立等。

（2）控制的需求：希望通过权力、权威与他人建立并维持良好关系的欲望。出于这种动机所形成的人际反应特质，表现为使用权力、权威、威信，以便影响、支配、控制、领导他人；与此动机相反的人际反应特质为抗拒权威、忽视秩序、受人支配、追随他人等。

（3）情感的需求：希望在情感方面与他人建立并维持良好关系的欲望。基于此动机所形成的人际反应特质，表现为喜爱、同情、热情、亲密等；与此动机相反的人际反应特质为憎恨、厌恶、冷淡、疏远等。

人际反应特质具有稳定性，即在相当一个时期不会改变，也具有一贯性，即在各种交往场合中保持同样的反应，因而了解一个人的人际反应特质就成为可能。对人际反应特质的了解，将有助于我们预测人与人之间可能发生的交互反应，而采取适当的配合行为。人际反应特质通常很难被别人观察到，甚至自己也是不易发现的。由于这个原因，FIRO-B 通常被教练、专业辅导师和培训师所使用。

（四）个性测试工具 DISC

DISC 个性测验是广泛应用于国内外企业的一种人格测验，用于测查、评估和帮助人们改善其行为方式、人际关系、工作绩效、团队合作、领导风格等。它着重从以下与管理绩效有关的四个人格特质对人进行描绘，即支配性（D）、影响性（I）、稳定性（S）和服从性（C），从而了解应试者的管理、领导素质以及情绪稳定性等（蔺晓静，2015）。

管理行为作为一种工作情境下的特殊行为，它会受到人格特征的影响。具有不同人格特征的个体在同样的工作情境下会表现出不同的管理行为，个体往往在工作中形成自己的管理风格。DISC 个性测验就是把个体安排在这样一种管理情境中，描述个体的优势、在工作中应注意的事项以及一些个体倾向等。例如，如何影响他人、对团队的贡献是什么、什么时候处于应激状态，能使个体更加清楚地了解自己的个性特征，企业也可以有针对性地考察应聘个体是否具有对企业、对职位来说十分关键的人格特征，以此作为筛选人员的标准之一。

五、明确开发活动

管理者开发行动通常可采用三种方法，即正规教育、在职体验和人际互助。许多企业在管理者开发工作中综合运用了这三种方法。不管采用什么方法，要使管理者开发项目有效，项目开发都要遵循如下七个步骤：① 进行需求评估；② 营造积极的开发环境；③ 确保为管理者开发计划做好准备；④ 明确管理者开发的目的；⑤ 选择用来实现目标的各种开发活动；⑥ 保证工作环境支持计划的实施和开发成果的转化；⑦ 开展项目评价。在决定个人、部门或者公司的开发需求之前，首先要对各自的优缺点进行分析，这样才能选择合适的人员开发项目。很多公司都明确了成功的管理者需要具备的核心素质。一般来说，素质是指管理者完成工作所需的个人才能。素质包括知识、技能、能力或者个人性格特征。

下面将详细地介绍正规教育、在职体验和人际互助三种开发方法。

（一）正规教育

正规教育计划（Formal Education Programs）包括专门为公司员工设计的脱产和在职培训计划、由顾问或大学提供的短期课程及住校学习的大学课程计划。这些开发计划一般通过企业专家讲座、商业游戏、仿真模拟、冒险学习与客户会谈等培训方法来实施。例如，摩托罗拉、IBM 和通用电气等许多跨国公司都设有自己的培训与开发中心，可为其学员提供 1～2 天的研讨会以及长达 1 周的培训。根据不同的开发对象，企业可为基层管理者、中层管理者、高层管理者制订不同的开发计划，并为工程技术人员（如工程师）设置专门的计划。

例证 10-10

通用电气公司不同员工的开发项目

通用电气（GE）公司是全球数字化工业公司，创造由软件定义的机器，集互联、响应和预测之智，致力变革传统工业。这个“百年老店”之所以能够长盛不衰，优秀的员工开发项目是其成功的关键。通用电气公司为不同员工设计的开发项目如表10-4所示。为适应全球业务拓展，领导才能、经营战略实施、组织变革管理以及对全球业务理解力是高层经理开发计划的重要内容。下一级的经理层，重点开发其职能管理及变革能力，为晋升高级管理者做铺垫。针对专业人员和新员工，则注重培养其学习与运用知识的能力，为其从事特定的职业夯实基础。

表10-4 通用电气公司不同员工的开发项目

开发项目	项目描述	开发对象	课程
高层管理者开发项目	强调战略性思维能力、领导能力、跨职能整合能力、全球竞争能力以及赢得顾客满意能力	高潜质的专业人员和高级经营管理者	管理者开发课程、全球化经营管理课程、高级经营管理者开发课程
核心领导能力开发项目	强调开发职能性专业技术、管理以及变革能力的课程	经理	企业基层领导会议、专业开发课程、新任经理开发课程、资深经理开发课程
专业人员开发项目	强调为特定的职业发展道路做准备的课程	新员工	审计人员课程、财务管理课程、人力资源课程、领导能力课程

（资料来源：通用电气公司. 学习与发展[EB/OL]. http://careers.ge.com.cn/training.）

（二）在职体验

在实际工作中，许多员工开发是通过在职体验来实现的。在职体验（Job Experiences）是指员工在工作中所遇到的各种关系、问题、需要、任务以及其他一些事项。该开发方法的前提假设是：当员工过去的经验和技能与目前工作所需不相匹配时，就需要进行人员开发活动。为了有效地开展工作，员工必须拓展自己的技能，以新的方式来应用其技能和知识，并积累新的经验。利用工作实践进行员工开发有多种方式，包括工作扩展，工作轮换，工作调动、晋升和降级，以及其他的临时性工作安排。

1. 工作扩展

工作扩展（Job Enlargement）即扩展现有工作内容，指对员工现有的工作提出挑战并赋予其新的责任。它包括执行某些特殊任务、在团队内角色轮换或寻找为顾客服务的新方法等。例如，一位工程师被安排到企业的员工职业生涯设计任务小组工作，通过这项工作，该工程师可以承担职业生涯设计的有关领导工作（如督导公司职业生涯开发过程），而且他不仅有机会了解企业的职业开发系统，还能发挥组织和领导才能来帮助组织达到目标。

2. 工作轮换

工作轮换（Job Rotation）是指在企业的几种不同职能领域中为员工做出一系列的工

作任务安排，或者在某个职能领域或部门中为员工提供在各种不同工作岗位之间流动的机会。该方法有助于员工综合理解或把握企业的目标，了解企业不同的职能部门，形成一个联系网络，并有助于提高员工解决问题的能力和决策能力。另外，工作轮换对员工技术掌握、加薪和晋升也有一定的影响。

但是，工作轮换也存在如下三点问题或不足。

（1）处于轮换中的员工及同事容易出现对各种问题的短期性看法，以及采取解决问题的短期行为。

（2）员工的满意度和工作积极性会受到不良影响。这是因为轮换工作的员工工作任职时间短，难以形成专业特长，也无法接受挑战性的工作。

（3）无论是接收轮换员工的部门，还是失去轮换员工的部门都会受到损失。接收员工轮换的部门需要对其进行培训，失去该员工的部门会因为资源的损失而导致生产效率下降和工作负担加重。

3．工作调动、晋升和降级

工作调动（Transfer）、晋升（Promotion）和降级（Downward Move）分别是将员工在企业中工作层次的水平流动、向上流动和向下流动作为员工开发的手段。

（1）工作调动，即让员工在企业的不同部门工作，它不涉及工作责任或报酬的增加。这更多的是一种水平流动，即流向一个责任类似的其他工作岗位。调动可能会使员工产生较大的压力。如果员工结婚，由于工作角色的变化，一方面员工不仅要解决家庭迁居及配偶的工作问题，而且要承担日常生活、人际关系和工作习惯被破坏的压力，以及远离亲朋好友的精神伤害；另一方面员工需要处理好与新同事和新上级的关系，并且还要学习一系列的工作规范和程序。因此，企业一般很难说服员工进行工作调动。

（2）晋升，即指员工向一个比前一个工作岗位挑战性更高、所需承担责任更大以及享有职权更多的工作岗位流动的过程。晋升常常涉及薪资水平的提高。

（3）降级，即指对员工的责任和权力的削减。它包括平行流动到另一职位但责任和权力有所减少（平等降级），临时性跨部门流动，它使员工拥有了在不同工作部门工作的经验。因为晋升能带来心理的满足和收入的增加，员工乐于接受晋升，而不愿接受平级调动或降级，而且很多员工难以把调动和降级与员工开发联系起来，他们并不把降级视为有利于其未来获得成功的机会，而把降级看成是一种惩罚。因此，公司应逐步让员工把调动、晋升和降级都看成是一种开发机会。

（三）人际互助

人际互助是指员工通过与企业中资深成员之间的互动来开发自身的技能，增强与企业和客户有关的知识。导师辅导和教练指导是人员开发中常见的两种人际互助形式。

1．导师辅导

导师（Mentor）是指公司中富有经验的、生产效率高的资深员工，他们负有指导开发经验不足的员工（被指导者）的责任。大多数导师关系是基于导师和受助者的共同兴趣或价值观而形成的。具有某些个性特征的员工（如有对权力和成功的强烈需求、情绪稳定、具有较强的环境适应能力）更有可能去寻找导师并能得到导师的赏识。公司可将成功的高级员工和缺乏工作经验的员工安排在一起工作，形成导师关系。

首先，制订导师辅导计划。尽管许多导师关系是通过非正式的方式建立的，但正式的导师计划具有显著优点：它能确保所有的员工都能找到导师，并能得到帮助；使辅导与被辅导关系的参与者知道企业的期望值。正式的导师关系也存有局限性，即人为的导师关系使导师可能无法向被辅导者提供有效的咨询或培训。

其次，认清辅导关系的收益。导师和受助者都能从辅导关系中获益。导师为受助者提供职业支持和心理支持，使其获得更强的晋升能力和在组织中的影响力；也培养了导师的人际交往能力，并增强其对自身价值的认可。

最后，明确导师计划的目的。通过导师计划可使新员工更好地适应社会，提高其适应工作环境的能力。正式导师关系是建立在高素质导师和导师报酬体系的基础之上的，否则，它还不如非正式导师关系质量高。目前，有些公司实施团体指导计划，即一个资深的高层管理者与 4～6 名经验不足的被指导对象组成的小组组合在一起。

例证 10-11

宝洁中国：商界的“黄埔军校”

20 年时间，宝洁中国已经培养了一支高效的人才团队，它在市场上创造了一个又一个的佳绩，更由于宝洁招聘以从毕业生中招聘为主，更是赢得了商界“黄埔军校”的美誉，甚至有猎头公司直接把分店开进了宝洁公司所在的商厦，因为宝洁的“成品”总是市场上的抢手货。

在宝洁人才培养体系中，最核心的部分是直接经理制、导师制等。导师制（Mentoring）是不同于直接经理制的另一个体系，也是宝洁得以持续传承强势文化与经营知识的关键之一。通过持续指导，以类似师徒制的运作方式经历双向选择的过程之后，“导师”（Mentor）会将自己的实际经验传授给“学员”（Mentee），倾听他生活的困惑与苦恼以及遇到的困难，同时以自身的经验告诉他在公司里的注意事项、公司文化的细节以及如何去开展工作等，并不断地从旁指点与扶持。这些措施力图使每一个进入宝洁的人都能感受到宝洁大家庭般的亲切氛围，在最短的时间内产生一种强烈的归属感。这个做法对宝洁公司和其员工有极大的促进，这种方式也为其他公司和机构所借鉴。

导师的选择是一个双向的过程，需要双方的同意和认可。导师一般不会在学员的部门内任职。如果部门内部的直接领导真的担任导师的话，有些关系到双方的问题很可能会因为敏感和尴尬而无法开口，这种情况下就更需要一个其他部门的人来更加公正和客观地进行评判。一个新员工在进入宝洁之后，遇到的很多问题都是前辈们曾经遇到过的，导师的分享和建议具有很强的可操作性，有时候更是会直接给出解决方案，所以学员可以更轻松地找到最好的解决办法和最符合宝洁作风的回应。而对于导师来说，做导师也是他们的工作考核中很重要的一项，即宝洁内部的组织结构在一定程度上用制度规定了他们必须肩负起促进新进员工成长的使命。

（资料来源：宝洁中国. http://www.pg.com.cn/News/Detail.aspx?Id=544.）

2．教练指导

教练（Coach）就是同员工一起工作的同事或经理。教练能够鼓励员工、帮助其开发技能，并能提供激励和工作反馈。教练一般可扮演以下三种角色：第一种角色是为员工提供一对一的训练（提供反馈）；第二种角色是帮助员工自我学习，包括帮助员工找到能协助解决他们所关心问题的专家，以及教导员工如何从他人那里获得信息反馈；第三种角色是向员工提供通过导师辅导、培训课程或工作实践等途径无法获得的其他资源。

为了开发或培养管理者的教练指导技能，培训计划应集中在为什么有些管理者不愿意向员工提供教练指导和帮助的原因上。这些原因可能包括以下四个方面。

（1）为避免双方关系对立。有时培训的对象是一位能力很强、能胜任工作的员工，管理者不愿同其讨论绩效问题，当管理者的专业知识不如员工时，情况更是如此。

（2）管理者们可能善于发现或认识员工的绩效问题，但不善于帮助员工解决绩效问题。

（3）管理者可能觉得员工会将教练指导当成是一种批评。

（4）当公司压缩规模、削减人员时，管理者可能会感到没有时间去提供教练式的指导。

一般在下列这些情况下，企业组织需要聘请外部教练。

（1）重新激励员工。运用教练可以使员工的个人目标与组织本身的任务保持一致，从而恢复团队的热情和责任感，为组织中的成员重新提供动力。企业中的营销团队常常需要重新激励队员，因此适当地引进教练技术已逐步成为一种时尚。

（2）培养新技能和方法。为了确保升职或招聘新员工后的成功，教练可以为他们创造机会，学习和构建新的工作和人际技能和方法，在迎接新挑战时检验以前学到的技能和方法。企业有时可主动为新任命领导、新近员工、企业重组或者变革时的高层员工提供教练。

（3）推进计划。运用教练可以持续经营计划并向前推进，监督进展和问题的解决，避免计划受到障碍而无法完成。在重大任务和计划进展迟缓、计划受挫、项目负责人感到力不从心等情况下，公司可考虑为这些项目负责人或团队提供教练支持。

（4）解决冲突，改善团队合作。教练能够帮助调和团队成员间出现的异议和矛盾，培养更好的人际交流技巧。通过鼓励开放、创造性解决问题的方法，来减少团队中的冲突和摩擦。

西门子公司的“爱发谈话”

“爱发谈话”是西门子公司实行的一项人事制度，主题是“发展、促进、赞许”，就是要通过个人的发展来促进公司的整体发展，以达到员工对公司的认可和赞许。它的谈话对象是实行年薪制的各领域高级管理人员，谈话每年一次，已经形成严格的制度。谈话由员工、领导和人力资源主管组成，人力资源主管通常扮演支持人的角色。这种谈话以谈心的方式进行，领导是主角，在谈话中处于主动地位，但他不是以领导的身份出现，而是以教练的角色出现，这样才能从心理上与员工构成伙伴关系，设身处地地帮助员工分析其优势和劣势，帮助员工更好地实现其个人的设想。员工在谈话中的任务是：对自己前期的工作进行总结，客观地分析自己的现状，找出自身的强项和弱项；根据自己的兴趣、爱好、潜力以及目前所处的位置提出培训进修的意愿，调整自己的职业生涯规划。这种教练与员工之间的谈话制度，能够让员工切实感受到企业对自身的关注和重视，更能坚定他们留在企业发展的决心，这样就降低了员工跳槽的可能性，降低了离职率。

（资料来源：薛立伟. 如何进行企业核心员工人力资源的开发[J]. 山东纺织经济，2007（4）：47-48.）

六、分配开发责任

如前所述，企业中的每位管理者都应当对其企业中的人才开发负责。对于员工开发计划的评审，企业强调管理职责，并且在适当和必要的地方还确立了开发活动的共同责任。无论是在部门或小组层次，还是在公司管理层，在评审中出现的讨论都使人能够分享、转换、质疑和说明开发需求数据与可得到人才的数据。

每个组织和部门对其员工都负有责任，但是在某种层次上，管理者之间应该就管理人才开发活动达成一致，而各个部门的职责主要包括执行本企业规定适合于本企业的招募、选拔、安置、评价以及员工开发程序。

1．管理者责任

企业高级管理层认为必须保证资深高级管理者和高级部门管理者参与为“企业职务”（Corporate Positions）制订开发计划。典型的例子是，首席行政执行官负责部门经理职位、直接向部门经理报告的职位，以及其他为组织或企业而设的职位的管理人才开发工作。

其中，在企业中，有一种人才库叫作“企业财产”（Corporate Property），即其职业管理应当满足整个企业的需求而不只是具体业务单位的需求。这些人（通常占员工总数的 1%或 1%以上）的工作安排要由企业层面而非直接上级管理单位去计划。

2．人力资源部责任

在整个开发过程中，人力资源管理部门可以为开发活动提供支持，帮助制订和实施开发计划。人力资源管理专业人员可以通过推动工作委派和管理者参与开发活动而直接进入行动。人力资源管理人员可以设计、实施和监控开发计划的必要程序，也可以负责安排与开发计划以及企业政策相一致的部门间调动。

本章小结

1．员工开发是指为员工未来的发展而开展的正规教育、在职体验、人际互助等活动，以及在学习型组织中为员工未来发展而开展的各种开发活动。

2．员工开发具有以下五个特点：广泛性、协调性、实用性、预见性、长期性。

3．员工开发战略的四种类型：（1）强调学习型文化为先导的员工开发战略；（2）多层面、系统的员工开发需求评估战略；（3）深度开发战略；（4）员工开发与组织创新有机整合战略。

4．员工开发规划过程包括：（1）了解人员开发需求；（2）选择开发目标；（3）明确员工和企业为达到目标所需采取的行动；（4）确定工作进展测量的方法；（5）制定员工开发时间表。

5．企业员工能力开发主要包括：（1）员工适应能力开发；（2）员工创新能力开发；（3）员工积极心理能力开发。

6．主要的人员测评工具有梅耶斯-布里格斯人格类型测试（Myers-Briggs Type Indicator，MBTI）、评价中心、360°评估、人际关系价值取向量表（FIRO-B）、个性测试工具 DISC 等。

7．管理人才开发的基本步骤：（1）制订开发计划；（2）了解开发需求；（3）选择开发目标；（4）评价开发目标；（5）明确开发活动；（6）分配开发责任。

网站推荐

1．中国国际人才开发中心：www.citdc.cn/cn/index.aspx
2．中国国家人才测评网：www.chinatest.com.cn
3．中国人力资源开发网：www.chinahrd.net/
4．中国大学生测评网：www.chinadxscp.org/

思考练习题

1．员工开发与员工培训有何区别？
2．学习型组织中的五项修炼是指什么？
3．开发有效管理者主要有哪三种方法？

培训游戏：我还能做什么

创新的一个关键性前提就是要打破旧有思维的约束，在本游戏中，通过我们共同发掘自己没有认识到的能力，帮助我们可以重新审视我们的能力，勇于创新。

参加人数：集体参与

时间：10分钟

场地：不限

道具：无

应用：① 充分认识自己的能力；② 突破思维局限。

游戏规则和程序：

（1）培训师问大家，你能做什么？你的能力在哪里？

事实上每个人所具备的能力可能有上百种之多，所以认真地探索你的技能，你会惊讶自己竟然如此多才多艺。

（2）就下列题目，要求学员在空白纸上填写。

① 在纸上列下你曾经成功完成的工作（例如，办一项社团活动、微积分考90分以

上），并在之后想想完成这项工作需要哪些技能，并将它们列出。② 回顾你所曾受过的教育、所修的课程，在这些过程中，你学会了哪些技能，将它们列出来。③ 再想想你平时常常从事的活动，列下这些活动需要的技能，继续扩充你的技能表。④ 试回想你在工作（不是单指职业，也指你曾做过的事）上曾经历的一次高峰经验（意指很快乐、很感动的一刻），与你旁边的同学分享这次的经验，并分析在这次经验中显现出你的哪些能力，把它列出来。

（3）将学员分为 4 人一组，分享彼此所列的能力表，同时互相讨论与这些能力有关的职业有哪些。

（4）最后培训师告诉大家每个人都有自己的发光点，切勿妄自菲薄，轻视自己的能力。

思考讨论题

1. 游戏一开始你是否觉得自己的某些技能不值得一提，玩了一段时间之后呢？
2. 这个游戏对于我们寻找合适的工作有什么帮助？

学以致用

郭丽丽是刚刚进入国内某知名外企人力资源部门的应届毕业生。该企业计划半年后实行一项员工开发活动，以开发员工的创新能力。该项开发活动由人力资源部门负责策划。于是，上司分配给她一个任务：设计两种开发方案，包括开发内容、开发目标、执行日期、活动以及结果测评等。

思考讨论题

试将班级分为若干小组，展开讨论，集思广益，给郭丽丽提供两种方案。

案例分析

开发管理者的必要性

General Physics（GP）是一家培训和劳动力开发公司，它意识到了开发管理者的必要性。在决定哪种开发活动比较合适以及哪些技能需要开发之前，公司首先对管理者进行了评估。GP采取的方法是360°反馈，以此来评价管理者在管理变革、领导、激励、处理冲突、管理绩效和授权方面的能力。GP还在公司的其他员工中开展组织氛围调查。该调查衡量的能力与360°相同。基于这两种方法的调查结果，公司发现管理者的所有管理技能都有待开发。公司意识到，需要一种非传统的方法，让管理者面对变革，因此他们采用了“海军训练营”的模式来开发管理者。在一次GP的董事长和其他高层管理者参加的业务会议上，实施这一项目的决定得以正式宣布，一位负责发起开发活动的管理团队穿着海军作战服介绍了该项目的具体内容。很多与会人员为项目鼓掌，意味着该项目获得了公司管理层的支持。

为期两天的高强度领导力开发项目包括挑战胜利极限的团队练习、激情演讲、课堂培训和行动学习。在行动学习开展的过程中，受训者就影响公司员工绩效的问题进行讨论，并向高级管理层汇报如何处理这些问题。为了强调这个项目的重要性，参与者必须驻扎在露营地，并且一起吃饭。所有参与者还要身穿统一的制服。

这个项目是否真正有效？项目结束6个月后，公司开展了氛围调查。员工表示管理者在参与此项目后能力有所提升：各项能力都取得了17%～25%的进步。

（资料来源：J RONAN. A boot to the system[J]. T&D, 2003(3): 38-45.）

思考讨论题

1. 结合本案例，说明管理者开发的重要性与必要性。
2. 除了360°反馈，GP还可以用哪些方法来评价管理者的能力？

本章参考文献

[1] A J FAIRHEAD, J H HUDSON. Leadership template: road map for managers[J]. Issues and observations, 1989(7): 103-132.

[2] C TAYLOR. Focus on talent[J]. T&D, 2002(12): 26-31.

[3] CHRIS ARGYRIS. Teaching smart people how to learn[J]. Harvard business review, 1991(6): 99-109.

[4] F LUTHANS, YOUSSEF C M. Human, social and now positive psychological capital management: investing in people for competitive advantage[J]. Organizational dynamics, 2004, 33(2): 143-160.

[5] H LANCASTER. Given a second chance, a boss learns to favor carrots over sticks[J].

The wall street journal, 1999, 11(2): 28-29.

[6] JOHN A. The john adair lexicon of leadership[M]. London: Kogan Page Press, 2011.

[7] JAMES W WALKER. Human resource strategy[M]. Beijing: Renmin University of China Press, 2001.

[8] JIM PETERS. “Hollow” organizations emerge as firms strive for flexibility[J]. The business journal, 1990(5): 7.

[9] J RONAN. A boot to the system[J]. T&D, 2003(3): 38-45.

[10] J SALOPER. Digital collaboration[J]. Training and development, 2000(6): 38-43.

[11] K ELLIS. Making waves[J]. Training, 2003(7): 16-21.

[12] M M LOMBARDO, R W EICHINGER. Eighty-eight assignments for development in place: enhancing the developmental challenge of existing jobs[M]. Greensboro: The Center for Creative Leadership, 1989.

[13] N CRANDALL, M JR WALLACE. Work and rewards in the virtual workplace[M]. New York: Amacom, 1998.

[14] PETER SENGE. The fifth discipline: the art and practice of the learning organization[M]. New York: Doubleday, 1990.

[15] PETER SENGE. The leader’s new work: building learning organizations[J]. Sloan management review, 1990(10): 7-23.

[16] RAYMOND A NOY. Employee training and development[M]. Beijing: Renmin University of China Press, 2007.

[17] RHODES, W DAVID, JAMES W WALKER. Management succession and development planning[J]. Human resource planning, 1987, 7(4): 1-5.

[18] ROBERT L MATHIS, JOHN H JACKSON. Research on human resources development[M]. Beijing: Peking University Press, 2014.

[19] 白琳．基于成人学习特性的企业员工培训与开发研究[D]．太原：山西大学，2015.

[20] 邓靖松，王重鸣．经济全球化时代员工适应力的开发[J]．商业研究，2003（10）：38-39.

[21] 丁军杰．海尔：打造“互联网+”创客平台[J]．中国品牌，2015（4）：7-10.

[22] 邓文娟．企业员工创新驱动机制研究——以 IBM 公司为例[J]．企业导报，2013（2）：190-191.

[23] 高晓芹．知识经济时代企业员工创新能力开发探讨[J]．产业与科技论坛，2008（7）：196-197.

[24] 李青．对松下人力资源管理的探讨[J]．现代企业文化，2010（9）：51-53.

[25] 蔺晓静．A 公司知识型员工激励体系优化设计研究[D]．西安：西北大学，2015．

[26] 李永春，侯震．员工开发的内容[J]．现代企业教育，2003（7）：47-48．

[27] 牛晓娟．花旗银行人力资源培训启示[J]．商业文化月刊，2011（3）：55-56．

[28] 彭晓琨．西门子公司跨文化人力资源管理研究[D]．哈尔滨：哈尔滨工业大学，2011．

[29] 石丹．海尔组织之变：从生产产品到生产创客[J]．商学院，2016（1）：1-2．

[30] 石运甲．刍议基于“互联网+”时代的企业战略管理创新[J]．中国管理信息化，2018，21（21）：114-115．

[31] 陶裕春．企业员工创新能力开发探讨[J]．企业经济，2005（10）：103-104．

[32] 薛立伟．如何进行企业核心员工人力资源的开发[J]．山东纺织经济，2007（4）：47-48．

[33] 尹集雄．激发员工的领导潜质[J]．IT 经理世界，2003（5）：80-81．

[34] 朱必祥．影响 E-Learning 员工培训开发因素分析[J]．中国人力资源开发，2008（10）：66-67．

[35] 张鹏．员工心理管理与开发[J]．人才资源开发，2008（4）：98-99．

[36] 周生伟．开发员工的“潜能金矿”[J]．企业文化与管理，2005（7）：32-33．

第十一章

职业生涯管理

学习目标

1. 了解职业生涯管理的概念和作用；
2. 掌握员工职业生涯管理的方法；
3. 了解组织职业生涯规划与开发的方法。

引例

职业生涯管理是一项长期投资

总部位于俄亥俄州克利夫兰的俄亥俄储蓄银行（Ohio Savings Bank）一直为员工提供个人成长和实现职业理想的机会。值得一提的是，该银行营造持续学习的环境，并为员工创造了很多学习和成长的途径。这些途径包括为员工支付公司外正式教育的学费，提供免费的内部课程和职业生涯管理建议。

俄亥俄储蓄银行开发了一个正式职业咨询项目，目的是为了确认和开发员工的才能，并提供所需的工具，以引导其职业发展。职业发展顾问在这个项目中扮演了很重要的角色。员工可以和顾问面对面地讨论职业发展路径和银行内各个职位的培训需求。员工如果想在公司的部门间调动工作，可以求助于信息会议。在信息会议期间，各部门的经理会公布当前或未来的职位空缺。职业发展顾问还要和经理一起讨论员工的发展计划。双方的讨论话题可能会涉及高潜力员工或者帮助员工实现职业目标的行动计划。俄亥俄储蓄银行还开设了一个对所有员工开放的职业发展服务网页，该网页上的信息比其他内部网页上的信息要多得多。

（资料来源：T GALVIN. Ohio Savings Bank[J]. Training, 2003(3): 60-61.）

从俄亥俄储蓄银行的案例可以看出，职业生涯管理是员工发展的一个重要环节。近年来，随着我国人力资源管理的迅速发展和变化，职业生涯管理也越来越受到企业和员工的重视。在本章，我们将介绍职业生涯管理的概念与特征、员工职业生涯规划与管理以及组织职业生涯规划与管理。

第一节 职业生涯管理概述

职业生涯需要管理，那么，什么是职业生涯管理？职业生涯管理有何特征和作用？本节将回答上述这些问题。

一、职业生涯管理的含义

职业生涯管理是企业人力资源管理的重要内容之一。它是指组织开展和提供的、用于帮助和促进组织内正在从事某类职业活动的员工实现其职业发展目标的行为过程，其内容包括职业生涯设计、规划、开发、评估、反馈和修正等一系列综合性的活动和过程。其目的是通过员工和组织的共同努力和合作，使每个员工的生涯目标与组织发展目标相一致，使员工的发展与组织的发展相吻合。职业生涯管理的基本流程如图11-1所示。

在职业生涯管理中，员工需要通过不断的学习来提高自己。这种学习与企业进行的员工培训与开发既有区别，也有联系。区别在于：员工的学习，通常是从自己的职业生涯发展角度考虑的，即为了实现自己的职业目标，针对自己的不足进行专门的学习，力争尽快达到自己的职业目标；相对而言，组织的培训和开发则往往比较现实，即希望通过培训，要么提高员工的生产绩效，要么使其适应组织变革的需要。

两者的联系是：培训和开发通常能够促进员工的职业生涯发展，增加员工的部分利益。尽管有些员工可能不喜欢他们现有的岗位，但是对员工的培训和开发通常都能提高员工的竞争力和适应性，不仅有利于员工的发展，还可满足组织和员工双方的愿望。

企业为了应对知识经济的挑战，都在想方设法去开发隐性知识，使隐性知识尽快显性化，以便为组织创造利润。为此，多数组织都增加了培训与开发费用，以期培养出更多具有发展潜力、具有合作精神、富有创造力的员工，通过这些员工的努力，不断地推出新产品、新观念、新服务，以维持组织持久的竞争力。

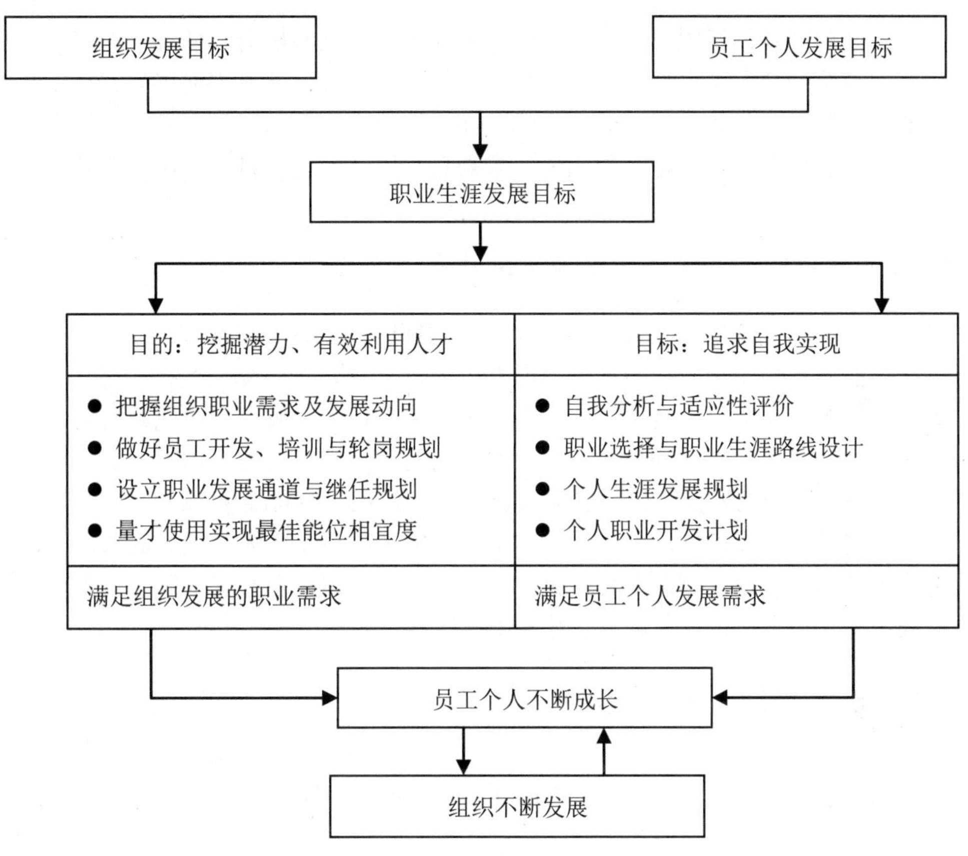

图 11-1　职业生涯管理的基本流程

二、职业生涯管理的内容与类型

一般来说，职业生涯管理包括以下两个方面：一是员工职业生涯规划与管理，员工是自己的主人，因此自我管理是其职业生涯成功的关键；二是组织协助员工进行职业生涯规划与开发，并为员工提供必要的教育、训练、轮岗等发展机会，促进员工职业生涯目标的实现。

（一）员工职业生涯规划与管理

就员工个人来说，需要尽可能多地了解组织的目标、经营理念以及组织所能提供的发展、训练、升迁机会与晋升渠道；同时，全面了解自己的性格、兴趣、能力、工作动机、价值观、态度和优缺点。

职业生涯管理强调组织要给予员工适当的训练、协助和机会，使员工能够配合组织发展目标和经营理念，制定切实可行的个人生涯发展目标，并努力促进其实现，因此，员工职业生涯管理也就包括对员工个人状况和组织状况的深入了解。只有在深入了解的基础上，才能有针对性地确定其职业生涯规划目标以及实现该目标所需要的各种管理方法与手段。

（二）组织协助员工进行职业生涯规划与开发

组织应该详细了解自身过去的发展及未来的目标，预测外在政治、经济、社会、文化等环境可能发生的变化及可能产生的影响，为自身规划出一个长远的、具有前瞻性的发展方向，同时，还应尽可能地深入了解员工们的个性差异及绩效表现、发展目标等。组织应该主动向员工提供各种信息，强化彼此之间的反馈、沟通、信赖与支持，帮助员工了解个人在组织中的发展方向，以提高员工的工作积极性和凝聚力。

除了重视组织的发展外，现代管理的重点更应考虑员工个人的发展需求。因此，每个组织都应该尽可能地把这两个目标融合在一起，作为组织自身追求发展的指南，并作为组织确定经营理念与制定工作策略时的依据。

三、职业生涯管理的特征

职业生涯管理具有以下三个方面的特征（杜映梅，2011）。

（一）职业生涯管理是组织与员工双方的责任

在职业生涯管理中，组织和员工都必须承担一定的责任。只有双方共同合作才能完成职业生涯管理，其目的是为了促进员工的全面发展。在职业生涯管理中，员工个人和组织必须按照职业生涯管理的具体要求做好各项工作。但无论是个人或组织都不能过分依赖对方，因为有许多工作都是对方无法替代的。从员工的角度来看，个人职业生涯规划必须由个人决定，必须结合自己的性格、兴趣和特长进行设计。而组织在进行职业生涯管理时应该考虑的主要因素则是组织的整体目标，以及所有组织成员的整体职业生涯发展，其目的在于通过对所有员工的职业生涯管理，充分发挥组织成员的集体潜力和效能，最终实现组织发展目标。

（二）职业生涯信息在职业生涯管理中具有重要作用

组织必须具备完善的信息管理系统，这是因为只有做好信息管理工作，才能有效地进行职业生涯管理。在职业生涯管理中，员工个人需要了解和掌握有关组织各方面的信息，如组织的发展战略、经营理念、人力资源的供求情况、职位的空缺与晋升情况等；组织也需要全面掌握员工的情况，如员工个人的性格、兴趣、特长、潜能、情绪以及价值观等。此外，由于职业生涯信息总是处在一个不断变化的过程中，组织的发展在变，经营重点在变，人力需求在变，员工的能力在变，员工的目标也在变，这就要求必须对职业生涯信息进行不断的维护和更新，只有这样才能保证信息的时效性。

（三）职业生涯管理是一种动态管理

职业生涯管理贯穿员工职业生涯发展和组织发展的全过程。在员工职业生涯和组织发展的不同阶段，每一个组织成员的发展特征、发展任务以及应注意的问题是不同的。由于每一阶段都有各自的特点、目标和发展重点，因此对每一个发展阶段的管理也都应有所不同。而随着决定职业生涯的主客观条件的变化，组织成员的职业生涯规划和发展也会发生相应的变化，因此职业生涯管理的侧重点也应有所不同，以适应情况的变化。

四、职业生涯规划管理的原则

余敏（2013）在对职业生涯的定义和类型做出归纳后，提出了组织和员工在职业生涯规划管理中应当遵循的十个原则。

（1）清晰性原则：考虑目标和措施是否明确、清晰，实现目标的步骤是否直截了当。

（2）挑战性原则：目标或措施是否具有挑战性，还是仅保持其原来状况而已。

（3）变动性原则：目标或措施是否具有弹性或缓冲性，是否能够依据环境的变化而做调整。

（4）一致性原则：主要目标与分目标是否一致，目标与措施是否一致，个人目标与组织发展目标是否一致。

（5）激励性原则：目标是否符合自己的性格、兴趣和特长，是否能够对自己产生内在激励作用。

（6）合作性原则：个人的目标与他人的目标是否具有合作性与协调性。

（7）全盘原则：管理职业生涯时必须考虑到生涯发展的整个历程，做全程和全盘的考虑。

（8）具体原则：生涯规划各阶段的路线划分与安排，必须具体可行。

（9）实际原则：实现生涯目标的途径很多，在做规划时必须要考虑到自己的特质、社会环境、组织环境以及其他相关的因素，选择切实可行的途径。

（10）可评量原则：职业生涯设计应该有明确的时间限制或标准，以便评量、检查，使自己随时掌握执行情况，并为规划的修正提供参考依据。

五、职业生涯管理的作用

对绝大多数人来说，其职业生涯都会跨越其人生中精力最充沛、知识经验日臻丰富和完善的几十年，职业已经成为其生活的重要组成部分。可以说，职业早已不再仅仅是个人谋生的手段，它还为个人创造了迎接挑战、实现自我价值的大好机会和广阔空间。如今组织已经越来越深刻地认识到，人才是最重要的资源。

（一）从员工的角度来看

职业生涯管理可以增强员工对职业环境的把握能力和对职业困境的控制能力；帮助员工协调好职业生活与家庭生活的关系，更好地实现人生目标；同时，组织为员工制订的职业发展计划则可以使员工充分把握机会、发挥能力，以使员工的自我价值不断提升和超越。

（二）从组织的角度来看

职业生涯管理能够提高组织的竞争力和应变能力，减少因员工流动而带来的损失。组织关心员工职业发展，会使员工感觉到自己是组织整体计划中的一部分，从而改善员工的工作态度，激发他们的士气，提高劳动生产率，使组织变得更加有效率。良好的职业生涯管理对组织具有以下三个主要方面的作用。

（1）能够帮助组织了解组织内部员工的现状、需求、能力及目标，调和他们同时存在于企业现实和未来的职业机会与挑战之间的矛盾。

（2）通过协调统一人力资源管理中的人员选择、工作安排和能力开发等活动，更加合理与有效地利用人力资源。

（3）能够为员工提供平等的就业机会，改善组织的企业文化，促进企业可持续发展。

总而言之，注重企业的可持续发展，在考虑组织利益的同时，兼顾员工个人的发展，是现代企业的管理趋势。实际上，也只有使员工的职业生涯发展目标与组织的发展目标保持一致，将员工的职业生涯发展与组织的发展紧密结合起来，才能真正发挥出职业生涯管理的作用，既能使员工终身受益，也能让组织茁壮成长，实现两者的共同目标。

例证 11-1

“私人定制”员工职业生涯规划，关注员工的职业生涯发展

2002年，中国大唐集团公司是在原国家电力公司部分企事业单位基础上组建而成的特大型发电企业集团，是中央直接管理的国有独资公司。2016 年，中国大唐集团公司在“2016 中国企业 500 强”中排名第 97 位。2018 年 7 月，在《财富》“世界 500 强”中排行第 468 位。为关注员工职业生涯发展，调动员工工作积极性，实现员工与公司的共同发展，中国大唐集团公司“私人定制”员工的职业生涯规划。具体管理方法如下：公司根据不同年龄段员工的特点采取相应的职业生涯规划和方法，制定员工的职业生涯规划。一是针对新员工。新员工试用期过后，由其部门主任、人力资源部、分管领导和总经理共同帮助其进行职业生涯规划，提供富有挑战性且符合其最初意愿的岗位。二是针对中年员工。通过提拔晋升，安排富有挑战性、探索性的工作和轮换岗位方式让中年员工明确职业发展通路。三是针对老年员工。到职业后期阶段，对老年员工职业生涯规划的重点是如何发挥他们最大的“余热”。公司各部门主任在员工职业生涯发展中起跟进、辅导、评估、协助和修正作用；人力资源部负责为员工提供职业发展信息，定期组织召开员工职业生涯管理委员会会议，跟踪督促员工职业生涯辅导工作，与各部门领导交流并提出员工发展建议。“私人定制”员工职业生涯规划是该公司出台的一项管理创新，有效激励员工在企业发展中尽心尽责，实现个人和企业发展共赢。

（资料来源：中国大唐集团有限公司官网. http://www.china-cdt.com.）

第二节 员工职业生涯规划与管理

员工的职业生涯包括生涯规划与生涯管理两个部分，在本节中我们将详细阐述其概念与过程。

一、员工职业生涯规划的概念

员工职业生涯规划是指员工根据自身的主观因素和对客观环境的分析，确立自己的职业生涯发展目标，选择实现这一目标的职业，以及制订相应的工作、培训和教育计划，并按照一定的时间安排，采取必要的行动，实现职业生涯目标的过程。

一个良好的职业生涯规划应当具备以下四个特征。

（1）可行性。员工职业生涯规划要有事实依据，而不仅仅只是一种美好的幻想或不着边际的梦想，否则就会延误发展良机。

（2）适时性。之所以进行员工职业生涯规划是为了预测未来的行动，确定将来的目标，因此各项主要活动都应有时间和顺序上的妥善安排，以作为检查行动的依据。

（3）适应性。规划未来的职业生涯目标往往牵涉多种可变因素，因此规划应当有弹性，以增加其适应性。

（4）持续性。人生中的每个发展阶段应该能够连贯衔接。

杨澜的职业生涯规划

杨澜，著名电视节目主持人、媒体人、传媒企业家、慈善家，阳光媒体集团主席和阳光文化基金会主席。从著名节目主持人到制片人，从传媒界到商界，她让我们见证了她个人职业生涯规划的成功。

第一次转型：央视节目主持人。杨澜毕业于北京外国语学院，凭借镇定大方的台风和自信出众的才气成为《正大综艺》的节目主持人。4 年后，杨澜获得了“十佳”电视节目主持人、金话筒奖等，积累了丰富的电视主持经验。第二次转型：美国留学生。1994 年，26 岁的杨澜，辞去央视的工作，远赴美国哥伦比亚大学，就读国际传媒专业，亲身接触到了许多成功的传媒人和先进的传媒理念，为日后她转型做传媒人打下坚实的理论基础。第三次转型：凤凰卫视主持人。1997 年回国后，杨澜加盟凤凰卫视中文台，并在次年推出《杨澜工作室》节目。随后两年，杨澜采访了 120 多位名人，拥有了世界级的知名度、多年的传媒工作经验，以及重量级的名人关系资源。第四次转型：阳光卫视的当家人。1999 年，杨澜辞去了凤凰卫视的工作。2000 年，杨澜和丈夫吴征创办了阳光媒体集团，由电视界进军商界。

杨澜始终把自己定位为“传媒人”，她每一次的转型都是为了下一步的职业发展做准备，从没有偏离做媒体这个大方向，20 年以来始终活跃在第一线。身家过亿的杨澜拥有了自主创办的公司、杂志、品牌，并作为著名主持人享誉全球，几乎受到国内各年龄层女性的好评及爱戴。在拥有着财富和地位的同时，她给自己制定的目标层次一直在提高，从未停下脚步。

（资料来源：http://www.crntt.com/crn-webapp/doc/docDetailCreate.jsp?coluid=7&kindid=0&docid=100550436&mdate=0121115207）

二、员工职业生涯规划的过程

如何根据自己的实际情况，确定职业生涯目标并逐步实现目标，确立自己的职业地位和竞争力，是我们制定职业生涯规划时需要解决的问题。员工职业生涯规划一般包括自我定位、机会评估、目标设定、路线设定、反馈与修正五个方面的内容。

（一）自我定位

自我定位是指全面、深入和客观地分析和了解自己。有效的职业生涯规划应当从自我认识开始，然后才能谈到建立可实现的目标，并确定怎样达到这些目标。所谓自我定位也就是对自己进行全面的分析，通过自我分析来认识自己、了解自己，以便准确地为自己定位。杜映梅（2011）认为，自我定位的重点在于测评出管理能力、人际交往能力、知识水平、职业导向因素、价值观念和相对独立性等。

性格是职业选择的前提，兴趣是工作的动力；分析自己的特长主要是了解自己的能力与潜力，分析需求则主要是分析自己的职业价值观。由此来看，自我定位也就成了职业生涯规划的基础，它直接关系到个人的职业成功与否。

由于在很多情况下都很难获得对能力、价值观、兴趣、性格等进行完整和科学的检测，因此我们可以选择一些有经验的方法来获得对职业自我的初步认识。自我定位的方法有很多，其中比较常用的主要有三种，即橱窗分析法、自我测试法和计算机测试法。通过采用不同的方法测试，可以帮助我们全面地了解自己、认识自己，并以此为基础规划和设计自己。

1．橱窗分析法

橱窗分析法（Johari Window Analysis，又称乔哈里资讯窗）是自我定位的重要方法之一。心理学家常常把对个人的了解比作一个橱窗，为了便于理解，我们可以把橱窗放在一个直角坐标系中来进行分析。坐标的横轴正向表示别人知道，反向表示别人不知道；纵轴正向表示自己知道，反向表示自己不知道。橱窗坐标图如图 11-2 所示。

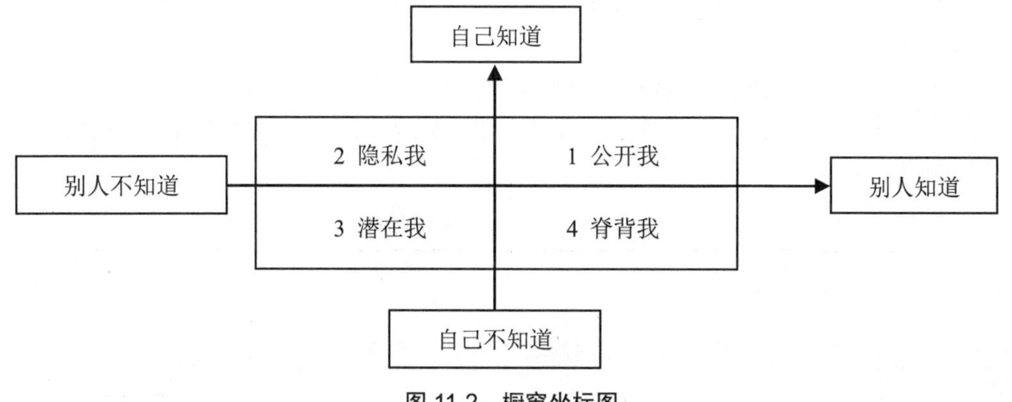

图 11-2　橱窗坐标图

橱窗 1 是自己知道、别人也知道的部分，称为“公开我”，属于个人展现在外、无所隐藏的部分；橱窗 2 是自己知道、别人不知道的部分，称为“隐私我”，属于个人内在的私有秘密部分；橱窗 3 是自己不知道、别人也不知道的部分，称为“潜在我”，属于有待开发的部分；橱窗4是自己不知道、别人知道的部分，称为“脊背我”，犹如一个人的背部，自己看不到，别人却看得很清楚。在进行自我定位时，重点要了解橱窗3“潜在我”和橱窗4“脊背我”这两个部分。“潜在我”是影响一个人未来发展的重要因素，因为每个人自身都蕴藏着巨大的潜能。认识与了解“潜在我”是自我分析与定位的重要内容之一。“脊背我”是准确地对自己进行评价的一个重要方面。如果你能够诚恳地、真心实意地对待他人的意见和看法，你就不难了解“脊背我”。当然，这需要一个人具备开阔的胸怀、正确的态度和有则改之、无则加勉的精神，否则就很难听到别人对自己的真实评价。

2．自我测试法

自我测试法是通过回答有关问题来认识自己、了解自己，这是一种比较简捷、经济的自我分析法。其测试题目大都是由心理学家经过精心研究设定的，只要如实回答，就能在一定程度上了解自己的有关情况。在自测回答问题时，切忌寻找标准答案，而应该是自己怎么想、怎么认识就怎么回答，这样得到的测试结果才有实际意义。

自我测试的内容和量表有很多，具体涉及方方面面，如性格测试、气质测试、情绪测试、智力测试、技能测试、记忆力测试、创造力测试、观察力测试、应变能力测试、想象力测试、管理能力测试、人际关系测试、行动能力测试等。

3．计算机测试法

计算机测试法是一种现代测试手段。这种测试与自我测试法相比，其科学性、准确性比较高，是一种了解自己、认识自己的有效方法。目前，用于测试的软件多种多样，许多网站（如“智联测评”和“新精英生涯”等网站）也都开设有网上测试。国外目前最经常使用的四种计算机辅助指导系统为“发现”“职业辅导信息系统”“职业信息系统”“互动式指导及信息系统”。如今，将计算机技术作为获得职业信息的方法已经应用得越来越普遍了。

通过自我分析与自我定位认识自身的条件和整体综合素质，可以对自己进行比较准确的综合评估，以便根据自身的特点设计自己的职业发展方向和目标。表11-1为自我定位练习举例。

表11-1　自我定位练习举例

活　动	目　标
第1步：我现在处于什么位置 思考一下你的过去、现在和未来。画一张时间表，列出重大事件	了解目前职业现状
第2步：我是谁 利用3～5张卡片，在每张卡片上写下“我是谁”的答案	考察自己担当的不同角色
第3步：我喜欢去哪里，我喜欢做什么 思考你目前和未来的生活。写一份自传来回答三个问题：你觉得已经获得了哪些成就，你未来想要得到什么，你希望人们对你有什么样的印象	这有利于未来的目标设置

续表

活　　动	目　　标
第 4 步：未来理想的一年 考虑下一年的计划。如果你有无限的资源，你会做什么，理想的环境应是什么样的，理想的环境是否与第 3 步相吻合	明确所需要的资源
第 5 步：一份理想的工作 思考一下通过利用资源来获得一份理想的工作。考虑你的角色、资源、所需的培训或教育	明确所需要的资源
第 6 步：通过自我总结来规划职业发展 ● 是什么让你每天感到心情愉悦 ● 你擅长做什么，人们对你有什么样的印象 ● 为了达到目标，你还需要什么 ● 在向目标进军的过程中你会遇到什么样的阻碍 ● 你目前该做什么才能迈向你的目标 ● 你的长期职业生涯目标是什么	总结目前的状况

（二）机会评估

所谓职业生涯机会评估，主要是分析内外环境因素对自己职业生涯发展的影响，发现潜在的自我职业发展机会。每个人都生活在一定的环境中，其成长与发展都与环境息息相关。因此，在制定个人的职业生涯规划时，也要分析环境的特点以及发展变化、自己与环境的关系、自己在特定环境中的地位、环境对自己提出的要求以及环境对自己有利与不利的条件等。只有对这些环境因素都有一个充分的了解，才能在复杂的环境中做到避害趋利，才能使自己的职业生涯规划得以发展与实现。

1．对自己所处的社会环境进行分析

社会环境对每个人的职业生涯乃至发展都有重大的影响。它不但能够影响到我们的职业，还能够影响到我们生活的方方面面。通过对社会大环境进行分析，了解所在国家或地区经济、法制建设的发展方向，可以帮助我们寻求各种发展机会。

（1）经济发展水平。在经济发展水平高的地区，由于企业相对比较集中，优秀企业较多，个人职业选择的机会也就比较多，因而比较有利于个人职业的发展；反之，在经济落后的地区，个人职业选择的机会相对较少，因此个人的职业生涯发展也会受到很大的限制。

（2）社会文化环境。社会文化是影响人们行为和欲望的基本因素。它主要包括教育水平、教育条件和社会文化设施等。在良好的社会文化环境中，个人能力往往能够得到良好的教育和熏陶，从而也就为其职业发展打下了良好的基础。

（3）价值观念。个人生活在社会环境中，必然会受到社会价值观念的影响。在现实生活中，大多数人的价值取向在很大程度上为社会主体价值取向所左右。一个人的思想发展、成熟的过程，其实就是认可、接受社会主体价值观念的过程，而社会价值观念也正是通过影响个人价值观来影响个人的职业选择。

（4）政治制度和氛围。政治和经济是相互影响的。政治不仅能够影响到国家的经济体制，而且还影响着企业的组织体制，从而直接影响到个人的职业发展。另外，政治制度和氛围还会潜移默化地影响个人的追求，从而对个人的职业生涯产生影响。

奥巴马：世界上第一位“网络总统”

美国的总统选举，可谓是一场声势浩大的最终的求职活动。作为一名黑人，从小在种族歧视的环境中长大，其间曾一度酗酒、逃学、不知道生命意义何在的奥巴马，通过自己的职业规划，充分利用当时互联网技术发达的社会环境，一步步地问鼎总统宝座，成功当选美国第44任总统，成为美国历史上第一位黑人总统和首位非洲裔总统，也被称为世界上第一位“网络总统”。当时社会上发达的互联网技术和充分利用这一技术，是奥巴马走向成功的重要原因。奥巴马不仅利用互联网技术上网浏览基本的信息，他还广泛使用各种互联网工具，如博客、视频、讨论组、电子商务和电子邮件。通过互联网，奥巴马重视每次重要的采访，每次面对摄像头的时候，他都做好充分的准备并流利回答每一个问题。同时，奥巴马及其团队积极回复和处理数千个（甚至是数百万）的电子邮件、信件和电话，来表达自己对支持者的谢意，以此放大自己的信息，向美国大众展示自己良好的内在气质和文化修养。此外，奥巴马利用互联网工具广泛接触到他的选民，建立了有价值的人际网络，最终在成千上万人的帮助下走向了成功。

（资料来源：www.cnbm.net.cn/article/ar239208675.html.）

2．对职业所处的行业环境进行分析

职业生涯是在特定的行业、具体的企业中进行的。组织的行业环境将会直接影响到组织的发展状况，进而也影响到个人职业生涯的发展。行业分析既包括对目前所在行业的环境分析，也包括对将来想从事的目标行业的环境分析。

（1）行业发展状况。首先应当了解自己现在从事的是什么行业；这个行业在本国的发展趋势如何；它是趋向衰弱的夕阳产业（如钢铁业、煤炭业、低端制造加工业、航运业、报业等），还是蓬勃发展的朝阳产业（如电子信息业、生物技术产业、现代医药产业、新能源汽车业、文化旅游业、电商物流业、现代农业等）。

（2）国际、国内重大事件对该行业的影响。行业的发展很容易受到国内和国际重大事件的影响，进而影响到该行业能否提供较多的职业机会，如 2014 年巴西世界杯的举办就为巴西的旅游业、服务业、建筑业和交通运输业等提供了较大的发展空间和较多的就业机会。

（3）目前的行业优势和问题。在这方面应特别关注的是行业目前存在的问题是可以改进或避免的，还是无法消除的；行业是否具有优势和竞争力，这种优势会持续多久等问题。

（4）行业发展前景预测。对行业发展前景的预测可以从两个方面来进行分析：一方面是行业自身的生命力，是否有技术和资金支持等；另一方面也要考虑和研究国家对相关行业的政策，政府往往会根据经济与社会发展状况针对一些行业发布法规、政策，如对一些行业实施鼓励、扶持，对另一些行业则限制发展。

王振辉：智慧物流将成为物流变革的重要驱动力

中国的物流产业额在 20 世纪 80 年代飞速发展，物流成本较高的问题被商品超高毛利率掩盖。随着 1997 年经济软着陆，物流行业进入了全面过剩时期，企业在竞争激励下，开始意识到成本控制的重要性。说到控制物流成本，科技进步带来的种种利好是必须要讨论的话题。如今在整个物流行业中，无人分拣、无人机配送甚至是无人卡车都在积极试点，其中一部分已经落地，给物流行业的降本增效工作带来了实实在在的帮助。但是，需要认识到的是，我国大部分物流科技带来的成果目前都处在实验和试点阶段，没有形成真正的规模化产业。下一阶段，物流行业应该如何加快先进技术的规模化运用，开展降本增效工作？京东物流 CEO 王振辉在深入分析物流行业这一发展状况的基础上表示，以无人仓为代表的智慧物流将成为物流变革的重要驱动力，加速物流科技成果的产业化，深入影响物流的每一个环节，使得未来物流行业的发展将由传统的以人为主向以人工智能、大数据、云计算和机器人等高新技术转变，从而不断降低物流行业成本、提高效率，为消费者提供更好的服务体验。

（资料来源：https://www.sohu.com/a/293164347_797991）

3．对职业所处的组织环境进行分析

组织环境会对员工的职业发展产生重要影响。通过对组织的内部环境进行分析，可以了解企业在本行业和新的发展领域中的地位和发展前景，以及组织产品在市场上的发展前景。

（1）组织文化。组织文化决定了一个组织如何看待其员工，因此员工的职业生涯是被组织文化所左右的。一个主张员工参与管理的组织显然要比一个独裁的组织能够为员工提供更多的机会；而一个渴望发展、追求挑战的员工自然也很难在论资排辈的组织中得到重用。当然，从另一方面来看，个人的价值观与组织文化有冲突，难以适应组织文化，这也决定了他在组织中难以得到发展。因此，组织文化也是在制定个人职业生涯规划时应当加以考虑的一个重要因素。

（2）组织制度。员工的职业发展要靠组织管理制度来保障，包括合理的培训制度、晋升制度、绩效评估制度、奖惩制度、薪酬制度等。组织的价值观、组织的经营哲学也只有渗透到制度中，才能使制度得到切实的贯彻执行。凡是没有制度或者制度制定得不合理、不到位的组织，其员工的职业发展就难以实现。

（3）领导人的素质和价值观。组织的文化和管理风格与其领导人的素质和价值观之间往往有着直接的关系，实际上组织的经营哲学往往就是企业家的价值观。组织主要领导人的抱负及能力是组织发展的重要因素。

（4）组织实力。组织在本行业具有很强的竞争力，还是处于一个很快就会被吞并的地位？发展的前景是什么？在激烈的市场竞争中，不一定是最大、最强的组织就能生存，即不是强者生存而是适者生存。只有适应这个环境、适应发展趋势的组织才能生存。

对组织的评估也有一个渐进的过程。在选择一个组织时，我们要尽可能地利用可以获得的信息，了解组织的基本情况。通过对组织进行分析得出结论，判断自己对组织发展战略、组织文化和管理制度的认同程度，了解组织结构发展的变化趋势以及与自己有关的未来职务的发展预计。但是在进入组织后，随着对组织内部情况的进一步了解，还应当对组织重新进行评估，以进一步明确自己的发展目标或做出重新择业的决策。

例证 11-5

董明珠：铁娘子的“简单”之道

因为董明珠的“难缠”，竞争对手形容她“走过的路不长草”，业界称她为中国商界的铁娘子。36岁南下打工，18年间，董明珠从最底层的业务员一直做到格力电器股份有限公司总裁，蝉联《财富》杂志2004年、2005年全球商界女性50强，2006年CCTV中国经济年度人物。从一个普通的营销员迅速成为格力电器的女掌门的过程肯定充满了传奇，但这种传奇的人生离不开董明珠对自己职业生涯的规划和管理。在她眼里，自己经营职业生涯的方法很直接简单，即在了解企业发展趋向的基础上，根据企业当时的发展状况和自己所处的岗位，首先确立自己的目标，并尽心尽力地做到最好，实现这个目标。刚入职格力时董明珠每天只睡5个钟头，据说现在董明珠也往往是在睡眠或打盹时想问题，一有什么想法，半夜一两点，董明珠会跳起来，拿起本子就记下来，甚至半夜打电话给老总。四年时间，她正是用这种最笨的办法、最简单的方式推广着格力的产品，正是凭借着这种简单，她不断创造着格力公司的销售神话，解决了中国零售批发行业普遍存在的拖欠货款现象，也从最底层员工成长为了格力的高管。对于自己的职业发展之路，董明珠表示，永远是从企业的利益出发，只要是有利于企业运作的，就应该去争取，去坚守原则，决不破例。

（资料来源：http://info.finance.hc360.com/2009/07/150807128580.shtml）

（三）目标设定

目标设定是指在自我定位和机会评估的基础上设立明确的职业目标。目标就是任何你努力想要使之得以实现的事情。在人的一生中，总会有意无意地设立各种各样的目标。其中，有些目标是长期目标，例如，拓展你的生活空间，职业生涯目标就可以归为此类。有些目标则是短期目标和中期目标，短期目标一般需要数天到一个月的时间，中期目标一般需要一个月到一年左右的时间。短期目标和中期目标代表着长期目标的不同阶段。另外还有一种目标是微型目标。微型目标就是你在某一天或某一天的一段时间里所要完成的目标。千万不要小看了微型目标，它与其他几种目标同样重要，因为正是它构成了你在实现目标的过程中所迈出的每一步，正所谓“千里之行，始于足下”。

职业发展必须有明确的方向与目标，目标的选择是职业发展的关键，坚定的目标可以成为追求成功的驱动力。一个人事业的成败在很大程度上取决于其有无适当的目标，凡是成功的人士都有明确的奋斗目标，那些没有奋斗目标的人则很难获得成功。因此，一个未来的成功者必须是一个目标意识很强的人。

1．职业发展目标设定的原则

设定职业发展目标，需要遵循如下八个指导原则。

（1）可行性原则。就员工自己的能力和特点而言，实现这个目标是现实的、可能的。

（2）可信原则。可信就是相信自己真的能够完成这个目标，对自己的能力非常有信心，相信自己能够在设定的时间期限之内完成。

（3）可控制性原则。自己具有对一些可能会最终影响到自己实现目标的因素的控制能力。

（4）可界定原则。目标必须是以普通人都能理解的口头语言或书面语言来表达。对代表一个长期目标的用词必须仔细推敲，这样才有可能将它进一步分解为一系列的短期目标。

（5）明确性原则。员工个人只陈述某个特定的目标，并且在一段时间之内只集中精力实现该目标。

（6）自愿性原则。自己制定的目标应该是自己真正想去做的事情，而不是别人强加的。

（7）友好原则。个人的目标对自己和他人均无伤害性或破坏性。

（8）可量化原则。目标应当尽量以一种能够用数字加以量化的方式来表达，而尽量不要采用宽泛的、一般的、模糊的或抽象的形式。以一种可衡量的方式开始设定的目标，可以在向目标迈进的过程中计算、控制或调整自己的进程。表 11-2 列举了一些可以测量的目标。

表 11-2　设立可以测量的目标举例

含糊的目标（我的目标是……）	较好的目标（我的目标是……）
更好地完成家庭作业	每天阅读历史书 12 页以上，在下周六晚上 10 点前至少要读完 60 页
加强锻炼	在以后的两个星期内，每天都在 45 分钟内跑完 5 000 米
获得更多的杂志订单	在下星期这个时间之前获得 30 份杂志订单
在网球比赛中表现得更好	在下星期的网球课期间练习发球，每天至少要有 40～50 个球落在发球区之内
减肥	在 3 个月之内减掉 5 斤体重

2．职业发展目标的抉择

目标定位是一个不容回避的问题。具体到每个员工，他的人生要确立一个什么样的事业目标，需要根据主客观条件和可能加以设计。高尔基说过："一个人确定的目标越高，他的才能发展得就越快，对社会就越有益，我坚信这是一个真理。这个真理是根据我的全部生活经验，即根据我观察、阅读、比较和深思熟虑过的一切而确定的。"这个带有普遍意义的经验要求人们依据自己的目标，尽可能最大限度地发挥自己的心智才能。目标选择既要追求得高一些，更要注重实现的可能性。应该说，每个人的目标定位也不可能完全相同，但确定目标的方法都是相同的。下面简单介绍确定目标时要考虑的几个基本要点。

（1）符合社会与组织需求。有需要才有市场，才有位置。

（2）适合自身的特点。不同的员工往往有着不同的特点，这种特点就是自身的性格、兴趣、特长、价值观等，而这些特点往往也就是你的优势，因此若能将目标建立在个人优势的基础上，就能左右逢源，处于主动有利的地位。

（3）高低恰到好处。生涯目标是高一些好，还是低一些好？总的来看还是高一点好，因为一个人追求的目标越高，其才能就发展得越快，对社会也就越有益。

（4）幅度不宜过宽。最好选择窄一点的领域，并把全部身心力量投进去，这样更容易获得成功。

（5）注意长期目标与短期目标相结合。

（6）目标要具体明确。同一时期的目标不要太多，目标越简明、越具体，就越容易实现，越能促进个人的发展。

（7）要注意职业目标与家庭目标以及个人生活与健康目标的协调与结合。要想在事业上取得成功，家庭与健康是基础和保证。

施瓦辛格的人生目标

一个14岁的男孩看到了一本健美杂志，这本杂志的封面人物是雷格·帕克，照片是他在电影里扮演大力神的造型。这个男孩对自己说：嘿！我的榜样就是他了！我要像雷格一样赢得“宇宙先生”称号，我要去美国，我要像雷格一样进军影坛，我要成为亿万富翁，然后从政！

18岁时，他为了实现心中的梦想，前往德国参加欧洲先生的健美比赛，并捧回了“青年欧洲先生”的奖杯。在他23岁时，参加“奥林匹亚先生”大赛，夺得“奥林匹亚先生”称号，成为新的健美之王。此后，连续5次登上“奥林匹亚先生”宝座，实现了他的第一个目标。

为了实现他的第二个目标，1968年，他移民到美国发展。1970年进入影视圈。在好莱坞，他花了十年时间，利用自己在体育方面的成就，一心塑造坚强不屈、百折不挠的硬汉形象。他终于在演艺界声名鹊起，成为国际知名电影明星。

1986年，他与电视记者、前美国总统肯尼迪的外甥女玛利亚·施莱沃结婚。2003年，年逾57岁的他，退出影坛转而从政，并成功地通过竞选成为美国加州州长，终于实现了他从政的目标。他担任了7年的加利福尼亚州州长，于2011年1月3日卸任，他就是美国人的精神偶像——施瓦辛格。

（资料来源：http://www.360kuai.com/pc/9a92e4fcbb9b57009?cota=4&tj_url=so_rec&sign=360_aa58bd32&refer_scene=so_1）

（四）路线设定

路线设定是指通过各种积极的具体行动与措施去争取职业目标的实现。一旦我们确定职业和职业发展目标之后，就面临着职业生涯路线的选择。所谓职业生涯路线，是指当一个人选定职业后从什么方向上实现自己的职业目标，例如，是向专业技术方向发展，还是向行政管理方向发展。可以说，职业生涯路线是整个人生规划的展开。

由于发展路线不同，对人的要求也就不相同，而且在现实生活中，即便是同一职位也有不同的岗位。因此，在职业生涯规划中必须做出抉择，以便使学习、工作以及各种行为沿着你的生涯路线和预定的方向前进。实际上，职业生涯路线选择也是职业发展能够成功的重要步骤之一。

杜映梅（2011）认为，在选择职业生涯路线时，首先要对职业生涯各要素进行系统的分析。具体来说，可以从以下四个方面进行考虑。

（1）我想往哪条路线发展？在这个方面主要应当考虑自己的价值观、理想、成就动机等主观因素，以便确定自己的目标取向。

（2）我适合往哪条路线发展？在这个方面主要应当考虑自己的性格、特长、经历、学历、家庭等一些客观条件对职业路线选择的影响，以确定自己的能力取向。

（3）我可以往哪条路线发展？在这个方面主要考虑自身所处的社会环境、政治与经济环境、组织环境等，来确定自己的机会取向。

（4）哪条路线可以取得发展？一旦选定自己希望和适合的发展道路后，还应当进一步综合分析各方面的因素，判断自己在这条职业目标的实现路线上是否可以取得发展。

职业生涯路线选择的重点是通过对自身因素和环境因素进行系统分析，权衡利弊，做出路线选择，挑出能够实现自身目标的最佳路线。

典型的职业生涯路线图是一个V形图。假定22岁的大学毕业生参加工作，即V形图的起点是22岁。从起点向上发展，V形图的左侧是行政管理路线，右侧是专业技术路线。将路线分成若干等份，每等份表示一个年龄段，并将专业技术的等级、行政职务的等级分别标在路线图上，作为自己的职业生涯目标，如图11-3所示。当然，职业生涯路线也可能出现交叉与转换，具体可以根据自身的情况与处境来决定。

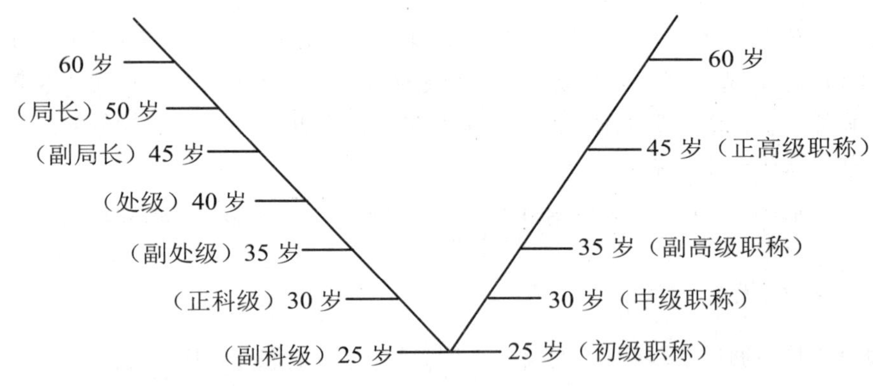

图11-3　行政事业单位职业生涯路线图

（五）反馈与修正

反馈与修正是指在实现职业生涯目标的过程中，根据实际情况自觉地总结经验和教训，修正对自我的认知和对最终职业目标的界定。由于自身及外部环境条件的变化，职业生涯规划也要随着时间的推移而变化。它既是个人对自己不断认识的过程，也是个人对社会不断认识的过程，是使职业生涯规划更加有效的一个手段。在制定职业生涯规划时，由于对自身及外界环境都不是十分了解，最初确定的职业生涯目标往往比较模糊或抽象，有时甚至是错误的。经过一段时间的工作以后，有意识地回顾自己在工作中的言行得失，可以检验自己的职业定位与职业方向是否合适。在实施职业生涯规划的过程中自觉地总结经验和教训，评估职业生涯规划，可以修正个人对自我的认知，并可通过反馈与修正，纠正最终职业目标与分阶段职业目标的偏差，保证职业生涯规划行之有效。同时，通过评估与修正还将极大地增强个人实现职业目标的信心。

三、员工职业生涯管理

员工职业生涯管理要求员工在激烈竞争的职场环境中主动经营自己的职业生涯，懂得利用机会，勇于接受挑战，并能根据环境的变化和要求适时地调整自己在职业生涯不同时期的职业发展目标。

（一）员工职业生涯的早期管理

所谓职业生涯早期，即由学校进入组织，在组织内逐步“组织化”，并为组织所接纳的过程。这一阶段一般发生在20～30岁，是一个人从学校走向社会，由学生变成雇员，由单身生活变成家庭生活的过程，对这一系列角色和身份的变化必然要经历一个适应过程。在这一阶段，个人的组织化以及个人与组织的相互接纳是个人和组织共同面临的、重要的职业生涯管理任务。

在这个阶段，组织一般都会为员工制定出切合实际的个人职业发展规划，对个人的职业生涯进行管理。为了更好地实现个人职业生涯目标，个人应该按照组织的发展目标和发展方向，配合组织进行个人职业生涯规划和管理。杜映梅（2011）对个人职业生涯早期的管理归纳了以下七个方面的内容。

1．提供自己的真实资料

新员工应当及时向组织提供关于自己的真实资料，使组织能够全面地了解自己，如关于个人的资历证书、曾参加过的相关培训证明以及有关证明自己的特长和能力的材料等。通过这些客观真实的材料，让上司可以全面地了解自己的个人特点，在进行工作分配时就可以充分发挥个人特长，从而既有利于个人职业道路的发展，也有利于组织资源的充分利用和组织目标的实现。

2．从上司或同事那里获得有关自我优势及不足的信息反馈

职业生涯早期是个人和组织相互适应和接纳的一个过程，新员工常常因为缺乏相应的工作经验和技能而不能在工作中立即胜任。这就需要新员工主动地从上司和同事那里了解关于自我的信息，充分利用自身的优势，及时改正不足，提高自己的职业潜能。

3．获得晋升机会

晋升是一种垂直运动，它反映了新员工和组织有着密切的关系，以及自己在组织中的地位和作用有所提高。新员工在组织中争取各种晋升机会可以更好地锻炼自己，提高自己的管理能力，并有助于更好地实现个人职业目标。

4．与管理人员沟通发展的趋向

在职业生涯早期，新员工应当加强与管理人员的沟通，了解某一具体工作所需要的技能、知识和其他特殊条件，了解组织文化和工作环境，使自己更快地适应组织和工作岗位，建立和谐的人际关系，融入工作团队中。

5．与管理人员一同制定可行的方案

在管理人员的协助下明确自身的职业生涯发展阶段和开发需要，然后即可根据个人的潜能和组织的内外部环境制定可行的个人职业生涯发展方案。

6．按照制定的行动方案努力工作

积极努力工作，了解并利用存在的学习机会。努力做好第一份工作，不断地累积自己的工作经验，提高自己的能力，以良好的工作业绩来实现自己的职业生涯规划和目标。

7．与组织内外不同工作群体的员工进行接触

加强与组织内外不同工作群体员工间的接触，如专业协会、项目小组等，拓宽自己的知识面和交际范围，促进个人职业潜能的提升。

作为组织中的一员，个人应当积极主动地采取措施配合组织进行职业生涯的管理，以便于更好地促进个人职业目标的实现。

（二）员工职业生涯的中期管理

在经历了职业生涯早期阶段，完成了员工与组织的相互接纳后，个人也就进入了其职业生涯中期阶段。职业生涯中期阶段一般是指30～50岁（女性到45岁）这一阶段。这一阶段的员工在家庭方面，上有老，下有小，处在“三明治”的中间阶层；在生活方面，员工已成为家庭的支柱，是家庭成员们依赖的核心，既要赡养父母，又要努力为子女创造优质的生活环境，开支巨大，生活压力达到最大；在职场方面，员工经历了职业的初期阶段，虽然积累了一定的人生经验和阅历，能够较好地把控工作，业务娴熟，处于发展和提升时期，并逐步达到顶峰，但是随着个人年龄的增长，经受挫折失败和继续保持斗志的能力降低了，尤其在身体机能上，逐步从高峰转向衰退阶段，记忆力减退，失误率增多，接受新知识能力降低，整体承受工作压力的能力逐步下降，工作效率降低。精力的下降，使得处于中期阶段的员工随时受到年轻人的冲击，从而出现“职场35岁”危机。对企业和个人双方来说，这一阶段既是黄金期，也是危险期，因此，应当根据发展的特点和问题采取相应的管理措施。这些管理措施主要包括如下四个方面。

1．适当考虑降低职业生涯目标

在职业生涯早期，每个人都有很多梦想和追求。如果由于种种原因，个人的潜力没有充分发挥出来，这对于组织和个人来说都会是一件很遗憾的事。但如果组织措施得当，个人也努力了，目标还是没有实现，那就不是选择或环境问题了，而是个人能力的问题。人与人之间的能力差异是一种客观存在，个人不能以精英标准来苛求自己。在职业生涯中期阶段，正是一个人的理智最发达的阶段，因而也就应该以更加实际的态度调整自己的职业目标，以更加豁达的眼光来对待自己的禀赋。如果职业目标过高，就要降低自己的职业生涯目标。

2．学会成功求职的技巧

在职业生涯中期，如果组织中缺乏合适的机会和岗位，而个人又有能力，就可以考虑寻找新的发展机会。如果发现发展领域不合适，就需要重新发现自我，更换合适的职业生涯领域。但由于人处中年，体力和精力等相对于年轻人来说都缺乏竞争力，这时，就更加需要复习或学习有关求职的技巧。例如，通过媒体、亲朋好友广泛地搜集职业空缺信息，撰写体现自身优势的简历表，把握招聘者的需求，准备好面试。

3．树立终生学习的理念

随着知识经济社会的到来，单靠体力的工作岗位竞争越来越激烈，辛苦不说，回报还低，而且即便是一些技术含量低的岗位，也正在逐渐被高技术设备所取代。而职业生涯中期又是个人任务繁重的时期，职业发展也呈现复杂化和多元化，各种危机和困难不断加大。在这种形势下，只有不断地学习新知识、新技术，与社会一同进步，才能在本职工作岗位上保持领先的地位。因此，个人必须将压力转化为动力，制订合理的学习计划，寻求继续学习和提高的机会，不断地更新知识和技能，克服人生事业发展的高原期。

4．保持身心健康

在职业生涯中期，人生负担往往都比较重，此时更应采取有效的措施来应对压力，使自己保持良好的心态。处于这一阶段的员工要不断提高自信心，以更加积极的心态去应对各种挑战，合理安排时间，做到有张有弛。在职业生涯中期，各种压力都比较大，工作的时间往往会比较长，因此个人更应注意进行必要的休息和调整，合理安排时间，增加体育锻炼的时间，以便保持一个健康的身体和心态。

综上所述，在职业生涯中期，个人必须采取科学的管理方法来对自己的职业生涯进行有效的管理，以促进个人职业生涯目标的顺利实现。

雷军：不断学习成就“小米”的梦想

雷军，小米创始人，是我国著名的天使投资人。现任全国工商联副主席，北京市工商联副主席。2018 年 1 月，被评为“2017 十大经济年度人物”。

雷军工作了二十多年，从早期的 WPS，到金山图画，接着做电子商务，然后再到投资，最后进入手机行业，可以说每个领域雷军做得都非常成功。一个人无论做什么都相当成功，只有一种原因，他能克服每个行业领域专业性带来的壁垒。用雷军的话说：“我知道不断学习去克服每个行业专业之间的差距，整个过程中，你要适应新的岗位，把握新的机遇，决定这些要素的是你要去不断学习新知识和新技能。”对于创业来说，每个人都是小学生，那怎么学会创业，怎么学会管理公司，最重要的事情是你要具备不断学习的能力。在创办小米时，雷军曾经非常认真地学习、研究那些大佬，如马化腾、李彦宏、马云，琢磨他们的创业历程，尤其是马云的创业史。为此，他还专门跑去杭州和马云聊了 3 个小时。同时，在对外推销小米手机时，雷军为了实现与顾客的高效沟通，学习如何将信息简单化、故事化，例如，在向老百姓推销时，雷军不讲小米手机复杂的专业数据，而是讲老百姓都能听懂的故事！也正是通过雷军个人的不断学习和努力，最终成就了“小米”的梦想。

（资料来源：http://www.sohu.com/a/273458031_99915852）

（三）员工职业生涯的后期管理

从年龄上看，职业生涯后期阶段的员工一般都处在 50 岁至退休年龄之间。由于职业性质及个体特征的不同，个人职业生涯后期阶段开始与结束的时间也会有明显的差别。在这一阶段，个人的职业工作、生活和心理状态都发生了较大的变化，并呈现出某些明显的特征。

根据职业生涯后期阶段的个人身心特征及职业工作的变化情况，除了组织应当重视职业生涯发展后期的员工利益外，处在这一阶段的员工也应该在完成本职工作之余主动担负起自身在后期所面临的特定的管理任务。

1．承认竞争力和进取心的下降，学会接受和发展新角色

处在职业生涯后期阶段，个人要勇敢地面对和欣然接受生理机能衰退及其所导致的竞争力、进取心下降的客观现实，另辟新径，寻找适合自己的新职业角色，以发挥个人的专长与优势。

现代的老年人们往往都有一种不服输的劲头。许多一度被认为应该结束工作而退休的员工，现在都已经开始了自己的第二次（甚至第三次）工作。在现实工作中，当师傅，带徒弟，培育新雇员；充任教练，对员工进行技能培训；充当参谋、顾问等角色，或出谋划策、提供咨询，或者从事力所能及的事务性工作等，均不失为适宜职业生涯后期阶段的良好角色。

2. 学会接受权力、责任和中心地位的下降

（1）要从思想上认识和接受“长江后浪推前浪”是必然规律，心悦诚服地认可个人职业工作权力、责任的减少以及中心地位的下降，求得心理上的平衡。

（2）将思想重心和生活重心逐渐从工作转移到个人活动和家庭生活方面，善于在业余爱好、家庭、社交、社区活动和非全日制工作等方面寻找新的满足源。例如，通过参加钓鱼、养花、收藏、旅游、老同学相聚畅谈、社会治安和交通治理等活动，或者从事新职业等来充实自己的生活，满足自己的需求。

3. 回顾自己的职业生涯，为退休做好准备

在职业生涯结束之时，员工应当很好地回忆一下自己所走过的职业生涯道路：一方面，可以总结和评价自己的职业生命周期，为自己的职业人生画上一个圆满的句号；另一方面，也可以通过总结自己职业生涯成功的经验和失败的教训，现身说法对新员工进行培训教育。与此同时，还要做好退休的准备工作。

（1）做好退休的充分思想准备，培养个人兴趣，策划退休后的生活。在职业生涯后期，个人应当主动为自己的生活做打算：如果身体好，工作还能延续，可以找一个理想的单位，继续自己的事业；如果觉得忙碌了一辈子，生活比较单一，在精力允许、经济上有保障的情况下，可以参加旅游等活动。拥有一个健康的心态，才会享有一个健康的生活。

（2）抓紧退休前的时间，使自身职业工作能够有一个圆满的结束和交代，培养接班人。在即将退出职业生涯时，应当尽可能地发挥自己的经验优势，帮助组织培养年轻员工。在培养接班人的过程中，个人也会感到愉悦和受尊重。

（3）为退休做好财务准备。财务方面越早开始准备就越容易，退休后的所得也就会越多。计算“复利”意味着在 20 多岁开始储蓄的人与 35 岁才开始储蓄的人相比将会拥有巨大的优势（复利的计算通常可以用 70 规则来估算，即用 70 除以每年的利率，就可以得出需要多少年本金就会增长一倍），不难想象 15 年的差距会有多大。假设年投资收益率为 5%的话，那么两者相同的一次性投入在退休时得到的数量将可能相差一倍多，因为 70/5=14，即 14 年本金增长一倍。

（四）新生代员工职业生涯管理

新生代员工是指已经进入职场的“80 后”“90 后”的年轻一代人（汪璐，2017）。新生代员工生长于计划经济体制向市场经济体制转型期，接受过传统的社会主义爱国教育，也接触了新世纪教育模式的影响。他们中大多数是独生子女，也是高校扩招、市场经济、东西方文化的大冲突下共同熏陶的“复合体”，他们享受到了物质文明的极大丰富，对企业和商业社会的认知有自我的想法。因此，新生代员工的基本特质是：重视个

人兴趣目标和自我价值实现，维护自我权利，不愿意受到规则的约束，自我意识强；他们也开放，处理问题的方式更为灵活。新生代员工的群体特征主要有：自我意识高涨；崇尚自由、平等、多元化的价值观；强调现实需求；压力比较大，抗压能力弱；文化水平高，学习能力强；愿意表现自己，渴望被认可和成功；有激情，有活力，厌倦单调的生活；缺乏自我定位；漠视职场文化；缺乏责任意识。

近年来，新生代员工一方面正逐渐成为企业的主力，在企业绩效提升方面发挥着重要的作用；而另一方面，由于他们对职业更有选择性，对工作更挑剔，流动性更大，又在一定程度上增加了企业人力资源管理的难度。因此，针对新生代员工的特点及不同的职业锚类型，对其进行有效的职业生涯管理，不但可以使他们获得良好的职业发展，还有利于保证企业人力资源的相对稳定。对新生代员工进行职业生涯管理具体包括以下几个措施。

1．重视，创新职业规划管理

企业提升对新生代员工职业生涯规划的重视程度，根据新生代员工自身的实际情况，制定适合他们发展的职业生涯发展规划。

（1）加强员工自我认识。企业帮助新生代员工不断加强自我认识，帮助他们从客观层面审视自己，对员工的发展能力、个性、知识、动力等方面的差距，还有对企业岗位需求的差距以及和自我价值实现的差距等，帮助他们形成一个明确的认识，制定职业发展目标、详细发展计划和实施步骤，进而制订个人培训计划，定期接受企业专业且全面的职业规划方面的咨询和辅导。

（2）建立职业生涯互助小组。在新生代员工之间建立职业生涯互助小组，并在配合企业管理的基础上，再成立职业生涯领导小组，聘请专业职业规划单位或专家等指导新生代员工进行职业生涯规划，而互助小组定期或不定期组织讨论，保证职业生涯规划的组织得到有效保证。

（3）建立和完善职业生涯规划体系。建立并完善以提升企业内部新生代员工满意度为目标的职业生涯规划体系，同时加强企业管理者对新生代员工的了解，针对新生代员工的特性，分析个人的特征信息，帮助员工做好职业生涯规划。这样将会让员工觉得自己受到了企业的关心和关注，员工的积极性和主动性将会得到极大提升。

（4）建立对职业生涯目标的评估和反馈机制。由于受到各方面因素的影响，当新生代员工的职业生涯规划和现实出现一定偏差时，企业可对其职业规划目标进行合理评估和调整，使其更贴合新生代员工的发展需求和企业的发展需求。此外，企业还需加强跟踪指导，不定期对新生代员工的职业生涯规划进行反馈，从而促使员工朝着既定目标前进，实现职业生涯目标。

2．完善培训体系

培训体系是企业实现成长和人才储备的一个重要保障，同时也是新生代员工职业生涯规划中提升自身知识水平和职业能力的重要渠道。

（1）明确企业直线管理者职能和职责。直线管理者做好企业的在职员工培训，并指导新生代员工制定职业生涯规划，同时给下属提供一定反馈信息，进一步完善其职业生涯规划。

（2）明确企业人力资源部门职能和职责。企业人力资源部门主要负责员工培训计划的制订，并为其提供职业发展咨询服务，提供岗位轮换机会等。

3．协调好企业和新生代员工的关系

企业新生代员工在工作经验方面比较欠缺，而工作要求又比较苛刻。基于此，中小企业应以有机融合企业和员工之间的双方需求为基础，开展职业生涯规划管理工作，使职业生涯规划发挥出最大的效用。

（1）面对面交流互动。在系统培训之后为新生代员工积极组织职业生涯规划宣讲会，和新生代员工多进行面对面交流互动活动。

（2）结合新生代员工的职业兴趣、性格和职业期望等相关信息，对新生代员工进行素质测评。根据新生代员工的测评结果，综合考虑企业的发展战略及发展需求等因素，进而构建职业生涯规划方案，使其有机融合双方需求，达到企业发展目标和新生代员工发展目标协调一致，促使企业和员工维持双赢关系，组成利益共同体。

（3）进一步整合企业发展目标和员工个人职业发展目标，加强企业、员工之间的心理契约和情感上的联系。积极利用微博、微信和 QQ 群等建立企业职业发展群，安排专人主要负责在线上和新生态员工进行交流互动，及时掌握新生代员工的心理动态，了解他们对企业管理等方面的看法，解决他们的问题等，提高新生代员工对企业的认可度和忠诚度。

四、员工职业生涯规划的错误认识与对策

当前在一些组织中，无论是组织还是个人，对员工职业生涯规划这一重要的人力资源管理过程还没有给予高度重视。下面针对一些企业中员工个人在进行自身职业生涯规划时所产生的错误认识进行简要的分析，并提出相应的对策。

（一）员工不能进行正确的自我定位，选定适合自己的职业

自我定位的目的就是要正确地认识自己。只有正确地认识了自己，才能对自己的职业做出正确的选择，确定适合自己发展的职业生涯道路。然而，对于大多数人来说，能够真正清醒地、正确地认识自己是一件比较困难的事情。大部分人在选择职业时，很少有人能够根据自身的能力、条件和兴趣等要素进行综合评估后，再选定一份真正适合自

己的职业，于是便出现了估计不足或错误的情况。

针对这一问题，以下是两种对策：① 员工可以参考前面提到的三种自我定位的方法，结合自己过去的工作经历、兴趣、资历、能力和技能等条件，总结出一个符合自身特点、富有意义的模式，这个模式会告诉你，什么东西是最重要的，它也就是最佳职业定位；② 可以借助一些专家、咨询机构，对自己做一个客观正确的评价，选择出最有利于自身发展且能够做出最大贡献的职业定位。

（二）目标过于理想，好高骛远，急于求成

有一些青年员工，尤其是从名牌大学毕业的学生，认为自己拥有高学历，工作必然会做得好，升职也是必然的，处处表现出一种优越感。而当他们参加工作后，发现情况并不是和他们想象的一样，要做好工作就更不简单，这样难免会使其中一部分人产生失落感。当主观愿望和客观现实不协调时，很容易使人产生挫败感，并可能一蹶不振。

对于高估自己能力和对现实缺乏足够正确认识的员工，企业可以安排一些专题讲座，用一些正反两面教材给他们敲响警钟，启发他们找到真正的人生目标。设立好正确的人生目标后，只有一步一个脚印往前走，循序渐进，才能有所作为。同时也要学会扬长补短，当遇到困难和挫折时，要坚持不懈，敬业爱岗，成功就在前方。

（三）认为职业生涯规划和自己没有关系，不思进取

有这种想法的人往往觉得在日常工作中，做的都是维持性工作，工作内容稳定，因此觉得自己不需要进行职业生涯规划。这种人宁愿相信运气的作用，也不相信主动规划和经营会对自己的职业生涯发展产生任何变化，并从不努力把握自己工作和生活中的每一次机会。

对这部分人，企业应该尽量帮助他们树立职业生涯规划意识，更新知识结构，转换思维模式，让他们认识到每个员工都应该在保持正确心态的同时，结合自身实际，在科研技术、生产操作、市场营销、企业管理等几种发展道路上选择适合自己的途径和发展方向。“凡事预则立，不预则废”，员工必须学会重视自己的职业生涯规划，为自己职业生涯发展的成功奠定最坚实的基础。

（四）认为职业生涯规划是一成不变的

职业生涯规划是每个人根据自己的实际能力和专业知识设计的、自己将要为之奋斗的目标（段红，2009）。在这个前进的道路上，自己先要为自己设定一个合适的高度，然后通过努力达到既定的高度，在此高度基础上再设定新的高度，越走越高，前方就是未来。职业生涯规划根据人的价值观、需求、才能的改变以及时间的推移，也应该不断地

加以改变和调整。

随着时间、本人能力及其他相关因素的改变，需要根据现在经济环境下行业的发展、组织的特点，结合自身的综合素质，员工需要不断地对自己的职业生涯进行修订、完善，为自己重新制定一个前进的职业方向和目标。但是要记住，频繁地更换职业，修改职业方向，要想在每个职业上都取得成功，是非常不容易的。只有成功地找准职业方向，才能引领未来事业取得成功。

（五）盲目跳槽，没有选择好职业目标

每个人在跳槽之前，要确定好自己的职业目标，“跳”不是目的，“发展”才是目标。就个人而言，重要的是对职业定位和规划有个清晰的认知，确定自己的求职目标，使自身的价值得到充分发挥，并获得应有的回报。但是，企业员工往往因为追求高薪，受热门行业的诱惑，或者不了解新公司环境是否有利于个人发展等原因而跳槽，影响了自己的长期职业生涯规划。

上述问题反映出一些员工在跳槽时的盲目性。跳槽者必须充分认识跳槽前进行正确的职业生涯规划是必不可少的，只有清楚自己以往的职业特点、目前的职业定位以及未来的职业方向，才能确定合适的跳槽时机。因此，一定要明确地把握好跳槽给自身带来的最大价值，为实现自我价值，规划好发展蓝图，努力拼搏，积极进取，最终走向成功的彼岸。

王石：理想的美好与现实的残酷

2016 年 6 月，万科集团创始人王石在微信朋友圈发布了这样一条“悲伤”的消息：“当你曾经依靠、信任的央企华润毫无遮掩地公开和你阻击的恶意收购者联手，彻底否认万科管理层时，遮羞布全撕去了。好吧，天要下雨，娘要改嫁，还能说什么？”当年王石在万科还叱咤风云、运筹帷幄的时候，谁也想不到会有这么一天，万科第一大股东宝能竟然和第二大股东华润联合起来反对万科重组，并向天下昭告它们已经“背叛”了万科，联合在了一起。万科是中国房地产行业的领头羊，自 1984 年成立以来，一直保持着高速增长的势头。那么，作为万科创始人的王石为什么最后落得被扫地出门的结局？如果王石至今握有大量股权，是大股东，那么当时的一切纷争都不会是问题。事情要从 20 世纪 80 年代说起。1988 年，为了适应生产的社会化发展和规模较大的现代产业的发展，万科进行了股份制改革，原计划王石可以获得 4100 万股本中的 40%，但他在最后一刻放弃了唾手可得的股权，究其原因是他没有认清当时的社会现实和自己的职业特点，

适时修订和完善自己的职业规划，他自信做一名职业经理人，认为自己不用通过股权控制这个公司，仍然有能力管理好它，最终被踢出了万科。

（资料来源：凤凰财经. https://finance.ifeng.com/a/20160630/14546178_0.shtml.）

第三节　组织职业生涯规划与开发

组织职业生涯规划为员工的职业生涯取得成功提供了基本的载体和科学的指导。它为员工实现其职业目标明确了职业道路，它能够充分调动员工潜能，使员工对组织的贡献达到最大化，从而也有利于组织目标或管理活动的实现。组织职业生涯规划对员工的职业生涯发展具有重要的作用。

一、在职业生涯管理中企业的角色

职业生涯规划不是仅靠组织或个人单方面就能进行的，成功的职业生涯规划必须将企业的发展和个人的发展结合起来，才能制定出有效的规划。

（一）企业在员工职业生涯规划中担负着引导的角色

员工的职业生涯规划各有特点，但是，在员工刚进入企业之初，正处于职业发展的探索阶段，由于工作经验和社会经验不足，员工个人很难把握自己，进行自我定位，而人生设计和规划一旦偏离设定的目标，就会在自己的人生道路上造成障碍，同时也给企业造成人力成本上的浪费，无法创造价值。在这种情况下，员工需要企业设立专门的机构来引导自己制定职业生涯规划。

例证　11-9

海尔集团的员工职业生涯规划

海尔集团为员工规划了双通道的职业发展模式，即管理通道和专业通道，并通过纵向职业晋升、横向职业转换为员工提供多重职业发展机会，使员工的职业生涯更大限度地与集团的发展保持一致。海尔的职业发展体系支持海尔人在管理通道和专业通道之间转换，以及族群、序列间转换。员工可以在经理人员和人力资源部门的帮助下，根据公司职业转换的原则进行横向发展，在不同的工作岗位和工作领域中得到历练，积累多岗位和跨领域的工作经验，迅速成长为海尔集团“全球化品牌战略”需要的高素质职业化人才。

（资料来源：董展阳. 全球四大名企的职业生涯规划[J]. 职业，2014，34：25-27.）

（二）企业以战略目标为前提进行员工职业生涯规划

企业战略是企业的一种综合性计划，关系到企业的生存和发展。它主要确定企业的目标和使命，以及企业的长期基本目标。企业进行员工职业生涯规划的前提是组织本身有规划，即有清晰的发展战略。组织战略决定了企业的业务发展方向，组织架构，人才需求的数量、结构和质量。在进行职业生涯规划时，这些都是影响员工进行自我定位和确定目标的重要因素。在进行职业生涯规划前，企业必须加强自身的洞察能力，将企业的战略计划、人力资源计划和职业生涯发展计划结合起来，根据未来的发展变化，预测未来人力资源的需求和供给状况，使企业目标和个人目标相一致，更加明确每个岗位的发展方向，发挥出每个人的潜力，提高经营成果和效率。

（三）企业应及时对员工职业生涯规划做出反馈和调整

随着在工作岗位中的成长和发展以及社会环境的变化，每位员工的生涯目标都不是一成不变的，特别是员工在同一性质岗位上工作一段时间后，其职业发展呈现出复杂化和多元化特征。

一方面，源于职业能力增强和工作经验的积累，员工各方面都趋于成熟，事业心和责任心增强，创造力旺盛，工作业绩有目共睹，这一时期是一个可以激发个体创造冲动和才干并创造辉煌业绩的时期。个人职业顶峰也比较多地出现在这一阶段，经过这一辉煌的职业高峰后，员工的职业轨迹就会呈下降趋势。因此，企业对这类员工要尽可能地延长其职业高峰期，使职业运行轨迹趋于平而远，而非高而尖。

另一方面，一些员工开始面临个人梦想和现实成就之间的不一致，导致他们对自己的职业生涯产生怀疑，此时一部分员工会去重新认识自己，审视自己目前所做的工作。如果他们的认同要素和需要从未得到过满足，就会毅然去寻找一份新的职业或职位，此时公司将面临经验丰富的团队或技术骨干流失的局面，而还有一些员工会感觉到自己竞争力下降，力不从心，导致个人发生职业危机，影响了工作的积极性，制约了企业劳动生产率和经济效益的提高，也是对企业人力资源的浪费。

二、不同类别企业的职业生涯规划

职业生涯是指一个人一生中从正式参加工作到退休的全部工作活动与工作经历。员工职业发展是指企业结合自身战略发展目标，对员工的职业规划提供咨询和指导，并创造条件帮助员工实现个人职业目标。员工职业生涯规划以员工个体的价值实现和增值为最终目标，员工个人价值的实现和增值，并不依赖特定的企业（高玉美，2016）。因此，我们应该学会分析职业生涯规划在不同性质企业当中、在企业不同的发展阶段所面临的一些现实问题，学会怎样来发挥职业生涯规划在这些企业当中的最大作用。下面我们分别分析和讨论以下不同类型企业的职业生涯规划的优劣势和侧重点。

（一）小微企业与创业企业

从时间和空间两方面来看，这种类型的企业发展处于初创期，其年龄偏小。与此相对应，其规模小，整体经济实力较弱，组织结构精简，员工数量不大，管理制度不健全，如缺乏长期科学的人力资源投资战略，漠视人力资本投入，用人机制不规范，人力资源管理机构设置与人员配备专业化程度偏低等。但优势在于该类企业发展潜力大，能够在未来较长的时期内实现较高的战略目标，发展前景良好。

以下是对于小微企业和创业企业员工职业生涯规划的三点建议。

（1）建立企业与员工的共同愿景，并将愿景准确地表述出来，使所有员工对其有全面深刻的认识和体会，增强员工对组织未来发展的信心，增强企业的凝聚力和感召力，从而降低员工流动率。

（2）通过岗位再设计、工作轮换等手段，实现人岗匹配，人尽其才，特别是对于那些有创造力的员工，多赋予他们一些具有挑战性的工作，增强他们的工作成就感。

（3）企业管理者要和员工进行充分的接触和沟通，多关心员工的工作和生活情况，帮助其解决一些难题，增加员工对企业的好感和信任，使员工感觉到自己在组织中受到尊重和重视，从而更好地发挥工作积极性和创造性。

（二）小型企业与普通民营企业

这种类型企业的劣势是规模小并且人员编制少，缺乏完整的管理规章制度，缺乏职业生涯规划的运作资金等。但是也有它的优点：灵活机动，有充分发挥个人才智的机会，工作内容丰富多彩，有比较多的表现和升迁机会。

由于员工进企业之初就被要求具有企业所需要的知识和技能，因此企业很少花精力去考虑员工职业生涯规划；还因为企业的短期效益比较明显，因此企业对员工的职业生涯规划会经常做变更，而员工只能被动接受。

以下是给小型企业与普通民营企业员工职业生涯规划的三点建议。

（1）给员工比较多的工作类别和数量，以锻炼员工处理多种、大量问题的能力并由此提升员工的综合素质。

（2）在业务淡季组织员工进行内部岗位培训，支援其他部门工作，参与公司制度建设、举办文娱活动等，以拓宽员工的业务知识面，增强员工的归属感。

（3）实施内部岗位竞争上岗制度和公开员工绩效考核成绩，形成一种人人积极向上的企业环境。

（三）大型知名企业与外资企业

对于大型知名企业和外资企业来说，劣势主要在于工作内容单一枯燥，外企对中国人存在事实上的不平等。同时，它们的优势主要是有规范、科学的考核测评体系，相对于国内企业而言，有丰厚温馨的薪酬福利，有系统完整的员工培训和职业生涯规划，能够丰富和美化员工阅历等。

一般来说，从员工进入企业之初，企业就给员工制定了一套完整的职业规划体系。以下是制定大型知名企业和外资企业员工职业生涯规划体系的四点建议。

（1）采用科学系统的人才测评方式，使得员工职业生涯规划有正确方向。

（2）实施系统完整的人才培训计划，不但要使员工全面了解企业的运作状况，而且还能让员工获得完成工作所必须掌握的技能。

（3）完善定向培养和梯队培养接班人计划，主要为企业在业务扩张之前培养储备人才。定向培养是指公司对胜任某一职位所必须拥有的素质和掌握的技能进行规划培养，梯队培养是指对公司基层、中层和高层职位所采取的梯级培养方式。

（4）制订心理辅导及职业操守养成计划，让员工对工作压力和工作态度有一个正确、健康的认识，同时提供一些思想上的引导和必要的行为约束。

例证 11-10

3M 公司的职业生涯体系

3M 公司的管理层始终尽力满足员工职业生涯发展方面的需求。从 20 世纪 80 年代中期开始，公司的员工职业生涯咨询小组一直向个人提供职业生涯问题咨询、测试和评估，并举办个人职业生涯问题公开研讨班。通过人力资源分析过程，各级主管对自己的下属进行评估。公司采集有关职位稳定性和个人职业生涯潜力的数据，通过计算机进行处理，然后用于内部人选的提拔。公司人力资源部门可对员工职业生涯发展中的各种关系进行协调。公司以往的重点更多地放在评价和人力资源规划上，而不是员工职业生涯发展的具体内容上。新的方法强调公司需求与员工需求之间的平衡，为此，3M 公司设计了员工职业生涯管理的体系。

1. 信息系统

根据员工民意调查的结果，3M 公司于 1989 年年底开始试行职位信息系统。员工们的反应非常积极，人力资源部、一线部门及员工组成了专题工作小组，进行为期数月的规划工作。

2. 评估与发展过程

该过程涉及各个级别（月薪和日薪员工）和所有职能部门的员工。每一位员工都会收到一份供明年使用的员工意见表。员工填入自己对工作内容的看法，指出主要进取方向和期待值。然后员工们与自己的主管一起对这份工作表进行分析，就工作内容、主要进取领域和期待值以及明年的发展过程达成一致。在第二年中，这份工作表可以根据需要进行修改。到年底时，主管根据以前确定和讨论的业绩内容及进取方向完成业绩表彰工作。绩效评估与发展过程促进了 3M 公司主管与员工之间的交流。

3. 个人职业生涯管理手册

公司向每一位员工发放一本个人职业生涯管理手册，它概述了员工、领导和公司在员工职业生涯发展方面的责任，还明确提出公司现有的员工职业生涯发展资源，同时提供一份员工职业生涯关注问题的表格。

4. 主管公开研讨班

为期一天的公开研讨班有助于主管们理解自己所处的复杂的员工职业生涯管理环境，同时提高他们的领导技巧以及对自己所担任的各类角色的理解。

5. 员工公开研讨班

员工公开研讨班可以提供个人职业生涯指导，强调自我评估、目标和行动计划，以及平级调动的好处和职位晋升的经验。

6. 一致性分析过程及人员接替规划

集团副总裁会见各个部门的副总经理，讨论其手下管理人员的业绩情况和潜能。然后管理层层层召开类似会议，与此同时开展人员接替规划项目。

7. 职业生涯咨询

公司鼓励员工主动去找自己的主管商谈个人职业生涯问题，也为员工提供专业的个人职业生涯咨询。

8. 职业生涯项目

作为内部顾问，员工职业生涯管理人员根据员工兴趣开发出一些项目，并将它们在全公司推出。

9. 学费补偿

这个项目已实行多年，它报销学费和与员工当前岗位相关的培训费用，以及与某一工作或个人职业生涯相关的学位项目的全部学费和其他费用。

10. 调职

职位撤销的员工自动进入个人职业生涯过渡公开研讨班，同时还接受具体的过渡咨询。根据管理层的要求，还为解除聘用的员工提供外部新职位介绍。

（资料来源：http://www.hrsee.com/?id=48）

（四）普通国有企事业单位

普通国有企事业单位的劣势一般是员工数量大于单位编制，单位制度缺乏透明度，单位员工关系复杂，存在较多不公正的事情，员工缺乏责任心等问题；优势则在于员工的薪酬福利有基本保障，员工的工作生活平稳安定等。对其职业生涯规划有如下几个建议。

（1）根据市场需要来培养员工，使员工获得更强的生存和发展能力。

（2）根据需要设置岗位，紧缩人员编制，使员工工作饱满，对未来职业发展充满信心。

（3）公开办事制度程序，给员工一个平等的竞争机会。

（4）实施员工工作激励机制，让员工充分发挥个人才智，加强工作的责任感，提高单位的整体工作绩效。

三、组织职业生涯规划的步骤

尽管由于员工个体的差异而使得员工职业生涯规划的内容各不相同，但组织在为员工制定职业生涯规划时需要考虑的因素却是基本相同的，它们一般包括以下三个方面。

（1）员工个人情况（包括健康状况、社会阶层、教育水准、性别、年龄、负担状况、价值观以及所在地区等因素）以及个人对自身能力、兴趣、职业生涯需要及追求目标的评估等。

（2）组织对员工的能力、兴趣和潜力的评估。

（3）组织对员工在职业生涯选择、规划与机会方面的沟通。

在综合考虑上述因素的基础上，组织职业生涯规划一般都要经过以下四个步骤来完成。

（一）对员工进行分析与定位

组织应当帮助员工进行比较准确的自我定位，同时还必须对员工所处的相关环境进行深层次的分析，并应根据员工自身的特点设计相应的职业发展方向和目标。这一阶段的主要任务是开展员工个人评估、组织对员工进行评估和环境分析三项工作。

1．员工个人评估

职业生涯规划的过程是从员工对自己的能力、兴趣、职业生涯需要及其他目标的评估开始的。员工个人评估的重点是分析自身条件，特别是自己的性格、兴趣、特长与需求等。在这个过程中，职业生涯指导专业人员在员工的自我评估这一环节主要是为员工提供指导，如提供问卷、量表等，以便使员工能够更容易地对自己进行评价。

例证 11-11

美国通用电气公司的员工自我评估问卷

美国通用电气公司根据公司的情况为员工制定了专门的个人评估手册，其中包括员工自我评估问卷，如表 11-3 所示。

表 11-3 通用电气公司的员工自我评估问卷

1．从下面的个人需要选项中选择三项你认为你的下一个工作安排中对你来说是最重要的，并将其圈起来；再选择三项你认为你的下一个工作安排中对你来说是次重要的，并在其下面画线。 自由 权力 金钱 独立 安全 挑战 朋友 声望 消遣 气候 专家 无烦恼 当领导 透明度 文化氛围 地理位置 教育设施 与家人一起的时间 有兴趣的工作 专业地位
2．请加上你认为应该有但是上面所列个人需要中没有列举出的项目：____________
3．你目前的工作安排为满足你下一步最需要的东西提供了可能性吗？ 如果是，请回答细节；如果不是，请指出哪种安排提供了这种可能性。
4．你觉得你的下一个工作安排能满足你自己的需要吗？
5．确定你下一个工作安排中最需要的东西并对其加以描述。
6．描述你能从事的一个为了实现你的目标愿意从事的主要活动。但是，不要使用工作名称或工作职位来描述你愿意从事的工作。描述为获得你需要的东西你将要进行的工作，至少列出 4 项活动

2．组织对员工进行评估

组织对员工进行评估是为了确定员工的职业生涯目标是否现实。组织可以通过以下三种渠道对员工的能力和潜力进行评估。

（1）利用招聘筛选时获得的信息进行评估，包括能力测试、兴趣爱好、受教育情况以及工作经历等。

（2）利用当前的工作情况进行评估，包括绩效评估结果、晋升记录或晋升提名、提薪以及参加各种培训的情况等。

（3）利用员工个人评估的结果进行评估。

为了评估员工的潜力，许多有名的国际公司都设立或使用评估中心来直接测评员工将来从事某种职业的能力。评估中心的评估可以帮助组织确定员工可能的发展道路，同时也能帮助员工知道自己的优势与劣势，以便于员工更加现实地设定自己的职业发展目标。

3．环境分析

环境分析主要是通过对组织环境、社会环境、经济环境等问题的分析与探讨，弄清环境对职业发展的作用、影响及要求，以便更好地进行职业选择与职业目标规划。

人是社会中的人，任何一个人都不可能离群索居，而是必须生活在一定的环境中，特别是要生活在一个特定的组织环境之中。而环境也为每个人提供了活动的空间、发展的条件和成功的机遇。特别是近年来，社会的快速变迁、科技的高速发展以及市场的竞争加剧更是对员工的发展产生了巨大的影响。在这种情况下，员工如果能够很好地了解和利用外部的环境，就会有助于其事业取得成功，否则就会处处碰壁，难以成功。

（二）帮助员工确定职业生涯目标

帮助员工确定职业生涯目标，主要包括职业选择以及职业生涯发展路线的选择两个方面的内容。

职业选择是事业发展的起点，它的正确与否直接关系到事业的成败。据统计，在选错职业的人当中，有 76%的人在事业上是失败者。因此，组织应当开展必要的职业指导活动，通过对员工的分析与对组织岗位的分析，为员工选择适合的职业岗位。

职业生涯发展路线是指一个人选定职业后向什么方向发展以实现自己的职业目标，如是向专业技术方向发展还是向行政管理方向发展。发展方向不同，对个人的要求也就不同，因此职业生涯发展路线的选择也是人生发展的重要环节之一。职业生涯发展路线选择的重点是组织通过对生涯路线选择要素进行分析，帮助员工确定生涯路线并画出职业生涯路线图。

组织内部的职业信息系统是员工制定职业生涯目标时的重要参考。在员工确立实际的职业目标之前，他们往往还需要知道有关职业选择及其机会方面的情况，包括可能的职业方向、职业发展道路以及具体的工作空缺。

组织应当根据自身既定的经营方针和发展战略，预测并做出对未来可能存在的职位以及这些职位所需技能类型的规划，并对每一职位进行彻底的工作分析，如某项工作的最低任职资格、具体职责、工作规范等。员工可以根据它们来确定自己的职业目标或职业规划。同时，组织还要鼓励员工去思考不同职位的成功者所经历的职业发展道路，为员工勾画出不同的职业发展道路和前景。

（三）帮助员工制定职业生涯策略

职业生涯策略是指为了争取实现职业目标而积极采取的各种行动和措施。例如，参加组织举办的各种人力资源开发与培训活动、构建人际关系网、参加业余时间的课程学习、掌握额外的技能与知识等都是职业目标实现的具体策略，另外也包括为平衡职业目标与其他目标（如生活目标、家庭目标等）而做出的种种努力。通过这些努力，有助于个人在工作中取得良好的业绩表现。

在积极实施员工职业生涯规划的同时，根据员工的不同情况采取不同的职业生涯策略，对组织和员工的发展同样具有十分重要的意义。一般来说，在人生的不同年龄阶段，员工的兴趣、价值取向等都会有所转变。因此，组织也就应当对不同年龄段的员工采用不同的职业管理方法。

年轻人喜欢不断地自我摸索，寻找适合自己发展的职业道路。因此，向新加入组织的年轻人提供富有挑战性的工作，对他们形成良好的工作态度将会产生深远的影响，并能使他们在今后的职业生涯中保持旺盛的工作热情和竞争能力。

人到中年后往往对家庭、工作保障及社会地位考虑得更多，他们非常渴望能够获得以职务升迁为标志的职业成就。为了弥补职位空缺，组织可以安排他们对年轻员工进行传、帮、带，使他们认识到自己的重要性；对于那些已经有一定地位但不可能再继续晋升的员工，可以通过工作轮换来提高他们的工作兴趣；对于即将退休的员工，组织可以为他们创造一些机会或提供一些条件来培养他们对有益身心健康的娱乐活动的兴趣，以便营造一个充满人情味的组织氛围，从而使企业获得员工的忠诚。

（四）职业生涯规划的反馈与修正

由于种种原因，最初组织为员工制定的职业生涯目标往往都是比较抽象的，有时甚至是错误的。因此，在经过一段时间的工作以后，组织还应当有意识地回顾员工的工作表现，检验员工的职业定位与职业方向是否合适。通过在实施职业生涯规划的过程中评估现有的职业生涯规划，组织就可以修正对员工的认识与判断。通过反馈与修正，可以纠正最终职业目标与分阶段职业目标的偏差。同时，通过评估与修正还可以极大地增加员工实现职业目标的可能性。

通过对职业生涯规划进行反馈与修改，构建组织发展战略以及员工职业目标之间的桥梁，是实现组织规划目标的重要手段。组织在了解了员工的自我评价与职业目标之类的信息后，就可以据此并结合组织的发展战略来全盘规划与调整其人力资源。当组织未来的人力资源需求与某些员工的职业目标和个人条件大体一致时，组织就可以事先安排这些员工接触这些工作并使之熟悉起来；当然也可以根据未来职位的要求有的放矢地安排有关员工进行相关的培训，以便使其做好承担此项工作的任职准备。有些员工对本职工作并不喜欢，而对组织的另一些工作很感兴趣，如果这些工作的要求与这些员工的条件相匹配并且又有空缺的话，组织也可安排他们转岗，但是组织应当恪守“公平、公开、公正”的原则，以便让组织获得最佳人选，让员工获得最佳发展。

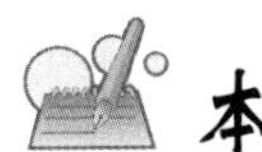

本章小结

1．职业生涯管理是指组织开展和提供的、用于帮助和促进组织内正在从事某类职业活动的员工实现其职业发展目标的行为过程，其内容包括职业生涯设计、规划、开发、评估、反馈和修正等一系列综合性的活动和过程。

2．职业生涯管理具有三个方面的特征：(1) 职业生涯管理是组织与员工双方的责任；(2) 职业生涯信息在职业生涯管理中具有重要作用；(3) 职业生涯管理是一种动态管理。

3．员工职业生涯规划一般包括自我定位、机会评估、目标设定、路线设定、反馈与修正五个方面的内容。

4．组织职业生涯规划一般都要经过四个步骤来完成：（1）对员工进行分析与定位；（2）帮助员工确定职业生涯目标；（3）帮助员工制定职业生涯策略；（4）职业生涯规划的反馈与修正。

网站推荐

1．中国职业生涯网：www.zhiyeguihua.com/
2．职业规划公益网站：www.16175.com/
3．第一职场网：www.career001.com/
4．CN 人才网：www.cnrencai.com/zhiyeguihua/

思考练习题

1．什么是职业生涯管理？
2．企业在职业生涯管理中扮演着什么角色？
3．不同类型企业（国企、外企、民企）职业生涯规划的侧重点分别是什么？

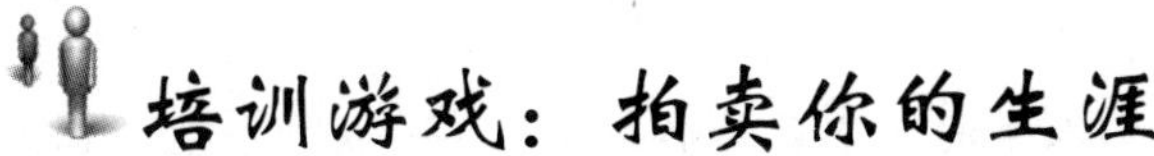

培训游戏：拍卖你的生涯

老师发给每人一张纸，上面打印着如下内容：

1. 豪宅；
2. 巨富；
3. 一张取之不尽、用之不竭的信用卡；
4. 美貌贤惠的妻子或英俊博学的丈夫；
5. 一门精湛的技艺；
6. 一座小岛；
7. 一座宏大的图书馆；
8. 和你的情人浪迹天涯；
9. 一个勤劳忠诚的仆人；
10. 三五个知心朋友；
11. 一份价值 50 万美元并每年可获得 25%纯利收入的股票；
12. 名垂青史；
13. 一张免费旅游世界的机票；
14. 和家人共度周末；
15. 直言不讳的勇敢和百折不挠的真诚；

……

老师拿起一只小锤子，这是一只旧锤子，暂时充当拍卖锤。要拍卖的东西，就是在座诸位的生涯。

一个人的生涯，就是你人生的追求和事业的发展。它可以掌握在你自己手中。性格就是命运。生涯从属于你的价值观。通常当人们谈到生涯的时候，总觉得有太多的不可把握性，埋藏在未知中，其实它并非想象中那般神秘莫测。现在，通过这个游戏，让大家比较清晰地看到自己的爱好，预测自己的生涯。

老师再象征性地发给每人 1 000 元钱，代表你一生的时间和精力，学生把这张纸上所列的诸项境况裁成片，一一举起，这就等于开始了拍卖。学生可以用自己手中的“积蓄”购买老师的这些可能性。

100 元钱起叫，欢迎竞价。当老师连喊三次，无人再出高价时，锤子就会落下，这项生涯就属于出最高价的学生了。注意，这里强调的是可能性，并非是真正的事实，它的意思就是你用 999 元竞得了豪宅，但并不等于你真的拥有了一片仙境般的别墅，只是说你将穷尽一生的精力来为自己争取这所房子。相信只要你竭尽全力，把目标当成整个生涯的支撑点，实现的可能性很大。

这个游戏的分量举重若轻，它把我们人生的繁杂目的形象化了——拼此一生，你到底要什么？

学以致用

小铎是在读大四会计学专业学生，目前在某知名外资银行实习。在实习期间，他参加了该企业开展的一系列员工职业生涯培训与开发讲座，认识到职业生涯规划与管理的重要性。于是，他决定立刻动手，详细规划自己的职业生涯，内容包括制定职业发展短期、中期及长期目标等。

请将班级分为若干小组，参考本章节中相关内容，展开讨论，提醒小铎在职业生涯规划中需要注意的事项，并结合自身实际，做出其毕业后3～5年内的短期职业规划。

案例分析

零点集团员工职业规划案例

零点研究咨询集团是目前国内最大的提供专业的策略性研究咨询服务的集团公司之一。在集团快速发展的背后，是一支学科配置整齐、专业人员年轻、高度自觉的学习型研究队伍在支撑着企业不断前进。因此，如何让企业内部员工充分发挥潜能、保持高敬业度一直是零点集团的领导密切关注的问题。

咨询研究行业工作压力大、人员流动率高已成为普遍现象，而优秀的从业人员需要长期的实践钻研和经验积累才能造就，零点集团充分认识到留住核心骨干员工的重要性，认为员工的进步是企业保持竞争力常青的基石。因此，零点集团希望寻找一种有效的手段来关心员工的个人成长，帮助员工全面了解自己的特点、能力水平、优劣势，从而确立发展方向。该集团通过配套实施内外部培训、业务轮岗、专家辅导等关键环节提升员工的综合业务能力和职业胜任能力，从而实现企业和员工的共同发展。

为了给企业和员工的长期发展提供强有力的支撑，零点集团人力资源部门在高层的支持下决定应用科学的人员测评方式，结合专家的咨询服务，搭建适应组织发展和个人需要的职业生涯规划体系，期望通过细致入微的访谈和核心素质的评估来综合考察核心人员的适岗情况及后期适应的职业发展方向。具体来看，零点集团针对员工的职业生涯规划体系分为以下四步战略。

第一步，知己：背景调研＋理念分享

为了解零点集团的发展和管理人员的现状，调研团队通过访谈、背景调研等方式搜集了企业、人员的基本信息和相关岗位的基础资料，这些信息的获取成为实施符合企业发展要求的人才测评服务方案的立足点。这一阶段搜集的信息主要包括：① 企业现状和发展战略；② 目标岗位的基础信息；③ 高管、人力资源部门的要求和期望 。

第二步，知彼：信息搜集＋测评实施

调研团队采用了他人评价、背景信息搜集表和标准化测评相结合的方式获取参与人员的详细资料，让员工能够借助测评工具发现自身的特点，同时也引导其对自身经历和所处的状况进行回顾和总结。

第三步，定位：一对一咨询＋深度剖析

调研团队在对零点集团的战略发展需要和内部人力资源现状充分了解的基础上，通过一对一访谈的方式，深入了解目前项目参与人员对公司、部门等方面的真实反馈，帮助员工走出在一些问题上的误区。

第四步，行动：结果反馈＋计划实施

找准了定位，明确了方向，职业规划并没有到此结束，对个人和组织的发展建议最终要落地实施才能生效。而这些建议能否被贯彻执行取决于两方面的因素：首先，阶段性目标设置的合理性，个人和组织的发展是一个长期的规划，但如果仅仅用这个长期的目标激励和指引自己，在得不到及时反馈的情况下很容易半途而废，所以合理的方式是将长期目标进行分解，在着眼于长远发展的情况下制订一步步能在短期实现的行动计划；其次，行动的过程需要有指导和监督，组织对个人实施有针对性的培养，并定期给予反馈和激励，有利于员工的不断实践和提高。

零点集团在明确了员工的定位之后，对结果的反馈和发展计划的实施也给予了高度重视。人力资源部门组织参与员工的直接领导对其进行一对一的结果反馈，帮助员工理解个人和组织目前的状况，指导其制订合理的发展计划，结合个人的实际情况和企业的人员需求提供适应的发展空间。此外，集团还从组织层面出发，将公司目标更加清晰化，并考虑与个人发展之间的关系，调整对人员的要求和挑战；有计划、有针对性地补充某一特点的人才，加固企业的稳定；同时加强企业管理力度，增加对管理的培训和指导。

（资料来源：http://www.hroot.com/contents/91/87198.html）

思考讨论题

1．试归纳企业对员工进行职业规划和个人进行职业规划的异同点。

2．你在进行职业规划时，零点集团针对员工的职业规划步骤对你有什么启发？

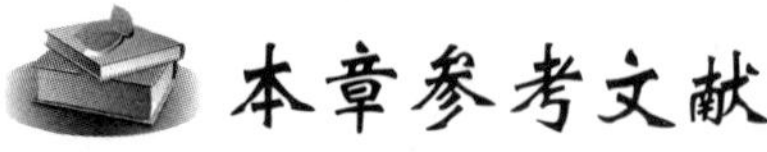

本章参考文献

[1] D HALL. The career is dead-long live career: a relative approach to career[M]. San

Francisco: Jossey-Bass, 1996.

[2] M ARTHUR. The boundaryless career[J]. Journal of organizational behavior, 1994, 15(4): 7-22.

[3] M ARTHUR, D ROUSSEAU. The boundaryless career: a new employment principle for a new organizational era[M]. New York: Oxford University Press, 1996.

[4] RAYMOND A, NOY. Employee training and development[M]. Beijing: Renmin University of China Press, 2007.

[5] T GALVIN. Ohio savings bank[J]. Training, 2003(3): 60-61.

[6] Y BARUCH, PEIPERL. Career management practices: an empirical survey & implications[J]. Human resource management, 2000, 24(4): 699-719.

[7] 鲍立刚．不同类型企业的职业生涯规划[J]．中国人才，2005（4）：50-51.

[8] 段红．浅谈个人职业生涯规划中的错误认识及对策[J]．企业文化，2009（6）：50-52.

[9] 杜映梅．职业生涯管理[M]．北京：中国发展出版社，2011.

[10] 董展阳．全球四大名企的职业生涯规划[J]．职业，2014，34：25-27.

[11] 何发平．知识经济时代职业生涯的变迁趋势[J]．期刊职业圈，2007（3）：37-39.

[12] 高玉美．浅析公司员工职业生涯管理[J]．人力资源管理，2016（1）：45-46.

[13] 刘江花．员工职业生涯路径探讨[J]．科技与管理，2009，11（3）：11-12.

[14] 潘琦华，王蕾．新生代员工职业生涯管理研究[J]．广东科技，2012，21（13）：16-17.

[15] 汪璐．H 公司新生代员工职业生涯管理体系研究[D]．济南：山东大学，2017.

[16] 余敏．企业新进大学生职业生涯管理与培养机制研究[D]．桂林：广西师范大学，2013.

[17] 张明．新生代知识型员工的职业生涯管理[J]．中国商论，2016（14）：179-180.

[18] 张熙朋．中小企业新生代员工职业生涯规划管理策略探究[J]．行政事业资产与财务，2018（02）：92+36.

[19] 赵帅．中小企业新生代员工职业生涯规划管理策略研究[J]．现代营销（下旬刊），2017（08）：105-106.

第十二章

企业培训外包

1. 了解企业培训外包的概念和特点；
2. 掌握实施和管理企业培训外包的方法；
3. 了解培训外包的风险与防范措施；
4. 了解企业培训外包的现状与发展趋势。

人才培训外包不只是省钱

上海地铁自2012年开始本着“市场化分工提升效率”的原则进行公司的业务外包，其中外包岗位之一就是站务助理培训。截至目前，外包公司培训全上海14条地铁中的站务助理人员近一千人。

上海地铁在2012年之前在各个站台设立由志愿者组成的团队为上海地铁提供指引工作。这些志愿者大多来自附近的各个社区街道，这些人员绝大部分是街道以任务形式下达给各个人员，因此这些人员流动性比较大，且服务上不能满足地铁公司的需要。伴随着上海地铁的扩展以及流量的增加，上海地铁的安全和秩序隐患越来越大。上海地铁意识到这个问题，最后通过公司决议，决定由外包公司来承接所有人员的培训工作。上海地铁只负责发布需求，包括哪个站点、哪些位置、做什么样的工作，其余的全部交给培训公司。外包公司根据上海地铁的要求，完成从人员招聘、岗前培训、上岗安排、工作监督、岗位考核、薪酬管理、社保福利管理、工伤管理、劳动纠纷处理等所有的工作。

经过 4 年的发展，站务助理已经成为上海地铁中不可或缺的岗位之一。上海地铁在没有增加编制的情况下完成了所有的工作，更重要的是通过培训外包的专业化服务实现了经营效率的提升，为公司带来了可观的经济效益。

（资料来源：万年冬，2016）

从上海地铁在没有增加编制的情况下，通过外包公司培训站务助理，实现了经营效率的提升的例子中可以看出，目前，随着现代社会经济的发展和企业培训员工需求的增加，培训外包作为企业资源应用的一种有效组织形式正在快速发展。那么，什么是培训外包？它具有哪些特点和风险？如何进行实施和管理呢？本章将围绕这些问题主要介绍培训外包的概念和特点、培训外包管理以及企业培训外包的发展现状与前景。

第一节　企业培训外包概述

单一的、传统的企业自身培训方式可能由于企业内部资源的限制而难以有效进行。为提高员工培训的效率，开发人才，从而实现人力价值的提升，同时保持企业的核心竞争力，培训外包成为许多企业的选择。

一、培训外包的概念与特点

（一）什么是培训外包

外包（Outsourcing）是由哈默尔（G. Hamel）和普拉哈拉德（C. K. Prahalad）于 1990 年首先提出的，一般是指组织把自己做不了的、做不好的事交给专业公司去完成，利用它们的专长和优势达到降低成本、提高生产率和增强发包商竞争力的一种管理模式（汪应洛，2007），其核心理念是“做自己做得最好的，其余的让别人去做”。

根据《商务部关于做好服务外包“千百十工程”人才培训有关工作的通知》（商资函[2006]111 号），服务外包业务是服务外包承包商向客户提供的信息技术外包服务（Information Technology Outsourcing，ITO）和业务流程外包服务（Business Process Outsourcing，BPO）。随着网络技术的发展和全球化程度的加深，发包商不再局限于将直接的 IT 业务进行外包，而是将其拓展到承包商业务流程领域，也就是业务流程外包。

业务流程外包是信息技术外包的扩展，服务提供方不仅为客户提供信息技术服务，而且提供基于信息技术的各种业务流程服务，具有资源消耗低、就业机会多、综合效益好的特征（李宗乘，2013）。业务流程外包应用的行业领域包括财务外包、人力资源外包、金融银行外包、文件管理外包、客户关系管理外包，而培训外包是人力资源外包的重要组成部分。

培训外包是企业为获得专业化服务，优化培训资源，增强人力资本的核心竞争力，以委托代理的形式将本应由内部人力资源完成的全部或部分培训职能交给外部专业机构来完成的一种形式（陈彩，张瑶，2016），可以分为完全外包和部分外包。完全外包是指企业将整个培训业务（包括制订培训计划、设计课程内容、确定培训时间、提供培训后勤支持、培训设施管理、选择培训讲师以及培训课程评价等）交给企业外的培训机构来实施。部分外包只是将部分培训任务交给培训机构来实施。

根据外包是否外部化，培训外包还可以分为内部外包和外部外包。内部外包实际上是指将整个培训职能交给本企业的人力资源部来实施，或者是聘请专家来企业进行培训，实际上它是内部培训的一种优化形式，如百度作为全国最大的互联网搜索引擎公司，设置内训机构百度大学和百度技术学院，阿里巴巴作为全国最大的电子商务企业，设置内训机构湖畔学院（王永民，马青华，杨美龙，2015）。而外部外包则是将培训职能交给外部培训承包商。后面我们将要学习培训外包的决策模型，就是用来界定培训活动内部化还是外部化。

培训外包使培训与开发活动更有效率地运行。如果企业想要节省开支或者缺乏中高层管理人员，则可以将企业的培训职能全部或者部分外包给外部承包商，这样不仅可以节省人力，更重要的是企业可以提高自己的核心竞争力，集中力量搞好主要业务，还可以吸收更先进的管理理念。在培训外包的同时，为了达到预期的效果，发包商可以对培训活动进行全程监控，并对效果进行评估，使得双方责任清晰。

（二）培训外包的特点

外包行业首先是从制造业的外包开始发展的。最初的外包是为了降低生产成本，在地区或全球范围内实现资源的优化配置，利用自己的优势发展全球经济。培训外包最初的目的同样是为了降低成本。

随着信息技术的发展，培训外包逐步成为企业的重要选择。培训外包有以下六个特点（汪应洛，2007）。

1．专业化水平更高

承接培训外包的培训机构一般都是某个领域的专家级承包商，实际上它们的核心竞争力就是它们所能够提供的培训服务。从这一点上来说，它们对于承包的业务比培训外包方更加具有专业性。另外，作为一个培训服务行业来说，它们的服务水平也会更高。

2．对人力资源要求更高

培训是一个系统的工程，要使培训高效，必须认真分析企业的状态、员工的水平及工作状态、岗位需求，而且还要分析得尽可能地细致到位。这是一项非常复杂的工作，这就要求从业人员有相当丰富的实践经验和相关的培训教育经历，因此，培训外包属于知识密集型产业。培训服务行业并非像制造业一样，只需要对员工进行简单的技能培训。如果要使培训外包行业做到专业化，对人力资源的要求非常高。

3．低成本，高附加值

从收益上来看，培训外包的附加值非常高。培训外包所花的总成本往往要比企业自己组织培训所花的总成本要低一些，而达到的效果会更好。对于承包商来说，同样的投入也能获得更多的利益，加入培训外包的行列是上佳的选择。

4．突破企业原来的管理模式限制，给员工带来新思想和新意识

通常情况下，企业发展到一定的阶段，都会遇到瓶颈。这时候如果实行培训外包无疑是突破瓶颈的最佳方式之一。专业的培训机构拥有专业全面的管理理念，能够快速找到企业发展的瓶颈，并且针对企业的瓶颈开展实用的培训，给企业带来新的机遇和生命力。在培训外包的同时也引入了新的管理理念，能够培养员工的创新意识和创新思维，开阔员工的视野，给企业带来新技术，增加企业原动力。

5．低消耗，无污染，并且不受地域的限制

培训外包像所有的服务外包行业一样，对于有形资源的消耗比制造业低了很多，也不会有废弃物的排放，运用的就是知识，可以说是非常环保的一个行业。

6．成果无形化，难以量化评估

培训外包的最终结果不是实物化的产品，只是员工知识的增加和技能的提升，到底培训外包效果如何，难以进行可靠的量化评估。

二、培训外包的动因理论

培训外包是建立在广泛的企业理论基础之上的。关于培训外包的动因理论有很多，综合了解这些观点有助于我们来解释培训外包这种现象。Mboley（2000）讨论了外包的四个主要驱动因素，即经济、技术、就业和政治（或社会）。这里我们将从战略管理、经济学和社会学三个方面分析培训外包的动因。

（一）战略管理观点

1．企业资源

沃纳菲尔特（Wernerfelt，1984）发表的《企业资源基础论》论文标志着资源基础理论的正式诞生。资源基础理论认为企业是资源的集合体。各个企业拥有不同的资源，企业中的资源都具有差异性，如企业的知识和技能等，这些异质的资源给企业带来了竞争优势。

企业只有发展那些稀缺的、不容易被别的企业模仿的以及不可替代的优质资源，才

可以在市场竞争中保持优势。因此，企业应该集中资源和能力发展自己的核心竞争力，而在自身不具备相应的资源和能力的情况下就应该寻求外部资源来解决问题。企业将内部非优质资源业务外包，就可以把有限的资源集中投入到自己具有优势的核心业务上，降低机会成本和投资风险。企业可以利用培训机构的专业知识和经验，提高工作效率和客户服务水平，同时也增加获利能力。

企业从环境中获取资源，接包商和发包商是一种相互依存的关系。发包商不具备某种资源或者不愿动用某种资源，必须依赖接包商提供。资源的相互依赖性产生了企业风险，通过外包可以实现并扩展企业现有资源，与外部组织建立战略联盟和知识联盟，降低风险。

2．核心竞争力

企业核心竞争力是指企业将各种资源或能力整合起来而发展形成的一种非物质力量，是维持企业生存和发展的重要无形资产（叶达树，2015）。企业的核心竞争力是企业快速、低成本地集成各种生产技能、技术手段和资源来应对各方面挑战的能力，具有价值性、独特性和延展性。培训外包的本质在于保留核心价值能力资源，借助其他组织的资源和专业化对自身进行整合，优化资源配置。

3．价值链

企业价值链是指企业用来进行设计、生产、营销、交货以及对产品起辅助作用的各种活动的集合，是企业创造利润和获得核心竞争力的各项活动的集合，是企业内部各项活动的联系（宋倩，2009）。企业的价值创造过程是由一系列不同但相互联系的生产经营活动构成的，因此，企业的价值链就是单个的环节的组成过程。但是企业之间的竞争不是单个环节的竞争，而是整个价值链的竞争。整个价值链的综合竞争实力决定企业的竞争能力。通过外包，企业可以把自己不具有优势的培训活动转移出去，让那些擅长培训的接包商来解决问题，实现整条价值链的最优化。

（二）经济学观点

1．交易费用

建立企业有利可图的主要原因似乎是，利用价格机制是有成本的（科斯，1937）。企业是由于市场的运行成本而存在的，当市场的内部运行成本大于通过市场交易的成本时，企业就应该通过价格机制来取得服务。

交易费用理论很好地解释了企业培训外包的动机。第一，外包关系的建立，使得企业和接包商建立联盟，也减少了相关的交易费用，如讨价还价的费用，发生冲突时产生的法律诉讼费用等。第二，外包可以减少企业内部培训的官僚主义。官僚主义会限制培训的灵活性，企业通过市场把培训外包给接包商，接包商往往能够比内部培训更快地提供培训服务，也就节省了成本。第三，培训外包减少了人力资源部经理隐瞒绩效的问题，外包绩效大于内部培训，同时还节省了费用，这些也说明了培训外包的动因。

2．契约关系

契约是交易双方在平等互利的基础上自愿订立的在法律上具有约束力的协议，契约关系是企业之间约定一定的权利和义务的交易关系（俞海平，2014）。企业与培训机构之间的契约关系一般有以下特点：持有一定的合作态度，追求长期的交易激励，并且着眼于未来的收益。这实际上强调了企业内部和外部培训机构的变换的协作和交互关系。当未来的收益大于短期的收益时，双方就能够保持一种合作的态度，这同样有利于企业把培训外包给与自己有合作关系的培训承包商。

例证 12-1

乐普医药公司员工的培训外包

乐普医疗器械股份有限公司，简称乐普医药，成立于1999年，由中国船舶重工集团和美国 WP 公司共同组建，主营业务覆盖医疗器械、医药、移动医疗和医疗服务四大领域。自成立以来，公司相继完成了支架、导管等多项介入医疗核心产品的研制开发和产业化工作，在业内第一个获得国家药监局颁发的“冠状动脉支架输送系统”产品注册证(III 类)、第一个研发并试制成功抗感染“药物中心静脉导管”。

乐普医药公司立足自身，结合企业的发展战略，在充分地考虑企业的发展现状及企业短期和长期不同发展目标的基础上，选择知名度高、专业化的培训公司对公司员工和管理人员进行培训，培训内容不仅包括对新入职员工企业文化、商务礼仪和员工晋升管理等方面的培训，还包括对一般员工和管理人员团队合作、市场研究和管理技能等方面的培训。通过采用培训外包的形式，乐普医药公司的培训成本得到了大幅度的降低、在成本一定的情况下让员工享受到了更专业的培训服务。同时，提高了公司的管理效率，使企业的人力资源管理工作更加科学、规范。此外，相比企业本身，外包服务提供商比较专业，而且非常熟悉市场发展情况和企业各项职能的开展工作。因此，在企业相关职能外包的过程中，公司员工获得了经常跟外包服务提供商进行交流和学习的机会，这样，有利于公司员工在专业技能方面的能力得到发展和提升。

（资料来源：冯国良．乐普医药公司人才资源外包问题及对策研究[D]．咸阳：西北农林科技大学，2015.）

（三）社会学观点

1．社会交换论

社会交换论认为人类的相互交往和社会联合是一种相互的交换过程，社会实际上是人们之间行为交换的结果（黄洁，王晓静，2016）。社会交换论认为，关系是相互的，双方相互作用、相互回报，投资大小决定利益大小，不会违背公平原则。培训外包是企业与培训承包商之间相互作用的一种关系体现，双方之间充分利用了彼此的核心能力，实现了资源的交换，进而达到优化配置。

2. 制度观点

制度为社会提供稳定性和规则，是与活动资源相联系的。培训外包是组织制度的一种安排，这种制度安排可以使发包企业获取更大的收益，为社会创造更多的财富，同时也丰富了员工的知识，使社会更加和谐。

第二节 培训外包的实施和管理

培训外包的优势是很明显的，培训外包在企业的战略选择中越来越受到重视，但是如何实施培训外包以及怎样进行外包管理，将决定培训外包是否能够产生优势。本节将讲述培训外包选择的流程、决策模型、培训外包项目的转移管理、双方合作伙伴关系管理和基础设施管理。

一、培训外包选择的流程

培训外包选择的流程主要就是引导企业如何选择合适的接包商，即培训承包商，以保证培训的效果和企业培训工作的顺利实施。确定好了培训外包选择流程，企业还可以借助培训服务承包商提高企业员工的业务技能和企业经营管理效率。这里我们将培训外包的流程细化为以下九个步骤（孙宗虎，邹晓春，2008）。

1. 培训需求分析

培训部门或负责培训的人力资源部必须先对企业的各类培训需求进行分析，再根据具体的培训项目要求，结合各类培训所需的直接和间接费用进行对比分析，初步商讨选择何种培训方式。

2. 确定培训外包方式

人力资源部决定所选择的培训方式后，将培训方式上报到上级部门进行审批，各级部门审批以后确定是否选择培训外包的方式。市场上能够提供的培训服务形式主要有公开课程、顾问式培训、网络课程式培训和管家式培训。公开课程通常能够满足中等企业内部一些不成规模的培训要求；顾问式培训是指请外部培训提供商到企业内部来，与企业进行交流和沟通，了解企业课程设置的需要，这种方式是以企业的需求为出发点，适合那些已经拥有了自己的一套成熟的培训体系但是缺乏培训师的企业；网络式培训的优点就是不受地域的限制，而且随着信息技术的发展，网络培训越来越受到青睐；管家式培训是最高端的培训外包，是指企业把所有的培训工作都交给培训服务提供商。管家式培训服务的提供商必须拥有自己的知识产权和培训经验，培训体系必须健全，设施要先进，专业性要强。

3．决定外包培训项目

培训外包分为全部项目外包和部分项目外包。企业处于精简状态时，建议将整个培训职能外包出去；企业处于发展之中且急需培训时，可以考虑部分项目外包。当上级部门同意外包以后，人力资源部必须根据现有工作人员的能力、培训预算、内容等商议需要外包的项目，然后培训专员要起草《项目培训计划书》。

4．挑选培训服务商

衡量培训服务商的标准有声誉、财务稳定性、从事培训的经验、是否具有与本企业文化较为一致的价值观，以及能否在企业要求的时间内完成培训计划等。企业将培训项目外包，一般会涉及一些关键技术和核心优势的信息，在外包培训的过程中以及推出外包服务时就涉及关键信息外泄的风险，因此，培训服务商的信誉和价值观非常重要。另外，培训服务商的一些基本素质关系到企业培训的绩效，必须认真对待。

5．寄送项目计划书

人力资源部需要将制订好的《培训项目计划书》寄送给挑选出的培训服务商。要注意的是，需求评价和项目计划书要求的质量对于找到最佳合作伙伴并建立起有效的培训和开发职能，对外包关系来说是至关重要的。

6．接收并评价计划书回复

培训服务商回复项目计划书以后，人力资源部需要审议服务商提交的项目计划书，结合自身培训外包预期，对培训服务商的回复进行评价。同所有服务外包一样，培训外包也应当审议与目前组织内部担任该职能所发生的成本相比较的成本节约或成本增加。

7．选定外包培训服务商

人力资源部根据培训服务商的回复内容以及事前了解的培训服务商的信誉、报价以及素质等，最终确定培训服务提供商，并发出合作邀约。

8．签订外包培训服务合同

双方经过协商以后，对培训的要求、费用等达成共识，对合同条款进行修订后签订《外包培训服务合同》，双方按照合同条款履行各自的责任和义务。为了确保企业的利益在外包合同中得到充分保证，应该清楚地把培训的要求和承包商没有达到期望时将采取的措施写入合同。费用是培训外包合同的重要内容，也是企业最关心的问题。因此，在签订合同时必须慎重审查培训时间的长短，其间是否会有费用的增加，如果有，何时增加，增加多少，增加的依据是什么，特别要充分考虑其中的隐性费用。

9．跟踪、监控培训质量

人力资源部必须建立监督外部培训项目的质量和时间进度的机制，实施跟踪监控以确保培训效果，同时还应该定期监控服务费用、成本以及培训计划情况。监控最重要的就是要与培训服务商进行适时沟通，使对方了解企业的真正需要，让企业与培训服务承包方的企业文化互相适应和包容，还应协助承包方分析情况并做出及时改进，指导承包方建立质量保证体系。同时，要适时与受训员工沟通，了解培训内容的适用性以及培训方式的可接受性，以便督促培训方随时改进工作，提高培训效率。要注意客观评价培训效果，将培训外包的效果与培训服务提供商的酬金结合起来，降低培训外包的风险。

二、决策模型

关于企业培训的模式主要有自制培训、内部外包和外部外包三种。自制模式完全利用企业的内部资源。内部外包即将整个培训项目完全交给企业的人力资源部或培训中心。严格地说，内部外包并不是外包，而是企业内部职能承担的一种表现。外部外包就是将企业培训的部分业务或整个项目交给外部培训服务承包商，这是一种典型的外包模式。企业究竟应该采取哪种培训模式，应该综合考虑企业培训决策的影响因素。决策模型如图12-1所示。

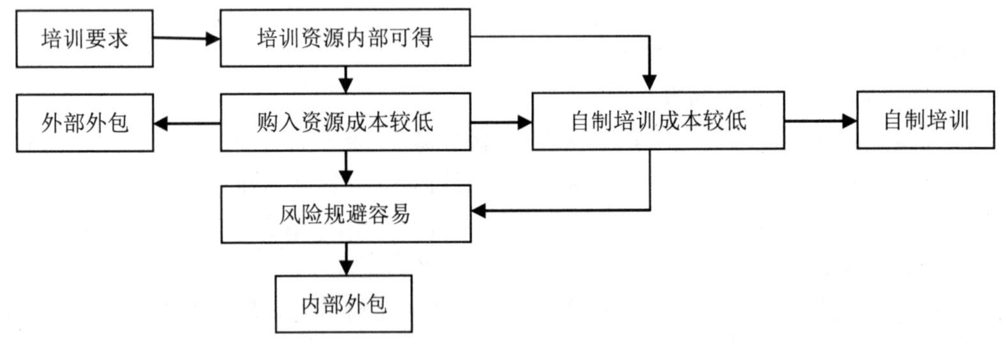

图12-1　培训决策模型

资料来源：徐彬．中小企业培训外包决策模型[J]．华东经济管理，2006，20（3）：90-93．

业务的复杂程度、可竞争性和资产的专用程度三个因素决定了购入资源成本的大小。业务的复杂程度是指培训内容的复杂程度，包括签订合同的环境的不确定性、信息的不对称性和可能产生的风险性。培训越复杂，购入资源的成本越高。可竞争性是指可以提供培训服务的市场的竞争力大小，如果某培训服务提供商没有竞争对手，则说明市场的竞争性不大。可竞争性越大，购入资源的成本越低。专用资产是指某项资产对某种产品的生产做出很大的贡献，但投入其他用途时价值量较低。在培训中，专用资产是指培训服务提供商能够提供培训的培训师。资产的专用程度与购入资源成本成正比。

另外，核心竞争力理论根据培训项目是否为企业核心竞争力因素，提出基于核心竞争力的培训外包决策模型，如图 12-2 所示。随着知识经济时代的来临，人力资源管理已经在企业核心价值链上凸显出了它的重要作用。而培训正是属于高战略性、低稀缺性的人力资源活动，为企业内部员工提供了高附加值。企业应该把主要精力集中于核心业务上，把非核心、事务性、程序性的工作和项目予以外包，提高企业的核心竞争力。

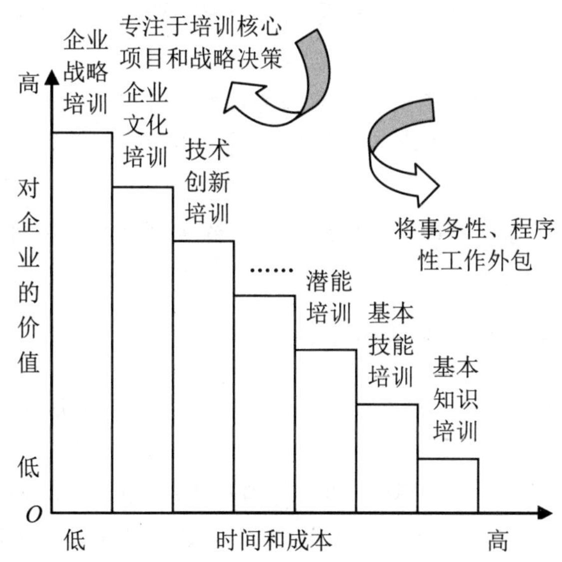

图 12-2　基于核心竞争力的培训外包决策模型

三、培训外包项目的转移管理

培训外包的转移阶段是企业应该采取风险管理措施和战略的阶段。首先，企业必须选择个人或一个团队，或者是指定一位管理者来负责建立一个项目管理团队，来实施项目管理计划。项目管理团队负责整个企业与培训外包有关项目的实施。培训外包项目转移管理的主要工作包括挑选服务商、获取领导层与管理层的支持、与员工进行沟通、解决失业以及工作转换问题。

（一）挑选服务商

成功进行培训外包，建立一系列挑选培训服务提供商的标准是十分重要的，以下是评价培训服务提供商的八个标准（库克，2003）。

（1）名声：企业都需要选择声誉良好的服务商进行合作。

（2）财务稳定性：与之合作的培训服务提供商在财务上是否稳定是判断接包商的重要标准，必须要求服务商提供信用证明。

（3）经验：培训服务提供商以往的经验往往能够证明它有能力在客户确定的时间表内提供客户所需要的服务。

（4）文件：服务商要能够提供说明其长期、持续、有效的业绩的文件。

（5）培训能力：培训服务提供商应拥有一个招聘和培训自己雇员的系统，能够保证快速补充新人。

（6）共享价值观：培训服务提供商应该能够理解外包企业的组织文化和价值观。

（7）相关的数据：关注培训服务提供商某些能够反映其服务水平和业务活动水平的数据。

（8）时间选择和承诺：培训服务提供商应能够满足企业对时间和工作量的需求，能够履行承诺。

（二）获取领导层与管理层的支持

培训外包的实施必须得到高层主管和经理的大力支持。高层主管在培训外包决策中起到十分关键的作用，他们的意见直接影响各级经理的支持度，如果高层主管的支持力度不大，各级经理的支持度也会下降，直接导致员工的积极性和参与程度下降。

培训外包对于人力资源部就是一次组织变革，变革的过程中总会存在阻力，如何处理这些阻力就是领导者需要考虑的问题。对于一些明显的阻碍者，可以直接使用一般的纪律规范和激励策略，但是对一些隐藏的阻碍者，必须花费精力才能找出他们的意图以约束他们。

在处理由于培训外包带来的变革时，领导者应该好好规划企业未来的愿景，并宣布培训外包是企业精心选择的战略方法，并且能为企业和员工带来好处。这样的做法往往能够收到更好的效果。

（三）与员工进行沟通

对于管理者来说，要以正确的态度来对待培训外包所带来的影响，最直接的方法就是真诚地与每个员工就企业的目标进行沟通，使员工了解自己能力和组织要求之间的差异。在工作中要管理好员工，真诚是最好的策略。如果管理者没有用审慎的、积极的和有导向性的信息与员工沟通，培训的目的就有可能被员工误解，从而弱化培训的效果。

（四）解决失业以及工作转换问题

培训外包可能使一些企业的人力资源部门的工作重点发生转变，涉及的往往是收入一般的普通工薪层。如何应对由培训外包所带来的失业和工作转换问题也是一个亟待解决的问题。项目管理团队应该对每一种培训外包的可能反应都加以管理。

培训成本的组成应该包括已计划的职位工作损失、职位转换、员工解雇费用和新员工招聘培训等所有费用。项目管理团队最好找到一个能够使所有人的满意度达到最大值的计划，以确定培训外包工作的顺利实施。

四、双方合作伙伴关系管理

双方合作伙伴关系管理主要包括合同管理和双方关系管理。

（一）合同管理

1．合同的签订

与培训服务提供商签订合同时应注意，合同条款是外包服务中最重要的环节，合同条款制定的详细程度和明确性将直接影响合同的履行。一份好的外包合同条款对合同中的工作有清楚的界定，能够在双方出现分歧时成为解决争端的依据。

培训外包合同可以分为市场型合同关系、中间型合同关系和伙伴型合同关系三类。由于三种合同关系涉及的发包商和接包商的关系程度不一样，应该注意的要点也不相同。

如果企业的培训需求明确无歧义，培训内容简单，并且没有续约的必要，则企业与培训承包商只需要签订市场型合同。签订合同前需要全面深入了解需求，对承包商进行择优录用，合同条款必须简明、完善、无异议，并且要事前商议好价格。

对于企业来说，有时候某些需求无法事先确定，预计在合同期内可能发生变化，另外企业也有可能对将要签订合同的培训服务承包商所拥有的信息不完备，或者企业有可能对合作关系进行人力、物力等专门投资，这时候最好与培训承包商保持中间型合同关系，采取变动定价方案使双方共同承担风险，并将承包商的报酬与经营绩效挂钩，并且明确终止条款。

伙伴型合同关系是针对那些培训要求不很明确、资产专用性较高且续约可能性极大的双方关系。伙伴型关系签订合同时须注意，对不可预知事件采取共担风险、共享收益的定价方法，要明确利润分配条款和争端与分歧解决机制，要对变更合同条款的权利进行说明。

企业应当确保自己的利益在外包合同中得到充分保证，还应该清楚地把自己的要求和承包商没有达到期望将会采取的措施写入合同。

美国雇主/工会在培训中的合作关系

可以体现雇主/工会的伙伴合作关系的一个典型案例就是美国的通信工人联盟的建立。国际兄弟电子工人协会、AT & T 公司和 Lucent 技术公司为促进雇员联盟和开发形成了联盟。这一合作伙伴关系建立了一个联合培训托拉斯，下辖 200 家联合劳动管辖委员会，来确定雇员的教育要求，对他们将进行的开发形成后续计划。所有参与雇员能够在互联网上收到他们的指令。雇员也被提供机会参加由他们的雇主与地方教育机构联合提供的培训项目。企业加入这个联盟的目的是为雇员提供规定的培训，能够使他们更新技能，更好地服务于他们的公司。

（资料来源：英国人事与发展特许研究所. www.cipd.co.uk.）

2．合同的履行和条款变动

由于企业一般在业务外包方面缺乏足够的经验，因此为了与承包商形成均势，企业最好聘请经验丰富的专业律师来充当外包项目的法律顾问。外包合同中的重要条款主要包括服务范围、绩效标准、定价计划、第三方审计和合同条款转化及终止。但是企业是处在一个动态的环境中，在培训过程中培训的要求有可能改变，合同中应该规定变更通知程序。

变更通知程序包括变更的申请、变更的前提条件、变更的权限、变更的授权等。如果企业的变更要求是用于执行政府和法律部门规定，则应该在合同中规定通知承包商的条款，包括变更需求的确定、实施变更的时间表以及确定的方法、额外工作的支付方式。

另外，企业的需求也是不断变化的，可能要求承包商做一些原始合同中没有规定的额外工作，企业应该明白这一点，并在合同中增加一些相应条款，包括培训的额外条款、费用计算等。

3．合同的终止

外包关系可能在合同到期时以正常的方式结束，也可能会提前终止。通常，外包合同包含以下六种情况的合同终止说明（孙强，左天组，2004）：① 诉讼、破产等原因；② 违约；③ 合同终止后的职能过渡期限；④ 保留合同收回外包职能的权利；⑤ 移交技术、人员、软硬件服务的规定；⑥ 对承包商帮助过渡的责任进行规定。

拟订合同时应该注意，双方都要保留自己终止合同的权利，如果合同无法继续，则需要安排一个平稳过渡时期。过渡期间内承包商仍有义务继续为客户提供外包服务，并协助企业进行培训外包的移交，仔细交付工作，顺利完成下任培训承包商的挑选。承包商也可以要求客户继续支付他们已完成工作的费用。在终止合同时企业应该保留企业对财产和核心资源的使用权和访问权，调回原来分配给承包商的某些关键人员。

（二）双方关系管理

培训外包双方管理一般是从有战略合作意向的那天开始。成功管理培训外包的关系对于接发包双方来说都是一个挑战，关系管理在一个成功的外包项目中起着非常重要的作用。

在双方利益上，企业应加强对培训服务承包商的监督，加强协作沟通，使承包商了解企业的真正需要，同时又要尊重接包商的利益需求；接包商应协助企业分析情况并做出及时改进，指导企业建立质量保证体系。在企业文化上，双方应互相适应和包容，沟通的方式有定期召开会议、双方的项目主管保持密切联系等。双方责任应当在合同中明晰地表达出来，并适当增加关于服务水平的协议修正以及调整的条款。

企业项目管理团队应当使用系统的识别方法和决策技巧来解决处理关系中的问题，发展人与人之间的关系准则，同时要明确项目管理团队结构变动以及成员变动时的处理方法。企业内部应注意公平分配员工的受训机会，通过培训提高员工、管理人员以及顾客的满意度。

外包结束时，评价企业是否节约了时间和成本，是否调整了人力资源部门以及企业对核心价值的关注来评估此次培训外包是否得到成功实施。

双方关系管理中，为了使双方都收益最大化，首先必须相互信任。在企业进行人力资源管理外包的决策中，外包企业与外包服务提供商双方之间必须要经过双向的信息沟通和交流，取得了相互之间的信任后，才会签订外包合作合同，而且信任关系建立得越快，外包合同的签订就越快，能使双方节约很多交易成本（冯国良，2015）。信任程度越深，外包关系越融洽，维持得也越长久，双方的结合力和增效作用也越强。双方必须保证信息的双向自由流通，建立一种深层次的合作伙伴关系。

合理的培训外包的边际利润能够维持双方关系长期稳定发展，从这个角度来说，任何一方都不应该追求一些不切实际的业务优势。企业作为外包商应该明白，接包商作为一个组织机构，需要盈利经营以维持生计和面对竞争。

五、基础设施管理

培训服务外包在合作过程中需要将很多不同的系统整合起来，如技术性的系统或者社会性的系统。基础设施的管理和培训外包中的合同管理以及外包关系管理是紧密相连的。从根本上来说，企业培训外包的基础设施管理整合的目的就是为了深化培训外包双方的协作关系。

（一）影响

基础设施主要包括硬件、软件、知识以及其他支持基础设施。在外包过程中，双方若不能管理好基础设施，很有可能造成数据或者系统的完整性被破坏，或者接包商不能完成企业制定的合同条款等问题。

对于接包商，培训一般就是其核心竞争力，因此他们的硬件设施一般都要比外包企业的设施优越，但是决定是否使用接包商的硬件设施，还要考虑另外的问题。企业的目的包括降低成本，以及想通过培训外包扩大自身的优势。若只是降低成本，可以选择使用接包商的设施，若是想扩大自身的战略优势，则可以利用承包商的经验以及知识来建立自己的系统。双方在交流的过程中往往还能够发现彼此在外包流程中的一些非核心的流程以及系统的效率低下的问题。

发包企业除关注软件和数据的一些兼容性问题外，还要关注怎样使双方系统对接，怎样使培训员工尽快适应培训环境。

企业创造知识的方式是多种多样的，但主要是依靠内部员工的头脑。培训进行外包以后，员工接收知识的方式可能会有根本性的改变，此时就会影响企业的原有知识基础设施。

培训外包以后，企业内部员工的工作职责以及工作流程都有可能改变，企业为了顺利过渡，必须具备相应的培训和支持设施。为使员工能够顺利学习到相关的知识以达到预期的培训效果，如何完善培训支持设施是外包企业不得不考虑的问题。

（二）挑战

由于培训外包过程中设施的不完善性，可能导致培训外包增加额外的风险，如硬件设施，必须考虑设施的兼容性问题，管理过程中还要考虑到地点问题，接包商的设施一般离外包企业比较远，外包企业必须确定接包商有足够的能力提供技术上的支持以及相关配备。

组织内部软件的兼容性也是一个很大的问题。如果将双方的软件融合起来时，这个问题更加凸显，如何顺利地进行数据共享对培训外包就是一个挑战。另外，外包企业应该认识到，存放在自身数据库中的一些平时被忽略的信息可能隐藏着巨大的价值。

培训外包意味着企业内部员工将不再利用原来的程序获取知识，原本应由外包企业内部人员进行的工作，现在将转由培训外包承包商来提供。如何进行跨企业的知识管理对于外包企业来说是一个高挑战性问题，所以企业要建立起适当的激励机制。

对于怎样建立外包的支持设施这个难题，企业还应该考虑这样一些问题：怎样顺利地转接培训工作，怎样使双方员工适应外包的程序，怎样使双方文化以及生活方式顺利交融等。

项目管理团队在培训外包整合过程中的主要任务就是监督外包工作的顺利进行。有序引导外包，基础设施的潜在支持力是必不可少的，它最终能够产生惊人的效果。

第三节　培训外包的风险管理

对企业来说，培训外包是人力资源部门的一次变革，甚至有可能是促进企业变革的催化剂。企业对培训外包的担忧不是多余的，这里面存在很大的风险。无论对个人还是企业，风险控制不当，都可能造成极大的损失。本节将讲解什么是培训外包的风险、培训外包的风险因素、培训外包的风险控制和防范措施。

一、什么是培训外包的风险

风险（Risk）是现代社会中经常用到的一个术语，是与人类的生产生活相伴产生的。对于风险的定义通常有两种解释：一种是将风险定义为不确定性；另一种是把风险定义为我们预期的目标和实际的差距。美国库柏（D. F. Cooper）和查普曼（C. B. Chapman）在《大项目风险分析》一书中对风险给出了较权威的定义：风险是由于从事某项特定活动过程中存在的不确定性而产生的经济或财务的损失以及自然破坏或损伤的可能性（王永刚，2015）。

引领外包潮流的先驱都是一些规模巨大的跨国公司，它们有能力承担由于培训外包引起的偶然风险，但是对于中小企业来说，视培训外包项目的规模大小，培训外包的风险也同比例增加或者减小，由于缺乏处理重大战略性决策失误所需要的资金和其他资源，就必须特别警惕由于培训外包所引起的风险，并且积极采取风险规避措施。

在企业内，培训外包风险主要表现在以下四个方面（王光伟，2013）。

（1）丧失培训主导权。培训外包之后，培训活动由培训服务机构全程策划，因此，企业很可能丧失对培训活动的主导权。一些培训承包商甚至将旗下的讲师能讲的课程汇总，做成一份菜单供企业选择，一味强调他们能够提供什么，而不是能够为企业做什么。在这种情况下培训承包商不能与企业完全融合在一起，无法真正深入到企业中去。

（2）目标不同产生冲突。培训服务机构的目标是通过提供培训服务获取利润，企业则是希望通过培训活动提升员工的绩效水平，这时两者很可能会产生某些冲突。受商业风气的严重影响，在培训样品的提供上，培训师讲得很精彩，听起来也很实用，一旦让他们进行正式培训后，味道完全走样了，不能及时变换角色，不能把企业的事当成自己的事，马虎完成任务。

（3）加重对培训服务机构的依赖。当企业习惯于将培训职能外包后，自身的培训管理能力就会不断降低，转而处处依赖于外部培训机构。

（4）培训外包质量不佳。由于培训外包机构良莠不齐，因此有时也很难保证培训外包的质量。由于现在的培训行业制度不完善，培训机构之间或者培训机构与培训师之间经常因为利益关系出现“窝里斗”的现象，企业成为最终牺牲品。

二、培训外包的风险因素

了解导致培训外包风险的因素，有助于制定减少风险的有效管理方法，及时采取风险规避措施。培训外包的风险因素主要包括失控风险和成本风险。

（一）失控风险

1．不确定性

培训外包时，企业不可能完全了解市场上的所有服务提供商，因此存在信息上的不对称性。同时，由于培训服务提供商是一个外部独立运作的实体，双方是合作伙伴关系而不是隶属关系，因此对培训服务提供商的行为往往不好控制。

此外，由于培训市场巨大，需求旺盛，造成大规模的组织涌进这个行业来“掘金”，造成培训市场的混乱无序。而行业起点低、运营成本低、利润高，更是驱使很多根本没有任何资源的机构经过包装以后“上市”经营。培训市场的混乱也与大型的、实力雄厚的培训机构的高价位有关系。文化这种产品的价值是不能简单地用金钱来衡量的，而培训行业又没有统一的收费标准，大机构的培训费开价太高。很多培训服务提供商实力和规模都无法与那些实力强大的专业培训机构竞争，但是为了生存和发展就采用一些旁门左道的功夫来获取业务，非法竞争。这是培训业界最为显著、最为普遍的问题。

例证 12-3

英国改善工作场所培训和教育

在英国，成立于2001年的国家学习和技能培训委员会，计划为工作场所培训和教育每年提供700万英镑的经费。为了争取资格，每个组织必须说明筹集资金的条件资格和能力需求。在2002年，成人学习检查员披露60%的培训服务提供者提供了不合格的服务。此后整个英国的雇主们都急于重新审视他们的培训工作，领导和管理层受到了批评，

31 个培训服务提供商失去了他们的工作。当然，在一定程度上，缺乏资金是培训服务不合格的主要原因，但是这个报告反映了英国培训机构的质量。

（资料来源：MAXWELL B. Improving workplace learning of lifelong learning sector trainee teachers in the UK[J]. Journal of further & higher education, 2014, 38(3): 377-399.）

2．法律风险

有关培训外包的法律风险很多，而且由于缺乏相关的法律先例使得这种风险更严重。例如，到目前为止还没有相关的法律法规明确规定，当出现安全漏洞时，发包商能够获得多少赔偿金。特别是在涉及离岸外包（即外包商与接包商来自不同的国家，外包工作跨国完成，Offshore Outsourcing）时，双方来自不同的国家，要求所有的法律冲突都在发包商首选的司法管辖范围内完成裁决是不可能的。

3．接包商的机会主义

一些公司高层往往关注那些“拿来就能用”的快餐式培训，希望找到一些“物美价廉”的培训，由于企业对培训的认识问题，再加上培训机构那些“饮鸩止渴”的行为，最终导致了培训服务提供商，即接包商中机会主义者有机可乘。某些接包商曾经自己培养过一些专业讲师，但由于激励和约束机制的缺失，使得培训效果实际上达不到企业的需求，但是他们可以利用企业高层急功近利的思想投机取巧，使得培训外包项目的内容更加庸俗。

4．项目风险

项目风险是指培训外包项目不能实现预期的培训目标和战略优势的潜在风险。这种风险的潜在因素很多，如软件设施之间不可预计的不兼容性、外包双方的文化冲突、法律的变化以及不可预计的时间延长等。项目从企业转移到培训外包服务商所用的时间同样是项目风险影响因素之一。

5．知识产权风险

知识产权风险是一个大问题，是涉及商业机密的问题。服务商为提供外包服务，除了解企业文化及基本架构外，诸如企业人力需求、薪资待遇、测试内容及方式、培训课程等敏感内容都会被其掌握。如果在培训期间，涉及知识产权侵权问题会对企业的生命安全构成重大影响。因此，为确保交易的安全性，除了对对方信誉度的关注外，外包服务双方一般都会签订有保密协议或在合同中明确保密条款。

6．沟通风险

培训外包可能存在这样的状况：培训服务提供商可能在服务方面不能满足企业的需要，或者提供的服务较差。

前一种情况通常是之前签订了一份详尽的合同，但是随着时间的推移，企业的需求发生了变化，使得接包商的服务不能满足企业的需要，想要修改合同，又需要很高的契约修订成本。这就要求企业项目管理团队能够做好沟通工作，取得对方谅解，才能修改服务的方向。

而接包商的服务质量较差，企业可能需要考虑终止合同并另外寻找承包商，双方就相关事宜达成协议才能顺利转接。若是沟通不协调，将会导致双方均受损失的情况出现。

7. 企业文化传递失真风险

接发包双方合作关系开始时，由于双方均有自己的企业文化，在接包商不能合理判断采用哪种组织文化和运营风格时，这种合作本身可能给企业带来很大的业务风险。接包商不能真正理解企业的组织文化，或者只从自己理解的角度出发，曲解了企业的文化，这不利于企业培训外包项目的成功实施。由于工作日长度、性别歧视以及社会制度等问题，很有可能引发企业文化传递失真的风险。

（二）成本风险

培训外包的成本包括维持内部培训机构的成本和培训活动的项目成本。一般来说，由于规模经济效应，外部培训机构分摊到每期培训的成本会降低，以达到培训外包成本节约的优势。有代表性的咨询专家们断言，职能外包平均可以节省20%～40%的费用，但是有企业发现，职能外包所节约的费用实际上只有9%左右（杨序国，2005）。

提供员工培训外包服务的公司和组织由于其专业化程度较高，掌握丰富的资源，具有规模经济的效应，这是大多数企业所不具备的。而企业如果自己承担培训的任务，则需要对行业培训内容和水平做出调查，聘请讲师或者对内部讲师进行必要的培训等很多前期工作。对于企业来说，培训外包的成本风险主要来自于时间成本、契约成本和经营成本三个方面。

1. 时间成本

培训外包需要企业做详尽的需求分析，确定培训外包项目，认真挑选服务商等，所有这些工作都需要企业花时间去做。通常详细周密的培训外包合同能使培训外包按照企业的意愿进行，但是事实上，部分企业在不能正确选择外包服务商的情况下可能终止外包，之前付出的时间成本将会无法收回。

2. 契约成本

契约成本主要就是签订合同的成本。契约成本包括信息成本、谈判成本、监督成本和外部影响。在培训外包中，签订合同的成本取决于业务的复杂程度（培训内容的复杂程度）。业务的复杂程度主要是指合同谈判的不确定性环境、谈判双方职能发挥有限制的理性、潜在的信息不对称以及可能产生外部性。培训的复杂性越高，交易环境的不确定性越大，外包代理方掌握的信息越多，外包谈判的契约成本也就越高。

信息成本是为获得信息付出的代价。信息对不同的组织有不同的价值，而信息不对称从本质上说是无法消除的，何况知识门类和深度都有着前所未有的发展。企业为节省时间、提高工作效率和减少决策的风险，一般会委托信息代理方搜索、获取和分析信息。如在获取培训供应商资料时，企业就需要付出信息成本。

谈判成本由以下四个部分组成（夏婷婷，2007）：① 合同细节谈判所产生的沟通成本，如交通费、通信费；② 当没有预见到的情形发生时，改变合同、重新谈判的成本，如培训追加费、违约赔偿款；③ 业绩依赖于外包代理方所产生的被动成本；④ 谈判双方不愿运用合同终止机制产生的争端成本，如调解费等。这些费用都是可能增加培训外包风险的项目。

监督成本是指企业为了监督培训服务承包商的服务质量而耗费的支出。

外部影响是指在培训外包过程中会影响到根本没有参与的人或部门，使其得到可察觉的利益，或蒙受可察觉的损失。例如，培训外包可以给企业带来创新，就是正面的外部影响；培训外包可能导致部分员工失业，或者需要转移部分员工的工作而加大工作量，这就是负面的外部影响。为消除负面的外部影响需要消耗成本，这也是契约成本风险的体现。

培训外包不是简单地将一笔钱交给服务商，需要进行合理的成本效益分析，才能达到节省资源、发挥优势的效果。

3．经营成本

经营成本主要是指合同上签订的项目成本，其次还有机会成本等（包括看得见的成本和看不见的成本）以及外包过程增加的成本。

培训外包时需要对服务商提出的成本报价进行审定。成本主要根据企业评估的服务商的服务水平来计算。但是其中存在的问题是，只根据成本去挑选适合于企业的服务商是很困难的，一般情况下，能够提供最好服务的那些承包商收费也是最贵的。同时还要考虑到，承包商在竞争少的情况下倾向于收取比实际水平更高的费用。

培训外包后，委托代理双方为买卖关系，存在信息不对称等情形。由于双方是属于服务的买卖关系，很有可能产生一方对另一方不忠，对企业来说，需要付出更多的监督成本和由此产生不信任等心理成本。

在培训中有些项目是需要企业内部的专业人员和其他辅助人员的参与才能完成的，因为他们比外部人员更熟悉本企业的情况，对员工具有很好的示范效果和亲和力。另外，培训还应该根据绩效考核的材料，针对不同员工的实际情况实施有效培训，而关于员工的具体资料等，需要与企业的每个职能部门保持联系。所有这些协调工作都会使其经营成本大大提高。

例证 12-4

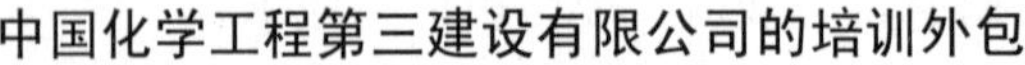

中国化学工程第三建设有限公司的培训外包

中国化学工程第三建设有限公司是国家大型综合性化工施工企业，具有化工、石油工程施工一级资质，工程总承包和境外工程承包资质，境外劳务合作的经营权。公司总部位于安徽省，设有多家分公司。作为一家国有大型企业，公司对企业员工的培训非常重视，采取了一系列的培训政策和措施对员工进行培训。公司培训的内容包括知识培训、专业技能培训和态度培训。

最初，公司采取的培训方式有员工自我培训、员工内部培训以及员工外派培训等多种培训方式。培训的计划、实施和控制等组织管理工作由人力资源部的几名培训员负责，但是结果表明公司的培训效果并不理想。

在决定将培训活动外包之后，公司起草了一份项目计划书并寄给接包商。项目计划书说明了企业所需培训的具体类型水平，以及接受培训的员工类型，同时，企业还向接包商提出一些有关技能培训的特殊问题。公司要求接包商提供自己的主营业务范围、作业流程、培训方案或课程大纲、讲师、曾服务过的客户、服务质量、报价等信息。

要准确了解接包商提供的服务水平，需要对接包商的服务质量进行评价。在进行培训外包的过程中，公司没有一个完整的服务质量评价体系对接包商的服务质量进行评价。只有在选择接包商的过程，对接包商进行了比较全面的评价。但是，选择接包商只是培训外包服务过程中的一个阶段。因此，公司不能从整体上准确把握接包商提供的服务质量的水平，但在选择接包商的过程中花费的时间及人工均增加了公司的经营成本。

（资料来源：杜正美. 培训外包服务质量评价体系研究[D]. 天津：天津师范大学，2009.）

三、培训外包的风险控制与防范措施

任何事物都有两面性，培训外包给企业带来优势的同时也带来风险。为了使培训外包也成为中小企业竞争优势的源泉，必须开发管理和规避风险的确实有效的技术手段，将培训外包风险降低到最小。培训外包的风险控制与防范措施主要包括以下四个方面。

（一）明确动机，科学决策外包内容

明确动机的目的在于找到企业真正的需求，分析企业能够提高到何种程度，如何提高。了解到自己的大体目标规划，才能根据自身的实际情况来做出分析，才能有针对性地开展培训项目，有目标地提高员工的工作绩效。

（二）制定培训策略

培训策略就是根据企业面临的环境和问题以及其他客观因素，例如，学习过程中的阻碍因素、员工的学习能力和特点、培训的设备等，规定培训的大致方向，选择相应的培训措施。培训策略规定了学员将要参加的培训的性质、类型和特征，明确了学员将要参加哪些活动，培训内容是什么，培训以哪种方式进行以及培训中应使用哪些媒介工具。只有具备良好的策略，才能满足工作的需要，使培训外包的开展更具有针对性，在现有条件和装配中得到最佳搭配，不仅节省资源，而且使效果更优化。

（三）设计培训内容

培训规划是将培训策略的内容充实化，培训策略是大体方向，培训内容则是细致的技能、知识及能力，还有它们的表现方式、具体计划等。

培训内容的结果就是一份培训教案。教案设计了一个个活动情境，这些情境告诉学员应做什么、如何做、做的结果是什么、做的过程中可能会出现什么困难，以及应怎样处理它们、应遵守什么规则等。总之，教案提供给学员的就是做好工作所必需的知识、能力、技能和其他心理品质。开发设计合适的培训内容，是使培训更有效的关键所在，做好了这个工作，就能使培训外包风险减少很多。

（四）选择合适的培训承包商

在培训外包的过程中，选择合适的培训承包商非常重要。关于如何选择培训承包商，第二节已做介绍。承包商的选择是一项具有很大主观性的事情，存在很多的不确定性因素，但还是可以通过严密执行流程来顺利地完成。

例证 12-5 

攀钢集团的培训外包

攀钢集团依托丰富的钒钛磁铁矿资源，在自身不断自主创新的基础上建设发展，成为特大型钒钛钢铁企业集团。历经四十多年的艰苦卓绝的奋斗，发展成我国最大的产钒企业、钛原料及拥有最完整产业链的钛加工企业。近年来，在西部大开发的大好机遇下，攀钢集团上下鼓足干劲，为将公司打造成拥有国际竞争力的现代化大型钢铁钒钛企业集团而努力奋斗。

公司高层领导意识到，攀钢集团想要高速发展，就必须摒弃落后的管理思想和制造模式，走技术与管理相结合、协作与竞争相结合的新型发展道路。然而，目前公司员工的素质却难以满足企业快速发展的要求。为了提高员工的素质，为企业的腾飞打下坚实的基础，攀钢集团决定对公司员工进行系列培训。

X 项目作为系列培训计划中的一个重要组成部分，主要针对公司中层骨干。X 培训项目的主要目的为：① 深入了解钢铁行业发展现状与发展动态；② 培养现代生产管理意识；③ 提高生产计划、调度与控制能力。

公司经多方了解调研评估，选定与 C 培训机构合作。C 培训机构是一家拥有具有丰富实践经验和扎实理论基础的专家团队的资深培训服务机构，组织咨询和培训过的众多知名企业。多年来，C 培训机构以其严谨的组织、雄厚的师资、灵活多样的授课形式以及突出的培训成果，获得了良好的行业口碑。

（资料来源：文颖，2012）

第四节　企业培训外包的发展现状与前景

培训外包从经济学的角度上来说，无疑会给企业带来很大的经济利益，这种模式降低了企业培训的成本，实现了价值增值，提高了效率，实现了资源的优化配置。培训外包可以提高人力资源资本，使人力资源管理部门全力集中于主业，吸收外来先进管理经验。当前，世界经济正面临新一轮产业结构的调整，人力资源外包已经成为经济全球化迅速发展的必然结果，培训外包业将获得进一步的发展。

一、国外企业培训外包的发展现状和动态

培训外包形式最早出现在美国，美国对员工培训的重视程度非常高。美国的企业高层领导大多相当注重自身的不断提高和发展，也重视员工的培训与开发。在美国，一般的大中型企业内部都设有各种类型的培训机构，配有专职培训人员，以培训本企业的职工和技术管理人员。

国外企业每年花费在培训上的费用相当高，知名企业培训费用占工资总额的比例为：通用电气公司 4.6%，美国 Roboties 公司 4.2%，摩托罗拉公司 4.0%，W. H. Brady 公司 3.0%，德州仪器公司 3.0%，联邦信号公司 1.5%。

随着科技的进步以及业务的逐渐复杂，一些企业对职业技术培训的投入越来越达不到培训要求，越来越多的企业便将这种培训外包给专业的培训供应商。而这些培训供应商大多只做某一个技术领域的培训，是培训行业的专家。这样就提高了专业方面的培训服务质量，引领了培训外包业务的发展。

在美国，大企业由于体系建立完善，很多培训项目都拥有自己的特色，外部培训机构无法模仿，因此一般都设有自己的专业培训机构，如培训中心、公司大学等。而大型公司的培训机构多以公司大学的形式出现，如摩托罗拉大学、通用电气公司的四年制的管理进修学院和工程技术学院、英特尔大学等。有些公司也委托学校代培或企业与学校联合培训，企业与企业进行联合培训。据统计，美国企业培训中 68%在企业内部进行，38%则由社会各类学校和培训机构承担。

国外企业能够成功实施培训外包的原因有以下几个方面。

（1）培训市场的产生、运转和发展完全由劳动力市场的需求所制约和决定。

（2）各机构的培训课程、培训方式、培训内容都随企业劳动力需求的变动而相应调整，真正做到为企业服务，与经济发展紧密相连。

（3）培训实行多样化、多方位的制度，因此，也更适应市场的需要。

美国企业培训外包的现状及特点主要有以下几点。

（1）企业培训内容由技术型逐渐转化为管理型，更加重视管理人才的发展。培训机构随市场变化而调整，企业可根据自身需求与培训机构商定培训内容。

（2）重视培训，每年花重金在培训项目上，且重视培训的质量和效益，培训机构提供的服务务必要提高员工的业务能力，以使其更好地服务于企业。

（3）政府虽然不管培训，但是通过政策法规定期检查培训质量，这样有利于企业培训走向专业化，促进培训外包行业的发展。

二、我国企业培训外包面临的机遇和挑战

（一）机遇

在 20 世纪 90 年代之前，中国是全球工业生产大国，“中国制造”增强了中国的国力。但是在 20 世纪 90 年代，随着市场环境的不断变化，市场由卖方市场向买方市场转型，中国制造带来的问题和隐忧也日渐暴露，中国制造正在逐步丧失它的比较优势，如果不及时调整就很难在新一轮的竞争中获胜。

以前的企业讲究的是成本控制，核心能力就是把成本控制好。人力资源部主要就是进行工资核算以及处理简单的员工基本事务。现在企业更加重视培训，根据现代企业管理的发展模式，其核心竞争力讲的就是创新，企业不愿意把精力分散到小事上面，宁愿外包给专业的公司来做。这就使得培训外包成为可能，而就在这时候，专业的培训机构和咨询机构也开始发展起来了，在不断的发展过程中，专业的培训机构和咨询机构积累了丰富的培训经验，这也就给企业将培训外包出去提供了前提条件。

在进入 21 世纪以后，培训外包在中国获得了越来越多企业及管理者的重视，出现了

飞速发展的势头，年产值已达几百亿元。目前人力资源外包市场的平均增长速度已经超过了中国GDP平均增长速度的1.5倍，发展前景广阔。随着中国客户对外包服务认知度的提高，外包服务的需求也将大幅增加。一些大的中国本土咨询公司对于培训的专注，也给培训外包提供了良好的信誉保障。像北大纵横，以其高水平的培训师队伍、国际化的管理理念及全心全意为企业服务的金牌服务赢得了市场，也给培训外包创造了良好的声誉。中国是发展中国家，人力资源服务业的发展水平有限，发展空间很大。

近年来，业务外包逐渐从信息技术领域转向人力资源领域的应用。人力资源外包成为一个新的热点。培训是人力资源管理的一项重要职能，企业培训可能由于企业内部资源的局限，仅依靠企业内部的力量难以有效及时地对员工进行培训，提高培训绩效，开发人力资源，从而实现企业人力资本升值。但是企业培训外包是一个复杂的系统，在明确外包内容的前提下，选择适当的外包形式，按照一定的外包模式运作，才能有效地实现企业的培训外包。

万宝盛华：全球开创性的人力资源解决方案的领导者

万宝盛华集团（Manpower Group）成立于1948年，是全球开创性的人力资源解决方案的领导者，通过创建和运用整套且完善的开创性人力资源解决方案，帮助客户创造独特的商业价值，实现其商业目标，从而提升市场竞争力。2007年，万宝盛华（中国）在*China STAFF*杂志举办的“2007年度人力资源奖项”评选中，荣获“年度最佳外包服务公司入围奖”。2008年，万宝盛华集团在由美国HRO Today杂志组织的“2008最佳招聘流程外包供应商”评选中，在服务范围、服务规模和服务质量方面脱颖而出，光荣入选为“最佳招聘流程外包供应商”。万宝盛华集团的业务涵盖整个人才雇佣周期，包括招聘与测评、培训与发展、职业生涯管理，以及外包和人力资源咨询。万宝盛华集团通过Manpower Group Solutions、Manpower & Reg、Experis和Right Management提供全方位的开创性人力资源解决方案。此外，万宝盛华集团拥有全球人力资源服务行业最大以及领先的服务网络，在全球82个国家或地区拥有近3900家分支机构，通过将其全球视野和本土成功经验的完美结合，每年满足超过40万家客户的需求，包括各行各业的跨国公司、本土公司以及中小企业。

（资料来源：万宝盛华集团官网. http://www.manpower.com.cn/network.html.）

（二）挑战

当前，我国的培训外包面临着巨大的挑战。高质量的人才储备不足，缺乏大量专业的培训师。培训承包商不成规模，承包能力不足，尚不能满足企业培训的要求，大部分培训外包企业不具备国际营销的能力，达不到国际水平，严重阻碍培训外包行业的发展。由于培训市场尚没有完善的机制，培训外包的市场混乱，受传统模式的影响，外包接受程度仍然较低，知名度不高，缺乏公共的信息渠道，运营模式有待改进。

为了促进我国培训外包行业的发展，我们应该转变观念，改善我国培训外包体系，完善市场机制，形成外包市场产业，向专业化方向发展，创品牌信誉。同时，加大人才培养和开发的力度，积极培育我国培训外包市场，尽快带动企业培训外包，乃至整个服务外包产业的基础氛围和竞争优势的形成。

美国次贷危机引发的经济停滞，日趋复杂的市场环境，使全球各国的服务外包企业面临严峻的生存考验。中国服务外包企业，在“危”“机”并存的全球市场中，需要把握机遇，提升自身竞争能力。在国际市场的大环境下，由于中国培训市场炙手可热，一些国际大型培训机构极力进攻中国市场，攫取市场份额。“危机”作为一把双刃剑，将督促中国的一些优质企业进一步提升内部核心竞争力，为在全球竞争中占据更有利的地位做好准备。

例证　12-7

NIIT 服务外包实训基地

NIIT（中国）成立于 1981 年，是总部设在印度首都新德里的信息技术（IT）跨国公司，是目前全球最大的计算机教育培训机构之一，在福布斯世界 200 家最佳软件培训企业评选中名列第一。2009 年，由国家商务部扶持、江苏省商务厅授权、无锡市政府投资，NIIT 在无锡新区太湖国际科技园（国家软件园）设立“NIIT（中国）服务外包实训基地”，是全国最大的服务外包人才实训基地。

目前，NIIT（中国）服务外包实训基地拥有三栋独立的实训大楼，实训场地面积三万多平方米，设有市场部、教学部、高校合作部等七个部门。每层均拥有阶梯教室（均为多媒体教室）、休息室、项目讨论室等，且设有普尔文考试中心，教学用计算机近万台，全部配备 HP 品牌机；学校培训讲师主要由 NIIT 直接从印度总部派遣印籍专家与本地具有丰富开发经验的项目经理担任，以确保培训质量。学校目前已拥有 Dhiren、Afzal Faizi 等印籍专家、金牌讲师及项目经理级软件培训讲师共计数十人。NIIT 对教学质量严格把关，软件服务外包培训教材、教学大纲、课件、案例等全部由NIIT印度总部统一提供，并根据行业发展情况对软件课程体系不断更新；培训讲师都是经NIIT严格选拔，均要求拥有五年以上大型软件企业项目开发经验。NIIT目前已与福瑞博德、冠华时代、日本BASE、睿泰科技、中科惠软等众多知名服务外包企业结成战略培训合作联盟，根据企业实际技术需求，为企业进行定制人才培训，主要培训内容包括JAVA 、C++、.NET、ORACLE、IOS、ANDROID、软件测试等软件技术。

（资料来源：http://www.chniit.com/plus/view.php?aid=114）

本章小结

1．培训外包可以分为完全外包和部分外包。（1）完全外包是指企业将整个培训业务（包括制订培训计划、设计课程内容、确定培训时间、提供培训后勤支持、培训设施管理、选择培训讲师以及培训课程评价等）交给企业外的培训机构来实施。（2）部分外包只是将部分培训任务交给培训机构来实施。

2．培训外包有六个特点：（1）专业化水平更高；（2）对人力资源要求更高；（3）低成本，高附加值；（4）突破企业原来的管理模式限制，给员工带来新思想和新意识；（5）低消耗，无污染，并且不受地域的限制；（6）成果无形化，难以量化评估。

3．培训外包的流程包括：（1）培训需求分析；（2）确定培训外包方式；（3）决定外包培训项目；（4）挑选培训服务商；（5）寄送项目计划书；（6）接收并评价计划书回复；（7）选定外包培训服务商；（8）签订外包培训服务合同；（9）跟踪、监控培训质量。

4．企业培训主要有三种模式，即自制培训、内部外包和外部外包。（1）自制模式完全利用企业的内部资源；（2）内部外包即将整个培训项目完全交给企业的人力资源部或培训中心；（3）外部外包就是将企业培训的部分业务或整个项目交给外部培训服务承包商，这是一种典型的外包模式。

5．双方合作伙伴关系管理主要包括合同管理和双方关系管理。

6．培训外包的风险因素：（1）失控风险，包括不确定性、法律风险、接包商的机会主义、项目风险、知识产权风险、沟通风险、企业文化传递失真风险；（2）成本风险，包括时间成本、契约成本、经营成本。

7．培训外包的风险控制与防范措施主要有四个方面：（1）明确动机，科学决策外包内容；（2）制定培训策略；（3）设计培训内容；（4）选择合适的培训承包商。

思考练习题

1．企业在什么情况下需要进行培训外包？
2．企业培训外包主要有哪些风险？
3．如何做好培训外包管理？

培训游戏：不考试的测试

1. 目的

让员工参与对课程的总结，加深学习的印象，同时评估培训的效果。

2. 程序

（1）在整个培训结束前30分钟或1个小时，发给每个员工一张白纸。

（2）让员工用10分钟的时间写出这次培训中自己印象最深刻的内容，至少写出5～6点。

（3）划分小组，在小组内进行分享并用头脑风暴法列出如何记住这些学习要点。

（4）挑选出2～3个小组进行汇报。

（资料来源：EDWARD SCANNELL, JOHN NEWSTROM. Game is more than you can talk - speech, conference, training, social game complete[M]. Beijing: Enterprise Management Publishing House, 2004.）

学以致用：是否外包

A 公司主要经营纺织产品，近几年公司拓展业务，员工人数激增。张君是人力资源部负责人，来公司时间不长，上任之后，张君发现，由于公司近年合并了两个小企业，又疏于内部管理，员工总体素质不高。张君希望通过培训提高员工的素质，他分析了公司各个部门的需求，编写了员工培训管理方法；考虑到预算的问题，他决定自己开发课程，编写教材，选拔一批业务熟练、表达能力强的员工组成内部讲师队伍。但是被委托编写专业培训课程的各个部门却叫苦不迭，初次接触课程编写任务且内容不少，同时专业培训课程迟迟不能出炉，拖拖拉拉催了几次才陆续交齐，内容和形式都达不到要求。几乎没有人报名成为内部讲师，平时工作已经很累，员工没有时间和精力备课，报酬又寥寥无几，不能吸引大家踊跃报名。

思考讨论题

根据本章所学知识，分组讨论 A 公司培训是否可以外包。

案例分析

百视通公司培训外包的选择

百视通公司是由上海文广新闻传媒集团（SMG）和清华同方股份公司合资组建，已经在 IPTV、家庭游戏娱乐、互联网电视、智能电视机顶盒（OTT）、网络视频电视、手机电视、多媒体舞美与制作、数字媒体平台研发与建设等多个领域开展新媒体的业务运营，已经在国内率先建设了全球领先的“家庭娱乐”产业生态圈。回顾百视通公司自 2013 年至 2015 年的培训实施记录，“正式培训”形式维度下的培训项目模块的历史培训记录（见表 12-1），可以清楚地看到所有的培训资源的配置均通过“培训外包”的形式实施，即通过培训团队在市场上所选择的培训外包供应商来完成培训项目的实施。因此，优质的培训供应商将是整个培训项目成功的重要保障。

表 12-1　2013—2015 年培训项目

培 训 项 目	年　份	资 源 形 式	培 训 地 点
Office 达人秀	2013	项目外包	内训
Be-PMP	2013	项目外包	内训
Be-PLMer	2013	项目外包	内训
Be-Technologist	2013	项目外包	内训
Be-Safe	2013	项目外包	内训
Qcon	2014	项目外包	内训
管理心理与沟通技巧	2014	项目外包	内训
Be-FinalCut Proficient	2014	项目外包	内训
会计新准则	2014	项目外包	内训
高效能人士的七个习惯	2014	项目外包	内训
享读慧	2015	项目外包	内训

培训项目是百视通公司培训体系中最重要的模块，但往往满意度较低；培训外包供应商是百视通公司培训项目成功的重要因素，而在选择培训外包供应商的过程中，百视通公司缺乏有效的评价方法与选择机制。

（资料来源：章森．B公司培训外包供应商的评价与选择[D]．上海：东华大学，2015.）

思考讨论题

1．百视通公司可以通过哪些方法选择培训外包供应商？
2．百视通公司选择培训外包供应商时可能面临的风险有哪些？

本章参考文献

[1] EDWARD SCANNELL, JOHN NEWSTROM. Game is more than you can talk - speech, conference, training, social game complete[M]. Beijing: Enterprise Management Publishing House, 2004.

[2] MOBLEY NANEY. What you need to know now about outsourcing functions[J].HR focus, 2000(10): 7-10.

[3] MAXWELL B. Improving workplace learning of lifelong learning sector trainee teachers in the UK[J]. Journal of further & higher education, 2014, 38(3): 377-399.

[4] MARY F. COOK. Human resource outsourcing strategy[M]. Beijing: Renmin University of China Press, 2003.

[5] WERNERFELT BIRGER. A resource-based view of the firm[J]. Strategic management journal, 1984(5): 171-180.

[6] 杜正美．培训外包服务质量评价体系研究[D]．天津：天津师范大学，2009.

[7] 冯国良．乐普医药公司人才资源外包问题及对策研究[D]．咸阳：西北农林科技大学，2015.

[8] 黄洁，王晓静．企业员工社会责任对组织公民行为的影响研究——基于心理契约的中介作用[J]．山东社会科学，2016（2）：179-183.

[9] 李宗乘．业务流程外包信任关系修复的多案例研究[D]．杭州：浙江工商大学，2013.

[10] 孙强，左天组，刘伟．IT 服务管理：概念、理解与实施[M]．北京：机械工业出版社，2004.

[11] 孙宗虎，邹晓春．人力资源管理工作[M]．北京：人民邮电出版社，2008.

[12] 宋汉华．基于培训外包的员工培训体系的构建[D]．厦门：厦门大学，2006．

[13] 宋倩．信息化环境下企业价值链特征及创新策略[J]．商业时代，2009（3）：36-37．

[14] 王光伟．员工培训管理实务手册[M]．北京：清华大学出版社，2013．

[15] 汪应洛．服务外包概论[M]．西安：西安交通大学出版社，2007：2-5．

[16] 吴俊本，王素．企业核心竞争力初探[J]．滨州职业学院学报，2006，3（1）：52-54．

[17] 王永民，马青华，杨美龙．互联网企业的内训之道及对税务部门的借鉴[J]．国际税收，2015（12）：72-73．

[18] 王永刚．浅谈社会稳定风险分析理论[J]．建筑工程技术与设计，2015，32：45-47．

[19] 夏婷婷．培训外包决策中的成本分析[J]．湘潮，2007，12（12）：82-83．

[20] 徐彬．中小企业培训外包决策模型[J]．华东经济管理，2006，20（3）：90-93．

[21] 杨序国．HR 执行力——人力资源组织的人力资源管理[M]．长沙：湖南科学技术出版社，2005．

[22] 叶达树．试论企业核心竞争力审计[J]．中国农业会计，2015（3）：54-57．

[23] 俞海平．网络型组织的经济关系探析[J]．商场现代化，2014，29：265-266．

[24] 张鹏．供电企业业务外包项目管理研究[D]．保定：华北电力大学，2015．

[25] 张瑛．企业项目化管理中的契约关系分析[J]．江苏商论，2009（8）：123-124．

[26] 章森．B 公司培训外包供应商的评价与选择[D]．上海：东华大学，2015．

参 考 答 案

培训游戏 7-2

先走进有开关的房间，将三个开关编号为 A、B 和 C。将开关 A 打开 10 分钟，然后关闭 A；再打开 B，然后马上走到有灯的房间，此房间内正在亮着的灯由开关 B 控制；用手去摸一摸另外两盏灯，发热的灯由开关 A 控制，凉的灯由开关 C 控制。

培训游戏 8-1

钱并没有少，只是思考方法的问题。店小二拿去的 20 文其实是三人支付的 440 文中的一部分。440−20=420 文，正好是旅店入账的金额，420 加上 30 文刚好为 450 文。

案例分析 9-1

投入（I）=10 000+5 000+5 000+1 500+600=22 100（美元）

收益（R）=10×(6 500−5 000)×20%×52=156 000（美元）

年投资回报率（ROI）=R/I =156 000÷22 100 ≈7.06